Törnführer

Gerd Radspieler

TÜRKISCHE KÜSTE

Vom Bosporus
bis Antalya
mit 200 Plänen

DELIUS KLASING VERLAG

Der Autor wie der Verlag übernehmen für Irrtümer, Fehler oder Weglassungen keinerlei Gewährleistung oder Haftung. Die Pläne dienen zur Orientierung und nicht zur Navigation; sie ersetzen also keineswegs Seekarten und andere offizielle nautische Unterlagen.

Von Gerd Radspieler sind im Delius Klasing Verlag folgende Titel erschienen:
Griechenland 1
Griechenland 2
Griechenland 3
Griechenland 4
Balearen

Bibliografische Information Der Deutschen Bibliothek

Die Deutsche Bibliothek verzeichnet diese Publikation in der Deutschen Nationalbibliografie; detaillierte bibliografische Daten sind im Internet über »http://dnb.ddb.de« abrufbar.

5., überarbeitete Auflage
ISBN 3-7688-0572-7
© by Delius, Klasing & Co. KG, Bielefeld

Bearbeiter: Udo Hinnerkopf
Text: Elfriede Radspieler / Udo Hinnerkopf
Fotos: Gerd Radspieler / Udo Hinnerkopf
Umschlagfotos: Udo Hinnerkopf (Vorderseite: Bodrum)
Druck: Kunst- und Werbedruck, Bad Oeynhausen
Printed in Germany 2004

Alle Rechte vorbehalten! Ohne ausdrückliche Erlaubnis des Verlages darf das Werk, auch nicht Teile daraus, weder reproduziert, übertragen noch kopiert werden, wie z. B. manuell oder mithilfe elektronischer und mechanischer Systeme inklusive Fotokopieren, Bandaufzeichnung und Datenspeicherung.

Delius Klasing Verlag, Siekerwall 21, D - 33602 Bielefeld
Tel.: 0521/559-0, Fax: 0521/559-115
E-Mail: info@delius-klasing.de
www.delius-klasing.de

Inhalt

Allgemeine Informationen 7

Informationsschriften – Literatur – Anreise – Trailerboote
Ports of Entry – Einreise über See – Ausreise über See
Flaggenführung – Führerscheine – Versicherungspflicht
Währung – Chartern – Crewwechsel, Verchartern
Länderwechsel – Marinas, Winterlager
Werften, Reparaturen – Umweltschutz – Sicherheitsbestimmungen
Tauchen – Sperrgebiete – Küstenwache
Sonstige Informationen

Seekarten, Seebücher 14
Symbole in den Plänen 18

Wissenswertes für den Törn 19
Törnplanung – Klima und Wetter – Winde – Seewetterberichte
Uhrzeit – Häfen – Ankerplätze – Wasser – Treibstoff
Lebensmittel – Restaurants – Gastfreundschaft und Hilfsbereitschaft –
Handeln – Post und Telefon
Taxen, Dolmuş – Reisegepäck – Murings
Land und Leute

Häfen und Ankerplätze an der türkischen Küste
1 Dardanellen – Marmarameer – Istanbul – Bosporus 27
2 Dardanellen bis Çandarlı-Golf 89
3 Izmir-Golf bis Kuşadası-Golf 107
4 Kuşadası bis Bodrum 141
5 Bodrum bis Marmaris 170
6 Marmaris bis Kaş 214
7 Kaş bis Antalya 246

Register 265

Vorwort

Die türkische Küste ist für Langfahrtsegler wie für Charterer das Revier der Wahl im Mittelmeer. Hier wechselt unberührte Meereslandschaft mit modernsten Marinas in einzigartiger Weise. Hier wurden in den letzten Jahren die meisten Verbesserungen in Infrastruktur und Marinaausbau vollzogen. Dabei geht der Trend bei Liegeplätzen, Yachtreparatur- und Serviceanbietern, Vercharterern, Supermärkten und Restaurants eindeutig in Richtung bessere Qualität. Nirgendwo im Mittelmeer gibt es so viele Marinas mit so guter Ausstattung und gehobenem Service wie an der türkischen Küste.

Fünf neue Marinas mit knapp 2000 neuen Liegeplätzen sind in kürzester Zeit entstanden: die Marina in Çesme, die Port Bodrum Yalıkavak Marina, die D-Marina in Turgutreis, die Marmaris Yacht Marina und die Ece Saray Marina in Fethiye. Andere Marinas und Häfen wurden ausgebaut bzw. haben ihre Besitzer gewechselt. Dabei sind die Preise im Verhältnis zu anderen Revieren noch immer moderat und locken Segler aus der ganzen Welt an.

Diese Entwicklung sehen wir mit einem lachenden und einem weinenden Auge. Wir freuen uns über die bessere medizinische Versorgung in den Krankenhäusern genauso wie über die Verbesserung der Qualität in den Buchtenkneipen. Der Service in den Häfen und Marinas wird immer professioneller. Aber wir bedauern auch die Modernisierung, die eindeutig mit einer Kommerzialisierung einhergeht. Wie lange wird es noch die wackeligen Holzstege mit ihrem unvergleichbaren Charme geben, die in den Buchten zum Festmachen einladen? Irgendwann wird auch der letzte Holzsteg durch einen Betonanleger ersetzt sein. Dann werden wir uns an früher erinnern und sagen »Es war einmal«.

Wir danken unserem Freund Udo Hinnerkopf für seine Mitarbeit. Der YACHT-Korrespondent für das östliche Mittelmeer hat die Küste von Çanakkale bis Antalya abgesegelt und alle Veränderungen akribisch aufgezeichnet. Nur der Abschnitt Marmarameer bis Istanbul, in dem sich gegenüber der letzten Auflage nicht viel verändert hat, ist geblieben.

Wir wünschen allen Freunden der türkischen Küste eine schöne Zeit in den Buchten und Häfen dieses einzigartigen Reviers und hoffen, dass sich ihre Reisen – angeregt durch dieses Buch – nicht nur auf das Gebiet zwischen Bodrum und Marmaris beschränken.

Schmidmühlen, im Frühjahr 2004

G.R.

Allgemeine Informationen

Touristische Auskünfte erteilen die Informationsabteilungen des Türkischen Generalkonsulats:

Deutschland
Tauentzienstraße 7, 10789 Berlin
Europa-Center
Tel: +49 30 214 37 52, 214 38 52
Fax: 214 39 52
Mail: tanitmamus@yahoo.de

Baselerstr. 37, 60329 Frankfurt/Main
Tel: +49 69 23 30 81 - 82
Fax: 23 27 51

Karlsplatz 3, 80335 München
Tel: +49 89 59 49 02, 59 43 17
Fax: 550 41 38
Mail: konsulat@tuerkei-info-muc.de

Österreich
Singerstraße 2/8, 1010 Wien
Tel: +43 1 512 21 28 - 29
Fax: 513 83 26
Mail: turkinfo@tic.at
Web: turkinfo.tic.at

Schweiz
Stockerstraße 55, 8002 Zürich
Tel: +41 1 221 08 10 - 12
Fax: 212 17 49
Mail: turkeinfo@bluemail.ch

In diesen Büros gibt es umfangreiches Prospektmaterial über die gesamte Türkei und einzelne Teilgebiete. Die Broschüre »Reiseführer Türkei« informiert über Anreise, Grenzformalitäten, Reisen in der Türkei und Sportmöglichkeiten, gibt praktische Hinweise und führt nützliche Anschriften auf. Der Prospekt »Yachtreisen Türkei« enthält ebenfalls wichtige Informationen für Yachtreisende und führt die vom Ministerium für Tourismus lizenzierten Yachthäfen listenmäßig auf.

Das Merkblatt »Wassersport in der Türkei« der Kreuzer-Abteilung des Deutschen Segler-Verbandes fasst die für Yachtreisende wichtigen Punkte zusammen, zu erhalten bei der Kreuzer-Abteilung, Gründgensstraße 18, 22309 Hamburg, Tel: 040-63 20 09 35. Oder: Martin Muth, Informationsstelle Mittelmeer der Kreuzer-Abteilung im Deutschen Segler-Verband, Louise-Schroeder-Stieg 3, 22846 Norderstedt, Tel: 0700 63 23 23 26, Fax: 040-63 20 09 28, Mail: mittelmeer-info@kreuzer-abteilung.org
Sprechstunden für KA-Mitglieder:
Mo, Di, Mi und Fr 10-12, Do 14-16 Uhr

Literatur über Landschaft, Geschichte, Kunstgeschichte und Archäologie kann man im Buchhandel erwerben oder in öffentlichen Bibliotheken ausleihen.

Anreise: Bahn-, Bus- und Fährverbindungen sind im Reisebüro zu erfragen. Mit dem Privatwagen kann man 6 Monate ohne Zollgenehmigung im Lande bleiben; der Wagen wird im Reisepass des Fahrzeughalters, der persönlich den Wagen einführen muss, eingetragen. Will man mit dem Boot Griechenland besuchen, muss das Kraftfahrzeug unter Zollverschluss gegeben und aus dem Reisepass ausgetragen werden. Zollparkplätze befinden sich in den lizenzierten Marinas.
Die für einen Bootsurlaub in Frage kommenden Flughäfen für Linien- und Charterflüge sind Istanbul, Izmir, Milas-Bodrum, Dalaman und Antalya. Im Sommer verkehren regelmäßig Fährboote zwischen Griechenland und der Türkei:
Mytilini (Lesbos) – Ayvalık
Chios – Çeşme
Vathy (Samos) – Kuşadası
Kos – Bodrum
Symi – Datça
Rhodos – Marmaris

Trailerboote: Für das bei der Einreise über Land in den Reisepass des Eigners eingetragene Trailerboot (über 3 m Länge) muss am Zielort ein Transitlog für das Befahren der türkischen Gewässer beantragt werden, das 12 Monate gilt und vor der Ausreise in einem Zollhafen wieder abgegeben werden muss.

Trailerboote können nur in einem Port of Entry (siehe unten) zu Wasser gelassen werden. Boote unter 3 m Länge unterliegen dieser Regelung nicht.

Bei der Ausreise über Land wird an der Grenze die Eintragung im Reisepass gestrichen. Verbleibt das Boot länger als sein Eigner im Lande, muss Zollverschluss beantragt werden.

Ports of Entry: Trabzon, Samsun, Istanbul, Tekirdağ, Bandırma, Çanakkale, Akçay, Ayvalık, Dikili, Izmir, Çeşme, Kuşadası, Güllük, Bodrum, Datça, Marmaris, Fethiye, Kaş, Finike, Kemer, Antalya, Alanya, Anamur, Taşucu (Silifke), Mersin, Iskenderun und einige andere.

Von Griechenland aus sind die nächstgelegenen Zollhäfen:
Alexandroupolis oder Myrina (Limnos): Çanakkale
Mytilini (Lesbos): Ayvalık
Chios: Çeşme
Pythagoreion oder Vathy (Samos): Kuşadası
Patmos: Güllük
Kos: Bodrum
Symi: Datça
Rhodos: Marmaris oder Fethiye.

Einreise über See: Nach Einlaufen in türkische Hoheitsgewässer (12-sm-Zone, in der Ägäis auf 6 sm eingeschränkt) ist auf direktem Weg ein Port of Entry anzusteuern. Man setzt die türkische Gastlandflagge und die gelbe Flagge »Q«. Zum Einklarieren sind folgende Stellen aufzusuchen:
- Hafengesundheitsbehörde
  (Sahıl Sağlık Merkezi)
- Sicherheitsbehörde/Passpolizei
  (Emniyet Amirliği)
- Zoll (Gümrük Muhafaza Teskilatı)

Das genaue Procedere des Einklarierens in der Türkei und im Nachbarland Griechenland wird hier im Detail beschrieben. Mit diesen neuen Regeln sind alle früheren Regeln außer Kraft gesetzt.

Die neuen Regeln in der Türkei
Privatyachten mit Eigner an Bord zahlen eine Transitlog-Gebühr von 30 US-$. Die Yacht kann 2 Jahre im Land bleiben, Eigner und Crew 3 Monate (Verlängerung um jeweils weitere 3 Monate ist bei der Passpolizei vor Ablauf der Frist zu beantragen); das Transitlog gilt 12 Monate, vorausgesetzt, die Yacht verlässt das Land nicht. Eine Yacht kann sogar bis zu 5 Jahren im Land bleiben, wenn sie ihren Liegeplatz-Hafen mindestens einmal alle 2 Jahre verlässt. Nach Ablauf der 5 Jahre kann die Aufenthaltsdauer für die Yacht vom Tourismusministerium um weitere 5 Jahre verlängert werden.

Privatyachten ohne Eigner an Bord zahlen eine Transitloggebühr von 50 US-$. Die Yacht kann ebenfalls 2 Jahre im Land bleiben, die Crew 3 Monate (Verlängerung und Gültigkeit wie oben).

Charteryachten aus dem Ausland ohne offizielle Charterlizenz des türkischen Tourismusministeriums können nur einen türkischen Hafen anlaufen und müssen dann wieder das Land verlassen. Allerdings können diese Charteryachten beim Tourismusministerium in Ankara einen Antrag auf Chartererlaubnis stellen. Der Antrag muss über eine Agentur mit entsprechender Lizenz erfolgen. Die Chartergebühr beträgt pro Jahr und Koje 250 US-$. Hinzu kommt die Bearbeitungsgebühr für die Agentur. Für ausländische Charteryachten, die im Sommer in der Türkei verchartert werden, aber im Winter nicht in der Türkei bleiben, muss eine zusätzliche Gebühr von 600 US-$ an das Ministerium gezahlt werden.

Das Procedere des Einklarierens
Unmittelbar nach dem Festmachen begibt sich der Eigner bzw. Skipper mit den Schiffspapieren und den Pässen der Crew ins Zollgebiet und kauft dort oder bei

einer Agentur ein **Transitlog** für ausländische Yachten (TÜRK LIMANLARI YAT KAYIT BELGESI, Yabancı Bayraklı Yatlar için), kenntlich gemacht mit einem gelben Balken im Kopf. In dieses Formular sind detaillierte Angaben über das Schiff, die Versicherung, den Eigner, den Skipper, die Crew und die geplante Route (alle Häfen angeben) einzutragen.

Dann müssen drei Behördenstationen besucht werden: Als Erstes die **Gesundheitspolizei** (Sahıl Sağlık Merkezi) (Haus mit gelber Flagge am Hafen). Dort wird das Transitlog abgestempelt und Namen und Daten der Yacht in ein Journal eingetragen. Bei der **Passpolizei** (Emniyet Amirliği) werden die Pässe abgestempelt. Der Zoll verlangt eine ausgefüllte Inventarliste, die Bestandteil des Transitlogs wird. Passpolizei und **Zoll** (Gümrük) stempeln das Transitlog ebenfalls. Nach diesem Procedere kann sich die Crew frei an Land bewegen. Die gelbe Flagge muss eingeholt werden.

Wenn die Reise an der türkischen Küste fortgesetzt werden soll, begibt sich der Skipper mit dem Transitlog zum **Hafenmeister** (Liman Başkanlı). Dieser bestätigt die im Transitlog eingetragene Route durch Abstempeln und erhebt eine Bearbeitungsgebühr zwischen ca. 2 bis 4 Euro (in türkischen Lira) je nach Größe der Yacht und Länge der vorgesehenen Route.

Mit dem vom Hafenmeister abgestempelten Transitlog kann die Yacht nun bis zu einem Jahr unbegrenzt in türkischen Gewässern segeln (Achtung: Die Crew muss nach drei Monaten ihre Aufenthaltsberechtigung verlängern). Das Transitlog ist auf Verlangen bei Hafenämtern, in Marinas und der Küstenwache vorzulegen. Änderungen der Crew und der Route sind vom nächstgelegenen Hafenmeister in der dafür vorgesehenen Rubrik bestätigen zu lassen.

In den folgenden vier Fällen wird das Transitlog vor Ablauf eines Jahres ungül-

tig: 1. Wenn die Yacht die Türkei verlässt. 2. Wenn sie verkauft wird. 3. Wenn die Charterfahrt zu Ende ist. 4. Bei Verlust des Transitlogs.
Kommt die Yacht aus dem Ausland wieder ins Land, muss ein neues Transitlog gekauft werden.
Verlässt der Eigner die Türkei und die Yacht bleibt im Land (auf einer Werft oder in einer Marina), so bleibt das Transitlog gültig. Es wird der Marina bzw. Werft übergeben und bei Rückkunft des Eigners diesem wieder ausgehändigt.

Weil das Einklarieren unter Umständen zeit- und nervenaufreibend ist, bieten Yachtservice-Agenturen in den Ports of Entry ihre Hilfe an. Diese umfasst den gesamten Einklarierungsprozess einschließlich aller erforderlichen Gänge zu Arzt, Polizei, Zoll und Hafenmeister. Vorteil: Das spart Zeit, kostet aber teilweise erhebliche Servicegebühren.

Crews, die in der Türkei chartern, haben mit Behördengängen in der Regel nichts zu tun. Sie erhalten von der Charterbasis gleichzeitig mit der Yacht das Transitlog und können nach dem Einchecken sogleich lossegeln.

Ausreise über See aus türkischen Gewässern: Die Ausreise muss ebenfalls über einen Port of Entry erfolgen. Das Transitlog ist abzugeben, die Pässe werden mit dem Ausreisedatum gestempelt.

Die Regeln in Griechenland
Seit 2000 mussten Sportfahrzeuge von mehr als 7 m Länge (nach dem Gesetz 2743/1999, Artikel 11) ungeachtet ihrer Flagge (sofern sie nicht ihren ständigen Liegeplatz in Griechenland haben), bei Einreise ins Land eine Einreise-Sondersteuer bezahlen. Diese Sondersteuer wurde im Herbst 2003 aufgehoben.
Bei der Einreise muss die gelbe Q-Flagge in der Backbordsaling und die griechische Gastlandflagge in der Steuerbordsaling gesetzt sein. Gleich nach dem Festmachen geht der Skipper mit den Schiffspapieren

und den Reisepässen der Crew der Reihe nach zu folgenden Behörden: 1. Zoll, 2. Passpolizei, 3. Hafenpolizei.

Beim Zoll fragt man nach Waffen an Bord, dem Schiffsinventar, wie viel Treibstoff an Bord ist und wie viel Spirituosen und Zigaretten. Unter Umständen kommt ein Zöllner mit zum Schiff, um sich alles zeigen zu lassen. Er stellt ein Papier aus, auf dem vermerkt ist, dass die Zollkontrolle erledigt ist. Als Nächstes werden die Pässe der Crew durch die Passpolizei geprüft – bei Bürgern eines EU-Landes wird nicht mehr gestempelt. Aber Crewlisten müssen abgegeben werden.

Bei der Hafenpolizei wird ein so genanntes »Deltio Kinissis« (Private Pleasure Maritime Traffic Document) ausgestellt, in das vom Hafenamt jeder Hafenbesuch eingetragen werden muss. Für dieses Dokument sind Gebühren in Höhe von ca. 29,50 Euro zu zahlen. Dieses Dokument ist mehrere Jahre gültig und sollte bei Ausreise nicht abgegeben werden. Es verfällt, wenn alle Stempelfelder voll sind. Dann muss ein neues erworben werden.

Flaggenführung: Türkei und Griechenland reagieren empfindlich, wenn die Gastlandflagge erst im Hafen gewechselt wird, wenn sie im Verhältnis zur Yacht viel zu klein oder bis zur Unkenntlichkeit abgenutzt ist. Die Nationale sollte nicht höher als die türkische Gastlandflagge gesetzt werden, also statt auf dem Besanmasttopp besser beispielsweise am Flaggenstock oder am Achterstag.

Führerscheine: Der Skipper einer Yacht muss einen Befähigungsnachweis gemäß den Bestimmungen des Heimatlandes für den entsprechenden Fahrtbereich besitzen (Sportbootführerschein See). Allerdings sollte der DSV die Einschränkung »begrenzt auf deutsches Seerevier« aus seinem Schein streichen, da in der Türkei ein Fall bekannt wurde, bei dem ein Gericht den Schein aus diesem Grund nicht anerkannte.

Versicherungspflicht: Auf dem türkischen Transitlog sind der Name der Versicherunggesellschaft, bei der die Yacht versichert ist, und die Versicherungsnummer einzutragen.

Währung: Die nationale Währungseinheit ist die Türkische Lira (TL). Wegen der schwankenden Inflation werden die Gebühren in Marinas jedoch auf der Basis von US-Dollar bzw. Euro berechnet, die Gebühren für das Transitlog auf US-Dollar-Basis.

Chartern: Charteryachten (Bareboat, Flottillen, Segeln mit Skipper) werden über seriöse Agenturen angeboten. Adressen von Charterfirmen können dem Anzeigenteil der Wassersport-Zeitschriften entnommen werden. Es ist darauf zu achten, dass die Firma eine für das Jahr gültige Genehmigung des Tourismusministeriums zum Verchartern von Yachten besitzt. Bei Mitsegelyachten lasse man sich ebenfalls die offizielle Charterlizenz zeigen, damit man nicht einem »schwarzen Schaf« in die Hände fällt, was den Urlaub trüben könnte.

Crewwechsel, Verchartern: Wenn der Eigner an Bord seiner privaten Yacht ist, können zweimal im Jahr Crews gewechselt werden, es sei denn es handelt sich um Familienmitglieder.
Eine gewerbliche Nutzung der Yacht ohne Charterlizenz ist verboten.
Ausländische Yachten mit Charterlizenz können unbegrenzt oft ihre Crews wechseln. Dabei ist jedes Mal ein neues Transitlog zu erwerben.
Wenn eine Privatyacht mehrere Eigner hat oder einem Club oder Verein gehört, der sie seinen Mitgliedern zeitweilig überlässt, dürfen pro Jahr maximal vier Eigner bzw. Club- oder Vereinsmitglieder mit der Yacht fahren. Es ist erlaubt, neben den Familienmitgliedern der Eigner auch ausländische Gäste für Törns, Sport- oder Urlaubsreisen an Bord zu nehmen, allerdings unter der Voraussetzung, dass hierfür kein Geld genommen wird.

Länderwechsel: Beim Wechsel zwischen der Türkei und Griechenland oder umgekehrt besteht für eine Privatyacht, deren Eigner an Bord ist, keinerlei Einschränkung, wenn ordnungsgemäß aus- und einklariert wird.

Kommt eine private Yacht aus Griechenland, deren Eigner nicht an Bord ist, so ist eine erhöhte Transitlog-Gebühr von 50 US-$ zu bezahlen (siehe Seite 8).

Regeln für Charteryachten aus dem Ausland – siehe ebenfalls Seite 8.

Sowohl von der Türkei als auch von Griechenland werden die Regeln immer mal wieder geändert. Was heute gültig ist, kann morgen schon wieder ganz anders sein. Wer ganz sichergehen will, erkundige sich vor dem Törn über den aktuellen Status und entscheide sich für einen Törn entweder in der Türkei oder in Griechenland und vermeide den Grenzübertritt. Die Charterunternehmen wissen, ob und wo Länderwechsel problemlos möglich ist.

Marinas, Winterlager:
Als Dauerliegeplatz im Wasser und teilweise an Land eignen sich die lizenzierten Marinas:
- Ataköy, Istanbul
- Setur-Marinas
  Kalamış Fenerbahçe, Istanbul
  Ayvalık
  Çeşme
  Kuşadası
  Finike
  Antalya
- Port Bodrum Yalıkavak Marina
- D-Marina, Turgutreis
- Milta-Marina, Bodrum
- Martı Marina, Orhaniye
- Netsel Marina, Marmaris
- Marmaris Yacht Marina, Marmaris
- Albatros Marina, Marmaris
- Club Marina, Göcek
- Port Göcek Marina, Göcek
- Ece Saray Marina, Fethiye
- Park Kemer Marina, Kemer
Rechtzeitige Anfrage und Anmeldung sind erforderlich.

Ausländische Yachten können nicht in Häfen oder an Stegen oder unter der Aufsicht von Firmen, Institutionen oder Personen, die nicht vom Ministerium für Tourismus lizenziert sind, »geparkt« werden, wenn der Eigner außer Landes ist.

Sollte eine ausländische Yacht in einer lizenzierten Marina oder Werft eingestellt werden, wenn der Eigner das Land verlässt, so übernimmt die Leitung der Marina bzw. Werft die Yacht inkl. ihres Inventars in ihre Obhut. Dies ist durch die Marina bzw. Werft in schriftlicher Form dem Zoll und der Zollpolizei zu melden. Von den Türkischen Fremdenverkehrs- und Informationsbüros (Anschriften siehe Seite 7) kann man erfahren, ob über die in dem Prospekt »Yachtreisen Türkei« aufgeführten lizenzierten Marinas hinaus weitere Häfen oder Werften eine Genehmigung zum Zollverschluss erhalten haben.

Werften, Reparaturen: Für Reparaturen und Lagerung an Land kommen speziell die lizenzierten Marinas mit Slipmöglichkeiten und die lizenzierten Werften in Betracht. Näheres siehe jeweils unter den Ortsbeschreibungen in diesem Buch.

Reparaturen werden außerdem in vielen anderen Werften und Häfen ausgeführt oder sind von dort zu organisieren. Auch in kleineren Orten sind geschickte Handwerker und Fachgeschäfte zu finden. Fast überall trifft man Türken an, die Deutsch sprechen, sodass Probleme zumindest provisorisch im Handumdrehen gelöst werden. Etwas länger dauert es allerdings, wenn mehrere Mittelsleute dazwischengeschaltet werden müssen.

Umweltschutz: In der Türkei besteht – als einzigem Mittelmeeranrainer – Tankpflicht für Toiletten auf Gulets und Yachten. Noch sind keine Entsorgungseinrichtungen in den Häfen und Marinas installiert; trotzdem ist das System beispielhaft. Empfohlen wird das Entleeren der Tanks auf »hoher See«. So bleiben Häfen, Buchten und Golfe von Überdüngung und damit Verschmutzung verschont.

Allgemeine Informationen

Sicherheitsbestimmungen/Ausrüstung:
Vor allem Charteryachten, aber auch private Yachten werden jährlich auf ihre Seetüchtigkeit und Ausrüstung von den Hafenbehörden überprüft. Danach wird ein so genanntes YAT KAYIT BELGESI ausgestellt, das grundsätzlich mit den Schiffspapieren an Bord sein muss und von der Küstenwache (Sahil Güvenlik) kontrolliert wird. In diesem Sicherheitszertifikat werden die im Heimatland der Yacht geforderten Ausrüstungsteile wie Rettungsinsel, Schwimmwesten, Lifebelts, Radarreflektor etc. und die ordnungsgemäße Installation der Toilettentanks bestätigt. Wer ohne dieses Zertifikat an der türkischen Küste segelt und erwischt wird, muss sich unter Umständen auf eine Verhandlung vor einem Strafgericht einstellen.

Tauchen: In bestimmten Gebieten der türkischen Gewässer ist das Tauchen mit Taucherausrüstung unter Begleitung eines türkischen Tauchführers gestattet. Einzelinformationen erteilen die Fremdenverkehrsämter. Tauchen ohne Gerät ist überall erlaubt.

Sperrgebiete sind aus den Seekarten ersichtlich und werden in den jeweiligen Kapiteln des Buches erwähnt. Es versteht sich von selbst, dass man sie umfährt oder zügig passiert. Militäranlagen dürfen nicht fotografiert werden.

Sahil Güvenlik: Die türkische Küste ist in weiten Abschnitten Grenzgebiet zu anderen Ländern. Insbesondere gegenüber Griechenland verläuft die Küstenlinie oft in wenigen Seemeilen Abstand von der eigenen Küste. Von Schlepperbanden aus östlichen Ländern wird diese unübersichtliche Küste gerne benutzt, um Menschen via Türkei nach Europa zu schmuggeln. Dies zu verhindern, ist eine der Aufgaben der türkischen Küstenwache. Gleiches gilt für den Rauschgiftschmuggel. Darüber hinaus kontrolliert die Sahil Güvenlik den Großschiffsverkehr in den Durchgangsgewässern des Marmarameeres, des Bosporus etc.

Eine weitere Aufgabe ist die Kontrolle der Gulets, Ausflugsboote, Fischer und Yachten. Auf der Checkliste stehen folgende Positionen: 1. Transitlog, 2. Pass/Personenüberprüfung, 3. Sicherheitsausrüstung (Rettungsmittel etc.), 4. UKW- Geräte, 5. Lichterführung, 6. Befähigungsnachweis des Skippers.
In Seenotfällen ist die Küstenwache Tag und Nacht einsatzbereit. Sie ist über die Kanäle 16 (70) »Sahil Güvenlik« zu erreichen oder über folgende Telefonnummern:

Istanbul	0212 242 97 10
Çanakkale	0286 212 75 00
Izmir	0232 366 66 66
	oder 365 58 20
Marmaris	0252 412 77 22
Antalya	0242 259 09 53
Iskenderun	0326 614 23 11

Deutsche Diplomatische Vertretungen in der Türkei
Ankara – Botschaft:
114 Atatürk Bulvarı
06540 Ankara-Kavaklidere
Post: PK 54
06552 Çankaya-Ankara/Türkei
Tel: +90 312 455 51 10
Fax: +90 312 426 69 59
Web: www.germanembassyank.com

Antalya – Generalkonsulat:
Yeşilbahçe Mah, 1447 Sok, B. Gürkanlar Apt.
Kat: 5, No. 14, 07100 Antalya/Türkei
Tel: +90 242 312 25 35
Fax: +90 242 321 69 14

Istanbul – Generalkonsulat:
Inönü Cad 16-18, Post: PK 355
60073 Istanbul-Beyoğlu/Türkei
Tel: +90 212 334 6100
Tel: +90 212 2934120/22 (Visastelle)
Fax: +90 212 249 99 20
Fax: +90 212 245 26 24 (Visastelle)
Mail: gk.istanbul@sim.net.tr

Izmir – Generalkonsulat:
Atatürk Cad 260, 35220 Izmir
Post: PK 156, 35212 Izmir/Türkei

Tel: +90 232 421 69 95/96, 463 52 91
Fax: +90 232 463 40 23 (Visastelle)

Sonnenschutz

Die Sonneneinstrahlung im Mittelmeerraum ist stärker, als es unsere Haut normalerweise verträgt. Es ist der für das Auge nicht erkennbare UV-Anteil des Lichts, der die Schäden an der Haut verursacht. Als direkte Folge der übermäßigen UV-Bestrahlung tritt in der Regel ein Sonnenbrand auf. Später kann es zu vorzeitiger Hautalterung und Hautkrebs kommen. Deshalb insbesondere auf dem Wasser folgende Regeln beachten:
Nicht in die pralle Sonne legen, im Schatten bräunt man auch. Insbesondere die Sonne zwischen 11 und 15 Uhr meiden. Denken Sie daran, dass die Sonne Ende April genauso stark scheint wie Ende August – auch wenn es noch nicht so warm ist.
Auch im Schatten Sonnenschutzmittel mit hohem Lichtschutzfaktor verwenden.
Direkte Sonneneinstrahlung auf den ungeschützten Kopf vermeiden. Eine Kopfbedeckung benutzen, sonst droht Sonnenstich. Eine Sonnenbrille tragen, denn UV-Licht schädigt auch die Augen. Vorsicht vor billigen Plastiksonnenbrillen. Sie halten die UV-Strahlen nicht ab und ermöglichen den Strahlen erst recht den Weg ins Auge.

Sicherheitshinweise des Auswärtigen Amtes

Es wird darauf hingewiesen, dass Drogenschmuggel in und aus der Türkei wie auch der illegale Drogenkonsum mit hohen Gefängnisstrafen geahndet werden. Der Erwerb, Besitz und die Ausfuhr von Antiquitäten (z. B. alt aussehende Gegenstände, Fossilien, behauene Steine, ja sogar Steine vom Strand, die auffällig sind*) ist verboten und kann mit Gefängnis bis zu 10 Jahren bestraft werden. Bei Verstößen sind auch für Touristen mehrere Monate Untersuchungshaft und hohe Kautionszahlungen gängige Praxis. In Einzelfällen wurden Haftstrafen verhängt.

Internet

Aktuelle Ergänzungen aus erster Hand zu Behörden, Marinas, Routen und anderen wichtigen Themen rund um das Revier finden Sie auf der Web-Seite von YACHT-Korrespondent Udo Hinnerkopf unter http://www.insidersegeln.de

---

* Erinnert sei in diesem Zusammenhang an den Vorfall im September 2003. Eine Familie wurde bei der Ausreise festgehalten, weil der neunjährige Sohn einen Stein im Gepäck hatte, den er vom Strand aufgelesen hatte und der vom Flughafen-Zöllner als »antik« eingestuft wurde. Erst nach vier Wochen kam der Vater aus dem Gefängnis frei. Das türkische »Gesetz zum Schutz von Kultur- und Naturgütern« wird unter Umständen eng ausgelegt.

Seekarten, Seebücher

Zur Ausstattung eines hochseetüchtigen Bootes gehören berichtigte Seekarten und aktuelle Seebücher. Es sei ausdrücklich darauf hingewiesen, dass die in diesem Buch abgebildeten Pläne – da nicht mit wissenschaftlichen Mitteln erarbeitet – nur als Orientierungshilfe gedacht sind und Detailkarten nicht ersetzen sollen.

Die Fahrten, auf denen das Material für dieses Buch gesammelt wurde, sind nach deutschen und türkischen Seekarten unternommen worden. Deshalb wurde im Text und in den Plänen für die Ortsbezeichnungen die Schreibweise in den deutschen Seekarten gewählt und gelegentlich eine andere, allgemein geläufige Bezeichnung hinzugefügt. Verschiedentlich sind in den deutschen Seekarten Orte nach türkischen Angaben umbenannt worden, doch die Ortsansässigen bleiben vielfach bei der ihnen geläufigen Bezeichnung. In den entsprechenden britischen Seekarten werden die Ortsnamen wiederum anders geschrieben.

Die Kennungen der Leuchtfeuer wurden absichtlich weggelassen, denn maßgeblich als Leuchtfeuerverzeichnis ist allein die »Admiralty List of Lights and Fog Signals, Volume E: Mediterranean, Black and Red Seas«. Der Buchstabe »F.« im Plan bedeutet lediglich, dass sich an dieser Stelle ein Feuer befindet.

Nachstehend werden deutsche, türkische und britische Seekarten aufgeführt, die das Gebiet abdecken. Darüber hinaus gibt es weitere Detailkarten, die von den Seekarten-Vertriebsstellen je nach Bedarf zusammengestellt werden.

Die Reihenfolge der Seekartennummern entspricht dem Verlauf der im Buch beschriebenen Reise.

Seekarten

deutsche:

Karte Nr.	Titel	Maßstab 1:
INT 1	Zeichen, Abkürzungen, Begriffe in deutschen Seekarten	
D 606	Ägäisches Meer	750000
D 610	Ece Limanı bis Baba Burnu (Einfahrt Dardanellen), mit 3 Plänen: Bozcaada Ln., Kuzu Ln., Aydıncık Ln.	150000
D 1112	Çanakkale Boğazı (Dardanellen) mit 3 Plänen: Einfahrt in Çanakkale Boğazı, Nara Geçidi (Hafen Çanakkale), Kumkale bis Seddülbahir	75000
D 511	Marmarameer mit 9 Plänen, u.a. Erdek Körfezi, Karabiga Ln., Bandırma Ln., Hafen Mudanya, Gemlik Ln., Ansteuerung und Hafen Tekirdağ	200000

D 1111	Istanbul Boğazı (Bosporus)	30000
	mit Plänen: Haydarpaşa Ln., Haliç	
	(Das Goldene Horn)	
D 1113	Izmit Körfezi	75000
	(Istanbul und Prinzeninseln)	
	mit Plänen: Tuzla und Gölcük Ln.	
D 611	Baba Burnu bis Ilıca Burnu	150000
	mit 9 Plänen: Einfahrt zum Kolpos Kallonis,	
	O. Sigri, Ln. Mytilinis, Einfahrt zum Kolpos	
	Geras, Sivrice, Skala Eressou, Dikili, Bademli Ln.,	
	Ln. Plomariou	
D 1084	Häfen und Ankerplätze an der Westküste der	div.
	Türkei, Blatt I, nur Pläne: Ln. Samou, Kuşadası	
	Ln., Ansteuerung von Güllük, Sığacık Ln.,	
	O. Mandraki, Çeşme Körfezi, Hafen von Chios,	
	Alaçatı Körfezi, Mersin Körfezi, Hafen von	
	Marathokampos, Ln. Pythagoreiou, Eğriliman,	
	Çandarlı Körfezi, Ayvalik Ln., Samosstraße,	
	Ln. Karlovasi	
D 612	Ilıca Burnu bis Kuşadası	150000
	mit 3 Plänen: O. Kolokythias, O. Volissou, O. Psaron	
D 1083	Izmir Körfezi	75000
	mit 4 Plänen: Hafen Foça, Yenikale Geçidi,	
	Izmir Ln., Hafen Izmir	
D 613	Kuşadası bis Bodrum	150000
	mit Plan: Poros Phournon	
D 614	Bodrum bis Fethiye	150000
	mit Plänen: Bodrum Ln., Ln. Panormitou, O. Livadia,	
	Bördübet Ln., Ln. Symis und Stenon Nimou,	
	Körmen Ln., Marmaris Ln., Göçek Ln., Fethiye Ln.,	
	Çamlı Ln. und Şehir Adaları	
D 711	Fethiye bis Alanya	300000
	mit Plan: Reede von Antalya	
D 1085	Häfen und Ankerplätze an der Westküste	div.
	der Türkei, Blatt II, nur Pläne: Ansteuerung	
	Ln. Skalas Patmou, O. Lakki, O. Partheni, Nisos	
	Megisti (Kastellorizon), Ln. Mandraki, Hafen von Paloi,	
	Ln. Rodou, Ormos Ko, Ln. Kastellorizon,	
	O. Lindou, O. Alintas, Hafen von Kalymnos	

16 *Seekarten, Seebücher*

türkische:

Karte Nr.	Titel	Maßstab 1:
T 213	Gökçeada – Baba Burnu	100000
T 212	Çanakkale Boğazı	75000
	(Nara Geçidi, Kumkale-Seddülbahir)	
	Çanakkale	
T 29	Marmara Denizi	300000 (INT 3708)
T 295	Marmara Denizi	75000 (INT 3752)
	Hoşköy – Gelibolu	
T 294	Marmara Denizi	100000
	Marmara Adaları – Imralı Adası	
T 293	Marmara Denizi	100000
	Büyükçekmece – Hoşköy	
T 2928	Marmara Denizi	12500
	Caddebostan - Yenikapı	
T 2923	Marmara Denizi	50000 (INT 3754)
	Yeşilköy – Yelkenkaya	
T 2921	Istanbul Boğazı (Haliç)	30000 (INT 3756)
T 292	Marmara Denizi	100000
	Istanbul – Mudanya	
T 214	Baba Burnu – Çandarlı Körfezi	150000
T 2141	Ege Denizi Limanları, nur Pläne:	div.
	Sivrice, Akçay, Kallonis, Dikili, Bademli	
T 2143	Ayvalık Limanı	10000
T 2210	Karaburun – Foça	50000
T 221	Izmir Körfezi	75000
T 222	Çeşme Boğazı	100000
	(Chios, Psara, Ildır – Körfezi,	
	Karaburun – Çeşme)	
T 223	Çeşme Boğazı – Dilek Boğazı	100000
	(Chios-Samos)	
T 224	Dilek Boğazı – Bodrum Boğazı	100000
	(Samos-Kos)	
T 311	Bodrum Boğazı – Marmaris	100000
T 312	Marmaris – Fethiye	100000
T 313	Fethiye – Kaş	100000
T 321	Kaş – Çavuş Burnu	100000
T 322	Antalya Körfezi	100000 (INT 3651)

britische:

Karte Nr.	Titel	Maßstab 1:
BA 180	Aegean Sea	1100000
BA 1608	Approaches to Çanakkale Boğazı (The Dardanelles)	100000
BA 2429	Çanakkale Boğazı (The Dardanelles) Çanakkale, Nara Geçidi (The Narrows)	75000 3 Pläne
BA 1004	Çanakkale Boğazı (The Dardanelles) to Marmara Adasi	100000
BA 224	Marmara Denizi, Izmit Körfezi	300000
BA 1005	Marmara Adasi to Istanbul Boğazı (The Bosporus)	150000
BA 2286	Southern Approaches to Istanbul Boğazı (The Bosporus)	50000
BA 1198	Istanbul Boğazı (The Bosporus) Haliç (The Golden Horn)	30000
BA 1659	Nisos Limnos to the Dardanelles and Baba burnu	150000
BA 1665	Nisos Lesvos and Candarli Körfezi to Baba Burnu	150000
BA 1645	Nisos Khios and Izmir Körfezi	150000
BA 3446	Paspargo islet to Samos strait, including the Gulf of Skála Nuova	103000
BA 1546	Samos strait to Güllük Körfezi, Kuşadasi roads	103300
BA 1604	Gulfs of Kós, Doris and Symi	105000
BA 1545	Marmaris Limanı and Karaagaç Limanı	37500
BA 1886	Approaches to Fethiye Körfezi, Fethiye Limanı and Göcek Limanı	100000
BA 236	Nisos Ródos to Taşlik Burnu (Plan) = Finike	300000

18 Seekarten, Seebücher

Seebücher. Veröffentlichungen des Bundesamtes für Seeschifffahrt und Hydrographie (BSH), Hamburg und Rostock:

– Mittelmeer-Handbuch, V. Teil:
  Die Levante, Schwarzes Meer und Asowsches Meer. Bestell-Nr. 2031
– Admiralty List of Lights and Fog Signals, Volume E: Mediterranean, Black and Red Seas (britisches Leuchtfeuer-Verzeichnis/keine BSH-Publikation)
– Jachtfunkdienst Mittelmeer.
  Bestell-Nr. 2159

Bezugsquellen. Die vom BSH herausgegebenen nautischen Karten und Bücher werden von autorisierten Vertriebsstellen und deren Auslieferungsstellen verkauft. Dort können auch türkische und britische Seekarten bestellt werden. Eine aktuelle Vertriebsstellenliste kann beim Bundesamt für Seeschifffahrt und Hydrographie (BSH), Bernhard-Nocht-Straße 78, 20359 Hamburg oder Postfach 30 12 20, 20305 Hamburg, Tel: 040 3190-0, Fax: 040 3190-5000, Mail: posteingang@bsh.de oder in Rostock, Neptunallee 5, 18057 Rostock, Tel: 0381 4563-5, Fax: 0381 4563-948, Mail: posteingang.rostock@bsh.de angefordert werden.

Beim Berichtigungsservice für Seekarten und Sportbootkarten des BSH können im Internet die aktuellen Berichtigungen als PDF-Files heruntergeladen werden: http://www.bsh.de/de/Schifffahrt/Sportschifffahrt/Berichtigungsservice%20Karten/index.jsp

SYMBOLE IN DEN PLÄNEN

Symbol	Bezeichnung	Symbol	Bezeichnung
✖	*Windmühle*	⌒	*Küstenwache*
☿	*Moschee*	⛽	*Tankstelle*
Dkm.	*Denkmal*	×	*Wasseranschluss*
🌳	*Bäume*	🚿	*Dusche*
🌴	*Palmen*	⊟	*Treppe*
🚤	*Fähre*	⚓	*Ankerplatz*
☎	*Telefon*	⚓	*möglicher Liegeplatz für Sportboote/Yachten*
PTT	*Post/Telefonamt*	F.	*Hinweis auf Feuer (Kennung im Leuchtfeuerverzeichnis)*
⌖	*Tankschiff*	+	*Fels, Klippe*
⌁	*Elektrizität*		

Wissenswertes für den Törn

Törnplanung: Für Urlauber mit Charterbooten, die in den Yachthäfen zwischen Kuşadası und Antalya stationiert sind, ist die Törnplanung bereits programmiert. Während das Segeln mit einer Flottille in weitgehend festgelegten Bahnen verläuft, können sich einzeln gecharterte Boote in einem größeren Radius bewegen, der jedoch ebenfalls durch Zeit und Zielhafen begrenzt wird. Deshalb gilt für die türkische Küste die Empfehlung, das Reiseziel nicht zu weit zu stecken, vor allem dann, wenn die Rückreise in den Sommermonaten in nördlicher Richtung gegen den zu erwartenden nördlichen Wind (Meltemi) erfolgen muss.

Yachteigner ohne festen Liegeplatz dagegen haben den Vorteil, die Reise an der türkischen Küste entlang großräumig zu planen und gegebenenfalls das Boot bis zum nächsten Törn in einer türkischen Marina zurückzulassen.

Sorgfältig ist vor allem eine Fahrt nach Istanbul und zum Bosporus zu überlegen, denn je nach Route und Umwegen im Marmarameer beträgt die Strecke von der Einfahrt in die Dardanellen bis zum Schwarzen Meer und zurück zwischen 350 und 450 sm. Hinzu kommen die Anfahrt über die Ägäis und Kreuzschläge gegen die Strömung sowie die Rückfahrt zu einem sicheren Dauerliegeplatz, falls man das Boot nicht in der Gegend von Istanbul lassen will.

Steht also nicht genügend Zeit für die direkte Anfahrt zum Beispiel aus der Athener Gegend zur Verfügung, so muss man diese Reise in zwei Etappen planen und hierbei als Ausgangspunkt entweder einen türkischen Yachthafen oder einen möglichst weit nördlich liegenden griechischen wählen, etwa Porto Carras/Chalkidiki (125 sm von den Dardanellen entfernt).

Wer sich die Reisezeit aussuchen kann, sollte sich im Hochsommer nördlich von Kuşadası aufhalten, wenn er dem Andrang in den stark besuchten Revieren und der größten Hitze im Süden entgehen will.

Klima und Wetter: Von den sehr unterschiedlichen Klimaverhältnissen in der Türkei betrachten wir nur die der beschriebenen Küstenstrecken. Das Schwarze Meer ist reich an Niederschlägen, wodurch auch das Wetter am Bosporus und am Marmarameer beeinflusst wird. Im Marmarameer sind die Temperaturen übers ganze Jahr niedriger als an der Ägäisküste, wo sich schließlich das typische Mittelmeerklima durchsetzt: Es ist im Sommer trocken und heiß, doch die Seebrise macht den Aufenthalt in dieser Region sehr angenehm. Dies gilt im Allgemeinen auch für die türkische Südküste.

Erst im Golf von Antalya wird es subtropisch: Im Juli und August liegen die Temperaturen bei Windstille tagsüber bei 35–40 °C, das Meer kann bis 29 °C warm werden. Tabellen über durchschnittliche Luft- und Wassertemperaturen sind praktisch wertlos, weil sie die ideale Mitte zwischen Minimum und Maximum vortäuschen, während man sich doch in den eigenen Urlaubswochen mit den dann gerade herrschenden Tatsachen abfinden muss.

Hierzu ein Tipp: Nicht in Häfen und Buchten verweilen, die in Lee der Hauptwindrichtung liegen, z. B. Bodrum. Der Wind von See her ist um etliche Grade kühler, wird aber umso mehr aufgeheizt, je weiter er übers Land streicht. In Gümüşlük oder Yalıkavak dagegen ist es viel kühler, weil dort die Brise direkt von See kommt.

Grob betrachtet ist es im Norden kühler als im Süden, im Marmarameer regnet es häufiger als in der Ägäis, und der Herbst bringt überall Gewitter mit variablen Winden.

Während der langen Saison von April bis Oktober findet man aber größtenteils günstige Wetterbedingungen zum Segeln oder Motorbootfahren vor.

Trotzdem sollte man bei Frühsommertörns in Richtung Norden nicht mit warmen Sachen sparen, weil mit dem Poyraz sehr kalte Luft vom Schwarzen Meer durch den Bosporus kommt. Selbst im Hochsommer ist es nicht verkehrt, Ölzeug mitzunehmen; denn wenn der Meltemi weht, gibt es schnell Seegang und Spritzwasser, dem man sich besonders bei langen Etappen nicht gern ungeschützt aussetzt.

Winde: Das gesamte in diesem Buch beschriebene Gebiet wird vom Meltemi (Etesien) betroffen, doch zeigt dieser in der ganzen Ägäis vorherrschende Sommerwind aus nördlichen Richtungen an der türkischen Festlandsküste durch den unterschiedlichen Küstenverlauf starke Abweichungen. Ganz gleich, ob lokal unter »Meltem« ein Nord-, Nordwest- oder Westwind verstanden wird, er kann dem Sportbootfahrer zu schaffen machen und muss deshalb sorgfältig beobachtet werden.

Normalerweise tritt er zwischen Juni und

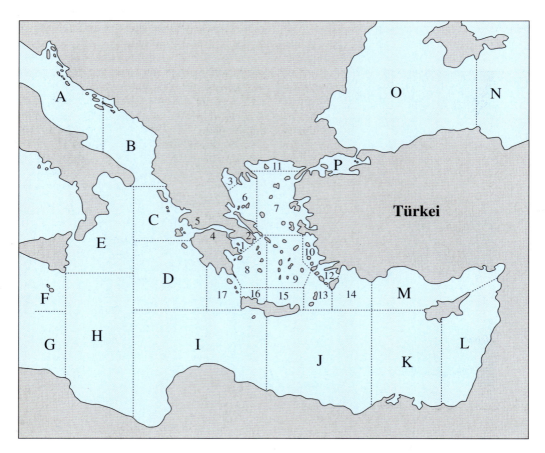

Die dem »Jachtfunkdienst Mittelmeer« entnommene Karte zeigt die Vorhersagegebiete des griechischen Seewetterberichtes. Die Seegebiete sind mit Buchstaben gekennzeichnet, die Küstengewässer mit Zahlen – siehe dazu auch Seite 22.

September bei wolkenlosem Himmel am späten Vormittag auf, steigert sich im Laufe des Tages bis zu 5 oder 6 Bft und flaut bei Sonnenuntergang wieder ab. Erreicht er aber 7–8 Bft, so hält er auch über Nacht und über mehrere Tage durch. Besondere Hinweise auf abweichende Richtungen bei Meltemi oder die sonst übliche Tagesbrise werden in den einzelnen Kapiteln bei den jeweiligen Ankerplätzen gegeben.

Im Frühjahr und Herbst muss mit starken Südostwinden (Lodos) gerechnet werden. Alle in den Sommermonaten sicheren Ankerbuchten, soweit sie nach Osten bis Süden offen sind, sind dann unbrauchbar. Fällt das Barometer rasch, ist mit Südsturm zu rechnen und ein gegen Süden sicherer Hafen oder Ankerplatz anzulaufen.

Seewetterberichte erhält man am besten in den Marinas und im Internet, von der Küstenwache (Sahil Güvenlik), per Navtex (Sender Izmir oder Heraklion/Kreta), in großen Häfen beim Hafenamt oder aus dem Rundfunk. Angaben über Frequenzen und Sendezeiten sind dem »Jachtfunkdienst Mittelmeer« zu entnehmen, der alljährlich erscheint (siehe Seebücher). Da die Frequenzen und Sendezeiten sich häufig ändern, erkundige man sich vor Törnbeginn über die aktuellen Sendungen.

Die **Deutsche Welle** (DW) strahlt einen Seewetterbericht für das Mittelmeer aus (Wetterlage, Vorhersage für 24 Stunden, ausgewählte Stationsmeldungen). Aktuelle Sendezeiten und Frequenzen können vor Reisebeginn bei der Deutschen Welle

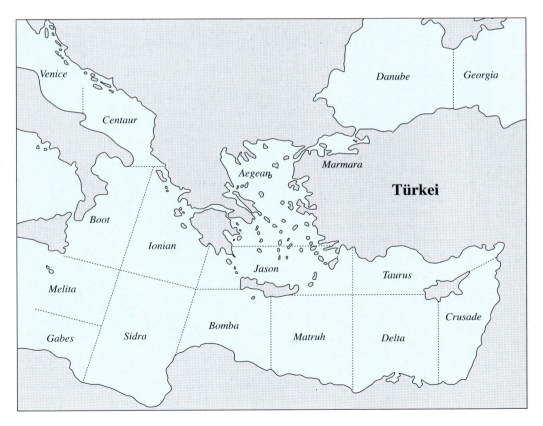

Die Vorhersagegebiete des türkischen Seewetterberichts.

Bonn, Technische Beratung, Tel: 0228 429 3208, Fax: 0228 429 3220, Mail: tb@ dw-world.de angefordert werden. Zur Zeit der Drucklegung gelten folgende Frequenzen für DW-Radio: 6.075, 9.545 und 13.780 kHz täglich MESZ 07:55 und 17:55 Uhr. Der aktuelle Wetterbericht kann auch unter der Adresse http://www.dw-world.de/german unter »Deutschland entdecken« und »Seewetter« abgerufen werden.

Radio Österreich International (ORF) hat den Wetterbericht für das Mittelmeer im Sommer 2003 eingestellt.

Radio Athen sendet um 06:03 Ortszeit einen schnell gesprochenen Wetterbericht in griechischer Sprache auf Mittelwelle im *Proto Programma* (1. Programm) auf 729 kHz (Athen), 1494 kHz (Rhodos) und 1602 kHz (Samos). Vorhersagegebiete siehe Karte aus dem »Jachtfunkdienst Mittelmeer«.

Die türkischen **TV-Sender TRT1, NTV** und **CNN/Türk** zeigen abends nach den Nachrichten die allgemeine Großwetterlage und die zu erwartenden Windstärken in den einzelnen Seerevieren.

Die Küstenwache (Sahil Güvenlik) sendet Wetterinformationen und Vorhersagen für 24 Stunden auf UKW-Kanal 8 (Ankündigung Kanal 16) in türkischer und englischer Sprache dreimal täglich um 08:00, 13:00 und 18:00 Uhr Ortszeit.

Seewetter im Internet:
http://www.meteor.gov.tr/pages/ruzgar.jpg
http://english/wunderground.com/global/
    stations/17298.html
http://www.poseidon.ncmr.gr/
    weather_forcast.html
http://www.met.fu-berlin.de/wetter/
    meteosat/satt.jpg
http://www.wetteronline.de/spezial/segel.htm

Seegebiete:
A	North Adriatic	I	Libyan Sea
B	South Adriatic	J	Ierapetra Sea
C	North Ionian Sea	K	Delta
D	South Ionian Sea	L	Crusade
E	Boot	M	Taurus
F	Melita	N	East Black Sea
G	Gabes	O	West Black Sea
H	Sidra	P	Marmara

Küstengewässer:
1	Saronicos	8	SW Aegean
2	S Evvoicos	9	SE Aegean
3	Thermaicos	10	Samos Sea
4	Korinthiacos	11	Thrakiko
5	Patraicos	12	Kos-Rodos Sea
6	NW Aegean	13	W Karpathio
7	NE Aegean	14	E Karpathio
	(Nordhälfte)	15	E Kretan
	Central Aegean	16	W Kretan
	(Südhälfte)	17	Kithira Sea

Je nach Wetterlage werden die Gebiete zusammengefasst oder unterteilt, sodass die angegebene Reihenfolge nicht gewährleistet ist. Mit etwas Übung kann man die Windrichtungen und -stärken auch in Griechisch verstehen.

Griechische Bezeichnungen der Windrichtungen:
N	= animi vorii	S	= notios
NE	= vorio anatolikos	SW	= notio ditikos
E	= anatolikos	W	= ditikos
SE	= notio anatolikos	NW	= vorio ditikos

Uhrzeit: Sowohl für die Türkei als auch für Griechenland gilt die osteuropäische Zeit, das bedeutet UTC + 2 Stunden. Beide Länder stellen die Uhr im Sommer um 1 Stunde vor, sodass die Differenz zwischen türkischer Ortszeit und UTC dann 3 Stunden beträgt.

Häfen: Außer den Marinas mit perfekten Versorgungsmöglichkeiten und großen Fähr- und Handelshäfen gibt es in der Türkei vor allem im Norden viele öffentliche Häfen, die für die Bedürfnisse der ansässigen Fischer angelegt wurden und außerdem zahlreiche kleine Freizeitboote beherbergen. Wenn nur eine kräftige Mole für den nötigen Schutz sorgt, so ist damit der Hafenbau vielfach abgeschlossen. An Ausbaggern, Kaianlagen oder Versor-

Istanbul, Blaue Moschee

gungsmöglichkeiten ist erst viel später zu denken. Deshalb müssen Sportboote mit größerem Tiefgang äußerst vorsichtig in solche Häfen einlaufen.
Anlegemöglichkeiten sind oft nicht gegeben, oder die wenigen bequemen Plätze werden von den Fischern beansprucht. Trotzdem findet man meist – vor allem außerhalb der Sommermonate – eine Lücke, in der man mit Buganker und Heckleinen oder umgekehrt anlegen kann. Notfalls darf man an einem Fischerboot längsseits gehen. In letzter Zeit sind etliche neue Häfen entstanden oder in Gemeindehäfen Yachtstationen eingerichtet worden, die für Wasser und Treibstoff sorgen und für diese Dienstleistungen mäßige Liegegebühren kassieren.

Ankerplätze: In den Buchten wird entweder frei schwojend geankert oder mit einer Leine zum Ufer festgemacht. Diese Methode empfiehlt sich vor allem dann, wenn der Platz zum Schwojen nicht ausreicht oder wenn der Ankergrund steil abfällt, sodass freies Ankern keinen Halt verspricht. Viel Kette geben und diese durch kräftiges Rückwärtsfahren in den Grund einziehen und kontrollieren, ist die beste Methode, um eine sichere Nacht zu verbringen.

Wasser ist fast überall reichlich vorhanden, teilweise aus Quellen oder Brunnen, in Städten wird es gechlort und ist deshalb ohne Bedenken trinkbar. Machen wir uns mit einem Kanister auf den Weg, dann werden wir spätestens in der Nähe der Moschee einen Wasserhahn entdecken. Gutes Quellwasser bekommt man in manchen Buchten, gelegentlich wird es jedoch aus Zisternen hochgepumpt; dann sollte man es nicht ungekocht verwenden.

Treibstoff erhält man in allen Marinas und größeren Häfen und an der Straßentankstelle in nahezu jedem Ort. Geht die Fahrt an wenig besiedelten Küsten entlang, sollte man sich rechtzeitig eindecken.

Lebensmittel: Supermärkte, die keinen Wunsch offen lassen (Migros, Gima, Tansaş), gibt es in allen großen Touristenzentren. Die verbreitete Ansicht, die Versorgung mit Lebensmitteln in der Türkei sei mangelhaft, rührt daher, dass weite Küstenstriche unbewohnt sind. Kleine Dörfer befinden sich kilometerweit landeinwärts. Weil die Bewohner dieser ländlichen Ortschaften sich weitgehend selbst versorgen, gibt es dort zwar keinen Supermarkt, aber immerhin einen Laden mit Grundnahrungsmitteln. Notfalls kann man direkt bei den Bauern Eier, frische Butter, Joghurt und je nach Jahreszeit Obst und Gemüse bekommen.

In Küstenorten mit Ferienbetrieb ist das Angebot in der Saison ausgesprochen reichhaltig, da viele türkische Urlauber sich selbst verpflegen. In mittleren und größeren Orten gibt es einmal in der Woche Markttag, *pazar*. Die Bauern der Umgebung bieten alles an, was der Boden hergibt und nach Jahreszeit wechselt. Das Bummeln über diese Märkte gehört zu jedem Türkeitörn, das Einkaufen macht Spaß, gehandelt wird aber nicht – siehe weiter unten. Den *pazar* findet man, wenn man in die Richtung läuft, aus der Frauen und Männer mit voll bepackten Taschen, Plastiktüten und Rollwägelchen kommen. Das frische Weißbrot und andere Backwaren schmecken ausgezeichnet, Milchprodukte, Honig, Nüsse, schwarzer Tee, Fruchtsäfte, Bier und Raki (Anisschnaps) sind reichlich vorhanden; sogar unter mehreren Weinsorten kann man wählen. Fleisch gibt es von Rind, Kalb, Hammel, Lamm, Ziege und Huhn, doch kein Schweinefleisch. Das gelegentlich Ausländern angebotene tiefgefrorene Wildschweinfleisch sollte, da veterinärmedizinisch nicht kontrolliert, wegen der Trichinengefahr nicht im ganzen Stück gegrillt, sondern nur in gut durchgegartem Zustand genossen werden.

In den Orten mit starkem ausländischem Fremdenverkehr haben sich Lebensmittelgeschäfte bereits auf den Bedarf der Kunden eingestellt und bieten zunehmend importierte Feinkost an. Fisch sollte man am frühen Vormittag an speziellen Fischständen kaufen. Ladenschlusszeiten gibt es nicht. In den Sommermonaten hat Migros rund um die Uhr auf. Andere schließen zwischen 22 und 23 Uhr. Auf den Gemüsemärkten in den Küstenstädten kann man morgens um 2:30 Uhr Obst kaufen. In den Großstädten allerdings sind am Sonntag die Geschäfte in den großen Einkaufsstraßen geschlossen. Der *bakal* um die Ecke, der unserem Tante-Emma-Laden entspricht, hat bis spät in die Nacht auf.

Restaurants: Fisch ist knapp und nur sehr mühsam zu fangen. In den Touristenorten werden mit Vorliebe Fische, Langusten und Hummer zu außerordentlich hohen Preisen angeboten. Keinesfalls bestellen, ohne sich vorher über den Preis abgestimmt zu haben. Die Auswahl an Restaurants mit unterschiedlicher Qualität und Preisgestaltung ist sehr groß. Im Allgemeinen wird man auch in kleineren Lokalen in den Nebenstraßen abseits der Hafenpromenade bestens bedient, bekommt lecker zubereitete Speisen geschmackvoll serviert und sitzt in angenehmer Umgebung. In einfachen »Lokantas« kann man in die Töpfe schauen und sich schnell für wenig Geld sattessen. Außerdem lernt man an Grills und Straßenständen im Vorbeigehen manche Spezialität kennen. In den Buchten wechseln die Restaurants häufig, weil sie oft ohne Erlaubnis entstanden sind. Je nach Logistik sollte man in abgelegenen Ecken auf alles, was aus Hackfleisch gemacht ist, verzichten. Frischer Fisch ist dann besser; allerdings muss man sich auch hier vorher über den Preis einigen.

Gastfreundschaft und Hilfsbereitschaft haben in der Türkei uralte Nomaden-Tradition. Gäste brachten die Welt ins Zelt. Trotz allgegenwärtigem Fernseher und an der Küste die alte Tradition verdrängendem Tourismus, ist dies noch immer ein wichtiges Motiv für die Neugierde und Anteilnahme am anderen. Wird man spontan eingeladen, sollten Segler aus den weniger gastlichen Nordländern nicht ohne triftigen Grund ablehnen, andererseits die schöne Geste auch nicht allzu sehr strapazieren.

Handeln: »Wir sind im Orient, also muss gehandelt werden!« Stimmt nur zum Teil! Auf den Märkten, wo Bauern aus der Umgebung ihre Kartoffeln, Tomaten und Zucchini anbieten, wird grundsätzlich nicht gehandelt. Die Preise sind Festpreise. Gleiches gilt für alle Lebensmittel. Wer beim *bakal* (kleiner Lebensmittelladen) oder im Supermarkt handelt, macht sich nicht nur lächerlich, sondern auch unbeliebt: Er stört den Ablauf. Ganz anders bei Gold, Silber, Teppichen und »touristischem Klimbim«, auch bei Textilien auf den Märkten: je geduldiger, desto erfolgreicher. Im Restaurant kann man nach den Preisen (insbesondere von Fisch) fragen und dann handeln. Oder wieder gehen.

Post und Telefon sind meist in demselben Gebäude vereint und an dem gelben Schild »PTT« zu erkennen. Fast überall gibt es Kartentelefone. Man kann direkt ins Ausland durchwählen. Vorwahl Deutschland 0049, Österreich 0043, Schweiz 0041. Wer sein Handy mitbringt, sollte darauf achten, dass es für Roamingbetrieb im Ausland freigeschaltet ist. Man wählt sich ein wie zu Hause und bekommt dann automatisch ein Netz angeboten (meist Türkcell oder Telsim), über das man sowohl innerhalb der Türkei als auch ins Ausland telefonieren kann. Abgerechnet wird vom Provider zu Hause; die Gebühren sind entsprechend hoch.

Taxen, Dolmuş: Normalerweise sind Taxen in Großstädten preisgünstig. In mittleren und kleineren Touristenorten allerdings, wo meist nur kurze Strecken anfallen, sind die Preise deutlich höher. Für Fahrten mit einem Taxi ohne Taxameter (kommt selten vor) muss man vorher den Preis aushandeln. Auf speziellen Touristenrouten werden die Preise entsprechend höher geschraubt. Gegebenenfalls kommt man mit einem öffentlichen Bus ebenso schnell ans Ziel und hat dabei noch manches nette Erlebnis gratis. Der Busbahnhof heißt »Otogar«. Von hier fahren auch die Minibusse zu bestimmten Bade-zielen an der Küste; oder zum nächsten Ort hinter den Bergen.

Dolmuş sind Großraumtaxen oder Kleinbusse, die bestimmte Strecken zu festgelegten Preisen befahren, sobald genügend Fahrgäste beisammen sind. Es ist eine äußerst praktische Einrichtung, schnell und preiswert weiterzukommen.

Reisegepäck: Empfohlen werden leichte Kleidung aus Baumwolle, ein warmer Pullover, Ölzeug, Sonnenbrille, Bordschuhe und kräftigeres Straßenschuhwerk, das sich für unebenes Gelände eignet, Medikamente gegen Sonnenbrand, Seekrankheit, Magen- und Darmverstimmungen; für den Moscheebesuch lange Hosen und ein Tuch, das weibliche Besucher über Kopf und nackte Schultern legen.

Noch ein Wort zu den **Murings**. Einige Restaurantbetreiber in den Buchten locken Yachten zum Restaurantbesuch durch davor ausgelegte Murings an. Im Schnellverfahren wurden diese oft über Nacht und ohne Genehmigung ausgelegt. Das heißt: Man darf ihnen nur bei Windstille trauen. Es wurden schon Yachten beobachtet, die mit ihrer Muring im Schlepp aus der Bucht hinaus auf die wild schäumende See trieben. Besser ist immer der eigne Anker. Oder, wenn schon Muring, dann vergewissere man sich vorher bei einem Tauchgang, dass es sich nicht um einen mit Betongemisch gefüllten alten Autoreifen handelt, an dem man festmacht, sondern um ein zuverlässig installiertes Muringgeschirr.

Land und Leute: Das Staatsgebiet der Türkei umfasst eine Gesamtfläche von 780 000 km², wovon 97 % zu Asien (Anatolien) und 3 % zu Europa (Thrakien) gehören. Von den etwa 65 Millionen Einwohnern lebt die Hälfte auf dem Lande. 99 % der Bevölkerung gehören dem Islam an. Nichtmoslems (Kurden, Armenier, Griechen, Juden) wird Glaubensfreiheit gewährt.

Haupterwerbszweig ist die Landwirtschaft. Es werden unter anderem Weizen,

26   *Wissenswertes für den Törn*

Mais, Baumwolle, Tabak, Tee und Obst angebaut; Olivenöl, Nüsse und Honig sind weitere typische Landesprodukte. Durch den enormen Bestand an Schafen zählt die Türkei zu den größten Wollerzeugern Europas. Wichtige Bodenschätze sind Kohle, Erdöl, Eisen, Kupfer, Schwefel und vor allem Chrom. Schwerpunkte der zunehmenden Industrialisierung sind die Verarbeitung landwirtschaftlicher Produkte, der Bergbau, die Textilindustrie sowie die Produktion von Kraftfahrzeugen und landwirtschaftlichen Maschinen. Auch der Fremdenverkehr entwickelt sich sehr gut.

Eine Reise in die Türkei erfordert einen Blick in die Vergangenheit. Selbst bei kurzen Ausflügen, die uns nur einen flüchtigen Eindruck vom Land geben können, tauchen Fragen nach den geschichtlichen Zusammenhängen auf. Ohne einen ausführlicheren Kulturführer wird uns auch manche Sehenswürdigkeit entgehen. Wenigstens ein paar Hauptdaten der Geschichte seien hier erwähnt, soweit sie auf unserer Reiseroute Spuren hinterließen.

Um 3000 v. Chr. wurde Troja gegründet, reiche Erzvorkommen belebten den Handel mit assyrischen Kolonien. Die Hethiter, ein indogermanischer Stamm, beherrschten Kleinasien zwischen 2300 und 1200 v. Chr. Troja wurde von den Achäern, das Hethiterreich von eindringenden Phrygern vernichtet. 1000–800 v. Chr. besiedelten griechische Stämme die kleinasiatische Küste. Die Glanzzeit der ionischen Städte erreichte um 500 v. Chr. ihren Höhepunkt. In Kleinasien breitete sich das Perserreich aus. Alexander der Große besiegte 333 v. Chr. die Perser und eroberte Anatolien. Nach seinem Tod wurde das Gebiet unter seinen Feldherren aufgeteilt. Attalos III.

vermachte 133 v. Chr. das Pergamenische Reich den Römern, die ihre Herrschaft in den nächsten Jahrhunderten über ganz Kleinasien ausweiteten. Das Christentum breitete sich aus, Konstantinopel wurde nach der Reichsteilung 395 n. Chr. Mittelpunkt des Oströmischen Reiches, das bis Palästina, Syrien und Ägypten reichte.

Während seines über tausend Jahre langen Bestehens verkraftete das Byzantinische Reich manche Niederlage durch eindringende Eroberer (Sasaniden, Araber, Seldschuken und Kreuzritter), doch die Osmanen blieben schließlich Sieger und stiegen zu einer glanzvollen Großmacht auf, die sich bis ins 19. Jahrhundert behauptete.

Mustafa Kemal Paşa, genannt Atatürk, brachte die große Wende und setzte einschneidende Reformen durch: lateinische Schrift, Frauenstimmrecht, Einehe, Gregorianischer Kalender, Sonntag als Ruhetag. Seit 1923 ist die Türkei Republik. Durch zahlreiche Kriege, Gebietsverluste, Malaria und den Bevölkerungsaustausch von 1923, bei dem 1,4 Millionen Griechen das Land verließen, während 500 000 Türken eingebürgert wurden, war die Einwohnerzahl auf 13 Millionen zurückgegangen. Doch selbst heute, nachdem die Bevölkerungszahl auf 65 Millionen angestiegen ist, kommen auf 1 km^2 durchschnittlich nur 84 Menschen.

Trotz der Aufgeschlossenheit gegenüber der westlichen Welt blieb das Land tief in seinen Traditionen verwurzelt, und dieser Gegensatz macht für den Reisenden den größten Reiz aus. Der Umgang mit den gastfreundlichen, hilfsbereiten und ehrlichen Türken ist denkbar einfach, wenn wir ihnen mit derselben Geduld, Zurückhaltung und Höflichkeit begegnen, die sie dem Fremden gegenüber zeigen.

1 Dardanellen – Marmarameer – Istanbul – Bosporus

Seite

DARDANELLEN

Çanakkale (Port of Entry)	30
Cumalı Limanı	32
Lapseki	32
Çardak Limanı	33
Gelibolu (Gallipoli)	33

MARMARAMEER – NORDKÜSTE

Şarköy	37
Mürefte	38
Hoşköy	39
Kumbağ	40
Barbaros	41
Tekirdağ	41
Ereğli Limanı	42
Silivri	43
Selimpaşa	44
Büyükçekmece Koyu	44
Mimarsinan	45
Büyükçekmece	45
Gürpınar	46
Avcılar	46

ISTANBUL (Port of Entry)

Yeşilköy	48
Ataköy	48
Kumkapı	50

BOSPORUS

Arnavutköy	54
Bebek Koyu	54
Istinye Koyu	54
Tarabya Koyu	55
Büyükdere Limanı	55
Poyraz	56
Türkelifeneri	57

ISTANBUL BIS IZMIT-GOLF

Haydarpaşa Limanı (Kadıköy)	59
Yachtclub Moda	59
Setur Kalamış und	
Setur Fenerbahçe Marina	59
Bostancı	60

Seite

Werften bei Istanbul	60
Izmit-Golf	61
Eskihisar	61

PRINZENINSELN (Prenses Adaları)

Çam Limanı (Insel Heybeliada)	62

MARMARAMEER – SÜDKÜSTE

Yalova	63
Samanlı	64
Çınarcık	64
Esenköy (Katırlı)	65
Armutlu	66
Fıstıklı Köyü	66
Kapaklı	67
Narlı	67
Gemlik	68
Kurşunlu	69
Güzelyalı	70
Mudanya	70
Yeniköy	71
Zeytinbağı	71
Eşkel Limanı (Esence Limanı)	72
Batıliman (İmralı Adası)	73
Bandırma (Port of Entry)	74
Tatlısu	76
Karşıyaka	76
Çakılköy	77
Mola Adaları	77
Çayağzı	78
Gündoğrusu Limanı	78
Doğanlar Limanı	79
Ilhanlar (Ilhanköy)	79
Paşa Limanı (Insel Paşalimanı)	80
Marmara (Insel Marmara)	81
Asmalı (Insel Marmara)	82
Narlıköy	83
Erdek	83
Karabiga	84
Aksaz	86
Kemer Limanı	86
Şevketiye	87

Die Dardanellen (Çanakkale Boğazı)

Es wird davon ausgegangen, dass die Ansteuerung der Dardanellen von der Ägäis her erfolgt. Von Griechenland kommend, wird entweder *Alexandroupolis* (50 sm vom westlichen Einfahrtskap der *Dardanellen*) oder *Myrina* auf der Insel *Limnos* (58 sm) der Ausklarierungshafen sein. Nächster Einklarierungshafen in der Türkei ist *Çanakkale* (13 sm innerhalb der Dardanellen).

Die türkischen Inseln *Gökçeada* und *Bozcaada* können nur angelaufen werden, nachdem man vorher in *Çanakkale* einklariert hat; sie kommen also bei der Anreise aus Griechenland nicht in Betracht.

Für das gesamte Gebiet der Dardanellen bestehen besondere Schifffahrtsvorschriften. *Çanakkal*e gilt als Kontrollhafen für das Passieren der Dardanellen, des Marmarameeres und des Bosporus und muss angelaufen werden, auch wenn die Yacht bereits im Besitz eines Transitlogs ist. Ebenso muss man sich beim Verlassen dieses Gebietes in *Çanakkale* abmelden.

Ganz gleich, von welcher Richtung die westliche Einfahrt der Dardanellen angesteuert wird: *Çanakkale* sollte möglichst in einem Zug erreicht werden, da offizielle Ankerplätze auf dieser Strecke rar sind. Die Nordseite ist zum Ankern zu tief. Außerdem liegt ein militärisches Sperrgebiet zwischen den beiden Einfahrtskaps, *Mehmetcik Burnu* und *Kumkale Burnu.* Vor dem flach auslaufenden asiatischen Ufer sind zwischen *Intepe Limanı* und *Kepez Koyu* oder in der Bucht nördlich davon, *Sarısığlar Limanı* (siehe Seekarte), geeignete Ankerplätze zu finden; dort setzt auch ein Neerstrom nordwärts.

Starke Nordostwinde herrschen im ganzen Bereich der Dardanellen vor und erschweren das Kreuzen erheblich. Hinzu kommt die dann bis zu 4 kn starke Strömung in südwestlicher Richtung (Mittelwerte 2 kn). Die Einsteuerung in die Dardanellen erfordert also zähe Geduld beim Kreuzen, einen kräftigen Motor zur Unterstützung oder den Glücksfall eines Südwestwindes, der dann auch die Strömung vermindert.

Nach Möglichkeit sollte man bereits am frühen Morgen vor Einsetzen des Windes die Einfahrt zu den Dardanellen erreicht haben. Wir sind am nördlichen Ufer dicht unter Land gefahren. Ab *Karanfil Burnu* macht sich der Neerstrom bemerkbar, erkennbar an der gekräuselten Wasseroberfläche. Bei Wind entsteht dann Kabbelwasser, das das Vorwärtskommen unter Motor aber nicht sonderlich behindert.

Der lebhafte Großschiffsverkehr dürfte kein Hindernis darstellen, denn die Dardanellen – zumindest in ihrem südlichen Teil bis *Çanakkale* – sind breit genug, um Ausweichsituationen im Verkehrstrennungsgebiet von vornherein ausschließen zu können.

Zum großen Erlebnis, auf eigenem Kiel durchs Marmarameer nach Istanbul und zum Bosporus zu gelangen, kommt der besondere Anreiz, die Hürde der Dardanellen zu nehmen.

Die Meerenge der Dardanellen (im Altertum Hellespont genannt) trennt die Halbinsel *Gelibolu* (Gallipoli) auf dem europäischen Festland vom asiatischen Teil der Türkei. Sie ist vom westlichen Kap *Mehmetcik Burnu* bis *Gelibolu* etwa 35 sm lang und zwischen 0,8 und 4 sm breit. Die größten Wassertiefen liegen um 100 m.

Die Ufer des südwestlichen Teils der Dardanellen machen zunächst landschaftlich keinen großen Eindruck. Im Süden ist das flache Sumpfland bis hin zu den Hügeln von Troja weit überschaubar. Mehr interessieren die spärlich bewachsenen Hügel des europäischen Ufers. Hier stehen in einem Nationalpark die Monumente für die Gefallenen der kriegerischen Auseinandersetzungen von 1915.

Ein 21 m hoher Obelisk für die britischen Opfer und ein Ehrentor von 42 m Höhe, das als Mahnmal für die gefallenen türkischen Soldaten errichtet wurde, sind von See her als gute Landmarken sichtbar und erinnern an die erbitterten, fast ein Jahr lang anhaltenden Kämpfe der Türken gegen Engländer und Franzosen, die schließlich einer halben Million Menschen das Leben kosteten.

Seinerzeit wollten die Alliierten durch die Besetzung der Halbinsel Gallipoli die freie Zufahrt zum Schwarzen Meer erzwingen, die durch die Osmanen bereits seit 1354 kontrolliert wurde.

Nach den Meerengen-Abkommen von Lausanne (1915) und Montreux (1936) behielten schließlich die Türken die Hoheitsrechte; die Durchfahrt für alle Handelsschiffe und für Kriegsschiffe der Uferstaaten des Schwarzen Meeres ist frei. Die Kämpfe im Jahre 1915, von deutschen Truppen unterstützt, begründeten den Ruhm Mustafa Kemals (später Atatürk genannt) und eine lang andauernde deutsch-türkische Freundschaft.

Wenn man die geschichtlichen Vorgänge um das Gebiet der Dardanellen bedenkt, werden einem die strengeren Vorschriften in dieser Zone verständlich. So ist es auch nicht gestattet, etwa den Hafen **Eceabat** anzulaufen, der mit Çanakkale durch eine mehrmals täglich verkehrende Autofähre verbunden ist. Dieser Hafen wäre auch gar nicht zu empfehlen, denn er ist längst nicht so gut vor Seegang geschützt wie Çanakkale. Außerdem ist er dem Schwell durch die Fähren ausgesetzt.

An der engsten Stelle der Dardanellen, gegenüber von Çanakkale, lässt sich von weitem die osmanische **Festung Kilitbahır** (»Schlüssel des Meeres«) erkennen. Drei Rundtürme von 40 m Durchmesser

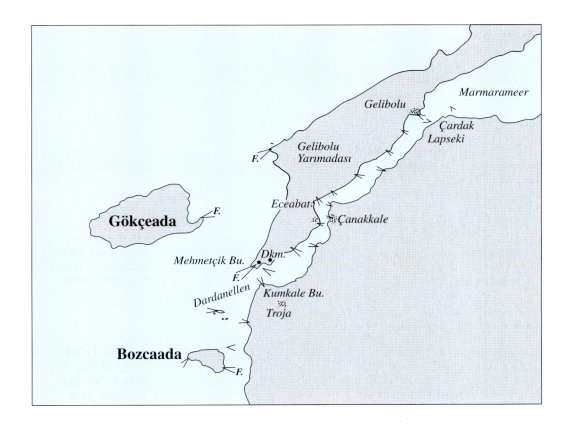

bilden den kleeblattförmigen Kern der Festung, die unter Sultan Mehmet II., dem Eroberer, 1462/63 erbaut wurde. Von dem kleinen Bootshafen zu Füßen des Ortes verkehrt ebenfalls ein Fährboot nach Çanakkale. Jenseits der Meerenge ließ der Sultan bereits 1454 eine Festung erbauen, die heute den Namen *Sultanıye Kale* trägt.

Çanakkale (40°09,3'N 026°24,3'E, Port of Entry). Der Yachthafen kann bei jeder Wetterlage angelaufen werden. Die Einfahrt erfolgt von Norden. Von Süden kommend, passiert man die anderen Hafenbecken und den Fähranleger und schwenkt hinter dem Wellenbrecher, der nachts ein Feuer zeigt, in den Hafen ein. Die Wassertiefe beträgt in der Einfahrt um 6 m und nimmt nach innen auf 4 m ab.
Am Yachtkai der kleinen Gemeinde-Marina liegt man gut geschützt. Die Liegegebühren sind nicht hoch. Bei längeren Ausflügen kann man das Boot unbesorgt zurücklassen. 24h Wachdienst.
Çanakkale ist Port of Entry und Kontrollhafen für die Dardanellen. Zoll, Passamt, Hafenmeister und Gesundheitsbehörde sind in nächster Nähe. Hier wie auf der weiteren Strecke bis zum Bosporus wird man bei den Behörden besonders viel Geduld und Gelassenheit brauchen. Auch wenn man bereits ein gültiges Transitlog besitzt, erübrigen sich die Wege zu den Behörden nicht: zunächst zum Zoll, der dann die weiteren Anweisungen gibt. Die entsprechenden Stempel benötigt man unbedingt für Istanbul.
In entgegengesetzter Richtung reisend, erhält man vor dem Verlassen der Dardanellen ein Begleitpapier, das die weitere Route angibt. Hierbei könnte gegebenenfalls *Bozcaada* oder *Gökçeada* als Zwischenstation vermerkt werden.

Versorgungsmöglichkeiten: *Bestes Trinkwasser am Yachtkai. Restaurant, Duschen/ WC und Tankstelle beim Büro. Marinapersonal kassiert Liegegebühr (Wasser und Strom gesondert). Lebensmittel in verschiedenen Geschäften in der Stadt (Richtung*

Moschee). Restaurants und Tavernen an der Wasserfront und im Ort. PTT Nähe Fährhafen.

Die Stadt *Çanakkale* (30 000 Einwohner) hat keine besondere Atmosphäre. Nur die Fähren bringen Leben in die Hafengegend; dort drängen sich die Andenkenverkäufer und Imbissstände. Außer den häufig pendelnden Fähren zwischen *Çanakkale* und *Eceabat* (2,7 sm), die auch den ganzen Güterverkehr in Richtung Izmir bestreiten, besteht eine Fährverbindung nach Istanbul.
Im Garten der südlich des Hafens gelegenen Burg *Sultaniye* befindet sich ein kleines Militärmuseum, das an die dramatischen Ereignisse des Jahres 1915 erinnert. Das neue Archäologische Museum ist in einem Neubau weit außerhalb der Stadt an der Straße nach Izmir untergebracht. Es enthält unter anderem Grabbeigaben aus dem so genannten »Dardanos-Tumulus«, einem 1959 von Archäologen in unverändertem Zustand gefundenen Grabhügel, der 10 km südwestlich von *Çanakkale* liegt (im Museum zu erfragen).
Der Name *Çanakkale* bedeutet »Schüsselburg« nach den seinerzeit hier gefertigten Schüsseln. Unter »Çanakkale-Keramik« wird heute meist einfache Baukeramik verstanden. Dagegen werden Muster der eigentlichen »Çanakkale-Keramik« aus dem 18. und 19. Jahrhundert – kunstvoll verzierte Krüge und sogar Schiffsmodelle aus glasiertem Material – nur im Fayencen-Museum in Istanbul und eigenartigerweise in einem kleinen Volkskunstmuseum auf der griechischen Insel Lesvos aufbewahrt, nicht aber im Museum von *Çanakkale*.

Çanakkale eignet sich gut als Standort für einen Ausflug nach **Troja** per Taxi oder mit einem Touristenbus. Wer sich nicht einer Führung anschließt, sollte sich unbedingt entsprechende Literatur besorgen, denn es ist schwer, sich an Ort und Stelle zwischen den Mauern der verschiedenen Epochen zurechtzufinden. Die 1870 zuerst von Heinrich Schliemann begonnenen

Die Dardanellen 31

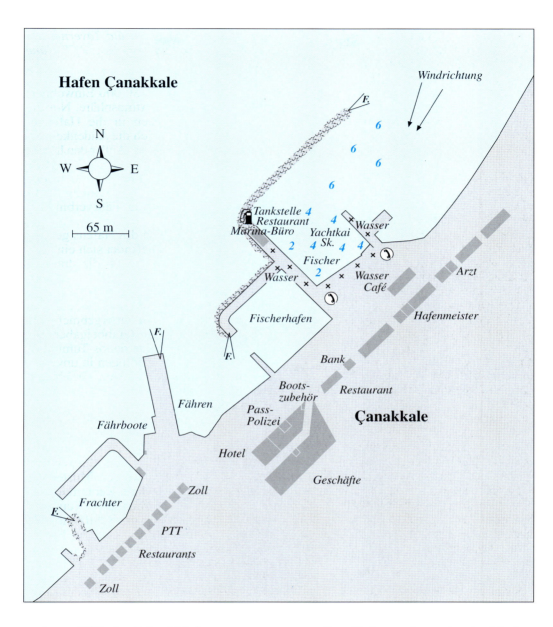

und von Wilhelm Dörpfeld fortgesetzten Grabungen auf dem Hügel *Hisarlık* brachten neun Besiedlungsschichten zutage, die aus der Zeit zwischen 3200 v. Chr. und 400 n. Chr. stammen. Die Sage vom Trojanischen Krieg hat mit der Schicht »Troja VIIA« (1300–1184 v. Chr.) ihre historische Bestätigung gefunden. Die Ausgrabungsstätte befindet sich 35 km von *Çanakkale* entfernt (nach 30 km Abzweigung von der Straße Richtung Izmir).

Verlässt man den Hafen *Çanakkale* in Richtung Norden, so gelangt man bei *Nara Burnu* an eine weitere Engstelle der Dardanellen. Das gewundene Fahrwasser ist an Steuerbord mit einer befeuerten

Tonne bezeichnet. Hier muss der Berufsschifffahrt Raum gegeben werden.
Nicht nur in den letzten Jahrhunderten und in der Neuzeit waren die Dardanellen als Handelsweg unentbehrlich. Bereits im 13. Jahrhundert v. Chr., als Troja dieses Gebiet beherrschte – etwa 3 sm östlich der flachen Landzunge *Nara* befand sich die trojanische Siedlung *Abydos* –, kam es mit den Achäern zu Streitigkeiten, die im Trojanischen Krieg ihren Höhepunkt fanden, wenn uns auch durch Homer galantere Ursachen bekannt geworden sind. Die Namen »Hellespont« und »Dardanellen« haben ebenfalls ihren Ursprung in der griechischen Sagenwelt.
Fast jeder Reiseführer erwähnt die Gegend im Zusammenhang mit einigen bedeutsamen Ereignissen: So gelangte Xerxes 480 v. Chr. hier über die Meerenge, indem er eine Schiffsbrücke schlagen ließ. Alexander der Große überquerte sie 146 Jahre später an etwa der gleichen Stelle in entgegengesetzter Richtung und startete von hier aus seinen Siegeszug gegen die Perser. Und nach der Sage von Hero und Leander durchschwamm der Liebende allnächtlich den Hellespont an ebendieser Stelle. Lord Byron tat es ihm im vorigen Jahrhundert nach – allerdings nur einmal.
Die etwa 35 sm lange Strecke von der Einfahrt der Dardanellen bis zum Marmarameer ist in zwei Etappen gut zu bewältigen.

Distanzen: **Mehmetçik Burnu – Çanakkale** 13 sm – **Nara Burnu** 3 sm – **Gelibolu** 18 sm.

Cumalı Limanı (40°19,1'N 026°34,6'E), die Bucht westlich des befeuerten Kaps *Karakova Burnu,* ist ein möglicher Anker-

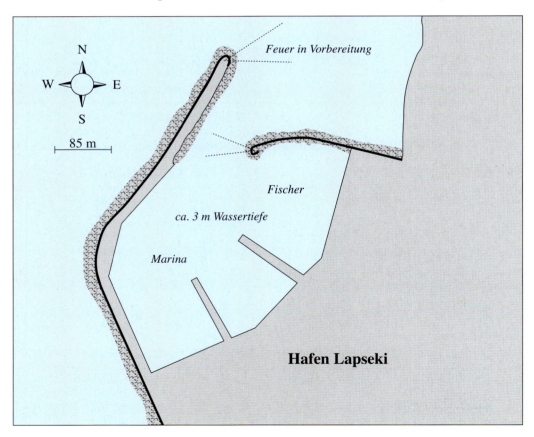

platz 7 sm vor *Gelibolu*. Am Ufer befindet sich eine Werft, die man von See her gut ausmachen kann. Die Schiffe werden mit Schlitten an Land geholt. Die Werft führt auch Notreparaturen an Yachten aus. Ein Mobilkran ist vorhanden. Der Anleger hat mindestens 3 m Wassertiefe.

Lapseki auf dem kleinasiatischen Ufer hat Autofährverbindung mit *Gelibolu*. Östlich des Fähranlegers wird auf etwa 40°21,2'N 026°41,3'E ein großer Fischerhafen gebaut, in dem nach Fertigstellung an zwei zusätzlichen Stegen auch Sportboote Platz finden sollen. Geplante Wassertiefe 3,50 m. Die nach Nordosten offene Hafeneinfahrt wird durch Kap *Dalyan Burnu* geschützt. Bei dem Plan auf Seite 32 handelt es sich um die Konstruktionszeichnung. Die Molen sind fertig gestellt. Kein Service.
An der Straße bei der Fährstation Cafés, Restaurants und Supermarkt, weitere Einkäufe im Ort *Lapseki*.

Çardak Limanı (40°22,8'N 026°42,7'E). Die niedrige Landzunge mit dem Leuchtfeuer bietet guten Schutz. Ankergrund Sand. An der Anlegebrücke für die Fähre *Çardak–Gelibolu* herrscht reger Fischereibetrieb. Wassertiefe 3–4 m, zum Ufer hin bis auf 1 m abnehmend (Festmacheringe). Café, Getränkekioske, Telefon und Wasserhahn an der Wurzel des Anlegers, Einkaufsmöglichkeiten im Ort.
Auch in der durch die Landzunge gebildeten Lagune wird eifrig gefischt. Eine Hebebrücke schafft die Landverbindung zum Fischrestaurant auf der Nehrung (Saisonbetrieb).

Gelibolu (Gallipoli, 40°24,4'N 026°40,2'E). Die Stadt liegt auf der europäischen Seite weithin sichtbar auf einem Landvorsprung mit Leuchtfeuer zwischen zwei Buchten, von denen die nördliche, *Bağçeşme Limanı*, wegen der vom Marmarameer kommenden Dünung nicht empfohlen

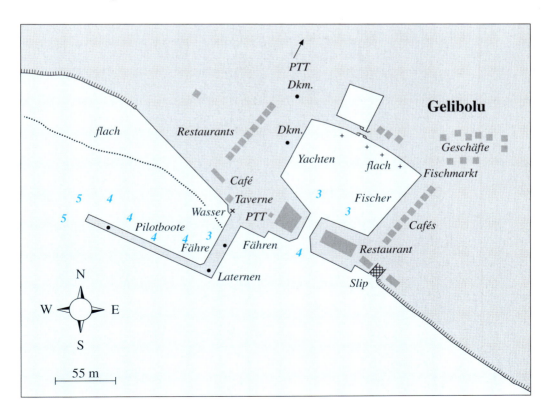

wird, während man westlich vom Hafen gut ankern kann.
Die Autofähren von *Lapseki* legen an der Ostflanke der L-förmigen, nach Nordwesten offenen Pier an, die kleinere Autofähre nach *Çardak* innerhalb dieser Pier. Nachts wird die Pier von Laternen hell beleuchtet.
An der Innenseite der Pier kann man längsseits anlegen. Bis auf den Schwell durch die hastig manövrierenden Lotsenboote liegt man hier gut geschützt.
Boote mit geringerem Tiefgang als 2 m können bei ruhiger See in den perfekt geschützten Fischerhafen einlaufen. Vor unserem Besuch war gebaggert worden, die Wassertiefe betrug im westlichen Teil des Hafenbeckens 3 m, zu den Rändern hin wurde es seicht. Die nur 9 m breite Einfahrt neigt zum Versanden, deshalb Vorsicht beim Einsteuern (Plan siehe Seite 33).
In größeren Zeitabständen wird in beiden Becken gebaggert. Kleinfischerboote liegen völlig abgeschlossen im inneren, unter der Straßenbrücke zugänglichen »Burggraben« neben dem byzantinischen Festungsturm (8. Jahrhundert).

Versorgungsmöglichkeiten: *Wasser an der Wurzel der Pier. Treibstoff per Tankwagen (Tankstellen weit außerhalb). Gute Auswahl an Lebensmitteln in vielen Geschäften. Um den Hafen zahlreiche Restaurants und Tavernen mit reichem Fischangebot, mobile Fisch- und Köftestände. Spezialität: Gelibolu-Sardellen, auch in Dosen erhältlich. PTT bei der großen Moschee und am Hafen.*

Der durch die Fährverbindung bedingte zeitweise starke Autoverkehr beschränkt sich auf die Zufahrtsstraßen. In den stadteinwärts liegenden Gassen geht es sehr geruhsam zu. Das Leben dieser sauberen, liebenswürdigen Kleinstadt spielt sich vor allem um die Moscheen herum ab (18 000 Einwohner).
Im Altertum hieß die Stadt Kallipolis. Denkwürdige Daten verbinden sich mit ihrem Namen: 405 v. Chr. wurde in der Nähe durch den Sieg Spartas in der Seeschlacht bei den Ziegenflüssen (Aigospotamoi) der Peloponnesische Krieg gegen Athen entschieden. Kaiser Friedrich Barbarossa setzte auf dem 3. Kreuzzug 1190 hier nach Kleinasien über, und um die Mitte des 14. Jahrhunderts betraten die Osmanen bei ihrer Landung mit Holzflößen an dieser Stelle zum ersten Mal europäischen Boden.
Bei einem Rundgang um den Hafen fällt die Büste des Admirals Piri Reis (1470–1554) ins Auge. Dieser hervorragende Geograf verfasste ein »Handbuch der Navigation des Mittelmeeres« mit Hafenplänen und Küstenkarten und kann somit als Vater der Hafenhandbücher gelten. Außerdem stammt von diesem Sohn Gelibolus eine Weltkarte in einheitlichem Maßstab, in die er bereits 1513 die von Kolumbus entdeckten Küsten Amerikas einzeichnete.

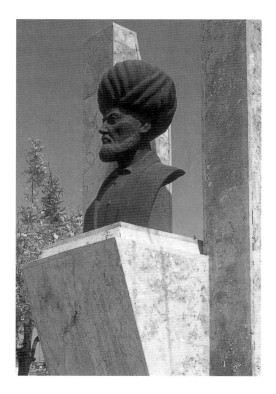

Gelibolu, Büste des Admirals Piri Reis (1470–1554)

Ab *Gelibolu* wird die weitere Strecke wie eine große Rundreise beschrieben: zunächst an der Nordküste des Marmarameeres entlang bis Istanbul, mit einem Abstecher durch den Bosporus, dann südwärts bis zum Izmit-Golf und an der Südküste des Marmarameeres zurück zu den Dardanellen.

Das Marmarameer (Marmara Denizi)

Dieses Binnenmeer, das im Westen durch die Dardanellen mit der Ägäis und im Nordosten durch den Bosporus mit dem Schwarzen Meer verbunden ist, hat von *Gelibolu* bis zum Scheitel des Izmit-Golfes eine Länge von etwa 150 sm und ist bis 40 sm breit. Die Küstenlänge wird mit 1100 km angegeben, was etwa 600 sm entspricht. Die größte Tiefe beträgt 1355 m.
Obgleich die vielen Ferienorte am Marmarameer bei den Türken begehrtes Urlaubsziel sind, ist für den, der die Ägäis kennt, das Wasser des Marmarameeres kein Musterbeispiel an Klarheit. Gewiss mag durch Industrieanlagen, den Schiffsverkehr, die zahlreichen an der Küste bei Istanbul auf Reede liegenden Frachter und nicht zuletzt durch die Abwässer der Millionenstadt (der Bau der Ringkanalisation ist immer noch nicht abgeschlossen) die Wasserqualität leiden.
Es mag andererseits auch zutreffen, dass hygienisch zumindest vor den angepriesenen Badeorten keine Bedenken bestehen. Dennoch muss jeder Reisende für sich selbst entscheiden, ob die nachstehend beschriebenen Ankerplätze sich auch als Badeplätze eignen.

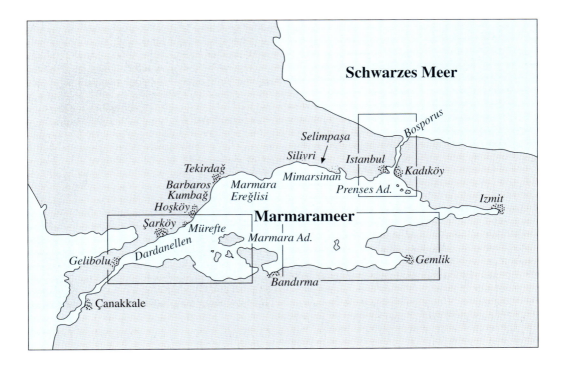

Zur Ehrenrettung des Marmarameeres sei angeführt, dass durch die großen Wassertiefen, die windbedingten westwärts setzenden Oberflächenströmungen und durch die bei den Inseln in der Richtung abweichenden Wasserbewegungen und Neerströme die Wasserqualität lokal beträchtliche Unterschiede aufweist. Auch Zuflüsse und die Vermischung von Salz- und Süßwasser spielen hier eine Rolle. Das in der Tiefe ins Marmarameer und bis zum Schwarzen Meer drängende salzhaltigere Wasser des Mittelmeeres wird vom salzärmeren Schwarzmeerwasser überlagert, wodurch zum Beispiel der Bosporus vor allem in seinem nördlichen Teil grau bis grün aussieht. Trüb ist also nicht unbedingt gleichbedeutend mit schmutzig.

Doch selbst die Anwohner beklagen, dass die Verschmutzung des Marmarameeres zugenommen hat, was vor allem bei ruhiger See deutlich wird, und machen die Tanker aus Russland, Bulgarien und Rumänien dafür verantwortlich. Im Übrigen herrscht zwei bis drei Monate im Jahr Fischereiverbot für große Schiffe (= Stahl), während mit kleinen Booten (= Holz) uneingeschränkt gefischt werden darf.

Für die Fahrt nach Istanbul, das von *Gelibolu* 120 sm entfernt liegt, werden die Sportbootfahrer mit reichlich einkalkulierter Zeit die direkte, stark befahrene Schifffahrtsroute (Verkehrstrennungsgebiet) sicherlich meiden wollen und sich entweder zügig an der Nordküste fortbewegen und auf dem Rückweg die Südroute wählen oder gleich in kleineren Etappen die Südküste mit den Inseln besuchen.

Nachstehend wird zuerst die Nordküste behandelt. Der Übersichtsplan auf Seite 35 zeigt die Lage der beschriebenen Häfen. Die Südküste folgt ab Seite 62.

Die Nordküste. Thrakien (*Trakya*), der europäische Teil der Türkei, nimmt nur 3 % der Gesamtfläche des Landes ein. Es ist ein flaches bis leicht welliges Tafelland mit Getreidefeldern, nur gelegentlich von Ausläufern der Balkangebirge unterbrochen. Entsprechend ruhig verläuft die Küstenlinie, mit mittelmeerischer Vegetation und gemäßigtem Klima. Die Temperaturen im Winter und die Niederschlagsmengen in der Gegend um Istanbul sind etwa denen Mitteleuropas vergleichbar.

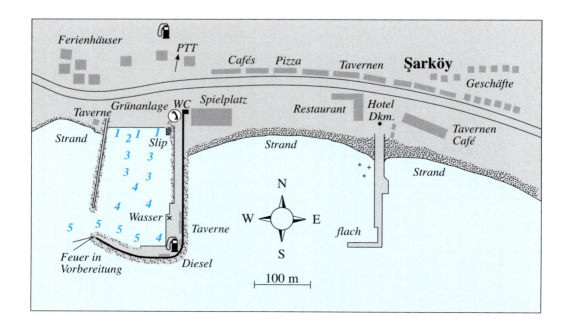

Im Allgemeinen hat man während des Sommers, wenn in der Ägäis der Meltemi weht, mit Nordostwind (*Poyraz*) zu rechnen, also mit Gegenwind, es sei denn, dass die auflandige Seebrise bis zur Nordküste durchschlägt. Verfolgt man die Seewetterberichte über längere Zeit, so fällt auf, dass für Marmarameer und Schwarzes Meer häufig Bewölkung und Niederschläge gemeldet werden. Außerhalb der Meltemi-Zeit können sehr plötzlich Gewitter mit heftigen Regenfällen auftreten, die ebenso schnell wieder vorbei sind. Aus eigener Erfahrung sei davor gewarnt, denn die begleitenden variablen Winde können für böse Überraschungen sorgen. Freien Ankerplätzen – im Marmarameer ohnehin spärlich gesät – sollte man deshalb nicht allzu sehr vertrauen.

Die Strömung wird östlich von Gelibolu geringer und beträgt im Marmarameer nur noch 0,5 bis 1 kn, wenn keine besonders starken Winde die Werte erhöhen.
Distanzen: **Gelibolu** – **Şarköy** 24 sm – **Tekirdağ** 32 sm – **Silivri** 35 sm – **Mimarsinan** 18 sm – **Istanbul** 23 sm.

Şarköy (40°36,5'N 027°06,6'E) bietet sich – von den Dardanellen kommend – als erste Station an. Die westliche Pier wurde zur Mole ausgebaut und verlängert. Außerdem wurde ein Wellenbrecher in Nord-Süd-Richtung errichtet, sodass ein geschlossenes, bei jedem Wetter sicheres Hafenbecken entstand. Das Molenlicht ist in Vorbereitung. Yachten können am Südkai vor Buganker mit Heckleinen zwischen den Fischerbooten anlegen oder bei Platzmangel mit lan-

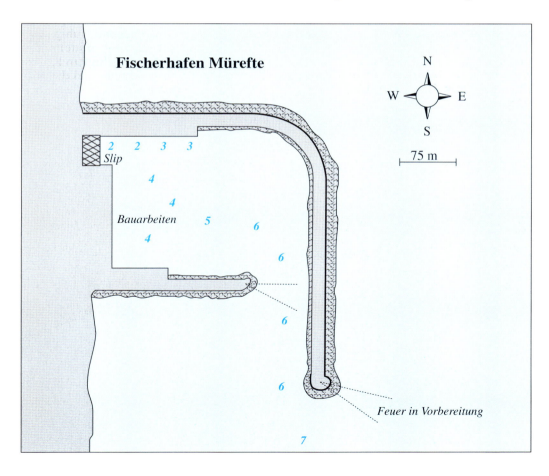

gen Leinen zu den Molensteinen festmachen. Am Nordkai beträgt die Wassertiefe nur 1 m! (Plan Seite 36).
Die abknickende Pier vor dem Ort eignet sich nicht zum Anlegen, da sie sehr hoch gebaut ist und an einem brückenähnlichen Teilstück der Schwell hindurchgeht. Die Wassertiefen sind dort gering. Von dem in der Seekarte eingezeichneten Wrack wissen die einheimischen Fischer nichts. Vorsorglich sollte man, von Osten kommend, einen großen Bogen um die östliche Pier machen.

Versorgungsmöglichkeiten: Wasser und Diesel direkt am Kai. PTT weit entfernt (10 min Fußweg). Kleinere Läden in Hafennähe, gute Geschäfte im Ort. Zahlreiche Cafés und Restaurants entlang der Straße.

Die ausgedehnten Strände ziehen in der Ferienzeit viele türkische Familien an. Die meisten wohnen in den großen Apartmenthäusern von Şarköy.

Mürefte (40°40,9'N 027°15,9'E). Etwa 2 km nördlich des Ortes und der 200 m langen Brückenpier für Frachter ist ein Hafen im Bau, der – wenn die Finanzierung klappt – schon in absehbarer Zeit wenigstens teilweise benutzbar sein soll.

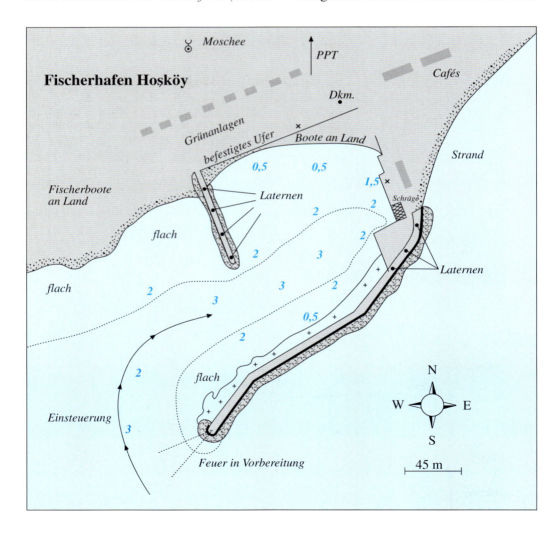

Zunächst ist nur die Steinschüttung für die 580 m lange Mole zu sehen, die in Nord-Süd-Richtung verläuft. Die Wassertiefe beträgt in der Einfahrt 7 m, im Hafenbecken 6–4 m, beim Slip 2 m (Plan Seite 37).
Im sehr ruhigen Ort findet man Cafés, Restaurant, Telefon; PTT, Läden und Metzger in der Hauptstraße, eine Tankstelle am Ortsausgang Richtung Westen.

Hoşköy (40°42,9'N 027°19'E). 3,5 sm nordöstlich von *Mürefte* fällt der stattliche weiße Leuchtturm von *Hoşköy* in 50 m Höhe auf. Der kleine Fischerhafen befindet sich etwas weiter direkt vor dem Ort. Der Feuerträger auf dem Außenwellenbrecher ist noch nicht in Betrieb.

Der Hafen sollte schon vor Jahren ausgebaggert werden, denn durch Nordoststürme versandet die Einfahrt immer mehr. Bei der Einsteuerung muss äußerst sorgfältig gelotet werden, um die Fahrrinne zu finden. Nur in der Hafenmitte ist es um 3 m tief, zu den Rändern hin wird es seichter.
Der Hafen und das verträumte Dorf liegen nahe beieinander. Vorbei am Atatürk-Denkmal und Gemeindeamt ist man rasch in der Hauptstraße (Platanenallee). Wasserhähne und Cafés am Hafen, Läden, PTT und Tankstelle im Ort.
Hoşköy liegt in leicht ansteigendem Hügelland mit Olivenbepflanzungen und Weingärten, die der Bevölkerung Arbeit bieten. Es gibt keinen Tourismus, nur pri-

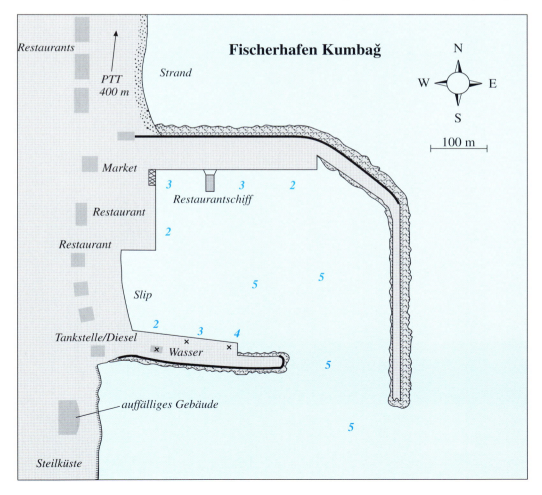

vate Ferienhäuser. Die Geschichte des Ortes reicht in byzantinische und sogar römische Zeit zurück. Die »alte Stadt«, Hora, befand sich auf dem Hügel, wo heute der Leuchtturm steht. Auch er wird deshalb allgemein »Hora« genannt. Er wurde von den Franzosen 1876 erbaut und wird seit über hundert Jahren von derselben Familie betrieben.

Nördlich von *Hoşköy* wird die Küste zunehmend steiler und ist über eine Strecke von 10 sm völlig unzugänglich. Nur vereinzelt sieht man Dörfer hoch in den Bergen. In dieser Gegend werden ausgewählte Weinblätter gesammelt, die in den Restaurants als *»Yaprak Dolması«*, mit Hackfleisch und Reis gefüllte Röllchen, angeboten werden.

Hinter dem dunklen Felsenkap *Kocaburun* weicht die Küste zurück und macht wiederum Sandstränden Platz.

Kumbağ (40°52,2'N 027°27,6'E) ist im Anschluss an die Steilküste leicht auszumachen. Der auch für Yachten gut brauchbare Fischerhafen hat eine unbefeuerte Mole aus dunklen Steinen. Außerdem dient zur Orientierung südlich des Hafens ein hotelähnliches, halbrundes Gebäude, dessen obere drei Stockwerke vorkragen (Plan auf Seite 39). Der Hafen ist rundum ausreichend tief. Wenn die großen Fischerboote in den Monaten mit Fischereiverbot nicht auslaufen, wird es eng.
Wasser und eine Dieseltankstelle gibt es am Hafen, außerdem Restaurants und

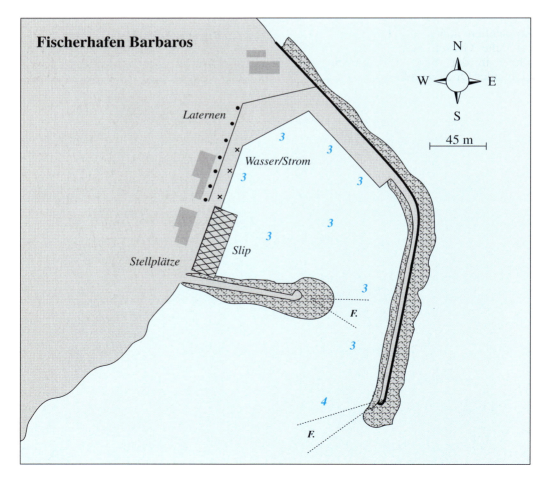

einen Laden, weitere Einkaufsmöglichkeiten im ursprünglichen Dorf, das in nördlicher Richtung in den moderneren Ferienort übergeht. Am langen Strand entlang viele einladende Restaurants. Busverbindung mit *Tekirdağ* (12 km).

Barbaros (40°54,5'N 027°28,3'E). Nur 2,5 sm nördlich von *Kumbağ* liegt hinter einer vorspringenden grünen Huk der Hafen Barbaros mit einer 340 m langen Außenmole und einer 100 m langen Quermole. Bei unserem Besuch war der Hafen noch nicht fertig gestellt, doch die Fischer benutzten ihn bereits. Angesichts der Aktivität von Bürgermeister und Bauunternehmen wird der Hafen sicher bald voll in Betrieb sein.

In der Hauptstraße mehrere Läden, zwei Tankstellen außerhalb des Ortes. Durch dörfliche Gassen kommt man zur Moschee, in der Nähe alte Platanen und fließendes Quellwasser.

Tekirdağ (40°58,5'N 027°31'E) ist wichtiger Handelshafen einer modernen Provinzhauptstadt (80 000 Einwohner), die durch die umliegenden Industrien zu Wohlstand gekommen ist (Tabak, Wolle, Wein, Sonnenblumen; Elektro, Verpackung).
Für die Frachter steht die L-förmige, sehr hoch gebaute Brückenpier zur Verfügung; außerdem haben die Firmen eigene Pieranlagen weiter westlich. Zwei Feuer und ein Flutlichtstrahler befinden sich auf der Brückenpier.
Für Yachten kommt nur der Fischerhafen in Betracht, der immer wieder stark versandet. Vor allem vor der Einfahrt breitet sich die Versandung aus. Nach Auskunft des Hafenamtes wird alle zwei Jahre gebaggert. Trotzdem sollte man mit äußerster Vorsicht, ständig lotend, einlaufen.

Versorgungsmöglichkeiten: *Wasser siehe Plan, Brunnen an der Wurzel der Pier. Dieseltankstelle direkt am Hafen, Tankstelle für alle Sorten 1,5 km in Richtung*

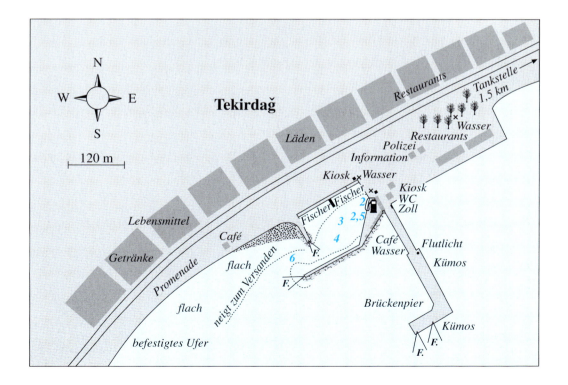

Osten. Lebensmittel, Restaurants und PTT in der Stadt. Notfalls kann man vom Deutsch sprechenden Direktor der nahen Touristeninformation weitere Auskünfte erhalten.

Von *Tekirdağ* (im Altertum Bisanthe) wäre noch erwähnenswert, dass die *Rüstem-Paşa-Moschee* und der überdachte Bazar von Mimar Sinan erbaut wurden, dem bedeutendsten osmanischen Baumeister aus dem 16. Jahrhundert. Bei einem Stadtbummel kann man weitere Bauwerke und das Museum besichtigen.

Ereğli Limanı (40°58,5'N 027°58') heißt die gut geschützte Bucht hinter einer felsigen Halbinsel, die an dem Leuchtturm und den Tanks eines Treibstofflagers von weitem auszumachen ist (siehe Seekarte). Überspülte Klippen reichen rund um die Huk weit ins Meer, sodass man bei der Ansteuerung großen Abstand halten muss. Ebenso sollte man die Bake mit dem grünen Blitzfeuer, die das nördliche Ende der Untiefen bezeichnet, in gebührendem Abstand runden. Ein weiteres Klippenfeld befindet sich im Westen der Bucht vor dem Strand.
Steuert man vorsichtig auf die zwei befeuerten Molen im Südwesten zu, hat man ausreichende Wassertiefen bis in den Fischerhafen hinein. Im Süden des Hafens und zum Strand hin wird es seicht. Zum freien Ankern empfiehlt sich der nördliche Scheitel der Bucht; man muss sich vorsichtig heranloten.

Versorgungsmöglichkeiten: Wasser, Fischverkaufsstände, Restaurants und Telefon in unmittelbarer Nähe, Geschäfte Richtung Ort, dort auch ein Markt, Bank und PTT. Die Tankstelle an der Fernstraße liefert per Tankwagen.

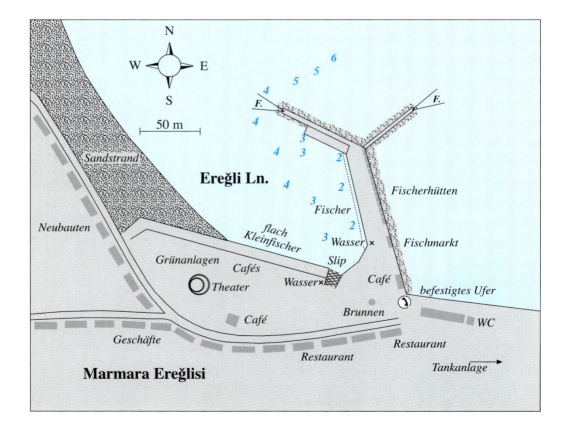

Seit vielen Jahren wird in *Marmara Ereğlisi* gebaut und gebuddelt, eine Grünanlage mit Springbrunnen und Theater soll Leben in die Hafengegend bringen. Die Fischer haben hübsch gekachelte Verkaufsstände und ordentliche Depots bekommen, aber die altgewohnte Unordnung macht sich schon wieder breit. In der Nähe der Moschee liegen grasüberwuchert antike Sarkophage, Marmorteile mit griechischer Inschrift, Säulenstümpfe und ein moslemischer Grabstein. Sicherlich sollen sie eines Tages attraktiver aufgestellt werden.

Silivri (41°04,5'N 028°14,5'E) wird von Fischtrawlern und Kümos angelaufen. Eine kräftige Mole hält den Seegang ab. Die Hafeneinfahrt ist befeuert, die Kais werden durch Laternen hell erleuchtet. Je nach vorhandenem Platz kann man überall anlegen, wo die Wassertiefen ausreichen.

***Versorgungsmöglichkeiten:** Wasser evtl. von den Fischverkaufsständen. Diesel per Tankwagen oder von der Tankstelle an der Fernstraße (quer durch den Ort). Einige Restaurants direkt an der Promenade. Lebensmittelgeschäfte, PTT und verschiedene Werkstätten in der Stadt, die auch der Landbevölkerung zum Einkaufen dient und deshalb ein reiches Warenangebot aufweist.*

Die Hafenfront von *Silivri* mit Promenade, üppigen Blumenbeeten, Sitzecken und kleinen Bars für die Sommergäste sowie Depots, Verkaufsständen und einem urigen Stammlokal für die Fischer ist ein gelungenes Beispiel für das stimmungsvolle Nebeneinander von Fischerhafen und Ferienort.

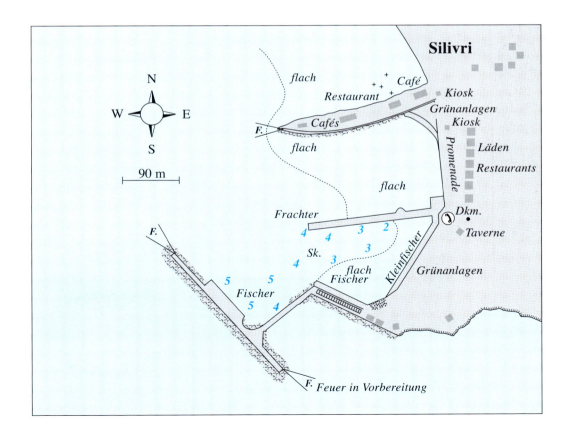

Selimpaşa (41°03,3'N 028°22'E) befindet sich 6 sm östlich von *Silivri*. Der gleichnamige Ort mit einem weißen Minarett liegt oberhalb des kleinen Fischerhafens. Auffällig sind außerdem hohe Wohnblocks über der Steilküste.

Bei der Ansteuerung achte man auf die unbefeuerte Untiefentonne (siehe Seekarte).

Der nach Osten geöffnete Hafen hat eine mächtige Molenmauer von 2,50 m Höhe. Das Molenlicht ist zwar vorhanden, brennt aber nicht. Dafür erhellen nachts Laternen den Kai. Der Hafen ist nur an der Innenseite der Mole tief genug zum Anlegen.

In diesem sauberen, ruhigen Hafen kann man sich wohl und sicher fühlen. Alles Notwendige ist vorhanden: Slip, Stellplätze, Depots, Parkplatz, ein Fischgeschäft (Eis) und ein kleiner Zubehörladen. Es gibt jedoch kein Wasser. Schon in *Silivri* fiel uns auf, dass die öffentlichen Wasserhähne beseitigt wurden.

Man hat die Wahl zwischen dem vierstöckigen Restaurant mit Billardsaal und dem lauschigen Fischrestaurant in der Grünanlage. Geschäfte und PTT oben im Ort, Tankstelle an der Fernstraße.

Büyükçekmece Koyu, die 2 sm breite und fast 3 sm tief einschneidende Bucht, bietet Schiffen aller Größen einen bei dem üblichen Sommerwind bestens geschützten Ankerplatz. Die Bucht setzt sich hinter einer Straßenbrücke als Lagune fort. Von weitem sieht man dort eine vierbogige Brücke; sie wurde von Mimar Sinan erbaut.

Yachten ankern auf 3–5 m Wasser im Nordosten nahe dem Sandstrand vor einer Feriensiedlung und liegen dort unbehelligt vom Straßenlärm, den der Fernverkehr verursacht. Das Wasser ist zum Baden allerdings nicht besonders einladend, zumal im Nordwesten der Bucht ein Hafen nach dem anderen entstanden ist.

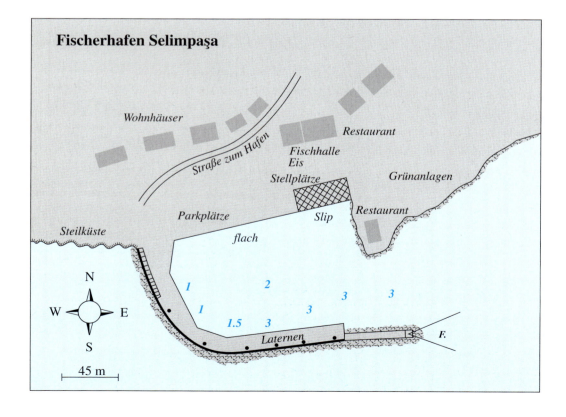

Mimarsinan (41°01'N 028°34'E). In diesem im Jahre 1978 gebauten Hafen, der ursprünglich zum Verladen von Zement und Sand benutzt wurde, liegen fast ausschließlich Fischer- und Sportboote. Durch die vorgebauten Molen ist der Hafen bestens geschützt, doch wegen des mangelnden Wasseraustausches übelriechend.

Für Gäste kommt nur der Nordteil in Betracht, wo die Wassertiefe am Kai 3 m beträgt. Entlang der Nordmole ist es flach.

Wasser- und Stromanschlüsse direkt am Kai (geplant). Treibstoff per Tankwagen oder von der Tankstelle am Ortsausgang an der Küstenstraße, wo auch Busse nach Istanbul halten. Lebensmittel und PTT im Ort, Restaurants und Fischstand Nähe Hafen.

Zur Erinnerung an den berühmten Architekten Mimar Sinan, der während seines langen, schöpferisch reichen Lebens (1490–1588) neben Wasserleitungen, Brücken und Palästen weit über hundert prächtige Moscheen (u. a. in *Istanbul* und *Edirne*) baute, hat die Stadt ihrem Namensgeber ein Denkmal beim Hafen gesetzt.

Büyükçekmece (41°01,3'N 028°34,7'E), im Norden unmittelbar an Mimarsinan anschließend, ist ein neuer Fischer- und Yachthafen. Das Land zwischen den Molen der beiden Häfen wird aufgefüllt, sodass eine durchgehende Promenade entsteht.

Außer Slip und Travellift ist auch eine Tankstelle geplant. Die Zeichnung zeigt die Planungsphase. Lediglich die Molen waren bei unserem letzten Besuch bereits aufgeschüttet worden.

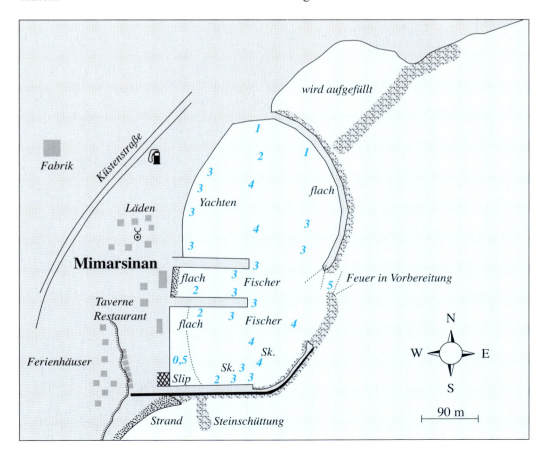

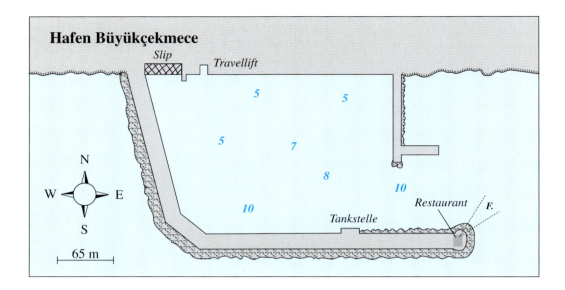

Auf der Osteite von *Büyükçekmece Koyu* befindet sich unterhalb der Steilküste von **Gürpınar** ein Hafenbecken mit grober Steinmole, davor eine Fischzuchtanlage.

Avcılar, ein Containerhafen (Kumcula), 4 sm östlich des Leuchtfeuers *Değirmen Burnu,* ist für Yachten uninteressant.

Marmarameer – Südküste siehe ab Seite 62.

Istanbul

Fährt man in östlicher Richtung weiter, macht sich immer mehr die Nähe der Großstadt bemerkbar. Der Flughafen bei *Yeşilköy,* Eisenbahn und Fernstraße liegen zur Linken, die Besiedlung wird dichter, der Schiffsverkehr nimmt zu, bis plötzlich schemenhaft die Silhouette der Weltstadt *Istanbul* aus dem meist diesigen Licht auftaucht. Allein der Anblick der ehrwürdigen *Hagia Sophia* und der *Blauen Moschee* von See her macht alle bisherigen Mühen der Anreise wett. Bevor der staunende Reisende sich jedoch den Sehenswürdigkeiten zuwenden kann, muss er die Formalitäten erfüllen und eine sichere Bleibe für sein Boot suchen.

Für die **Ansteuerung von Istanbul** (Port of Entry) ist die Seekarte zu verwenden. Sie zeigt in größerem Maßstab Mittelhafen und *Haydarpaşa Limanı* und ist für das Befahren des Bosporus unentbehrlich. Lediglich zur Orientierung dient der Übersichtsplan.
Bereits bei *Baba Burnu,* dem Westkap von *Büyükçekmece Koyu,* wurde die Südgrenze des Außenhafens von Istanbul überschritten. Sie schließt *Prenses Adaları,* die Prinzeninseln, ein. Im Norden endet der »Hafen von Istanbul« am Schwarzen Meer. Die Peillinie der beiden letzten Leuchttürme des Bosporus, *Türkelifeneri*

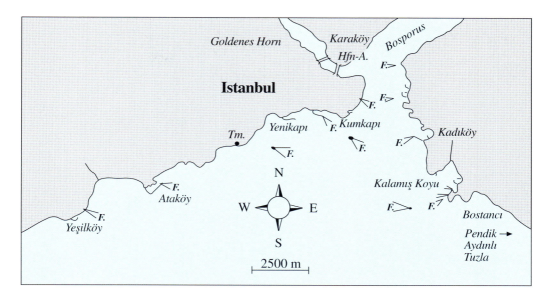

und *Anadolufeneri,* bildet die Grenze. Innerhalb dieser Grenzen gelten besondere Schifffahrtsvorschriften, die zwar die Sportboote nur teilweise betreffen, doch muss man mit Kontrollen rechnen, wie sie in einem Port of Entry üblich sind. Und Zollbeamte sind allgegenwärtig!

Behördenformalitäten: Kommt man von der Ägäis, genügt es normalerweise, das Transitlog mit Stempel aus *Çanakkale* vorzuweisen. Für Kontrollen ist es nützlich, wenn man im Transitlog bereits die wichtigsten Stationen für die Hin- und Rückfahrt hat vermerken lassen. Man sollte auch darauf achten, dass das Transitlog für die Dauer der Reise gültig ist, denn bei notwendiger Verlängerung oder bei Crewwechsel kommt man um die Behördengänge nicht herum. Auch wenn man die Reise über den Bosporus hinaus ins Schwarze Meer fortsetzen will, muss man die verschiedenen Behörden aufsuchen.

Nachdem in den letzten Jahren die Bestimmungen für Sportboote gelockert wurden, übernehmen die großen Yachthäfen wie *Ataköy* und möglicherweise auch *Kalamış* die Erledigung der Formalitäten. Wer jedoch einen Liegeplatz in einem kleineren Sportboothafen wahrnimmt, muss sich um die Erfüllung der Vorschriften selbst kümmern.

Die Behörden befinden sich im Mittelhafen *Orta Liman* (*Karaköy*), östlich der Galatabrücke. Der Kai ist von weitem daran auszumachen, dass Kreuzfahrtschiffe und Frachter dort liegen. Für Yachten ist dieser Anlegeplatz wegen des ständigen Schwells durch den Schiffsverkehr nicht zu empfehlen.

Bei unserem ersten Besuch ließen wir das Boot unter Aufsicht für einige Stunden im Fischerhafen *Kumkapı* und erledigten die Behördengänge per Taxi. Obwohl die Behörden nahe beieinander liegen, gibt es ein umständliches Hin und Her, bis alle erforderlichen Stellen besucht sind. Notfalls fragt man sich zunächst zum Informationsbüro (Fremdenverkehrsamt) in der *Maritimstation Karaköy* bei der Galatabrücke durch, wo sich auch die Passpolizei befindet, und lässt sich von dort zu Zoll, Hafenamt und gegebenenfalls Gesundheitsbehörde weiterreichen.

Zollstation für Schiffe, die vom Schwarzen Meer kommen, ist *Büyükdere* am europäischen Ufer des Bosporus. Dort befinden sich ebenfalls die notwendigen Behörden; möglicherweise wird man bei der Fahrt aus Norden von einem Patrouillenboot gestoppt. Hat man bereits ein Transitlog, dann kann man die Fahrt fortsetzen.

Yeşilköy (41°57,4'N 028°49,5'E) liegt 0,5 sm westlich des starken Leuchtfeuers *Yeşilköy Burnu,* nach der Seekarte eindeutig zu identifizieren. Viele kleinere Boote haben in diesem Fischer- und Sportboothafen ihre festen Plätze vor Murings. Gäste sind willkommen.
Bei der Ansteuerung achte man auf die geringe Wassertiefe zu beiden Seiten vor der Hafeneinfahrt. Trotz des weißen Blitzfeuers von *Yeşilköy Burnu* (Reichweite 15 sm) und der Molenlichter wird von einer Nachtansteuerung abgeraten.
Yeşilköy ist ein ruhiger Villenvorort. Der 2 km entfernte Flughafen stört kaum. Die Umgebung des Hafens ist grün bepflanzt, Restaurants und Cafés sind in der Nähe. In der Stadt mit teilweise noch alten Holzbauten gibt es reichlich Einkaufsmöglichkeiten. Wasser beim WC. Tankstelle am Hafen in Vorbereitung. Fischverkauf.

Ataköy Marina (40°58,22'N 028°52,55'E), der supermoderne Yachthafen von Istanbul mit der Auszeichnung »Five Golden Anchors«, liegt auf einem Landvorsprung an der verkehrsreichen Küstenstraße zwischen Istanbul (12 km) und dem Flughafen (4 km). Mit der Metro ist es nur ein »Katzensprung« zum *Taksım*-Platz.

Von See her fällt ein einzeln stehender Wolkenkratzer mit etwa 25 Stockwerken nordwestlich hinter dem Marinagelände auf. Auch der mächtige Wellenbrecher von 730 m Länge ist nicht zu übersehen. Nachts richtet man sich nach dem Leuchtfeuer *Yeşilköy Burnu* und den Molenlichtern. Das Hochhaus zeigt Leuchtreklame.
700 Yachten verschiedener Größen können am Kai und an sieben Schwimmstegen vor Murings untergebracht werden. Das Personal hilft beim Anlegen, UKW-Kanal 73 (16), Büro und Hafenpersonal kümmern sich um die Wünsche der Gäste. Das eingezäunte, von Grünanlagen umgebene Marinagelände samt Parkplatz wird Tag und Nacht bewacht. Die Marina genießt den besten Ruf bei entsprechenden Preisen.

Service-Einrichtungen: Wasser, Strom, Telefon, TV an den Liegeplätzen. Tankstelle an der Hafeneinfahrt. WC/Duschen, Wä-

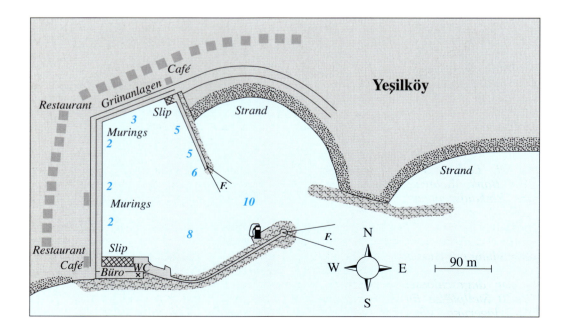

Istanbul 49

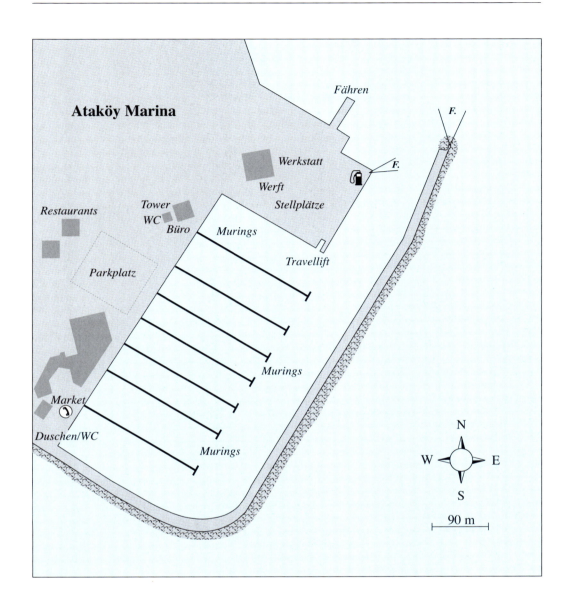

scherei, Laden. Swimmingpool, Reisebüro, Bank, Yachtcharter, Konferenzräume. Einkaufszentrum mit Restaurants, Cafés, Bars, Geschäften gleich außerhalb. Holiday Inn-Hotel, Tennisplatz, Fitness-Center. Hubschrauberlandeplatz, Fährverbindung mit Istanbul.

In der angeschlossenen Werft gibt es 70–80 Stellplätze für Reparaturen und Winterlagerung, einen Travellift (60 t), Werkstätten, Bootszubehör, Tauchservice. Sämtliche Reparaturen und Wartungsarbeiten werden ausgeführt.

Anschrift: Ataköy Marina & Yat Işletmeleri A. Ş., Sahil Yolu, 34710 Ataköy Istanbul/Türkei
Tel: + 90 212 560 42 70
Fax: + 90 212 560 72 70
Mail: marina@atakoymarina.com.tr
Web: www.atakoymarina.com.tr

50   *Dardanellen – Marmarameer – Istanbul – Bosporus*

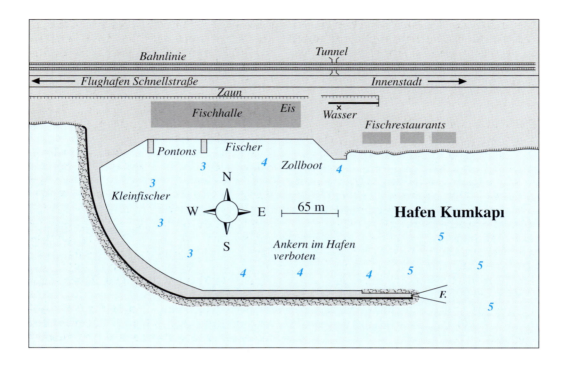

Kumkapı (41°00,2'N 028°58'E). Wenn überhaupt, so sollte man diesen Fischerhafen nur für kurze Zeit beanspruchen. Gegen Wind und Strömung ist er zwar gut geschützt, doch laufen ununterbrochen Fischerboote und die Zubringer für die auf Reede ankernden Schiffe rücksichtslos aus und ein. Die Fischer machen bei entsprechender Erklärung gern Platz. Auf jeden Fall muss eine Wache an Bord zurückbleiben, falls ein Verholen notwendig wird. Ankern ist verboten. Beim Längsseitsanlegen, gegebenenfalls an einem Fischerboot, helfen alle mit. Der Zoll wird sofort die Papiere sehen wollen.

Versorgungsmöglichkeiten: Wasser und Stangeneis sind zu haben. Fisch ist selbst hier an der Quelle wie überall in Istanbul außerordentlich teuer. Fischrestaurants in der Nähe. Jenseits der am Hafen entlangführenden mehrspurigen Straße, im alten Stadtteil Kumkapı (hinter der Eisenbahnunterführung) reichlich Lebensmittelgeschäfte, Fischhändler und Restaurants (Achtung: Nepp!), PTT.

Das ebenfalls nach Osten offene Hafenbecken vor dem Stadtteil *Yenikapı,* unmittelbar westlich von *Kumkapı,* dient den lokalen Fährbooten.
Im Mittelhafen *Orta Liman,* zwischen der Serailspitze (*Saray Burnu*), der Galatabrücke und dem Leanderturm (*Kızkulesi*), pulst das Leben auf dem Wasser: der durch den Bosporus fließende Schiffsverkehr, Frachter, Tanker, Kreuzfahrtschiffe, Fischerboote, die pausenlos pendelnden Fähren, Hafenrundfahrten, Ausflugsboote – an Segeln ist da nicht mehr zu denken; denn Vorfahrt, Tonnen, auf Reede liegende Schiffe, Strömung und Kabbelwasser – dies alles ist zu beachten. Sportboote müssen das Verkehrstrennungsgebiet meiden und wollen sich doch irgendwie durchlavieren.

Das Goldene Horn (*Haliç*), der Innenhafen Istanbuls (*Iç Liman*), wird durch die Galatabrücke, das Nadelöhr des Straßen- und Fußgängerverkehrs zwischen den Stadtteilen *Eminönü* (*Sirkeci*-Bahnhof) und *Galata* (*Beyoğlu*), und die entlastende

Atatürkbrücke für den durchgehenden Schiffsverkehr abgesperrt. Ob und wann die Brücken geöffnet werden, um den Schiffen die Zufahrt zum Goldenen Horn zu ermöglichen, ist im Hafenamt an der Galatabrücke zu erfragen.

Konstantinopel – Byzanz – Istanbul
Schon im 3. Jahrtausend v. Chr. begann der Wechsel verschiedener Völkergruppen zwischen den Erdteilen Europa und Asien an der engsten Stelle des Bosporus, die nur etwa 700 m breit ist. Die Landzunge zwischen Bosporus und dem Goldenen Horn, die heutige Serailspitze, war bereits im 9. Jahrhundert v. Chr. besiedelt. Dorische Megarer gründeten dort 660 v. Chr. eine Stadt, die nach ihrem Führer Byzas den Namen Byzantion erhielt. Auf dem asiatischen Ufer entstanden fast gleichzeitig die griechische Siedlung Chalkidon (heute *Kadıköy*) und die Hafenstadt *Chrysopolis* (*Üsküdar*).
Nach der Belagerung und Zerstörung von *Byzantion* im Jahre 196 n. Chr. durch die Römer wurde die Stadt wiederaufgebaut und befestigt. Kaiser Konstantin I. machte sie 330 zur Hauptstadt des Römischen Reiches. Wie Rom auf sieben Hügeln erbaut, wurde sie zunächst Roma nova, bald aber Konstantinopolis genannt.
Das Christentum wurde 380 unter Theodosius I. Staatsreligion. 395 – nach der Reichsteilung – war Konstantinopel Hauptstadt des Oströmischen Reiches, das unter dem Begriff Byzanz ein Jahrtausend lang bestand. In das Jahr 1054 fiel die Trennung der griechisch-orthodoxen von der römisch-katholischen Kirche, 1204 wurde unter dem Druck der Kreuzritter das Lateinische Kaiserreich gegründet. 1261 war Konstantinopel wieder byzantinisch, doch Genua und Venedig übten immer mehr Macht aus.

Der ständige Abwehrkampf gegen das aufstrebende Osmanenreich endete schließlich im Jahre 1453 mit der Eroberung Konstantinopels durch den 23-jährigen Sultan Mehmet II. Siebzig Schiffe hatte Mehmet auf hölzernen Gleitbahnen über Land ins Goldene Horn befördern lassen, um den letzten Widerstand zu brechen. Den Hellespont hatten die Osmanen bereits hundert Jahre zuvor besetzt, das Hinterland war für Byzanz längst verloren, und am Bosporus brachte Mehmet durch den schnellen Bau der Festung *Rumeli Hisarı* den Zugang zum Schwarzen Meer unter seine Kontrolle.
Waren schon in der byzantinischen Epoche Bauten von beispielloser Größe und Pracht errichtet, das Verwaltungs- und Rechtssystem der Römer und die Kultur der Griechen bewahrt worden, so brach nun durch die osmanischen Herrscher, die die Stadt Stambul nannten, eine neue Blütezeit an. Die ideale Lage zwischen Bosporus und Goldenem Horn machte die Stadt zum Mittelpunkt dreier Weltreiche.

Istanbul, als einzige Stadt der Welt auf zwei Kontinenten gelegen, fasziniert den Besucher heute ebenso wie vor hundert Jahren. Der orientalische Reiz der unzähligen Kuppeln und Minarette, die Stille der Moscheen, der Zauber der Grünanlagen, die Pracht der Paläste, aber auch das quirlige Leben in Altstadtgassen, Bazaren und auf verkehrsreichen Plätzen hinterlässt einen bleibenden Eindruck. Weil die Grenzen der Stadt sich über weite Gebiete ausdehnen, empfinden viele Fremde die Bevölkerungsdichte in Istanbul – man spricht von 7,4 Millionen Einwohnern, die Außenbezirke inbegriffen – nicht so bedrückend wie in anderen Großstädten.

Über der Fülle an Schätzen im *Topkapı-Palast* auf der Serailspitze, an Museen und Moscheen im Altstadtbereich innerhalb der Befestigungsmauern sollte man die anderen Stadtteile nicht vergessen, beispielsweise *Beyoğlu* mit seinen modernen Geschäftsstraßen, der Oper und dem alten Galataturm, der eine phantastische Aussicht auf Stadt und Meerenge bietet, oder *Üsküdar,* wo einst der Handelsweg nach Kleinasien und die Wallfahrt nach Mekka begann. Nach wie vor wird die Reise mit der Eisenbahn zwischen Europa und Asien durch den Bosporus unterbrochen, denn

52 *Dardanellen – Marmarameer – Istanbul – Bosporus*

am Bahnhof Sirkeci enden die europäischen, am Bahnhof *Haydarpaşa* die asiatischen Züge. Die Fähre zwischen *Eminönü* und *Kadıköy* überbrückt für einen Spottpreis in einer Fahrtzeit von zehn Minuten die beiden Erdteile. Der Straßenverkehr fließt ungehindert über die beiden Autobahnbrücken zwischen *Orta-* *köy* und *Beylerbeyi* sowie *Rumelihisarı* und *Anadoluhisarı.*

Wer die Stadt kennenlernen will, findet sich erstaunlich schnell zurecht. Die vielen Informationsämter halten ausführliches Prospektmaterial bereit, das Anregungen für ein reichhaltiges Besichtigungsprogramm gibt.

Der Bosporus (Istanbul Boğazı)

Wenn Yachtreisende ein gültiges Transitlog besitzen, können sie den Bosporus ohne weitere Formalitäten befahren. Allerdings sind dabei einige Besonderheiten zu beachten:

Die 17 sm lange Wasserstraße ist Verkehrstrennungsgebiet, und es gilt Regel 10 der Kollisionsverhütungsregeln. Das bedeutet, dass Sportboote sich möglichst weit rechts halten müssen und das Fahrwasser nur kreuzen dürfen, wenn sie die Schifffahrt nicht behindern. Schon aus diesem Grund muss bei einem Sportboot eine leistungsfähige Maschine vorausgesetzt werden. Zwar misst der Bosporus an der engsten Stelle 4 kbl, an der breitesten knapp 2 sm, doch der vorherrschende Nordostwind und die starke, südwärts setzende Oberflächenströmung verlangsamen die Fahrt nach Norden erheblich.

Im Frühjahr, wenn der Wasserstand im Schwarzen Meer durch die Schneeschmelze besonders hoch ist, wird auch die Wasserbewegung im Bosporus am stärksten sein. Bei nördlichem Wind kann sie im Südteil, etwa zwischen *Ortaköy* und *Çengelköy,* also oberhalb der ersten Bosporusbrücke, eine Geschwindigkeit von 5–6 kn erreichen. In diesem Abschnitt bis hinter Akinti Burnu ist die stärkste Strömung zu verzeichnen. Südliche Winde vermindern die Strömung, und auch anhaltend gutes Wetter mit abends abflauendem Wind senkt über Nacht die Werte. Im breiteren Nordteil beträgt die Strömung im ungünstigsten Fall nur noch 1–1,5 kn.

Noch einmal sei darauf hingewiesen, dass für die Passage die Seekarte unentbehrlich ist. Die türkische Seekarte zeigt darüber hinaus die mittleren Strömungsgeschwindigkeiten in der Fahrrinne. Neerströme machen sich an manchen Stellen der Ufer und in den meisten Einbuchtungen bemerkbar. Die nahe am Fahrwasser befindlichen Untiefen sind betonnt. Die Befeuerung zeigt auf der europäischen Seite Grün, auf der asiatischen Rot.

Weniger die Untiefen als die zu großen Wassertiefen erschweren den Yachten einen Aufenthalt im Bosporus. Die größte Wassertiefe wird bei *Kandilli Burnu* mit 110 m gemessen. Sollte sich also auf den nachstehend beschriebenen Plätzen keine Festmachemöglichkeit an den vorhandenen Muringbojen, die durchweg Privateigentum sind, ergeben, dann müsste sich der Sportbootreisende mit dem bloßen Anblick der gerade vom Wasser her bemerkenswert schönen Villenkolonien und idyllischen Dörfer begnügen und erst im letzten Hafen auf der anatolischen Seite, *Poyraz,* ankern. Dies wäre dann der zeitlich kürzeste Bosporustörn – ohne Risiko.

Erster historisch markanter Punkt der Bosporusfahrt ist der so genannte Leander- oder Mädchenturm (Leuchtturm *Kız- kulesi*), nahe am Ufer bei *Üsküdar* gelegen. Griechen, Byzantiner und Türken hatten hier eine Zollstation unterhalten, im 12. Jahrhundert konnte durch eine Kette zur Serailspitze *(Saray Burnu)* die Durchfahrt geschlossen werden. Der Name »Leanderturm« bezieht sich fälschlicherweise auf die Sage von Hero und Leander, die in den Dardanellen beheimatet ist. Mit dem Namen »Mädchenturm« verbindet sich die Legende eines Sultans, der seine Tochter hier versteckt hielt, weil ihr der Tod durch Schlangenbiss vorausgesagt worden war. Sie entging ihrem Schicksal trotzdem nicht: Die giftige Schlange war in einem Früchtekorb verborgen.

Als nächstes fällt der langgestreckte Bau des prächtigen **Dolmabahçe Sarayı** ins Auge, seit 1855 Sultansresidenz, später Präsidentensitz Atatürks und sein Sterbeort (1938).

Sehr klein nimmt sich die viel fotografierte **Ortaköy-Moschee** (1854) gegen die erste Bosporusbrücke aus. Mit einer Gesamtlänge von 1560 m und einer freien Spannweite von 1074 m zwischen den beiden 165 m hohen Brückentürmen verbindet diese fünftlängste Hängebrücke der Welt Europa und Asien und bewältigt seit 1973 einen enormen Autoverkehr. Die

Durchfahrtshöhe beträgt 58 m. Inzwischen ist nördlich der Burgen *Rumelihisarı* und *Anadoluhisarı* eine zweite, nicht minder hohe, aber noch breitere Brücke hinzugekommen. Sie wurde 1988 dem Verkehr übergeben und trägt den Namen »*Fatih Sultan Mehmet Köprüsü*«. Ihre Durchfahrtshöhe beträgt 64 m.

Arnavutköy (41°03,7'N 29°02,4'E) zeigt eine malerische Wasserfront mit schmalbrüstigen Häuserfassaden. Die 20-m-Linie reicht bis nahe ans befestigte Ufer heran. Die Yachten liegen durchweg an privaten Murings mit langen Leinen zum Ufer der lauten Straße.

Bebek Koyu (41°04,8'N 029°02,8'E) ist ein möglicher Anlegeplatz, wenn man zwischen den Dauerliegern eine freie Muring findet. Wegen des Schwells durch vorbeifahrende Schiffe lange Leinen benutzen! Die Wassertiefe nimmt von 20 m nach Westen hin nur langsam ab, die begrenzte Flachstelle wird an ihrem Nordende durch eine Leuchtbake bezeichnet. Auch südlich davon liegen Leuchttonnen.

An der nächsten Biegung der Wasserstraße rücken die Kontinente auf die größte Nähe von etwa 750 m zusammen. Zwei über 500 Jahre alte, sorgfältig renovierte Festungen bewachen die Enge, auf der es in früheren Jahrhunderten mehrfach zu folgenschweren Überquerungen kam.
Die **Burgen *Anadoluhisarı* und *Rumelihisarı*** sind heute malerische Aussichtspunkte und beliebte Ausflugsziele.

Auf der weiteren Strecke spiegeln sich zierliche Schlösschen im Wasser, wir kommen an Sommerhäusern in verspielter Holzbauweise und Villen mit üppigen Gärten vorbei. Die Stationen der Bosporus-Fährdampfer dazwischen wirken wie Dekorationen aus einem alten Film. Teegärten und Ausflugslokale unterstreichen dieses Bild der Ruhe. Man möchte aussteigen und bleiben – wie die Angler, die an bestimmten Punkten reihenweise am Ufer stehen, unbeeindruckt von dem hinter ihnen vorbeiflutenden Straßenverkehr.

Istinye Koyu (41°06,8'N 029°03,7'E), bestens geschützt und strömungsfrei, hat

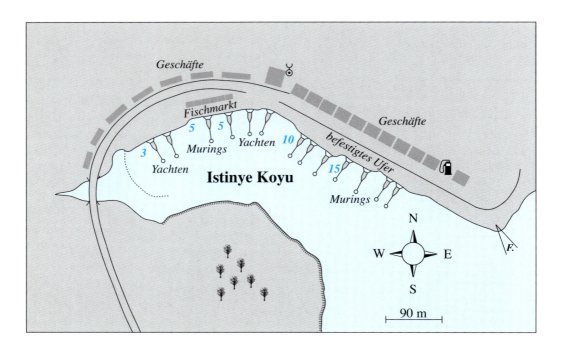

selten Platz für fremde Sportboote. Das nördliche Ufer ist mit einheimischen Yachten vollgestopft, die ihre Murings kreuz und quer verspannt haben. Deshalb keinen Anker verwenden! Vielleicht findet man eine freie Muring oder kann sich irgendwie dazwischenschieben.

Die Werft hat den Platz auf dem gegenüberliegenden Ufer räumen müssen. Wir sahen Marmara-Lastkähne am Ufer, die zu Ausflugsbooten umgebaut wurden. Vom Lärm der nahe vorbeiführenden Straße abgesehen, eine gemütliche Bucht, nachdem Docks und Frachter verschwunden sind.

Es gibt eine Tankstelle nahe bei der Einfahrt, doch keine Wasserhähne mehr. Fischstände, reichlich Geschäfte und Restaurants vorhanden. Busse in beide Richtungen.

Tarabya Koyu (41°08,3'N 029°03,5'E), an einem großen Hotel auf der Nordflanke gut auszumachen, ist bei steifen nördlichen Winden einem kurzen Wellenschlag ausgesetzt. Tiefes Wasser reicht bis dicht an die rundum befestigten Ufer heran. Nur vor dem Pavillon-Restaurant befindet sich eine mit einer Bake markierte Untiefe.

Die Bucht ist gedrängt voll mit Muringbojen, an denen einheimische Yachten liegen. Wenn irgend möglich, wird den Gästen bereitwillig zu einem vorübergehenden Liegeplatz verholfen.

Auch hier wurden die Wasserhähne gesperrt. Es gibt jedoch einen Brunnen bei den Verkaufsständen im Park. Lebensmittel in mehreren Geschäften. Obst und Gemüse von Marktständen. Rund um die Bucht gepflegte Restaurants. PTT nahe der Straßenabzweigung. Busse nach Istanbul (*Taksım* oder *Eminönü*) verkehren an der Küste entlang in kurzen Abständen.

Büyükdere Limanı (41°09,4'N 029°02,5') ist Einklarierungshafen für Schiffe, die vom Schwarzen Meer kommen. In dieser großen, weit offenen Bucht kann man notfalls so nahe wie möglich am nördlichen Ufer vor dem Ort ankern, soweit es die Wassertiefen zulassen. Etwas weiter westlich liegt eine Werft.

Versorgungsmöglichkeiten: *In der Nähe des kleinen, voll belegten Fischerhafens an der Südseite befindet sich eine Wassertankstelle. Auf der viel befahrenen Uferstraße rasche Busverbindungen, z. B. mit Sarıyer, das für seine guten Fischrestaurants bekannt ist.*

Waren die anmutigen grünen Ufer des Bosporus bisher stark besiedelt, so wird

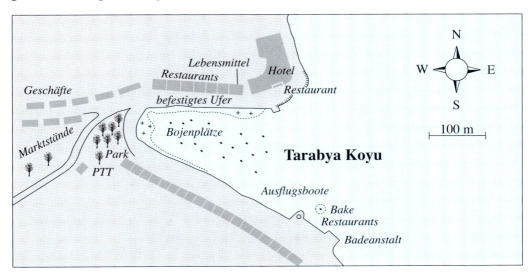

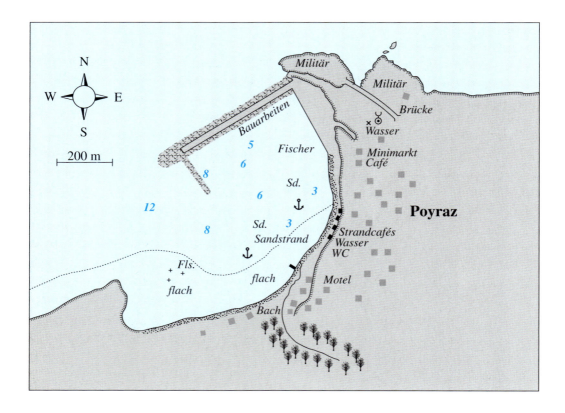

die Küste im weiteren Verlauf sehr viel einsamer. 5 sm voraus öffnet sich die Ausfahrt zum Schwarzen Meer. Der Seegang kommt jetzt ungehindert entgegen.

Poyraz (41°12,4'N   029°07,8'E) bietet sich als letzter Ankerplatz auf der anatolischen Seite an. Die Hafenbucht wird gern von Yachten aus Istanbul als Tagesausflugsziel angelaufen, denn das Wasser lädt zum Baden ein.
Bei der Ansteuerung sind der Wellenbrecher aus dunklen Steinen und der Ort mit Moschee an der sonst unbewohnten Küste gut zu erkennen. Zur nächtlichen Ansteuerung dient das Feuer auf Kap *Filburnu* 0,5 sm südwestlich des Hafens. Seit vielen Jahren wird an dem Hafen gebaut, denn er wird von den Fischern dringend gebraucht, doch die Bauarbeiten kommen nicht recht voran. Yachten ankern im Südteil der Bucht auf 4–6 m Wassertiefe vor dem feinsandigen Strand über sehr gut haltendem Sandgrund. *Achtung:* Im Bereich der Bachmündung ist es seicht.
Der bei nördlichen Winden gut geschützte und darüber hinaus sehr schöne Ankerplatz ist nach Abflauen des Windes gelegentlich einer umlaufenden Welle ausgesetzt, die von den vorbeifahrenden Frachtern verursacht wird. Militär ist auf der Nordhuk stationiert. Der Ort *Poyraz* liegt oberhalb der Hafenbucht.

Versorgungsmöglichkeiten: Am Strand Cafés und Imbissstuben. Unterhalb der Moschee ein Wasserhahn mit gutem Trinkwasser. Die Wasserstelle unterhalb der Steilküste wird von den Badenden zum Duschen benutzt. Lebensmittelladen, Bäckerei, PTT im Ort. Auf halber Höhe ein Café mit schöner Aussicht auf die Bucht. Nach Treibstoff erkundige man sich notfalls bei den Fischern.

Der hohe Leuchtturm *Türkelifeneri* ist die

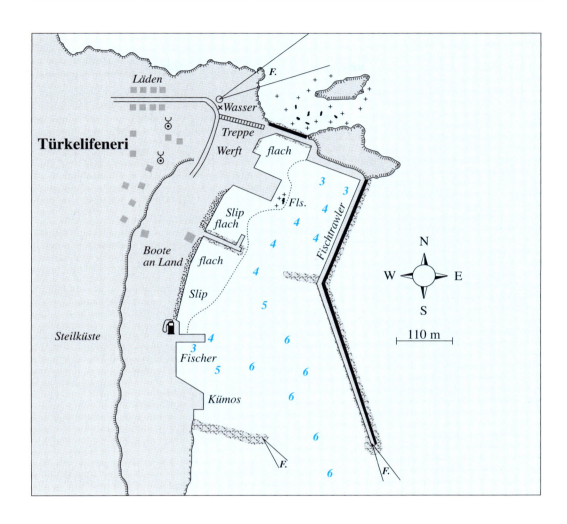

letzte auffällige Landmarke am europäischen Ufer des Bosporus und bildet zusammen mit dem gegenüberliegenden Leuchtturm *Anadolufeneri* die Hafengrenze von Istanbul.

Türkelifeneri (41°13,8'N 029°06,9'E) ist ein reiner Fischerhafen, in dem die Fischerflotten gedrängt im Päckchen liegen. Sportboote verirren sich wohl selten hierher. Trotzdem wird gern ein Platz längsseits eingeräumt.
Achtung: Südlich der Hafeneinfahrt fest verankerte Netze! Beim Einlaufen in den Hafen ist auf Trossen zu achten, mit denen sich die Kümos verspannen, wodurch die Manövrierfähigkeit eingeengt werden kann. Im inneren Teil des Hafens nach Westen zu wird der Grund seicht; gefährlich ist vor allem die aus dem Wasser ragende Felsklippe.

Versorgungsmöglichkeiten: Ein Wasserhahn auf der rechten Straßenseite beim Leuchtturm, ein zweiter bei der folgenden Moschee. Tankstelle siehe Plan. Einige kleine Geschäfte in dem recht abgeschiedenen Dorf haben alles Nötige zur Verpflegung, es gibt auch frisches Fleisch und Brot. In der Saison sind abends Fischtavernen geöffnet. Bus nach Sariyer.

Außer dem Hafen *Poyraz* auf der Ostseite

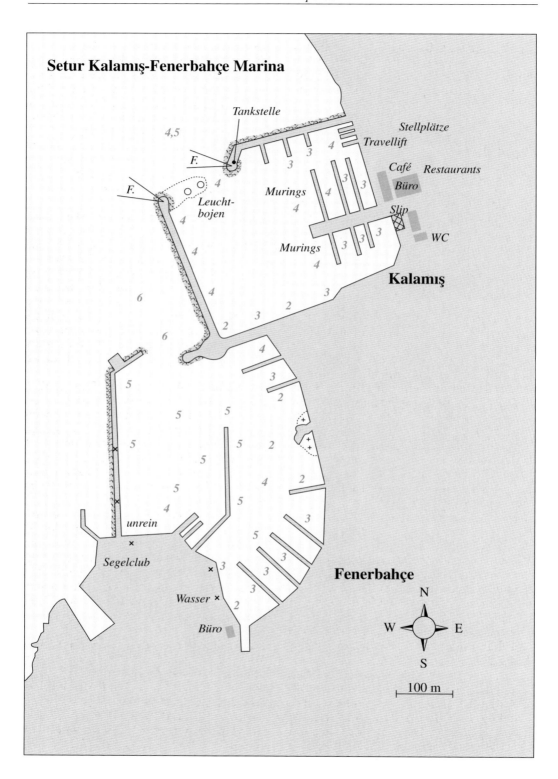

wurden Landeplätze auf der westlichen Seite des Bosporus beschrieben. Wenn Wind und Wetter es zulassen, können aber auch einige Ankerplätze vor den Fischerdörfern an dem anatolischen Ufer zu entdecken sein. Hierbei sind die Warnungen und Ankerverbote nach der Seekarte zu beachten.

Sollte eine Yacht so ungünstige Wind- und Strömungsverhältnisse antreffen, dass an eine Bosporusfahrt auf eigenem Kiel überhaupt nicht zu denken ist, kann als kleiner Trost ein Ausflug mit einem der täglich verkehrenden, recht altertümlichen Dampfer unternommen werden, die an der Galatabrücke starten und bei den reizvollen Orten haltmachen, die man mit dem eigenen Boot nicht anlaufen darf.

Haydarpaşa Limanı (40°59,8'N 029°01,3'E), der Handelshafen mit Gleisanschluss auf der Anatolienseite, bietet in seinem südlichen Becken vor **Kadıköy** freie Ankermöglichkeit. Von weitem ist der Hafen an dem auffälligen Bahnhofsgebäude mit Ecktürmen direkt am Wasser zu erkennen. Plan A der D 1111 zeigt deutlich die Lage der Leuchttonnen um das Wrack und die Zufahrt zu diesem Hafenbecken.

Man sollte möglichst weit in der nordöstlichen Ecke ankern, um den Fähren, die tagsüber in kurzen Abständen zwischen *Eminönü,* der Fährstation bei der Galatabrücke, und *Kadıköy* verkehren, aus dem Weg zu gehen.

Dieser Ankerplatz hat den Vorteil, dass man mit der Fähre innerhalb einer Viertelstunde die Altstadt von Istanbul erreichen kann (Fährverkehr nach *Kadıköy* bis 20 Uhr, nach *Üsküdar* auch später). Ankerwache zurücklassen. In der Nähe Geschäfte aller Art, Fischmarkt, PTT in *Kadıköy.*

Yachtclub Moda (*Club Deniz,* 40°58,8'N 029°01,6'E), knapp 1 sm südlich von Kadıköy, in **Kalamış Koyu** vor dem Ort Moda gelegen. Der in der Seekarte D 1111 zu erkennende Anleger ist die Fährstation. Einige einheimische Yachten liegen an der Außenseite dieser sehr hohen Pier längsseits im Päckchen, weitere an Murings. In diesem Bereich kann man frei ankern. Der Club verfügt über eine Slipanlage und einige Stellplätze an Land. Restaurants und Cafés in der Nähe, Lebensmittel im Stadtteil Moda.

Sicher liegt man vor Anker in der Bucht **Kalamış Koyu** vor der in der Seekarte erkennbaren Flussmündung auf 4–5 m Wassertiefe über Schlickgrund.

Setur Kalamış und Fenerbahçe Marinas (40°58'N 029°02'E) sind zwei Yachthäfen, die jetzt zur SETUR-Gruppe gehören und das Hauptbüro der Marinakette beherbergen. Seit SETUR die Marinas führt, ist von der früheren Saloppheit nichts mehr zu spüren – die Marinas werden professionell geleitet und rund um die Uhr bewacht. Die Gesamtkapazität liegt bei 1800 Yachten. Hinzu kommen 200 Stellplätze an Land.

Die *Kalamış* Marina ist bei Tage einfach anzusteuern, denn die Wellenbrecher sind von weitem auszumachen. Die Hafeneinfahrt wird durch eine Untiefe eingeengt, die mit Leuchtbojen gekennzeichnet ist.

Für die nächtliche Ansteuerung ist das starke Feuer von *Fener Burun* nützlich. Von Norden oder Westen kommend, dürfte es keine Schwierigkeiten geben.

Bleibt man – von Süden kommend – außerhalb der in der D 511 Plan F eingezeichneten Leuchttonne, dann entgeht man der dem Leuchtturmkap vorgelagerten befeuerten Untiefe, dem Sperrgebiet und den ausliegenden Kugeltonnen. Versetzung durch südwärts laufenden Strom muss allerdings berücksichtigt werden.

Service-Einrichtungen der Marinas: *Der Kontrollturm ist über UKW-Kanal 72 (16) zu erreichen. Die Liegeplätze, die Yachten bis 70 m Länge und 6,5 m Breite aufnehmen können, sind mit Murings versehen. Tankstelle (Diesel, Benzin) an der Hafeneinfahrt. Wasser- und Stromanschlüsse an den Stegen, WC; Restaurants, Bar, Cafés, Telefon-, Fax- und Internetservice, Yacht-*

ausrüster, Supermarkt, Wäscherei. Hubschrauberlandeplatz. Banken und kleine Läden in der Nähe.
Werft: *Etwa 200 Stellplätze, 1 Travellift (70 t), Werkstätten.*

Adresse: *Setur Kalamış und Fenerbahçe Marinas, Münir Nurettin Selçuk Cad. Kalamış-Fenerbahçe-Istanbul*
Tel: +90 216 346 2346
Fax: +90 216 346 1656
Mail: kalamis@seturmarinas.com
Web: www.seturmarinas.com

Einkaufsmöglichkeiten und PTT findet man stadteinwärts. Nach Istanbul kommt man so: mit Taxi, Dolmuş oder Bus bis *Kadıköy Iskele* (Fährstation), Fähre nach *Eminönü*/Galatabrücke.
Die Bucht 1 sm östlich des *Fenerbahçe*-Leuchtturms hinter **Laz Burnu** eignet sich gut zum Ankern (siehe Seekarte).

Bostancı (40°57,2'N 029°05,7'E). Dieser Fährhafen befindet sich gut 2 sm weiter in südöstlicher Richtung. Von hier aus verkehren als »Seebusse« bezeichnete Passagierboote zu verschiedenen Anlegestellen Istanbuls und des Marmarameeres. Entsprechend unruhig ist es im Hafen.
Ankert man aber in sicherer Entfernung vor dem Hafen, kann man an Land paddeln und an der Wasserfront bei den Verkaufsständen unter einem üppigen Fischangebot wählen.

Werften in der Nähe von Istanbul. Obwohl in den letzten Jahren in der Gegend um Istanbul einige Yachthäfen erbaut oder für Sportboote erweitert wurden, mangelt es nach wie vor an Liegeplätzen. Kaum fertig gestellt, sind die Häfen bereits überfüllt, denn die yachtsportbegeisterten Türken sichern sich Dauerliegeplätze, die sie möglichst schnell erreichen können. Für durchreisende Yachten bleibt nur hier und da ein Anlegeplatz für kurze Zeit.
Soll ein Boot länger im Raum Istanbul verbleiben, so kommen nur die *Ataköy* Marina und die *Setur Kalamış* und *Fener-*

bahçe Marinas in Frage, es sei denn, man findet an einem anderen Ort eine wirklich zuverlässige Aufsichtsperson. Andernfalls muss man sich nach einem Landliegeplatz umsehen. Auch für Reparaturen oder Überholungsarbeiten an Land ist es nützlich, einige Werften oder Stellplätze zu wissen. Die nachstehenden Plätze seien völlig wertneutral genannt:

Ataköy Marina: Travellift, Stellplätze (siehe Seite 49).
Setur Kalamış und Fenerbahçe Marinas: Travellift, Stellplätze (siehe Seite 59).
Yachtclub Moda: Slip, nur für kurzfristige Reparaturen (siehe Seite 59).
Küçüksu (Bosporus, anatolisches Ufer, an der Mündung des gleichnamigen Flusses, Nähe Anadoluhisarı, siehe Seekarte): Slip, Stellplätze.
Bereits außerhalb des Nahbereichs von Istanbul, ca. 15–17 sm südöstlich, sind folgende **Werften** erwähnenswert, die nach der Seekarte leicht auszumachen sind:
Pendik: Werftbucht und -hafen für die Großschifffahrt.
Aydınlı (wegen des nahebei liegenden Ortes auch als **Tuzla** bezeichnet): Mehrere Werften für Schiffbau, Reparatur, Ausstattung und Ausrüstung, z. B. PKM Tersanesi (Travellift), Rota Tersanesi, Torlak, Ursa.

Atabay-Trockendock (40°46,3'N 029°26'E) ist in der Broschüre »Yachtreisen Türkei« (Türkisches Tourismusministerium) unter Yachthäfen aufgeführt. Das Gelände liegt 4 sm östlich von *Yelkenkaya Burnu*, dem westlichen Einfahrtskap in den Izmit-Golf (siehe Seekarte), abgeschottet durch Steilküste und eingezäunte Zufahrt. Neben dem unter Bäumen versteckten Hotel »Club Atabay« mit Swimmingpool, Tennisplatz und bestem Restaurant hat der Besitzer aus Passion einen Stellplatz für etwa 100 Boote eingerichtet. 30-t-Travellift, Mobilkran, Tankstelle, Werkstatt (Batterieladen), Strom, Wasser, Feuerlöscher sind vorhanden. Wachdienst 24 Stunden.
Umständlich sind die Behördengänge zwecks Zollverschluss vor der Heimreise und die Fahrt zum Flughafen (Istanbul 60

km, Bus ab *Darıca*). Einkäufe in *Eskihisar*, Bootszubehör im Özek-Marine-Shopping-Center *Tuzla*.

Adresse: *Atabay, Eskihisar, Darica-Gebze (Kocaeli),*
Tel: +90 262 655 58 54
Fax: +90 262 655 56 16
Hauptsitz Istanbul: +90 216 326 69 65
Fax: +90 216 339 61 41

Der **Izmit-Golf** ist wegen seiner militärischen Zonen (Kriegshafengebiet) und der ausgedehnten Industrieanlagen, die Schmutz und Lärm verursachen, reizlos und für die Sportschifffahrt nicht empfehlenswert. Außerdem müssen alle Schiffe gemäß dem Mittelmeer-Handbuch des BSH eine Einlauferlaubnis bei »*Commander Gölcük Naval Base*« beantragen. Ob eine solche Genehmigung auch erforderlich ist, wenn man den Stellplatz *Atabay* anlaufen will, der nur 4 sm innerhalb des Golfes liegt, sollte vorher bei einem anderen Hafenamt geklärt werden.

Eskihisar (40°46,2'N 029°25,7'E) liegt nur 600 m westlich von *Atabay*. Wenn auch das Wasser in diesem kleinen Fischer- und Sportboothafen schmutzig ist, so hat die Umgebung mit den Restaurants und Teegärten doch einen eigenen Reiz.
Die Mole ist befeuert. In der Einfahrt ist das Wasser 6 m tief, am Kai auf der Südseite 4 m. Dort liegt das Küstenwachboot. Der Zoll (»*Gümrükler Muhafaza*«) hat seine Wachstation an der Wurzel der Quermole. Spätestens hier wird man erfahren, ob man ohne Genehmigung zum *Atabay*-Stellplatz weiterfahren darf.
Wassertaxen pendeln zu den Reedeliegern. Es gibt einen öffentlichen Wasserhahn auf dem Parkplatz hinter dem Restaurant, Getränkekioske, Imbiss. Geschäfte in *Eskihisar*. Bus nach *Darıca*.

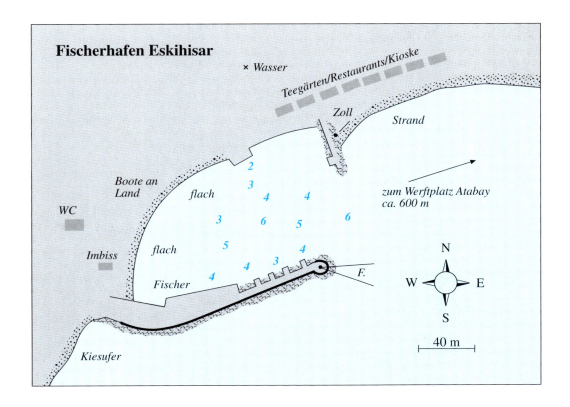

Die Prinzeninseln (Prenses Adaları)

Nachdem wir den grünen Bosporus und die Weltmetropole Istanbul hinter uns gelassen haben, ist es nur ein kurzer Schlag von etwa 10 sm in südöstlicher Richtung zu den Prenses Adalari, die allgemein als Prinzeninseln bekannt sind, weil sich hier in byzantinischer Zeit häufig die Prinzen aufhielten. Wegen der verschiedenen Klöster wurden sie früher auch Priesterinseln (*Papadanisia*) genannt. Die Gruppe von vier bewohnten und fünf unbewohnten Inseln ist von tiefem Wasser umgeben und deshalb gefahrlos anzusteuern; nur zwischen *Heybeliada* und *Büyükada* reichen flachere Stellen weit ins Meer. Die Landeplätze und Pieranlagen sind für Kümos und die zahlreich verkehrenden Fähren gedacht. Der Marinehafen an der Ostseite von *Heybeliada* ist für Privatboote gesperrt.
Weder im Hafen von *Heybeliada* noch vor *Büyükada* oder *Burgaz* finden Yachten einen befriedigenden Liegeplatz, denn überall sind Wind und Seegang auflandig. Einzig

Çam Limanı (40°52,3'N 029°05,1'E), die Südbucht der Insel *Heybeliada*, ist zum Ankern geeignet und bietet bei Nordwind guten Schutz. Die Ansteuerung ist nach der Seekarte ohne Gefahr möglich. Man ankere möglichst in der Nähe der teilweise verfallenen Stege auf beliebiger Wassertiefe. In dem Schlickgrund findet der Anker guten Halt. Häufig liegen Fischtrawler weiter westlich in der Bucht.
In dem auffälligen Gebäude ist die Marineakademie untergebracht, auf der östlichen Landzunge liegt ein Sanatorium.
Spaziergänge durch die Kiefernwälder bieten sich an. Im Sommer fahren Pferdekutschen vom Hafen *Heybeliada* über die Insel, denn Autos werden hier wie auf den anderen Inseln nicht zugelassen. Man kann verstehen, dass die Prinzeninseln wegen ihrer Ruhe und des angenehmen Klimas gern von den Bürgern Istanbuls zu erholsamen Ausflügen besucht werden. Baden kann nicht empfohlen werden, da direkt westlich der Bucht eine Müllkippe ins Meer führt.

Marmarameer – Südküste

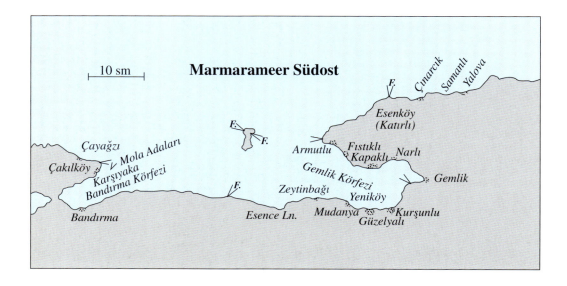

Was über das Wetter im Marmarameer bereits auf Seite 37 gesagt wurde, trifft im Allgemeinen für die Südküste ebenfalls zu. Doch zeigen sich die Winde an der Südküste sehr unterschiedlich. Die großen, hochgebirgigen Halbinseln *Bozburun Yarimadası* und *Kapıdağ Yarımadası* mit den breiten Golfen von *Gemlik, Bandırma* und *Erdek* bringen den üblicherweise vorherrschenden Nordostwind gehörig durcheinander und haben ihre eigene lokale Thermik. Diese Tatsache sei einerseits als Warnung vor offenen Ankerplätzen verstanden, andererseits mag sie den ganz persönlichen Entschluss erleichtern, die Nord- oder Südroute nach Istanbul zu wählen. Jede Strecke hat ihre Vor- und Nachteile; abwechslungsreicher ist zweifellos die Südküste.

Der Törnplanung dienen zwei Übersichtspläne mit der Lage der beschriebenen Häfen und Ankerplätze (Übersichtsplan *Bandırma* bis *Gelibolu* auf Seite 82).

Im Kielwasser der Fähre, die häufig von *Kartal,* östlich der Prinzeninseln am Festland gelegen, nach *Yalova* verkehrt, steuern wir die **Halbinsel Bozburun** an, die mit ihren 900 m hohen Bergen und den bewaldeten Küsten ein verlockendes Ziel darstellt.

Vor dem Badeort **Yalova** gibt es neben dem Fähranleger einen Hafen für Kleinfischerboote. Um einzukaufen, kann man beliebig frei ankern, wenn der Wind es zulässt. Die Uferpromenade ist sehr hoch gebaut, deshalb kann man nur in dem kleinen Hafen mit dem Beiboot landen.

Die heißen Quellen waren wegen ihrer heilenden Wirkung bei Rheumatismus und Hautleiden schon im Altertum bekannt, damals unter dem Namen *Pythia*. Römer, Byzantiner und Sultane besuchten die Thermalbäder. Die modernen Badeanlagen und Schwimmbecken liegen in großen Parks etliche Kilometer außerhalb.

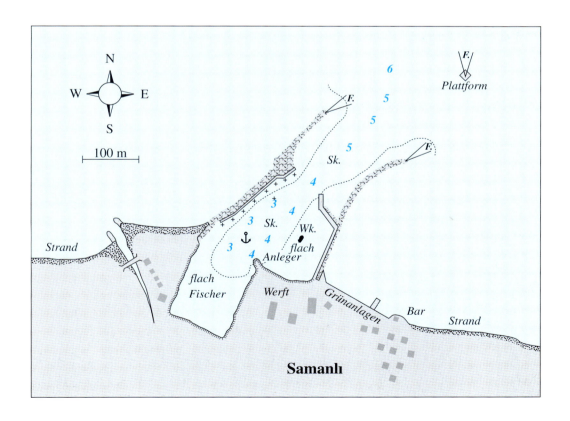

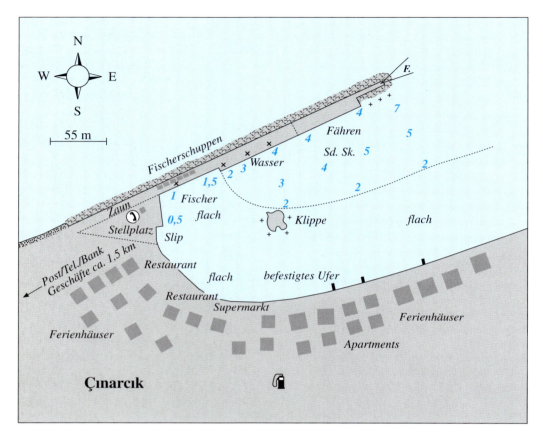

Samanlı (40°39,6'N 029°14,8'E). Bei der Ansteuerung beachte man die etwa in der Verlängerung des Ostwellenbrechers liegende Plattform und ein Bojenfeld. Der durch befeuerte Wellenbrecher erweiterte Hafen hat nur bis zum »Anleger« ausreichende Wassertiefen, aber kaum Festmachemöglichkeiten. Der Hafen ist für Yachten uninteressant und höchstens als Unterschlupf zu gebrauchen. Der Wind kann hier sehr böig und in der Richtung wechselhaft sein, weshalb man besser inmitten des Hafens ankert, ohne eine Leine auszubringen. Vorsorglich Ankerlicht setzen, denn gelegentlich laufen Lastkaiken den Hafen an. Versorgungsmöglichkeiten nur in *Yalova*.

Çınarcık (40°39'N 029°08'E) liegt 5,5 sm weiter westlich, 1 sm südwestlich von *Deveboynu Burnu*. In der D 1113 ist der Hafen deutlich eingezeichnet. Die kräftige, 250 m lange Mole ist von weitem gut auszumachen. Nachts brennt ein Feuer auf dem Molenkopf.
Achtung: Das rote Schild am Kai bezeichnet die für Fischer reservierten Plätze und gleichzeitig die Richtung auf eine felsige Untiefe am Rand der 2-m-Linie. Bei winterlichen Stürmen ist der Hafen unbrauchbar. Die Klippe ist bei höherem Wasserstand nicht zu sehen.
Nur das zweite Drittel des Kais kann von Yachten benutzt werden, die, vor Buganker liegend, mit Heckleinen festmachen. Weil nach Nordosten offen, steht bei Wind etwas Schwell in den Hafen, die Boote geraten in seitliche Schaukelbewegung. Zum Längsseitsliegen ist jedoch kein Platz. Nachts wird es meist ruhig.
Gutes Trinkwasser am Kai, bei Bedarf auch Strom. Eine Tankstelle an der

Hauptstraße, die zum Ort führt, eine zweite im Zentrum. Zwei Restaurants und ein Laden mit Brot Nähe Hafen. Zum alten Stadtzentrum (ca. 1,5 km) findet man am schnellsten, wenn man die Strandstraße westwärts geht, bis man zum Seepavillon (Fährpier) kommt. Beim großen Erdbeben 1999 wurde die Stadt teilweise zerstört. Am Wiederaufbau wird noch immer gearbeitet.

Esenköy (*Katırlı*, 40°37'N 028°57'E). Nur 9 sm weiter westlich, entlang der gebirgigen, dicht bewaldeten Nordküste der Bozburun-Halbinsel, befindet sich der Hafen *Esenköy*, der mit Istanbul ebenfalls durch eine Fähre verbunden ist. Der relativ neue Hafen, für die Fischer gedacht, bietet den Istanbulern, die hier ein Feriendomizil besitzen oder mit dem eigenen Boot der Großstadt entfliehen wollen, einerseits eine schnelle Verbindung zum Sommersitz und andererseits einen sicheren Liegeplatz. Nebeneffekt für die Fischer: Ihr Fang kommt taufrisch und ohne lange Umwege übers Land in die Hauptstadt.

Bei der Ansteuerung achte man auf die gut sichtbare Klippe etwa 400 m vor dem Hafen in südwestlicher Richtung. Die schöne große Moschee am Hafen ist weithin zu sehen. West- und Nordkai bieten Platz

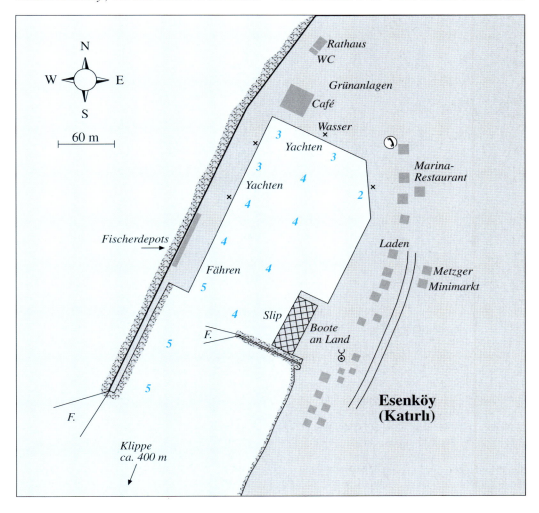

auch für Yachten, die Wassertiefe beträgt 3–4 m.
Das bergige Hinterland und der Ort mit viel Grün zwischen den Häusern sind ein lieblicher Rahmen für diesen angenehmen Hafen.

Versorgungsmöglichkeiten: *Wasser am Kai, Diesel per Tankwagen. Läden, Bäcker, Metzger in der Parallelstraße. Schattig und luftig sitzt man im Marina-Restaurant (siehe Plan).*

Die Windverhältnisse auf der weiteren Strecke bis zum Kap *Boz Burun* werden von der hohen Halbinsel *Bozburun Yarımadası* beeinflusst, sodass man an der Nordküste Südwind und Fallböen antreffen kann, um das Kap herum variable Winde, Flaute und Welle, während der Wind im **Golf von Gemlik** wiederum kräftig von den Bergen bläst, diesmal aus nördlicher Richtung. Da die Küste klippenfrei ist, kann man nah unter Land gehen, wo man glattes Wasser hat.

Armutlu (40°30,5'N 028°50,5'E), 3 sm vom Kap *Boz Burun* entfernt in südöstlicher Richtung. Der Hafen besteht aus einer 80 m langen Anlegepier für Frachter, die Sand und Marmorbruch löschen. Das macht diesen Platz nicht eben empfehlenswert. Die Pier ist hoch gebaut und erschwert das Übersteigen. Durch den Bau der Ferienblocks hat sich das Aussehen und damit die Atmosphäre des Ortes verändert, doch bei der Moschee unter den hohen Platanen, jetzt von Hochhäusern völlig verdeckt, plätschert immer noch der Brunnen. Ein Brunnen auch an der Wurzel der Pier. Tankstelle an der Küstenstraße am Ortsausgang. Fischhändler, Bäckerei, Supermärkte, Restaurants und PTT in Piernähe.

Unbehelligt vom Lärm der Ladearbeiten kann man 0,8 sm südöstlich von Armutlu vor Anker gehen. Der Ankerplatz ist zwar recht offen gelegen, hat aber brauchbare Wassertiefen um 5 m und sehr gut haltenden Grund aus Sand und Schlick.

Fıstıklı Köyü (40°28,5'N 028°53,5'E) ist ein Fischerhafen 3 sm südöstlich von Armutlu. Die Anlage des Hafens unterhalb einer Steilküste bietet besten Schutz. Große Fischtrawler mit Huckepackbooten liegen an der Innenseite der Mole. Wasser-

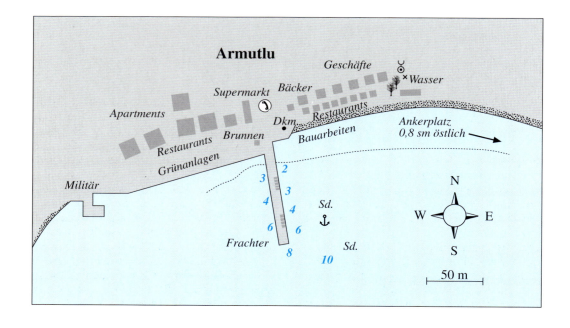

Marmarameer – Südküste

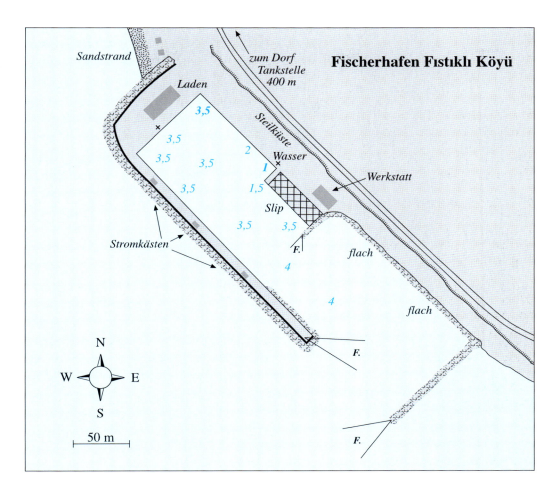

hähne und Schreinerwerkstatt siehe Plan, eine Tankstelle mit Telefon befindet sich 400 m entfernt an der Küstenstraße, die oberhalb des Hafens vorbeiführt. Am Hafen nur ein Café und ein bescheidener Laden, weitere Einkäufe im 1 km entfernten Ort.

Kapaklı (40°27,6'N 028°58'E) ist ein urwüchsiger Küstenort. In einer mit Steinen eingefassten Flussmündung liegen vor einer kleinen Brücke die Fischerboote vertäut. Man kann vor der Flussmündung ankern.
Der Ort hat nichts Besonderes zu bieten, doch der Anblick mit den Booten vor der grünen Bergkulisse ist sehr romantisch. Ein kleiner Laden im Dorf.
Zwei Seemeilen östlich befindet sich eine Werft für große Schiffe, Ausflugsboote und Motoryachten.

Narlı (40°28,8'N 029°02'E). Der kleine Hafen liegt ebenfalls auf der Nordseite des *Gemlik*-Golfes. Er ist idyllisch von grünen Berghängen eingerahmt. Bei der Ansteuerung sind die saubere Steinschüttung der Mole und die Moschee weithin sichtbar. Die Wassertiefen sind bis nahe vor dem Ufer groß (Plan Seite 68).
Je nach Wetterlage kann man entweder an der Pier oder am Kai innerhalb der Mole längsseits gehen. Ein Brunnen mit bestem Trinkwasser an der Wurzel der Pier, weitere Wasserhähne siehe Plan. Läden, Restaurants und eine PTT-Stelle sind ebenfalls in der Nähe. Busverbindung mit *Gemlik*.

68 *Dardanellen – Marmarameer – Istanbul – Bosporus*

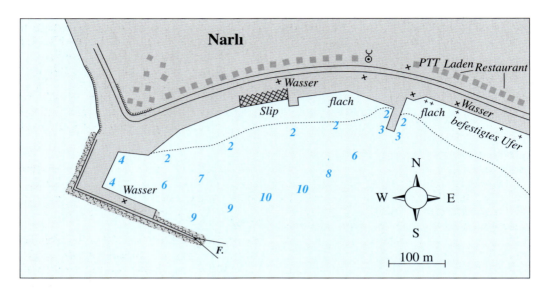

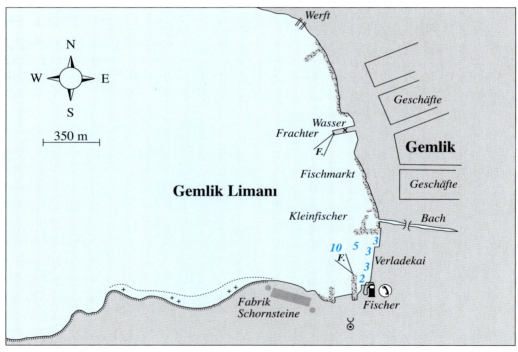

Gemlik (40°25,8'N 029°09'E). Diese nach Westen vollkommen offene Hafenbucht hat nur sehr mangelhafte Anlegeplätze für Sportboote zu bieten. Plan E der D 511 zeigt die rasch zunehmenden Wassertiefen im »Innenhafen«. Der schmale Streifen innerhalb der 5-m-Linie ist der Verbreiterung der Wasserfront zum Opfer gefallen: Land wurde aufgeschüttet, mit einer Mauer geschützt und einer Schräge aus Steinen befestigt. Vor der belebten Straße, die an der Hochhäuserfront mit

Geschäften vorbeiführt, ist viel Platz für eine Promenade, einen Fischmarkt, Restaurants und Cafés entstanden.

Yachten können versuchen, an der Nordseite der sehr hoch gebauten Frachterpier einen Platz zu bekommen, wenn der Schwell es gestattet. Die Pier hat am Kopf 9 m, an der Wurzel immer noch 3 m Wassertiefe. Hier kann man Wasser bunkern, Geschäfte und Fischmarkt sind rasch zu erreichen.

Eventuell findet sich auch ein Platz zum Anlegen am Verladekai im Süden des Hafens. Schlepper und Sandverladung machen den Aufenthalt nicht gerade angenehm, doch liegt man hier sicher und hat eine Tankstelle nahebei.

Die sehr schön am Ende des Golfes gelegene, aber sehr laute Hafenstadt (50 000 Einwohner) mit Thermalquelle blickt auf eine lange Geschichte zurück. Nach der sagenhaften Gründung durch die Argonauten bestand im 7. Jahrhundert v. Chr. hier eine Kolonie von Milet. 200 v. Chr. zerstört, wurde die Stadt von Prusias I. wiederaufgebaut und nach ihm *Prusa ad Mare* genannt (zur Unterscheidung von *Prusa = Bursa*). Der heutige Name geht auf die Bedeutung der Stadt für den Schiffbau in osmanischer Zeit zurück.

Da das Wasser im inneren Golf nicht zum Baden einlädt und die Industrieanlagen um *Gemlik* störend wirken, wird der Hafen selten von Yachten angelaufen. Sie gehen meistens quer über den Golf nach *Mudanya*.

In näherer Zukunft könnten zwei Hafenneubauten an der Südseite des Gemlik-Golfes auch für Sportboote interessant werden: *Kurşunlu* und *Güzelyalı*.

Kurşunlu (40°22,1'N 029°01,9'E). Von diesem Fischerhafen direkt an der Küstenstraße ist zunächt nur die Mole aufgeschüttet. Bei der Ansteuerung fällt ein großer Wohnblock ins Auge. Kleinere Ferienhäuser reihen sich entlang der Straße aneinander.

Jenseits der Straße, in Höhe der Molenwurzel, findet man einen Brunnen und Telefon, Lebensmittel im Ort. (Nicht zu verwechseln mit *Kurşunlu* auf 40°24'N 028°17,5'E.)

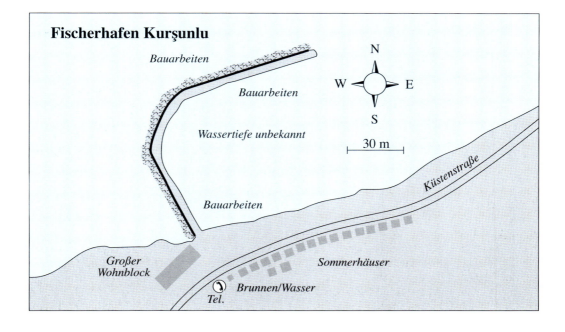

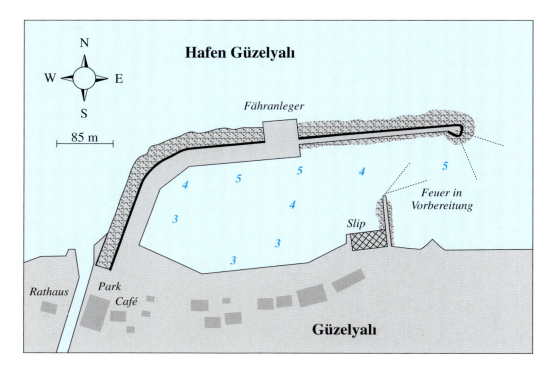

Güzelyalı (40°21,6'N 028°55,8'E) ist eine große, moderne Stadt. Der bei unserem Besuch im Bau befindliche Hafen sollte inzwischen benutzbar sein. Er ist für Fischerboote und Yachten gedacht und soll etwa 200 Liegeplätze haben. Ein Anleger für Ausflugsboote und Fähren wird an der Außenseite der Mole gebaut. Der Plan bezieht sich auf die Konstruktionszeichnung; es können sich noch Änderungen ergeben.
Die Atmosphäre um den Hafen ist angenehm: alte Bäume, Teegärten, das Rathaus. Zu den Gassen mit Einkaufsmöglichkeit ist es nicht weit.

Mudanya (40°22,6'N 028°53,4'E). Der wichtige Handelshafen ist auch bei Nacht leicht anzusteuern, da sowohl das nordwestliche Kap *Arnavutköy Burnu* als auch die L-förmige Brückenpier befeuert sind (siehe auch Plan D der Seekarte D 511).
Am äußeren Teil der Pier legen die Frachter an, die Erze und Erzeugnisse aus der Ebene von Bursa laden. Die Innenseite des Schenkels wird ebenfalls von Kümos beansprucht. Yachten können zwischen den Fischerbooten anlegen, doch es ist auf Dauer kein guter Platz. Das Übersteigen zur sehr hoch gebauten Pier ist mühsam; notfalls muss man mit dem Beiboot landen. Bei längerer Abwesenheit muss eine Ankerwache zurückbleiben.
PTT in unmittelbarer Nähe, reichlich Geschäfte und Restaurants in der zum Strand parallel verlaufenden Straße.
Für die Fähren wurde etwa 800 m westlich eine L-förmige Pier gebaut, die je nach Ansteuerung leicht mit dem Hafen *Mudanya* verwechselt werden kann. Dort gibt es Zoll, Banken und viele Imbiss-Kioske.
Für einen Ausflug zum 30 km entfernt gelegenen Thermalbad **Bursa** muss man einen Tag einkalkulieren. *Yeşil Bursa,* das grüne *Bursa* (1,6 Mill. Einwohner) zu Füßen des 2500 m hohen *Uludağ* (Skigebiet), gilt als eine der schönsten Städte Anatoliens. Ihr früherer Name, *Prusa ad Olympium* – der *Uludağ* war der anatolische Olymp –, wird von Prusias I. (2. Jahrhundert v. Chr.) hergeleitet. Sie war die

Marmarameer – Südküste 71

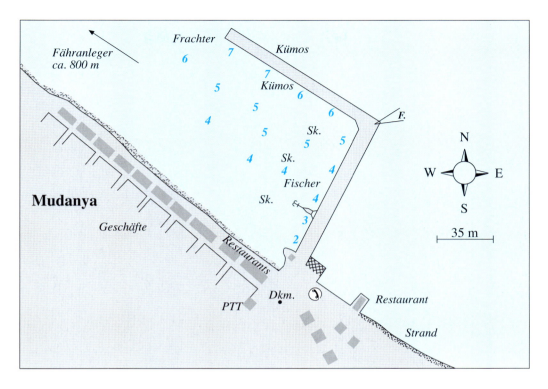

erste Residenzstadt der Osmanen. Im 15. Jahrhundert erlebte sie ihre Glanzzeit als Sommersitz der Sultane. Davon zeugen noch heute eindrucksvolle Bauten wie Moscheen und Mausoleen.
Bursa, mit dem ganzen Reiz einer alten türkischen Provinzhauptstadt, ist immer noch wichtiges Kultur- und Wirtschaftszentrum (Wolle, Seide, Obst, Konserven). *Karagöz* und *Hacıvad*, die Hauptfiguren des mittelalterlichen Schattenspiels, das bis in die Neuzeit vorwiegend im Fastenmonat *Ramadan* aufgeführt wurde, sollen in dieser Stadt gelebt haben. Auf Wanderbühnen in Griechenland hat sich dieses Komikerpaar, mit etwas veränderten Namen, ebenfalls erhalten.

Yeniköy (40°23,1'N 028°52,3'E) ist ein Fischerhafen unmittelbar östlich des Leuchtfeuerkaps *Arnavutköy Burnu*. Auffällige ockerfarbene Ferienhäuser auf der Steilküste und ein Wasserturm in Richtung Quermole sind weitere Orientierungshilfen (Plan Seite 72).

Bei unserem Besuch wurde die Mole verlängert. Das Hafenbecken soll ausgebaggert, die Mole zum Kai ausgebaut werden. Zur Zeit liegen die Fischerboote vor Murings mit Leinen zur Steinschüttung. Die Wassertiefe ist unbekannt. Möglicherweise werden Yachtliegeplätze mit ausreichender Wassertiefe geschaffen. Dann wäre dies ein günstiger Ausgangspunkt für einen Ausflug nach Bursa. Bevor genauere Angaben vorliegen, sollte man sich vorsichtig in den Hafen loten!

Zeytinbağı (40°23,5'N 028°48,5'E) liegt im Schutz einer felsigen Huk, 4 sm westlich von Mudanya. Landmarken sind außer der weithin sichtbaren Mole die Minarette der beiden Moscheen und ein Hochhaus oberhalb des 500 m westlich gelegenen Ortes. Wenn man für die Fahrt in Richtung Norden günstigeren Wind abwarten möchte, liegt man in diesem Fischerhafen ruhig und gut geschützt. Bei einem längeren Ausflug, z. B. nach *Bursa*, kann man das Boot hier getrost zurücklassen (Seite 73).

72 *Dardanellen – Marmarameer – Istanbul – Bosporus*

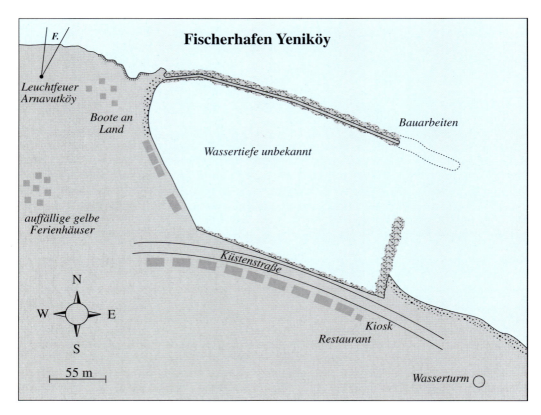

Aber auch ohne zwingenden Grund lohnt es sich, den Hafen *Zeytinbağı* anzulaufen und den stimmungsvollen Ort zu besuchen: Mitten auf der Dorfstraße dicke Platanen (die hoffentlich dem Straßenverkehr nicht geopfert werden!), ein ständig fließender Brunnen, ein Fischstand, kleine Gemischtwarenläden, alte Häuser mit abgestützten Erkern, verstreute Marmorfundstücke aus antiker Zeit und eine ehemals christliche Kirche, zur Moschee umgebaut, mit einer Vorhalle auf vier byzantinischen Säulen.
Bei ruhiger See kann man am Kopf der kurzen Pier direkt vor der Dorfstraße anlegen, um Einkäufe zu machen oder mit dem Kanister Wasser vom Brunnen zu holen. Außerdem gibt es einen Wasserhahn bei der Grünanlage an der Wasserfront. Die Tankstelle an der Ausfahrtstraße liefert auch per Tankwagen. Lebensmittelläden, Taverne, PTT in der Hauptstraße.

Eşkel Liman (*Esence Limanı*, 40°22'N 028°40,5'E). Die in der Seekarte D 511 als Ankerplatz bezeichnete Bucht hinter dem Kap *Burunucu* bietet guten Schutz bei südlichen und östlichen Winden. Der im BSH-Handbuch Nr. 2031 erwähnte Wellenbrecher besteht aus einzelnen, weit seewärts reichenden Steinen, was bei der Ansteuerung zu beachten ist. Dahinter liegen ganz flach gehende Fischerkähne. Durch dichtes Seegras ist die Wassertiefe stark vermindert, sodass man weit draußen ankern muss. Der Sand-Schlick-Grund hält sehr gut.
Bei Abflauen des üblichen Tageswindes umlaufende Dünung, weshalb sich zur Übernachtung der Hafen *Zeytinbağı* 6 sm östlich besser eignet.
Am Strand ein Brunnen, Restaurants und Tavernen, mehrere bescheidene Lebensmittelläden und eine Metzgerei.
Die vielen einfachen Ferienhütten sind während der Urlaubszeit bewohnt; dann

Marmarameer – Südküste 73

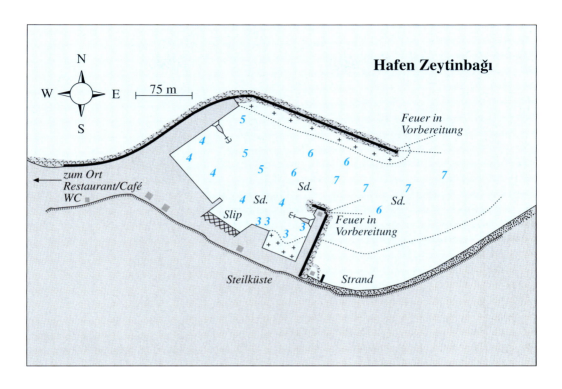

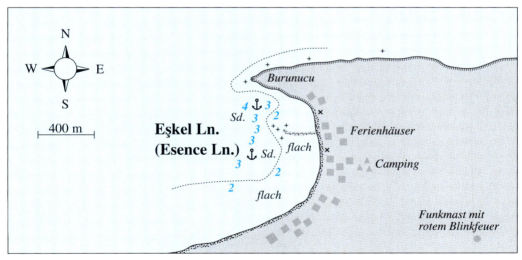

herrscht reger Badebetrieb, obwohl der Strand recht verschmutzt ist und nach angeschwemmten Algen stinkt.
Für Yachtreisende, die nicht an der Südküste bleiben, sondern in größeren Etappen vorwärtskommen wollen, sei der Ankerplatz **Batıliman** (40°33,4'N 028°31,5'E) auf *Imrali Adası* erwähnt. Er befindet sich auf der Westseite der Insel, wenige Kabellängen südlich des befeuerten Nordwestkaps *Martı Burnu*. Bei der Ansteuerung erkennt man südlich des Ankerplatzes einige Häu-

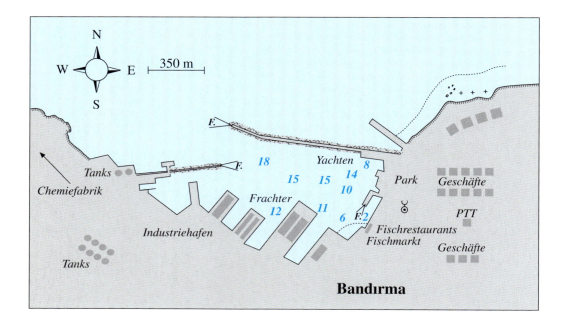

ser nahe am Ufer. Der Grund steigt von 16 m sanft auf brauchbare Wassertiefen an und ist bei 3 m feiner Sand. Die Fallböen werden bei der Annäherung an die beiden kleinen Strände merklich schwächer. Umlaufende Dünung bleibt auch nach Abflauen des Windes.
Gemäß BSH-Handbuch sind »die Annäherung, das Landen und das Ankern« verboten. Es sind dort Gefangene untergebracht, u. a. PKK-Führer Öczalan. Gleichwohl ist in der Seekarte ein Anker eingezeichnet. Vom Ankerplatz aus macht die Insel eher den Eindruck einer gepflegten Sommerfrische, auch das Wasser ist sehr klar.
Die Entfernung nach *Bandırma* beträgt von *Imrali Adası* 28 sm, von *Eşkel Limanı* (*Esence Limanı*), entlang der spärlich besiedelten Küste, 34 sm.
Im Mündungsgebiet des Flusses *Kocasu* wird das Wasser trübe, sodass man zunächst an Untiefen denkt. Es besteht jedoch keine Gefahr, wenn man 1,5 sm Abstand vom Land hält. Bei hohem Wasserstand des Flusses und entsprechend starker Strömung entsteht auf der Barre bei Nordwind Seegang. Einzige Landmarke in dem sumpfigen Flussdelta ist das Leuchtfeuer *Karacabey Boğazı*. Auch im weiteren Verlauf der Strecke ziehen sich lange Sandstrände hin, das Hinterland wird von schönen grünen Hügeln gebildet. Erst im westlichen Teil, etwa 10 sm vor *Bandırma*, wird die Küste felsig und fällt steil ab.

Bandırma (40°21,4'N 027°58'E) ist Port of Entry. Der große Industrie- und Handelshafen im Süden des gleichnamigen Golfes ist bei Tag und Nacht problemlos anzulaufen und bietet gegen alle Winde und Seegang besten Schutz. Beide Wellenbrecher sind befeuert. Die Hochhäuser der Stadt und die große Moschee am Hafen fallen von weitem auf. Im südlichen Teil des Hafens befinden sich moderne Kaianlagen mit Gleisanschluss und Kränen.

Yachten liegen in der nordöstlichen Ecke vor dem Park längsseits. Ein- und auslaufende Schiffe verursachen in dem weiten Hafenbecken Schwell. Ganz sicher liegt man hinter der L-förmigen Pier im Fischerhafenbecken längsseits, doch wird dort selten ein Platz frei sein.

Marmarameer – Südküste 75

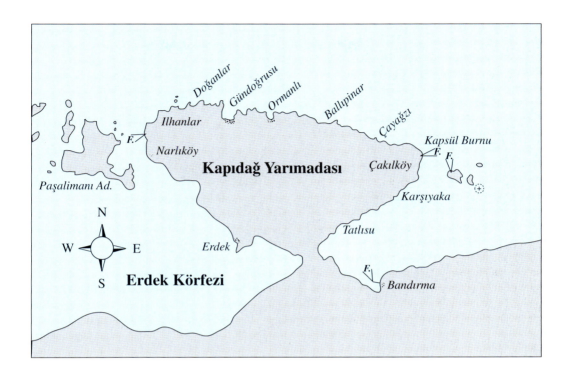

Versorgungsmöglichkeiten: *Bei Wasserbedarf muss man nach dem zuständigen Bediensteten fragen. Notfalls per Kanister vom Brunnen bei der Moschee. Tankstelle an der Hauptstraße bergauf (1,5 km); bei größerem Bedarf per Tankwagen. PTT in derselben Straße. Zahlreiche Restaurants und Cafés in Hafennähe. Reiche Auswahl an Lebensmitteln in der Stadt, ausgezeichnete Konditoreien.*

Die blühenden Parkanlagen und die großen Gebäude am Hafen geben der wohlhabenden Stadt einen freundlichen Rahmen. *Bandırma* (77 500 Einwohner) ist einer der wichtigsten Häfen am Marmarameer und hat gute Verkehrsverbindungen (Bahnlinie nach Izmir, Fähren nach Istanbul und *Tekirdağ*, Busse in alle Richtungen).
Die Industrieanlagen weit außerhalb der Stadt im Westteil der Bucht stören nicht.

Bandırma in nordwestlicher Richtung verlassend, sehen wir im Scheitel des *Bandırma*-Golfes über die flache Landenge, hinter der sich der *Erdek*-Golf ausdehnt. Die ruhige landschaftliche Schönheit der südlichen Festlandsküste wird von dem Liebreiz der **Kapıdağ-Halbinsel** noch übertroffen. Der höchste Berg der gebirgigen Halbinsel ist 782 m hoch. Die Küste läuft in vielen kleineren und größeren Buchten aus, die bis zum Wasser herab dicht bewaldet sind.
Dem Sportbootfahrer stehen somit genügend Ankerplätze zur Auswahl, die ungetrübte Badefreuden bieten. Dass die kleinen Ortschaften noch nicht vom türkischen Massentourismus erfasst sind, hat wohl seinen Grund in den unzureichenden Verkehrsverbindungen auf der Halbinsel. *Erdek* im Südwesten ist der meistbesuchte Urlaubsort, und auch in ein paar Dörfern auf der flacheren Westseite nimmt der Fremdenverkehr zu. Die herrliche Nordküste jedoch hat sich ihre Abgeschiedenheit weitgehend bewahrt.
Von den vielen Ankerplätzen werden im Folgenden einige beschrieben; sie sind nach der Seekarte D 511 leicht zu finden.

Schon 3,5 sm nordwestlich von *Bandırma* macht man Ankerplätze in dörflicher Umgebung aus, beispielsweise vor

Tatlısu (40°24,5'N 027°55,5'E), das einen kleinen Fischerhafen besitzt. In der Einfahrt zwischen den beiden grob geschütteten Molen bis zur Pier soll es 3 m tief sein. Die angegebene Wassertiefe konnte nicht nachgeprüft werden, weil der Hafen voll belegt war.
Am Ufer unter Bäumen gemütliche Teegärten, an der Straße Metzger, Lebensmittelläden und Telefon. Wasser siehe Plan.
Der Ort ist auf einheimischen Sommertourismus eingestellt, obwohl man vom Baden wegen der Fabrik (siehe Seekarte) und ihren Abwässern absehen sollte. Für einen zeitweiligen Aufenthalt kann man sich an die verschiedenen kleinen Einbuchtungen an der Küste heranloten.

Karşıyaka (40°26,3'N 028°00,2'E), trotz der Mietskasernen immer noch ein bescheidener Fischerort, dessen größter Reichtum in einer unübersehbaren Kinderschar zu bestehen scheint, hat vor der auffälligen Steilküste einen weitläufigen Wellenbrecher und damit gehörig Platz für große Fischerboote. Dieser Hafen ist ein Musterbeispiel dafür, wie schnell die Türken so gründlich um- und ausbauen, dass man den Ort nicht wiedererkennt. Von dem früher recht flachen Hafenbecken ist kaum mehr als die Unterwasserklippe im nordöstlichen Teil übrig geblieben.
Das Ufer rundum ist zum Kai ausgebaut worden, an der Promenade wird noch gebaut. Wasseranschlüsse gibt es am Kai, einen Brunnen beim Atatürk-Denkmal, in der Nähe einige Läden, Metzger, Telefon und das obligatorische Teehaus für die Männer. In die Gassen hinter der grün bepflanzten Hafenfront schaut man besser nicht; hoffentlich wird dort später auch noch saniert. Der Freundlichkeit der Bewohner und der Neugier der Dorfjugend kann man sich kaum erwehren.
Einige Kabellängen nordöstlich befindet sich zwischen Steilhängen eine Werft für große Fischerboote.

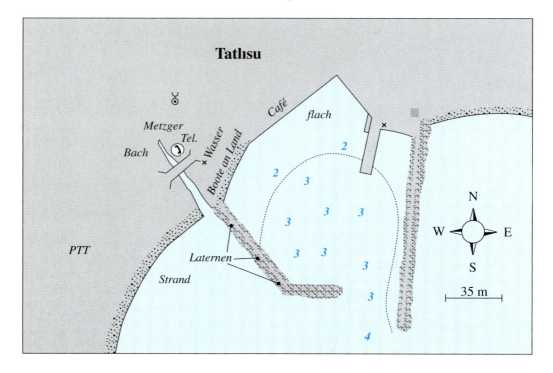

Marmarameer – Südküste 77

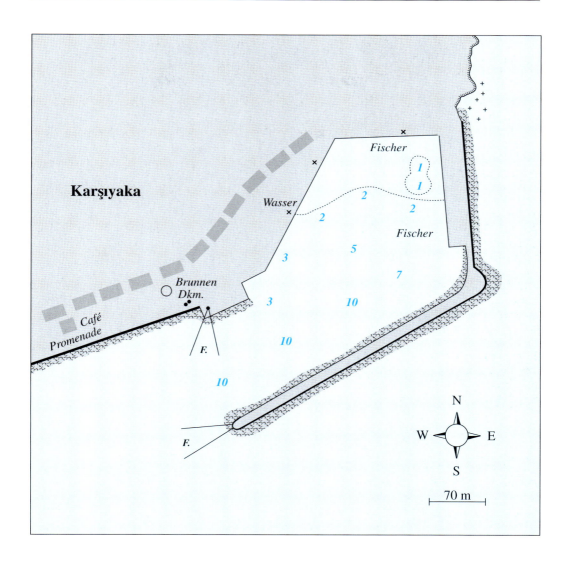

Çakılköy (40°28,5'N 028°02'E), knapp südlich des Leuchtfeuers *Kapsül Burnu* gelegen, ist ein großer Fischerhafen mit einer 685 m langen Mole, die bei Nordostwind besten Schutz bietet. Die Kaianlagen entsprechen nicht ganz der ursprünglichen Planung. Wenn die Fischerflotte zu weiten Fangrevieren unterwegs ist, können Yachten sich den besten Liegeplatz aussuchen (Plan Seite 78). Zur Versorgung gibt es außer Wasser allerdings kaum etwas. Vielleicht waren wir zum falschen Zeitpunkt dort.
Am Hang ein paar Wohnhäuser, am Hafen einfache Cafés, eine Telefonkabine und ärmliche Behausungen. Doch auf dem exponierten Platz die Atatürk-Reiterstatue und eine riesige neue Moschee mit 17 Kuppeln. Möglicherweise sieht die Hafengegend bald völlig anders aus.

Die der Ostseite der Halbinsel *Kapıdağ* vorgelagerten **Mola Adaları** sind von kahlem dunklem Gestein; sie haben keine geschützten Ankerplätze. Von *Kapsül Burnu* 3 sm an der felsigen Küste westwärts segelnd, kommen wir zum Hafen

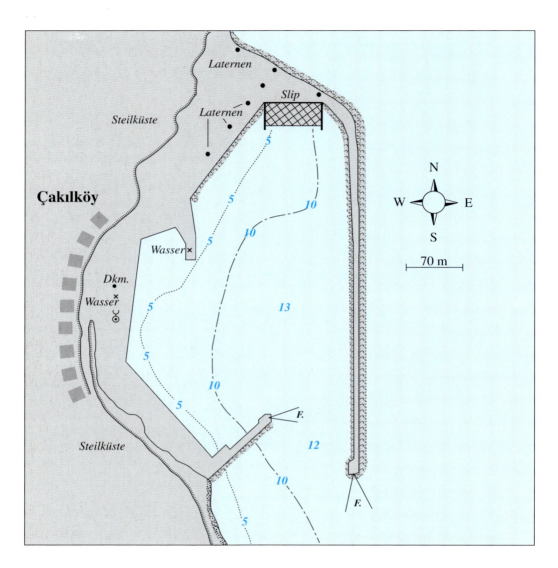

Çayağzı (40°29,7'N 027°58,5'E). Die Häuser und das Minarett sind von weitem zu erkennen. Hinter der unbefeuerten Steinschüttung liegen zahlreiche größere Fischerboote am Kai. Wenn kein Platz vorhanden ist, helfen die freundlichen Fischer, die Yacht an ihrer Seite festzumachen.
Man kann aber auch inmitten des Hafens auf 4 m Wassertiefe ankern. Bei starkem Nordwind sollte man diesen engen Hafen nicht anlaufen.

Versorgungsmöglichkeiten: Der kleine Hafen eignet sich bestens zum Dieselbunkern; die Tankstelle ist nur 20 m vom Kai entfernt. Wasser gibt es ebenfalls dort sowie am Kai, außerdem zwei Läden und zwei Fischtavernen. PTT-Stelle.

Hübsch gelegen sind auch die Dörfer *Ballıpınar* und *Ormanlı*, die Buchten davor sind allerdings sehr offen.

Gündoğrusu Limanı (40°30,8'N 027°47'E), eine schöne, weiträumige Bucht, die tief nach Süden ins Land einschneidet, eignet

Marmarameer – Südküste **79**

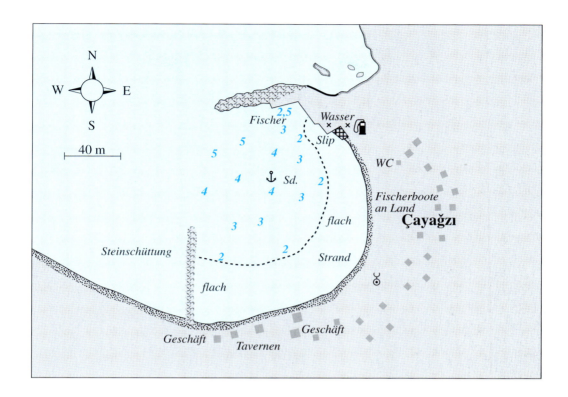

sich bei ruhigem Wetter auch zum Übernachten. Sie endet in einem langen Sandstrand, vor dem Yachten über sehr gut haltendem Sandgrund ankern können. Das Wasser ist ganz klar. Die kleine Pier mit 2,50 m Wassertiefe am Kopf ist den Fischerbooten vorbehalten.

Ein Bach mündet hier ins Meer und macht die Umgebung grün und fruchtbar. Der malerisch eingebettete Ort *Turan* wird von seinen Bewohnern liebevoll gepflegt. Neubauten von Ferienwohnungen lassen auf zunehmenden Urlaubsbetrieb schließen. Zwei bescheidene Läden bei der Moschee, eine einfache Taverne mit Getränken.

Wie *Gündoğrusu Limanı* ist auch **Doğanlar Limanı** 2 sm weiter westlich von Berghängen umgeben, mit der Mündung eines Baches. Das Dorf *Doğanlar* mit einer kleinen Pier davor liegt in der südöstlichen Ecke.

Sollten diese Ankerplätze durch auflandigen Seegang unbrauchbar werden, gibt es die Möglichkeit, entweder nach *Ilhanlar*, 3 sm südwestlich, oder *Asmalı* auf der Insel Marmara, 6 sm nordwestlich, auszuweichen.

Ilhanlar (*Ilhanköy*, 40°30,4'N 027°41,7'E). Die Ansteuerung dieses Hafens sollte möglichst nur bei Tag erfolgen. Zwar sind die Molenfeuer installiert, doch meist brennt nur das rote Festlicht auf dem Molenkopf. Auch bei Tag muss man, von Norden kommend, sorgfältig navigieren, um der in der Seekarte D 511 als *Martı Kayası* bezeichneten Klippe aus dem Weg zu gehen. Im Anschluss daran gilt Plan A der Seekarte D 511. Die nördlich von *Ilhanköy Burnu* liegende kleine Felsinsel ist deutlich sichtbar. Wegen vorgelagerter Unterwasserklippen großen Abstand davon halten!

Die Erwartungen, die sich an den Hafenbau knüpften, haben sich nicht erfüllt. Es gibt keine Fährverbindung, der Tourismus

80 Dardanellen – Marmarameer – Istanbul – Bosporus

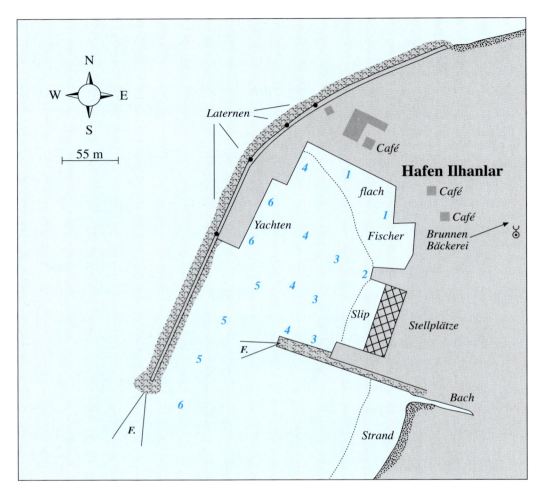

ist ausgeblieben. Die Straßen durch die Berge sind nach wie vor miserabel.
Wer keine besonderen Ansprüche stellt, ist in diesem bestens geschützten Hafen gut aufgehoben. Man kann längsseits anlegen. Am Hafen gibt es zwei einfache Cafés mit abendlichem Fernsehprogramm und Telefon, im verschlafenen Dorf zwei Läden, einen Brunnen mit bestem Quellwasser sowie eine Bäckerei.

2 sm westlich liegt die **Insel Paşalimanı,** die zusammen mit *Türkeli Adası* und einer Reihe kleinerer Eilande eine Inselgruppe bildet, in deren Buchten man bei stabiler Schönwetterlage gute Ankerplätze finden kann.

Sicher, wenn auch nicht ruhig, liegt man auch bei nördlichen Winden in der großen Bucht

Paşa Limanı (40°29'N 027°36,3'E) auf der Westseite der gleichnamigen Insel. Die Ansteuerung sollte von Norden erfolgen, da die westliche Einfahrt durch Untiefen stark eingeengt wird. Gefährlich ist vor allem *Ortalık Bankı* mit 1,80 m Wassertiefe (siehe Plan A der D 511).
Der Sand-Schlick-Grund vor dem Ort gibt guten Halt. Obwohl bei Nordostwind starke Böen aus östlicher Richtung über die Insel kommen, wird der Seegang – durch die Insel *Koyun* reflektiert – aus Norden in die Bucht gelenkt. Etwas ruhiger liegt

Marmarameer – Südküste **81**

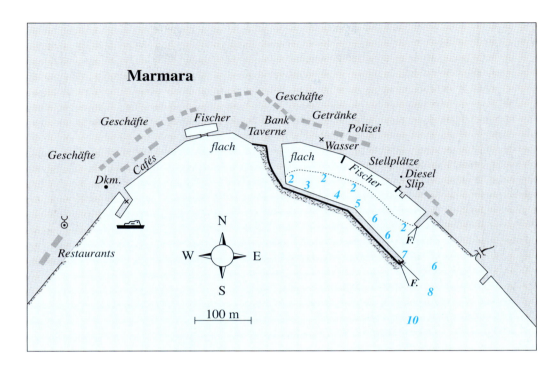

man dann südlich der kurzen Pier auf 3–4 m Wassertiefe.

Wer sich länger in diesem Gebiet aufhalten will, dem wird eine Umrundung der **Insel Marmara** empfohlen. Die mit Abstand schönste Insel des Marmarameeres, die dem Binnenmeer den Namen gab, hat weitgehend felsige Küsten, wobei der West- und der Nordteil besonders schroff sind.
Rund um die Insel findet man zahlreiche Ankerplätze, unter denen man je nach Windrichtung wählen kann. Aus der Seekarte D 511 sind die Untiefen und Klippen ersichtlich, sodass ein versierter Skipper gut zurechtkommen sollte.
In der Bucht *Saraylar* an der Nordküste wird der Marmor aus den Steinbrüchen dieser Insel verladen. Bereits vom 4. Jahrhundert v. Chr. an wurde Marmor von *Prokonnesos* – so hieß die Insel damals – ausgeführt und teilweise vorher bearbeitet, wie unfertige Stücke in den Steinbrüchen bezeugen.
Noch immer werden zum Transport die stabilen Holzkähne benutzt, *Taka* genannt, die man in den Häfen des Marmarameeres bis hinaus in die Ägäis antreffen kann. Diese bunt bemalten, bis zum Rand vollgeladenen Holzschiffe sind heute mit starken Motoren ausgestattet und werden vorwiegend zum Transport von Baumaterial eingesetzt.

Marmara (40°35'N 027°33,5'E). Der von See her gut sichtbare Hauptort und Hafen liegt im Südwesten der Insel, vor einer imposanten Bergkulisse, die bis zu einer Höhe von 700 m ansteigt.
Sportboote können an der Innenseite des Wellenbrechers längsseits anlegen. Der Fähranleger außerhalb des Hafens sollte nur zum Bunkern größerer Wassermengen benutzt werden (an der Außenseite anlegen, innen flach).

Versorgungsmöglichkeiten: Im Hafen Wasser nur mit Kanister vom öffentlichen Wasserhahn. Treibstoff von der Tankstelle. Im Ort, der in der Saison viel besucht wird, kann man gut einkaufen. Es gibt eine Anzahl Lokale an der Wasserfront.

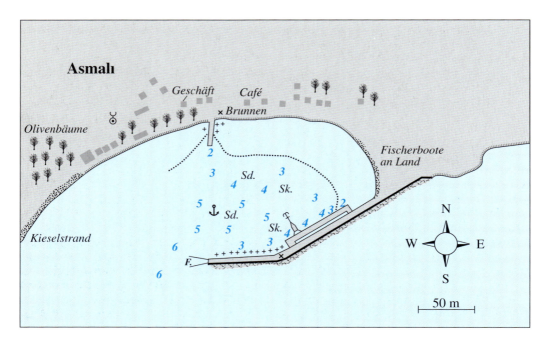

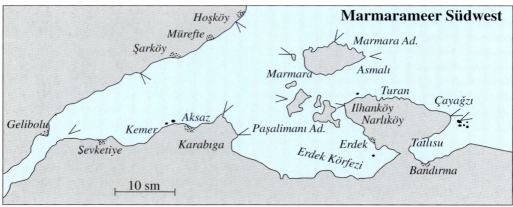

Segelt man vom Hafen Marmara 8 sm in nordöstlicher Richtung an der Küste der Insel Marmara weiter, gelangt man nach

Asmalı (40°36,8'N 027°42,5'E). Auch dieser Hafen ist von hohen Berghängen umgeben. Er liegt gewissermaßen in einem Windloch: Während vor der Einfahrt noch die Schaumkronen stehen, ist das Wasser hinter der Mole spiegelglatt. Für starke Nord- bis Nordostwinde kann er deshalb bestens empfohlen werden.

Bei der Ansteuerung ist als Erstes die Moschee zu sehen. Die Mole trägt nachts eine grüne Laterne, am Kai erstrahlen Lampen, die den Fischern die Arbeit erleichtern.
Auf den ersten 50 m der Moleninnenseite liegen große Steine dicht unter Wasser. Am daran anschließenden »Kai« kann man festmachen oder, wenn kein Platz vorhanden ist, im Hafen frei ankern. Der Schlickgrund hält sehr gut. Die Pier vor den Häusern ist für die Inselfähre freizulassen.

Versorgungsmöglichkeiten: *Zum Wasserbunkern vom öffentlichen Wasserhahn kann man kurzfristig an der Pier anlegen. In dem kleinen Laden gibt es höchstens Grundnahrungsmittel, im Teehaus nur Getränke. PTT-Stelle vorhanden.*

Unter den teils verfallenen oder verlassenen Häusern des weltabgeschiedenen Fischerortes behauptet sich die Moschee mit ihren bunten Fenstern und einem Kronleuchter. Die große Stille ringsum, Olivenbäume, Pappeln, Fröschequaken und im Mai der Ginster an den Hängen machen diese friedliche Bucht äußerst liebenswert.
Von unserem Abstecher zu den Inseln kehren wir an den Ausgangspunkt *Ilhanlar (Ilhanköy)* zurück. Auf dem Wege nach *Erdek* ist in der 1 sm breiten Durchfahrt *Narlıköy Geçidi* die südwärts setzende Strömung von 2,5 kn zu bedenken.

Narlıköy (40°28,4'N 027°41,6'E) ist ein einfacher, stimmungsvoller Ferienort mit vielen Tavernen und Teegärten an der Wasserfront.
Fischer, Ausflugsboote und Inselversorgungsschiffe machen am L-förmigen Anleger fest, dessen Schenkel 40 m lang sind. Wassertiefe 5–6 m. Yachten können anlegen oder frei schwojend in einigem Abstand auf Sandgrund ankern. Im Nordwesten des Anlegers wurde ein Wellenbrecher aufgeschüttet.

Versorgungsmöglichkeiten: *An der Wurzel und auf der Pier Wasserhähne. Lebensmittel, Metzgerei, Bäckerei, PTT im Ort. In den Tavernen kann man einfache Gerichte bekommen. Vor wenigen Jahren konnte man nur Alkoholfreies trinken. Dass in Narlıköy alkoholische Getränke, auch Wein und Bier, weder ausgeschenkt noch verkauft werden durften, hatte ein besonders strenggläubiger Bürgermeister veranlasst. Dieses Verbot ließ sich jedoch im Hinblick auf den Fremdenverkehr auf die Dauer nicht halten.*

Erdek (40°23,8'N 027°47,4'E). Für die Ansteuerung des Hafens empfiehlt sich Plan A der Seekarte D 511. Von Norden kommend, irritieren ein wenig die (befeuerte) Insel *Tavşan* und die 103 m hohe Halbinsel *Dilek Tepe* (*Seyitgazı Tepe*) südöstlich von *Erdek*; letztere sieht zunächst auch wie eine Insel aus. Dahinter befindet sich *Çınar Limanı,* der Kriegsschiffen vorbehalten ist.
Am besten orientiert man sich an dem langen Wellenbrecher, dessen Steinschüttung zum Schutz des Ufers noch weit nach Norden reicht. Bald kann man das dicht mit Bäumen bestandene Inselchen *Zeytinliada* deutlich an den Häusern mit roten Dächern ausmachen. Zwar existiert zwischen Mole und Inselchen ein Fahrwasser, das die Fischer benutzen, doch besteht kein Grund, dort durchzufahren, da man östlich von *Zeytinliada* den Hafen gefahrlos anlaufen kann (siehe Plan auf Seite 84).
Yachten legen im Allgemeinen mit Buganker und Heckleinen vor der Promenade an. Der Kai ist nur etwa 0,50 m hoch. Ein- und auslaufende Boote verursachen Schwell, der sich aufschaukelt. Auch bei Wind ist ständige Unruhe im Hafen.
Die Fährpier wird erweitert, Kaianlagen für Frachter werden gebaut. Die Fischer sollen ihr eigenes Hafenbecken bekommen. Dadurch müsste es mehr Platz für Yachten geben. Auch ein Yacht-Service soll eingerichtet werden.

Versorgungsmöglichkeiten: Wasser und Tankstelle in unmittelbarer Nähe des Liegeplatzes. Geschäfte für jeden Bedarf, großer Gemüsemarkt in der Stadt, Markthalle in der Hauptstraße. PTT in der Straße Richtung Bandırma. Neben der Promenade unter hohen Bäumen Tavernen und Restaurants, die bis spät in die Nacht geöffnet sind und einigen Lärm machen. Bei Motorproblemen frage man nach der Auto-Werkstatt Irfan Şentuna.

Erdek ist ein lebhafter, gepflegter und hübscher Seebadeort (13 000 Einwohner). Die in dem Grünstreifen hinter dem Hafen aufgestellten Marmorsäulen stammen aus dem Ruinengebiet des antiken *Kyzikos* (auf der Landenge).

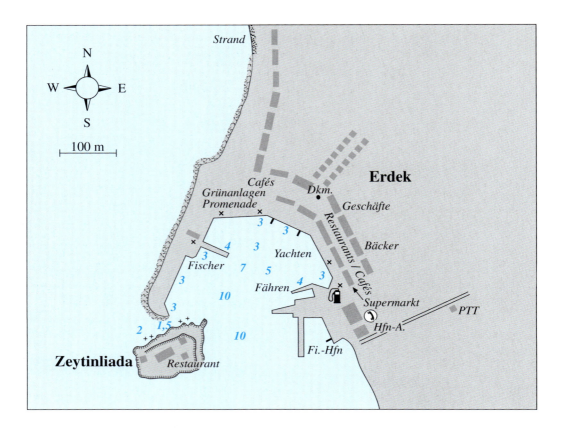

Kyzikos wurde von Milet aus im 7. Jahrhundert v. Chr. gegründet. Die Ruinen liegen auf dem Isthmus und stammen vorwiegend aus römischer Zeit. Nur wenig ist vom Zeustempel erhalten. Kaiser Hadrian hatte ihn im 2. Jahrhundert v. Chr. wieder aufrichten lassen, nachdem er bei einem Erdbeben zerstört worden war. Wegen seiner Größe und Wichtigkeit wurde er in alten Zeiten sogar den Weltwundern zugeordnet.
Als Zahlungsmittel im Handel zwischen Griechen und Persern waren die Goldmünzen dieser Stadt von außerordentlichem Wert. Sie enthielten einen Goldanteil von 32–52 %, waren mit Silber legiert und wogen etwa 16 g.
Im 2. Jahrhundert v. Chr. machten zwei Seefahrer aus *Kyzikos, Hippalos* und *Eudoxos,* von sich reden, als sie den direkten Seeweg von Ägypten nach Indien unter Ausnutzung des Monsuns entdeckten.

Karabiga (40°24,2'N 027°18,4'E). Obwohl in der Gegend um *Karabiga Limanı* der Nordostwind meist auf Ost dreht, kann der Hafen jederzeit angelaufen werden und bietet sicheren Schutz. Das östlich gelegene Kap *Kale Burnu* mit Leuchtfeuer ist wegen der vorgelagerten Klippen mit Abstand zu runden. Bei den auffälligen Ruinen an der hier nur leicht ansteigenden Küste handelt es sich um Reste einer byzantinischen Festung.
Durch die beiden Wellenbrecher werden der Fähranleger, der kleine innere Fischerhafen und der Ladekai im Nordteil des Hafens gut geschützt.
Man kann an der Außenseite des Fischerhafens mit Buganker und Heckleinen oder bei vorhandenem Platz auch längsseits anlegen. Der Fischerhafen ist nur für flach gehende Boote geeignet (1,50 m Wassertiefe). Durch die Ladearbeiten im Norden wird einiger Staub zur Anlegestelle geweht.

Marmarameer – Südküste **85**

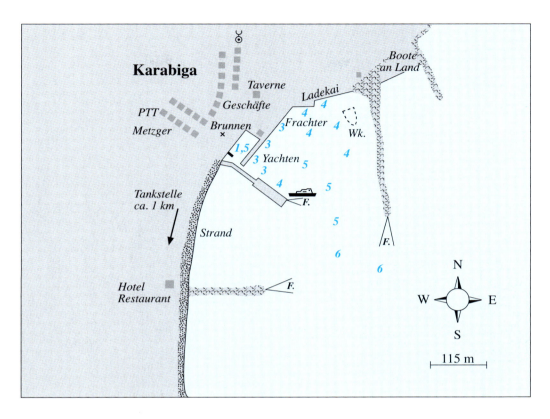

Versorgungsmöglichkeiten: *Wasser vom Brunnen an der Uhrsäule nahe dem Fischerhafen. Tankstelle am Ortsausgang ca. 1 km in südlicher Richtung (auch per Tankwagen). Einfache Tavernen, Lebensmittel, Metzger, Bäcker in Hafennähe. PTT etwas weiter im Ort.*

Bei unserem ersten Besuch in *Karabiga* – es war im Fastenmonat Ramadan – bekamen wir in der Taverne nichts zu essen. Da fromme Moslems in diesen Wochen bis nach Sonnenuntergang fasten, waren die Gassen mit dem abendlichen Ruf des Muezzins schlagartig leergefegt: Die Leute saßen zu Hause beim gemeinsamen Essen, und die Tavernen waren geschlossen.
Übrigens sollte man im Ramadan wichtige Behördengänge am Nachmittag vermeiden, da die Stimmung der Beamten mit zunehmendem Hunger beeinträchtigt wird – und damit ihre Entscheidungen.
Sehenswürdigkeiten gibt es in dem kleinen Ort nicht. Als einzige Besonderheit wäre die Steinmühle zu nennen, in der die Marmorbrocken aus den Steinbrüchen der Insel Marmara zermahlen werden. Als Transportmittel werden hierfür die schon erwähnten kräftigen Holzkaiken eingesetzt, die speziell für solche groben Ladegüter gebaut sind.
Nichts deutet darauf hin, dass in der sumpfigen Ebene südlich von *Karabiga*, zwischen der Straße nach *Biga* und dem Fluss *Çan Çay*, **Alexander der Große** 334 v. Chr. am antiken *Granikos* den ersten Sieg über die Perser auf kleinasiatischem Boden errang. Hier also begann der Siegeszug, der über *Pergamon, Ephesos, Priene, Milet* und *Halikarnassos* weit nach Osten führte. Einigen Stationen werden wir an der Küste begegnen.
Ursprünglich wollte der König von Makedonien die griechischen Städte von der persischen Fremdherrschaft »befreien«; mit der Ausweitung des Machtbe-

reichs wurde auch griechisches Kulturgut weit in den Vorderen Orient getragen und damit der Hellenismus begründet.
Auf der gesamten Reise bis Antalya werden wir immer wieder mit diesen geschichtlichen Ereignissen konfrontiert, wenn auch von all den Glanzzeiten manchmal nicht viel mehr als ein paar Ruinen übrig geblieben sind.

Mit Passieren des steilen Kaps *Karaburnu* (*Karaburun*), das in 54 m Höhe ein weißer Leuchtturm krönt, erreichen wir wieder die Einfahrt zu den Dardanellen (*Gelibolu Geçidi*).
Achtung: Beim Runden des Kaps *Karaburnu (Kara Burun)* ist zu beachten, dass außer der in der Seekarte D 511 verzeichneten Klippe sich weitere Felsen seewärts erstrecken.

Aksaz (40°26,7'N 027°10,2'E) liegt 5,5 sm südwestlich von Kap *Karaburnu,* vorbei an dem in der Seekarte D 511 als Ankerplatz ausgewiesenen *Sahmelek Limanı*. Wir haben diesen kleinen Fischerhafen bei einem Landausflug entdeckt.

Die Wassertiefen hat uns der deutsch sprechende Wirt des Restaurants genannt. Angeblich wird alle drei Jahre gebaggert, was auf stetige Versandung schließen lässt.
Außer dem Restaurant gibt es noch ein Café, in dem sich die Männer des Dorfes (530 Einwohner) treffen und Besucher mit großem Interesse ausgefragt werden. Zur Versorgung ein Wasserhahn, drei Läden mit minimalem Angebot; Brot wird vom nächsten Dorf angeliefert.

Kemer Limanı (40°25,3'N 027°03,7'E). Dieser kleine Fischerhafen kann auf der Strecke von oder nach Gelibolu nützlich sein. Er liegt etwa 11 sm westlich von *Karaburnu (Kara Burun)* im Schutz des unbefeuerten Kaps *Bodrum Burnu*. Da das Molenlicht seit Jahren zerstört ist und wohl so schnell nicht wieder instand gesetzt wird, kann man den Hafen nachts nicht anlaufen.
Hinter den kräftigen Steinmolen liegen dicht gedrängt Fischerboote. Seitdem der Hafen auf 3–4 m ausgebaggert wurde, können auch Yachten am Kai anlegen.

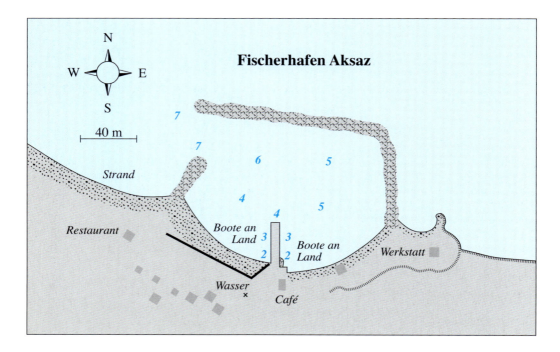

Marmarameer – Südküste 87

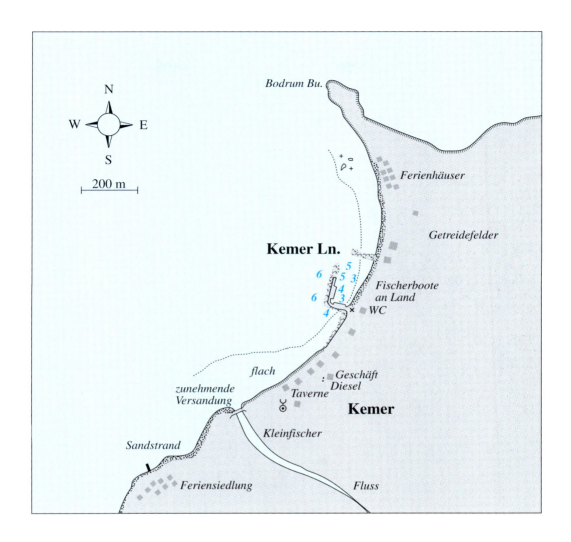

Wenn kein Platz vorhanden ist, kann man außerhalb südwestlich der Mole auf Sandgrund ankern und eine Leine zu den Molensteinen ausbringen.
Südlich des Ortes mündet ein Fluss ins Meer, an dessen Ufern viele Kleinfischerboote vertäut sind.
Außer einer Dieseltankstelle gibt es im Dorf *Kemer* bescheidene Lebensmittelläden, Taverne, PTT. Wasser am Hafen.
Die Uferböschung im Norden des Hafens ist gespickt mit Tonscherben und alten Mauerresten. Auch über dem nächsten Hügel an der Küste findet man antike Ruinen.

Şevketiye (40°24'N 026°52,4'E) kann nur von flachgehenden Booten angelaufen werden, denn die Wassertiefe beträgt in der Einfahrt zu diesem kleinen Fischerhafen höchstens 2 m, im Inneren wird es noch seichter.
Ansteuerungshilfe: eine ehemalige Windmühle aus dunklen Steinen direkt am Strand, dahinter ein paar Ferienhäuser. Neben der Windmühle und am Hafen gibt es öffentliche Wasserhähne.
Zum Ort kommt man nur über einen der beiden Fußgängerstege, die den hier mündenden Bach überbrücken. Unweigerlich

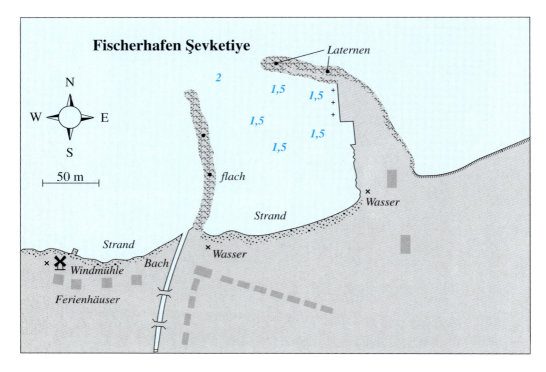

wird man dabei von der Dorfjugend begleitet. Wer von der Straße oberhalb der Ortschaft mit einem Fahrzeug zu den Ferienhäusern auf der Hafenseite gelangen will, muss durch das Bachbett fahren.

Bei der Rückfahrt durch die Dardanellen muss man wiederum im Hafen Çanakkale anlegen, um für die weitere Route ein Begleitpapier zu bekommen. Ist darunter *Bozcaada* aufgeführt, besteht keine Schwierigkeit, den Hafen dieser Insel anzulaufen.

Die nächsten Häfen in den Dardanellen, *Çardak* und *Gelibolu,* finden Sie auf Seite 33.

2 Dardanellen bis Çandarlı-Golf

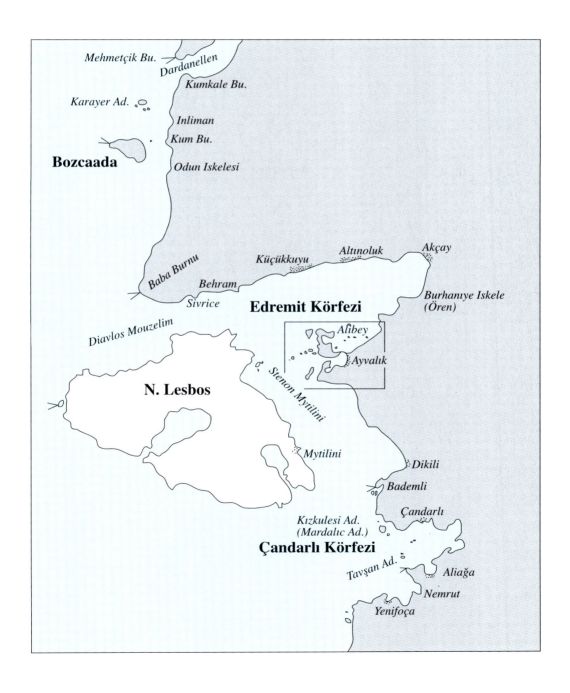

	Seite		Seite
Bozcaada	90	Setur Ayvalık Marina	98
Inliman	91	Alibey	99
Sivrice Koyu	91	Kumru Koyu	99
Behram/Kadırga Burnu	92 f	Çamlık Koyu	99
Edremit-Golf	94	Dikili (Port of Entry)	101
Küçükkuyu	94	Bademli	102
Altınoluk	94	Kızkulesi Adası (Mardalıç Ad.)	103
Akçay (Port of Entry)	95	Çandarlı-Golf	103
Ilıca Koyu	95	Çandarlı	104
Burhanıye Iskele (Ören)	96	Kadırga Limanı (Dema Ln.)	105
Gökçeliman	96	Aliağa Limanı	105
Gümüş Koyu	97	Nemrut Limanı	105
Pınar Adası (Kilavuz Ad.)	97	Yenifoça (Yenice Limanı)	105
Ayvalık (Port of Entry)	98		

Yachten, die von den Dardanellen südwärts reisen, werden im Allgemeinen von günstigen nördlichen Winden begleitet. Außerdem wird die Fahrt auf der 25 sm langen Strecke von *Çanakkale* bis *Bozcaada* durch mitlaufende Strömung beschleunigt.
Die **Inseln Gökçeada** und **Bozcaada** unterlagen wegen militärischer Anlagen und sie umgebender Übungsgebiete Beschränkungen, die aufgehoben wurden. Nach Auskunft der Behörden in *Çanakkale* sind beide Inselhäfen ansteuerbar, vorausgesetzt man hat ein Transitlog.

Bozcaada (39°50,1'N 026°04,6'E) wird von Yachtreisenden meist nur als Zwischenstation benutzt.
Die gute Befeuerung des Hafens, der auf der Nordostseite der Insel liegt, ermöglicht auch nächtliches Einlaufen. Nach der Seekarte kann man den gefährlichen Untiefen um *Karayer Adaları* und *Eşşek Adası* leicht aus dem Weg gehen. Bei Tage fallen von weitem die renovierten Mauern des Kastells auf.
Der Hafen ist ein sicherer Zufluchtsort für die großen Fischerboote, die meist zu den Molensteinen gegen die Hauptwindrichtung festmachen. Auch Yachten können

dort ankern und lange Leinen zu den Steinen ausbringen. Achtung vor den Unterwasserfelsen! Wie der Detailplan auf Seite 91 zeigt, sind je nach Wassertiefe auch Festmachemöglichkeiten am Kai gegeben. Nur für die zum Festland nach *Çanakkale* und *Odun Iskelesi* verkehrenden Fähren muss Platz gelassen werden.

Versorgungsmöglichkeiten: *Wasser vom öffentlichen Wasserhahn. Tankstelle in der Nähe. Einige kleine Lebensmittelgeschäfte im Ort. In der Saison sind zahlreiche Restaurants in Betrieb, wodurch der Hafen sehr stimmungsvoll wirkt.*

In Homers Ilias ist *Bozcaada* die Insel *Tenedos*, hinter der sich die griechische Flotte versteckt hielt, bis die Trojaner das hölzerne Pferd in die Stadt gezogen hatten. Von hier aus segelten sie zurück, um Troja hinterhältig zu überfallen und dem Erdboden gleich zu machen. Heute gedeiht in den windgeschützten Inselmulden ein herber, schmackhafter Weißwein. Ansonsten sind die landwirtschaftlichen Erträge gering.
An der Südküste der Insel kann man für eine Nacht vor Anker gehen, wenn der Wind am Nachmittag zu heftig von Nor-

Bozcaada 91

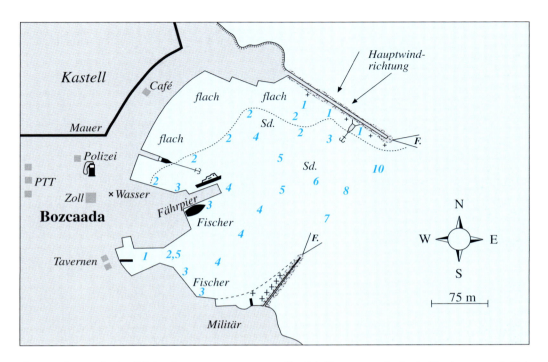

den weht und ein Weiterkommen gegen die Strömung aus den Dardanellen nach Çanakkale nur noch sehr schwer möglich ist. Einige vor Meltemi geschützte Ankerplätze vor Sandstränden. Jedoch ist Vorsicht wegen Unterwasserfelsen und -riffen geboten.

Wie die Seekarte zeigt, ist die südwärts verlaufende Festlandsküste bis *Baba Burnu* wenig eingeschnitten; sie weist deshalb keine geschützten Ankerplätze auf. Die für die Großschifffahrt bezeichneten Stellen nutzen dem Sportbootfahrer wenig. Die abknickende befeuerte Pier **Inliman** in der *Beşiğe-Bucht,* 2,5 sm nördlich von *Kum Burnu,* gehört zu einer Industrieanlage und ist für Yachten ebenfalls nicht geeignet. Warum auch sollte man sich hier aufhalten, wenn der Wind das Schiff vorantreibt, vorbei an den langen Stränden, hinter denen sich eine Hochebene ausdehnt: die antike Landschaft *Troas.*

Bei *Baba Burun* schiebt dann eine bis 400 m hohe Bergkette ihre Ausläufer bis an die Küste heran. An diesem markanten Punkt liegen malerisch Festung und Ort *Babakale* mit einem kleinen, sehr windigen Fischerhafen – und sehr wenig Platz. Rundet man das Kap, trifft man nur wenig mehr als 8 sm von *Baba Burun* entfernt auf einen angenehmeren Ankerplatz: *Sivrice Koyu.*

Die Durchfahrt zwischen dem türkischen Festland und der griechischen Insel Lesbos, *Diavlos Mouzelim (Müsellim Geçidi)*, ist an der engsten Stelle nur 4,5 sm breit. Nicht nur wegen der griechischen Hoheitsgewässer, sondern auch wegen der Untiefe inmitten dieser Durchfahrt – 3 sm südlich von *Sivrice Koyu* liegt das gefährliche, gerade überspülte Riff *Müsellim Kayası* – halten wir uns lieber auf der türkischen Seite.

Sivrice Koyu (39°28,3'N 026°14'E) liegt in einer weiten Bucht, unmittelbar nordwestlich des Leuchtfeuers *Sivrice Burnu.* Nordwestlich des flach auslaufenden Kaps *Döküntü Burnu* erstrecken sich viele Klippen, die wie eine niedrige Mole wirken und den Ankerplatz der Fischer schüt-

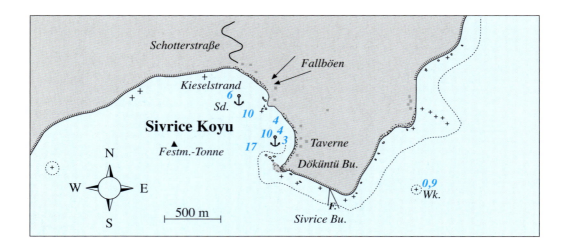

zen. Die zahlreichen großen Boote ankern nahe am Land, Leinen zum hohen Steinstrand ausgebracht. Der Ankergrund besteht aus grobem Sand und Steinen mit Bewuchs. Fallböen kommen hier aus nordöstlicher Richtung.
Der Ankerplatz liegt in angenehm grüner Umgebung. Eine Schotterstraße führt zu den wenigen Häusern am Ufer. In der bescheidenen Taverne wird auf Wunsch auch Fisch zubereitet. *Achtung:* Östlich des Kaps liegt ein Wrack mit nur 0,9 m Wasser.

Die Windverhältnisse an diesem Küstenabschnitt sind nicht ausgeglichen. Obwohl der Nordwind sich bei *Baba Burun* an die Küste anlegt und allmählich zum Westwind wird, der gleichmäßig an der Nordküste von *Lesbos* entlangstreicht, kommen in den Buchten des türkischen Festlandes die Böen von den Bergen aus nordöstlicher Richtung. Je weiter man in den *Golf von Edremit* hineinkommt, umso eindeutiger wird die Nordostrichtung, während der Westwind um Lesbos an der Ostküste dieser Insel wiederum auf Nord dreht. Dieser und der Nordostwind aus dem *Edremit*-Golf treffen bei den vielen kleinen Inseln um *Alibey* und *Ayvalık* zusammen, was diesem Gebiet den etwas übertriebenen Namen »Land der tausend Winde« eingebracht hat.

Behram (39°29,2'N 026°20,5'E), nur 5 sm östlich von *Sivrice Burnu*. Zwei Gründe gibt es, den Platz anzulaufen: zum einen die hübsch herausgeputzte Wasserfront mit Pensionen und einladenden Restaurants aus Natursteinen, zum anderen die sich hoch über der Steilküste türmenden Mauern von *Assos*, einer antiken Stadt, deren Akropolis einst auf dem 234 m hohen Vulkankegel thronte.
Für Yachten ist der kleine Hafen nicht empfehlenswert. Zwar wurde die Mole ausgebaut und an ihrer Innenseite der Grund auf 3 m ausgebaggert, aber zum Ufer hin wird es schnell seicht. Außerdem engen Unterwasserfelsen westlich des Molenkopfes die Einfahrt ein.
Eine Granitsäule markiert das Ende der Mole. Beim Anlegen ist auf vorkragende Steine zu achten. Steinpoller und Ringe zum Festmachen sind dürftig. Nicht nur bei Westwind ist der Hafen unsicher. Man sollte ihn den Fischern überlassen und besser vor dem Strand ankern. Auch dort muss man sich aber vor Steinen unter Wasser in Acht nehmen, die möglicherweise von einer alten, äußeren Mole stammen, deren Lage man an der Wasserfärbung einwandfrei erkennt. Am dunklen Kieselstrand lässt es sich gut mit dem Beiboot landen.
Außer den gemütlichen Restaurants und einer *»Jandarma«*-Wachstation befinden

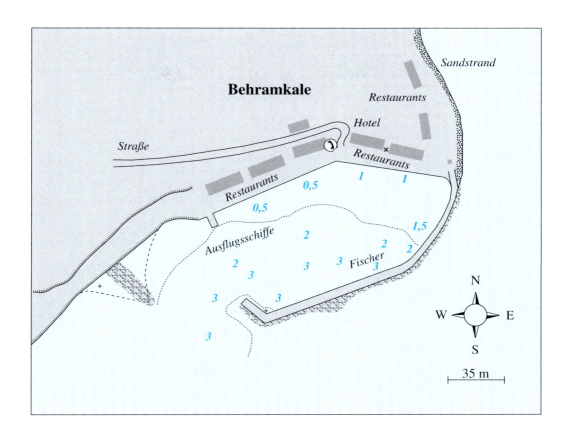

sich ein Getränkekiosk und ein Wasserhahn in der Nähe. Oberhalb des Strandes ein Campingplatz.

Zunächst auf einem Pflasterweg aus osmanischer Zeit, anschließend auf einer neueren Straße gelangt man nach *Behramkale,* wie der heutige Ort heißt, dessen düstere Häuser aus den dunklen Quadern der altertümlichen Bauten bestehen. Man trifft hier auf bemerkenswerte Überreste eines Athena-Tempels, eine Stadtmauer mit Türmen und Teile der Agora (6. bis 2. Jahrhundert v. Chr.). Vor allem aber beeindruckt die Lage hoch über dem Hafen mit Blick aufs Meer und die gegenüberliegende Insel *Lesbos.*
Drei Jahre lehrte Aristoteles hier. Der Apostel Paulus verließ den Hafen *Assos* mit Südkurs, um in den Städten zu missionieren, die mit ihren eindrucksvollen Ruinen auch auf unserem Kurs liegen. Dass tatsächlich mancher Segler den Spuren des Paulus folgt, lässt sich im Gästebuch nachlesen, das ein Wirt in *Behramkale* für Touristen bereithält.

Um die historische Stätte und die herrliche Aussicht in Ruhe genießen zu können, sollte man eine Ankerwache an Bord zurücklassen. Wird es aber auf dem Ankerplatz zu unruhig, so findet man hinter dem nächsten Kap, **Kadırga Burnu,** eine bessere Ankermöglichkeit nahe dem Sandstrand auf gut haltendem Sandgrund. Außer einer Taverne am Strand keine Besiedlung. Ausflugsboote bringen Badegäste von *Behram* hierher. Bei stabiler Wetterlage ist dieser Platz auch zur Übernachtung geeignet.

Achtung: Dem Kap *Kadırga* sind einige Klippen vorgelagert, die nicht aus allen Seekarten zu ersehen sind.

Den **Edremit-Golf** begrenzt an der Nordseite das Gebirge des *Kaz Dağı,* das im 1710 m hohen *Kirklar* gipfelt. Die Straße von *Çanakkale* muss sich auf dem letzten Abschnitt in engen Windungen durch dichte Wälder schlängeln, ehe sie bei *Küçükkuyu* die Küste erreicht. Bären sollen dort oben noch hausen. Im Herbst werden Wildschweinjagden organisiert, denn diese Tiere nehmen überhand, weil ja Moslems kein Schweinefleisch essen. Herrliches Obst, alle Arten von Nüssen und bester Honig werden in dieser Gegend von den Bauern angeboten. Unübersehbar sind die Olivenpflanzungen, die sich von der Küste bis zu den Bergen hinaufziehen. An der Küstenstraße liegt ein Urlaubsort neben dem anderen. Unter Umständen kommen für mittlere bis kleinere Yachten an der Nordküste die engen Fischerhäfen *Küçükkuyu* und *Altınoluk* in Betracht, im Scheitel des Golfes *Akçay* (Port of Entry) und *Burhanıye Iskele (Ören).*

Küçükkuyu (39°32,6'N 026°36,5'E) ist ein gut geschützter Fischerhafen mit kräftigen, befeuerten Molen, deren saubere Steinschüttung man bei der Ansteuerung von weitem sieht. Der Hafen ist dicht mit Fischerbooten voll gepackt.

Yachten legen am Kai bei 3 m Wassertiefe zwischen den Fischkuttern an oder mit Anker auf 4 m und einer langen Leine zur südlichen Steinmole. Die breite Hafenfront wurde bepflanzt und manches zur Verschönerung unternommen, doch wirkt der Ort etwas leblos, obwohl alles Notwendige da ist, sogar ein Hubschrauberlandeplatz am Kai.

Versorgungsmöglichkeiten: *Wasser bei den Fischern, Tavernen und Cafés Nähe Kai; Supermarkt, Gemüse- und Fischladen, Metzgerei, auch PTT in der Parallelgasse; Tankstelle an der Küstenstraße.*

Altınoluk (39°33,9'N 026°44,8'E). Die beiden Häfen *Küçükkuyu* und *Altınoluk,* 7 sm voneinander entfernt, ergänzen sich gegenseitig: Der eine ist für den Schutz vor Seegang besser, der andere für die Versorgung. In *Altınoluk* steht bei Ostwind starke Dünung in den Hafen.

Altınoluk wird häufig von Privatkaiken

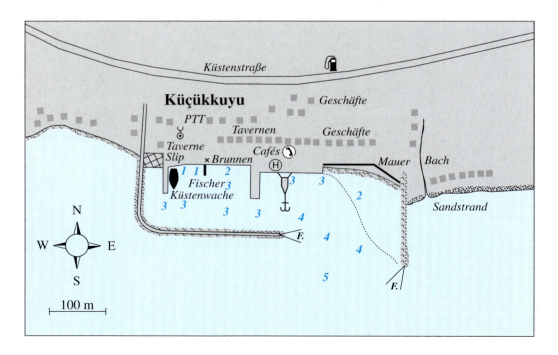

angelaufen, denn der hübsch angelegte Ferienort hat den Touristen einiges zu bieten. Freilich geht es dadurch spätabends noch recht lebhaft zu.

Die Ansteuerung macht am Tage keine Schwierigkeiten. Bei Nacht führt ein Molenfeuer zum Hafen, der außerdem durch Laternen beleuchtet wird; diese sind vor den vielen Lichtern an Land freilich schlecht zu erkennen.

Die Wassertiefe beträgt in der Einfahrt 4 m und entlang der Mole um 3 m. Am Kai vor der Promenade ist es zwar um 2 m tief, wegen einer flachen Bank können aber nur Boote mit höchstens 1,50 m Tiefgang im nördlichen Teil manövrieren. Yachten liegen – wenn Platz ist – am besten und vom Lärm am wenigsten behelligt mit langen Leinen zur sauber verputzten, schräg ansteigenden Mole und machen an den oben befindlichen Ringen fest. Die Schräge ist griffig; man hat barfuß oder mit Bordschuhen guten Halt.

Versorgungsmöglichkeiten: Wasser an der Promenade. Tankstellen an der Küstenstraße. Lebensmittelgeschäfte, Metzger und Bäcker in Hafennähe, ebenso zahlreiche gute Restaurants und Cafés. PTT siehe Plan.

Die Stadt **Edremit** (35 000 Einwohner) ist durch das Schwemmland im Scheitel des gleichnamigen Golfes ein wenig ins Landesinnere gerückt. Dagegen breitet sich

Akçay (39°34,8'N 026°55,5'E, Port of Entry) direkt an der Küste aus. Der beliebte Badeort besitzt nur eine Anlegebrücke mit 2 m Wassertiefe am Kopf. Man kann in einigem Abstand davon auf beliebiger Wassertiefe über Schlickgrund ankern.

Ganz in der Nähe befinden sich Restaurants und Cafés, Lebensmittelgeschäfte, PTT und die Behörden zum Ein- und Ausklarieren.

Einen bei dem im Sommer üblichen Nordostwind gut geschützten Ankerplatz findet man 2 sm westlich in **Ilıca Koyu** (siehe Seekarte).

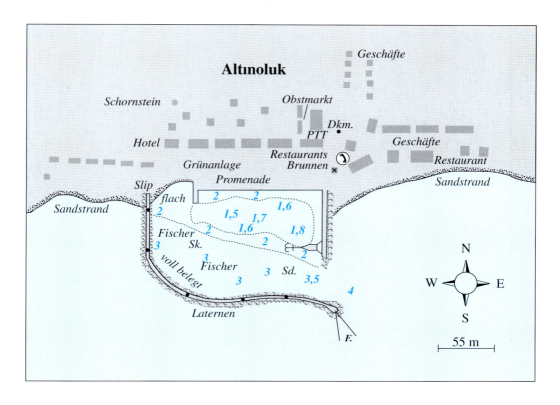

Burhanıye Iskele (Ören) (39°29,2'N 026°55,5'E). Der für die beiden Gemeinden *Burhanıye* und *Ören* erbaute Hafen ist auf diesem windanfälligen Küstenabschnitt eine Bereicherung. Er ist großzügig geplant; später soll es hier die Marina *Burhanıye-Ören* geben. Bereits jetzt wird er von Fischern, einheimischen Sportbootfahrern und Yachten benutzt.
Bei der Ansteuerung sieht man von weitem den kräftigen Wellenbrecher. Die beiden Molen sind befeuert. Der Ziegelschornstein einer ehemaligen Olivenölfabrik fällt ebenfalls auf.
Westlich des vorspringenden Kais ist das Wasser mindestens 4 m tief, im östlichen Teil des Hafens um 2–1 m. Wasser- und Stromanschlüsse sind teilweise vorhanden. Diesel wird mit dem Tankwagen von der 2 km entfernten Tankstelle an der Küstenstraße angeliefert. In der Nähe gibt es Restaurants, Café, Fischhalle, Läden, PTT, Telefon.

Wie schon erwähnt, sind die im Südteil des *Edremit Körfezi* gelegenen Inseln heftigen Nordostwinden ausgesetzt. Trotzdem sollen einige **Ankerplätze**, die auf dem Weg zu den Häfen *Ayvalık* und *Alibey* liegen, näher betrachtet werden.
An dieser Stelle sei darauf hingewiesen, dass es nur eine Zufahrt zu diesen beiden Häfen gibt: das betonnte Fahrwasser *Dalyan Boğazı* im Süden der Insel Alibey. Die in einigen Seekarten ersichtliche Durchfahrt *Dolap Boğazı* zwischen den Inseln *Dolap* und *Alibey* existiert nicht mehr. Es gibt dort keine Fähre, vielmehr überspannt eine Straßenbrücke die Enge. Die markierte Fahrrinne unter der Brücke mit etwa 3 m Wassertiefe kann nur von Motorbooten benutzt werden, da die Durchfahrtshöhe nur ca. 4 m beträgt.

Gökçeliman (39°22,5'N 026°37,7'E) an der Ostseite von *Alibey Adası* ist eine weiträumige Bucht mit Schlick- und Seegras-

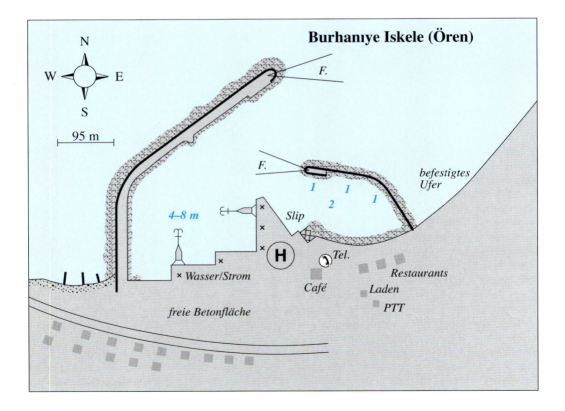

1 Poyras, letzte Hafenbucht vor dem Schwarzen Meer auf der anatolischen Seite des Bosporus

2 Galatabrücke. Blaue Moschee und Hagia Sophia in Istanbul vom Galataturm aus gesehen

3

4

3 Kaynarpınar im Izmir-Golf – ein beschaulicher Fischerhafen
4 Inmitten der vor Foça gelegenen Orak-Inseln
5 Behramkale – Ankerplatz unterhalb von Assos
6 Der Einklarierungshafen Ayvalık liegt im Schutz der Insel Alibey
7 Bucht bei Foça
8 Theater und Hafenstraße von Ephesos. Die Ausgrabungsstätte ist von Kuşadası etwa 20 km entfernt

9 Gökliman – hinter einer felsigen Einfahrt versteckt

10 Çeşme-Marina – sicherer Anleger in der Nähe von Izmir

Edremit-Golf 97

grund, die sich nur bei ganz ruhigem Wetter zum Ankern eignet. Bei dem oft plötzlich aufkommenden Nordostwind entsteht schnell Seegang, weshalb man die Bucht dann sofort verlassen sollte. Bei dieser Windrichtung besteht keine Ausweichmöglichkeit in der Nähe. Auf der kleinen Insel *Güvercin* ist die Ruine eines ehemaligen Klosters zu sehen. Vor der öden Landenge kann man ankern. Auch vor dem Weiler *Doğugökçe,* in dem nur wenige Menschen wohnen, besteht der Grund aus dichtem Seegras, in dem der Anker schlecht hält.

Bei südlichen Winden wären die Sandbuchten an der Nordküste von **Alibey** und **Madenada** brauchbar, wenn auch das einzig hervorstechende Merkmal ihre Abgeschiedenheit ist.
Die Durchfahrt *Maden Boğazı* zwischen *Alibey* und Madenada (siehe Plan O der D 1084) besteht nicht mehr. Die Inseln sind durch einen kaum überspülten Stein-Kies-Damm verbunden.

Gümüş Koyu (39°23'N 026°36'E), südlich dieser ehemaligen Durchfahrt gelegen, hat besser geschützte Ankerplätze, zum Beispiel im Nordostteil vor dem Sandstrand auf 4–5 m Wassertiefe über Seegrasgrund oder vor dem Damm auf 3–4 m, wo zwischen dichtem kurzem Seegras Sandstellen auszumachen sind.

Für die Ansteuerung dieser verschiedenen Ankerplätze und der Häfen *Ayvalık* und *Alibey* ist unbedingt die Seekarte erforderlich. Der Übersichtsplan dient nur zur groben Orientierung, wo sich die erwähnten Ankerplätze befinden, vor allem, weil sich einige Inselnamen geändert haben.

Sicher, wenn auch bei der Tagesbrise nicht ganz ruhig, ist der Ankerplatz südöstlich der **Insel Pınar** *(Kilavuz)* vor den Häuschen des Motels und dem Zeltplatz, die auf der Insel *Alibey* liegen. Die Umgebung ist bewaldet, der Strand steinig, der Ankergrund besteht aus dichtem Seegras.

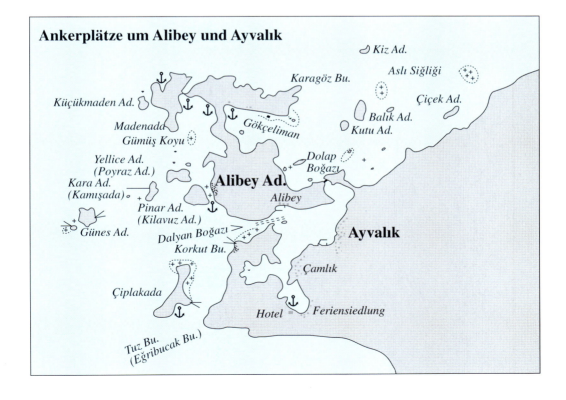

Beim Motel *Ortunc* gibt es eine Taverne. Es ist der letzte und schönste Ankerplatz, bevor man die Häfen anläuft.
Die in der Seekarte als *Pinar Boğazı* bezeichnete Durchfahrt zwischen *Alibey* und *Pinar* ist sehr seicht und wird nur von Kleinfischerbooten benutzt.

Dalyan Boğazı ist eine etwa 35 m breite und 5 m tiefe Baggerrinne, die in die große Bucht *Ayvalık Limanı* führt. Da diese Zufahrt zum Versanden neigt, sollte man langsam fahren und loten. Obwohl die Fahrrinne eindeutig markiert ist, muss man nachts besonders vorsichtig navigieren. Für den Normalfall gilt: Nach Passieren des Leuchtfeuers *Korkut Burnu* auf die befeuerte gemauerte Bake zuhalten. Achtung: Die in der Seekarte eingezeichnete (verrostete) Tonne südwestlich der Bake sollte südlich umfahren werden. Von der Bake aus gelangt man problemlos durch das bezeichnete Fahrwasser. Außerhalb wird es schnell flach!

In *Ayvalık Limanı* hat man dann die Auswahl zwischen der Marina und dem Hafen *Alibey*. Der Kai vor der Stadt ist Ausflugsbooten und der Fähre nach Mytilini/Lesbos vorbehalten.

Setur Ayvalık Marina
(39°18,9'N 026°41,4'E, Port of Entry). Die Marina gehört zusammen mit Kalamış-Fenerbahçe in Istanbul, Çeşme Marina, Kuşadası Marina, Finike Marina und Antalya Marina zu einem seriösen Touristikunternehmen (Koç-Bank). Den Kunden werden hervorragende Serviceleistungen geboten. Bei Vertragsabschluss gibt es in allen angeschlossenen Marinas Vergünstigungen.
Es wird auch viel für den Umweltschutz getan. So unterstützt die von Rahmi M. Koç 1994 gegründete Umweltorganisation DENIZTEMIZ – TURMEPA Projekte gegen die Meeresverschmutzung und für umweltfreundliche Industrien, sie fördert die Ausbildung, Information und Anlei-

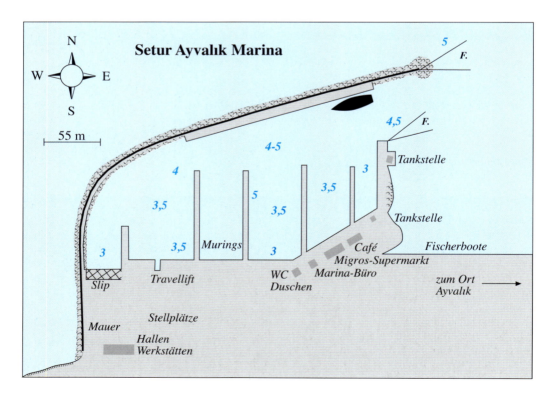

tung zu umweltbewusstem Handeln. Diese Zielsetzungen machen sich auch in den Hafenanlagen bemerkbar.

Die Marina verfügt über 200 Liegeplätze an Murings (kein Anker!), sie ist auf UKW-Kanal 73 (16) zu erreichen. Der weithin sichtbare Wellenbrecher ist befeuert, die Innenseite wurde zum Kai ausgebaut. Yachten bis 30 m Länge und 4,7 m Tiefgang können anlegen.

In der Marina gibt es Wasser und Strom an den Stegen, Feuerschutzanlagen, 24-Std.-Wachdienst, Heißwasserduschen, Waschmaschinen/Trockner, Bootszubehör, Supermarkt, Café, Hubschrauberlandeplatz; Behörden zum Aus- und Einklarieren; Trans-Ocean-Stützpunkt.

175 Stellplätze, Travellift (80 t, 7,50 m breit), Slipwagen (150 t), Werkstätten, Altölentsorgung. Ambulanz außerhalb des Hafens, Krankenhaus gegenüber, Supermarkt Migros direkt neben der Marina.

Zum internationalen Flughafen Izmir 150 km; zur Stadt 15 min zu Fuß; dort Banken, PTT, Lebensmittelgeschäfte, Fisch-, Obst- und Gemüsemarkt, gute Restaurants.

Anschrift: Setur Ayvalık Marina, Atatürk Bulvarı Yat Limanı, Ayvalık
Tel: +90 (266) 312 26 96
Fax: +90 (266) 312 23 16
Mail: ayvalik@seturmarinas.com
Web: www.seturmarinas.com

Die lebhafte Hafenstadt **Ayvalık** (20 000 Einwohner) hat neben dem Fremdenverkehr ein wenig Industrie (Olivenöl, Seife), weshalb sie auch von Kümos angelaufen wird. Es bestehen gute Busverbindungen. Je nach Bedarf fährt in der Saison ein Passagierboot nach *Mytilini/Lesbos*; außerdem kommen häufig Touristen von dort für ein paar Stunden nach *Ayvalık*. *Mytilini/Lesbos*, der nächste griechische Port of Entry, ist 17 sm von *Ayvalık* entfernt.

Ein Ausflug nach **Bergama** (57 km) kann von hier aus mit einem öffentlichen Bus oder Taxi unternommen werden. Zwar ist die Entfernung von *Dikili* aus geringer,

das Boot ist aber in *Ayvalık* während einer längeren Abwesenheit besser untergebracht. Die Sehenswürdigkeiten in *Bergama* (antik Pergamon) sind so vielfältig, dass man sich dafür einen ganzen Tag Zeit nehmen sollte: Ausgrabungsstätte auf dem Burgberg mit dem steilen Amphitheater, dem rekonstruierten Trajan-Hadrian-Komplex, den Mauern der berühmten Pergamon-Bibliothek und der Terrasse des weltbekannten Zeus-Altars (Reliefs im Pergamon-Museum in Berlin); Asklepieion, Rote Halle, Museum und Stadt.

Alibey (39°19,9'N 026°39,4'E). Ebenfalls in der großen Hafenbucht *Ayvalık Limanı*, direkt westlich des Ortes *Alibey*, befindet sich ein Hafen, der Fischern und auch Yachten Liegeplätze bietet. Hier soll irgendwann eine Marina entstehen. Mole und Kaianlagen sind fertig gestellt, man kann zwischen Fischer- und Ausflugsbooten an der Nordpier anlegen oder frei schwojend inmitten des Hafens ankern. Die Wassertiefen sind unterschiedlich, doch kann man mit 2,50 bis 3 m rechnen; nur im Westteil ist es flacher. Der Schlickgrund hält gut. Die Böen fallen seitlich ein, was man beim Anlegen bedenken muss.

Versorgungsmöglichkeiten: Sehr viel geringer als in Ayvalık. Es gibt Brot, Fische und Lebensmittel zu kaufen. Wasser und Strom auf der Pier; Diesel vom Gemeindewagen auf der Pier (Plan Seite 100). PTT in der Nähe, sehr gute Restaurants an der Wasserfront (Vorsicht, Nepp!).

Die Straßenverbindung mit *Ayvalık* und ständig pendelnde Fährboote haben zur Folge, dass viele Besucher nach *Alibey* kommen. Abends füllen sich Promenade und Restaurants, denn der Blick über die Bucht mit den vielen Lichtern von *Ayvalık* ist sehr romantisch. Der Ort wäre noch stimmungsvoller, wenn nicht die Musik aus den Lautsprechern der nebeneinander liegenden Lokale alles übertönen würde.

Die beiden Buchten im Süden des *Ayvalık Limanı*, **Kumru Koyu** und **Çamlık Koyu**,

Dardanellen bis Çandarlı-Golf

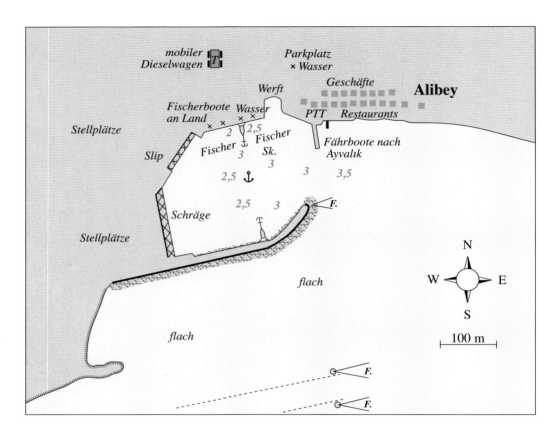

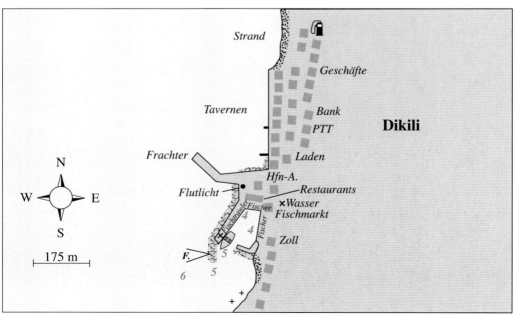

sind für einen ruhigen, sicheren Ankeraufenthalt bestens geeignet. Zwar ist das Wasser nicht so klar wie außerhalb, doch die Ankerplätze liegen in reizvoller Umgebung und haben den Vorteil, dass man dort schon früh im Jahr baden kann. Die Uferstraße führt an *Çamlık* vorbei zum beliebten Sandstrand von *Sarmısaklı* (*Sarmısak Plajı*, in der Seekarte auch *Tatlısu Körfezi*), den wir mit dem Boot erreichen, indem wir von Ayvalık kommend die Insel *Çiplakada* sowie die auffällige weiße Steilküste von *Tuz Burnu* (*Eğribucak Burnu*) passieren und in den Golf von *Dikili* einschwenken.

Meist herrscht in der Straße von *Mytilini* (*Dikili Boğazı*) eine kräftige Tagesbrise, sodass von Norden kommende Yachten den Wind nutzen, um *Dikili Körfezi* in einem Zug zu überqueren. Beim Kreuzen in nördlicher Richtung hingegen lässt man sich nur zu gern von den weit ins Meer reichenden Landzungen dazu verleiten, nahe heranzufahren, wodurch manche zusätzliche Wende erforderlich werden kann. Will man den Hafen

Dikili (39°04,2'N 026°53,2'E, Port of Entry) anlaufen, so erblickt man die kleine Stadt schon von weitem. Bei auflandigem Seegang ist das Einlaufen in den Hafen wegen der seitlichen Wellen nicht ganz leicht, doch ist der Schutz hinter der Mole gut. Das Leuchtfeuer steht nicht am äußersten Ende der Mole! Der Frachterkai ist hell erleuchtet.

Der Kai ist sehr niedrig gebaut, sodass – falls überhaupt soviel Platz vorhanden – ein Längsseitsliegen nicht günstig ist. Vielleicht kann man an einem Fischerboot festmachen oder sich weiter innen, vor Buganker liegend, dazwischenschieben. Der Hafen ist von Fischtrawlern und Ausflugsbooten meist dicht belegt. Am landwärtigen Kai liegen kleine Boote. Bei starkem Wind spritzt die Gischt über die Mole, und von der Frachterpier staubt es herüber. Manchmal werden Kümos auch in dem kleinen Hafen beladen.

Ein Zollbeamter kontrolliert das Transitlog. *Dikili* ist zwar Port of Entry, doch weil hier die Kreuzfahrtschiffe abgefertigt werden, die ihre Passagiere zu einem

Pergamon, Traianeum (2. Jh.n.Chr.)

organisierten Besuch von Pergamon ausbooten, scheinen die Behörden für Yachten keine Zeit zu haben. Die Gemeinde kassiert stattliche Liegegebühren, selbst für kurzfristiges Anlegen. Der stundenweise Andrang von Touristen stört sehr die Atmosphäre der kleinen Stadt, die nur in Hafennähe moderner hergerichtet ist, während es in den schmalen Gassen recht urwüchsig zugeht. Busse verkehren häufig nach Bergama (30 km), Taxen sind übermäßig teuer.

Versorgungsmöglichkeiten: Wasser bei den Fischständen oder auf der Mole. Tankstellen am Ortsausgang. In nächster Umgebung des Hafens gibt es viele Geschäfte, Banken, Post, Telefon, Badehaus und zahlreiche Restaurants. Stangeneis eventuell bei den Fischständen.

Der Besuch von Pergamon (30 km), für den man wegen des weitläufigen Geländes und der Fülle an Sehenswürdigkeiten den ganzen Tag benötigt, kann besser von *Ayvalık* aus erfolgen (siehe dort).

Bademli (39°01'N 026°48,4'E), 6 sm südwestlich von *Dikili*, ist eine bei allen Winden und Seegang sehr gut geschützte Bucht. Routinierte Segler können die Ansteuerung, von Norden kommend, auch bei Dämmerung wagen. Das Sektorenfeuer von *Pise Burnu* ermöglicht es, sich von den Klippen *Güvercin Kayası* freizuhalten. Bei Tag fällt auf der Nordhuk von *Kalem Adası* ein weißes Haus mit rotem Dach auf, noch bevor man den weißen Gitterturm des Leuchtfeuers auf *Pise Burnu* erkennt.

Die Wassertiefen an der Küste entlang sind geringer, als aus einigen Seekarten zu ersehen. Vor den einzelnen Kaps steigt der Grund plötzlich an, weshalb man sich immer in der Mitte des Fahrwassers halten muss.

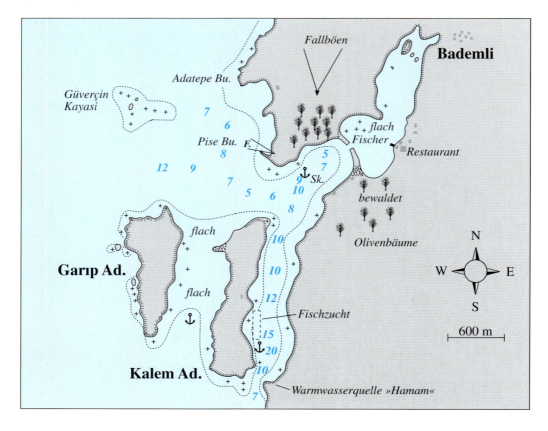

Der im Plan eingezeichnete Ankerplatz hat gut haltenden Schlickgrund, mit kurzem Seegras bewachsen. Man sollte einkalkulieren, dass der Wind von Nordwest auf Nordost drehen kann. Auf dem friedlichen, von Olivenbäumen umgebenen Ankerplatz ist genügend Raum für mehrere Yachten.

Vom Einlaufen in den inneren Teil der Bucht wird wegen der starken Verkrautung abgeraten. Die schmale Fahrrinne zur kleinen Fischerpier vor den wenigen Häusern ist nur für Ortskundige gedacht. Eine Taverne bei der Fischerpier; zum Einkaufen muss man nach *Bademli* wandern.

Prickelndes Vergnügen bereitet es, in den warmen Quellen am Südende des Kanals zwischen *Kalem Adası* und *Moryanı Burun* zu baden. Hier kann man auf 3–6 m ankern, notfalls Leine zum Land. Freihalten muss man sich vor der Fischzuchtanlage.

Der **Golf von Çandarlı** ist uns wegen seiner heftigen Winde und harten Fallböen in Erinnerung geblieben. Da die niedrigen Ufer im Osten des Golfes von See her keinen großen landschaftlichen Reiz ausüben und außerdem die Buchten von *Aliağa* und *Nemrut* durch die Ölraffinerien eher abschreckend wirken, werden die meisten Sportbootfahrer es vorziehen, sich von *Çandarlı* aus gleich südwestwärts zu wenden. Die verschiedenen historischen Stadtgründungen, soweit sie überhaupt noch in Spuren vorhanden sind, könnte man vom Boot aus ohnehin schwer aufsuchen.

So begnügen wir uns mit der Tatsache, dass wir uns im antiken Gebiet der *Aeolis* befinden, das etwa vom *Edremit*-Golf bis Izmir reichte und gegenüber dem benachbarten Ionien zwar »besseren Boden, aber schlechtere Witterungsverhältnisse« hatte (Herodot).

Von den sumpfigen Flussniederungen im Ostteil des Golfes abgesehen, bieten die übrigen Küstenstrecken ein sehr anziehendes Bild. Lange Sandstrände ohne Besiedlung und einsame Felsküsten locken zu einem Aufenthalt. Es gibt viele Plätze, die – je nach Wetterlage – zum Ankern und Baden in herrlich klarem Wasser geeignet sind.

Beim Segeln an der Nordküste entlang muss man mit harten Fallböen von den fast 800 m hohen Bergen des *Kara Dağ* rechnen.

Von den wenigen Inseln des *Çandarlı Körfezi* liegt als erste

Kızkulesi Adası (38°55,4'N 026°48,6'E, *Mardalıç Adası*) auf dem Weg. In der

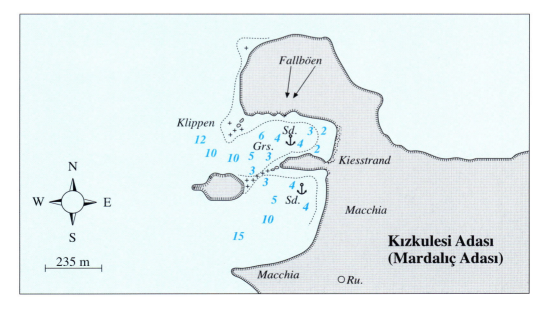

türkischen Seekarte hieß sie schon immer nach der auffälligen Turmruine *Kızkulesi Adası* (= Mädchenturm-Insel); in älteren deutschen Karten findet sich die Bezeichnung *Mardalıç Adası*. Auf der Westseite gibt es zwei Buchten, die durch ein Felseneiland und felsige Unterwasserklippen getrennt sind (siehe auch Plan auf Seite 103).

Beide Buchten sind in der Mitte frei von Untiefen und haben Sandgrund mit Seegras. In dem klaren Wasser sind die Sandstellen gut zu erkennen. Man muss einen großen Schwenkkreis beim Ankern berücksichtigen, denn die Fallböen kommen mit Wucht vom Festland herüber.

Zum Baden und Schnorcheln ist dies ein einmalig schöner Platz.

Çandarlı (38°56'N 026°56'E). Die Halbinsel, obwohl nicht sehr hoch, erkennt man von weitem an den Häusern und dem Kastell. Zu einem Leuchtfeuer hat es der Ort, der im 17. und 18. Jahrhundert einige Bedeutung hatte, noch nicht gebracht.

Ankermöglichkeit besteht auf beiden Seiten der Halbinsel, je nach Windrichtung östlich oder westlich der Halbinsel. Platz zum Schwojen ist genügend vorhanden.

Achtung: Etwa 300 m nordwestlich des Molenkopfes befindet sich eine überspülte Klippe, auf der eine kleine Bake steht.

Der Hafen kann mit aller Vorsicht nur von kleinen Yachten angelaufen werden. Die Mole hat nicht nur das Inselchen *Kara Kulak* einbezogen, sondern folgt teilweise dem Verlauf der antiken Hafenmole. Weil wohl kein Bedarf besteht, wurde der Hafen noch nicht ausgebaggert. Schon an der Einfahrt wird es für tiefergehende Yachten zu flach; die angegebene Wassertiefe von 2 m ist nicht zuverlässsig. Boote mit entsprechend geringem Tiefgang können zu den Molensteinen festmachen, wo sie sehr gut geschützt liegen. Die Fischerboote haben ihren absolut sicheren Platz im inneren kleinen Hafenbecken.

Vor der befestigten Uferfront auf der Ostseite der Halbinsel sind unterschiedliche Wassertiefen zwischen 0,50 und 3 m (Nähe Cafés und Restaurant). Will man hier anle-

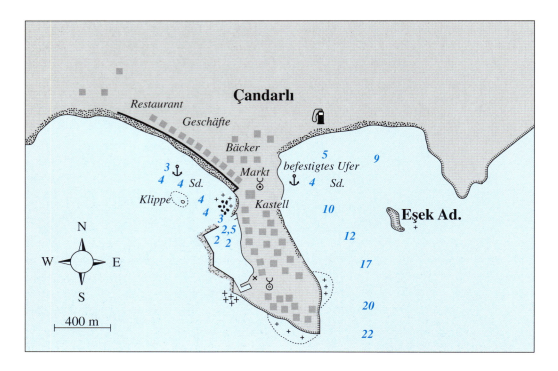

gen, muss man sich vorsichtig herantasten. *Achtung:* Steine unter Wasser.
Bei Wind macht Schwell den Liegeplatz unruhig. Dann ankert man besser in einigem Abstand auf sicher haltendem Sand-Schlick-Grund. Zum Ortskern mit dem Rathaus (*Belediye*) und den beiden Moscheen ist es von hier ganz nah.

Versorgungsmöglichkeiten: Wasser vom Brunnen bei der Moschee oder beim Fischerhafen. Gemüsemarkt, Bäckerei, weitere Geschäfte und PTT ebenfalls in der Nähe. Restaurant und Cafés am Ostufer, weitere Tavernen während der Saison am Weststrand. Tankstelle am Ortsausgang.

Wegen der schönen Sandstrände verbringen türkische Familien im Sommer ihren Urlaub hier. Die Häuser des beschaulichen Ortes scharen sich um das renovierte venezianische Kastell aus dem 13. Jahrhundert, in das altes griechisches Mauerwerk verbaut wurde. Alle Gassen der Altstadt sind mit Kopfsteinen gepflastert.

Çandarlı hieß im Altertum *Pitane* und soll der Sage nach von einer Amazone gleichen Namens gegründet worden sein. Weiter östlich im Golf befand sich *Elaea,* der Hafen von Pergamon; heute ist die Gegend vollständig verlandet. In der Nordostecke des Golfes, in Plan N der D 1084 als **Kadırga Limanı** (*Dema Ln.*) bezeichnet, müsste man am Rande des Sumpfgebietes nach der antiken Mole suchen.

Wenn auch ohne besonderen Reiz, so ist *Kadırga Limanı* doch als Ankerplatz brauchbar. Zur Orientierung dienen die Motels am Ufer, wo man auch Tavernen findet. Ankergrund ist Sand und Schlick.

Aliağa Limanı (38°49,7'N 026°56,9'E). Um diese Industriebucht anzulaufen, müsste schon ein besonderer Grund vorliegen. Die ganze Halbinsel scheint eine einzige Ölraffinerie zu sein, deren Pieranlagen immer mehr ausgeweitet werden. Der T-förmige Anleger auf der Westseite der Bucht, 5 kbl südlich des befeuerten Kaps *Taşlı-*

burun, ist in der Seekarte deutlich zu erkennen. Die Wassertiefe beträgt um 7 m, für die Ladearbeiten ist ein 25-t-Kran vorhanden.

Der **Fischerhafen** im Südosten vor dem Ort *Aliağa* wird durch eine niedrige Steinschüttung (mit Molenlicht) geschützt. Am Kai Ringe zum Festmachen. Der Hafen wird nur von Fischern benutzt. Er ist sehr seicht, für Yachten nicht geeignet. Es gibt Fischrestaurants und Teehäuser am Hafen, eine Tankstelle im Ort.

Eine Seemeile nördlich des Fischerhafens, wo zwischen der Fernstraße und dem Ufer der Bucht Grünflächen entstanden sind, befindet sich ein **Kai für Kümos** und kleine Tanker. Die Wassertiefe vor dem Kai beträgt 3 m. Festmacheringe sind vorhanden.

Bei Nordwind kann man auch weiter nördlich vor dem Sandstrand oder im Schutz von *Tuzla Burun* ankern (siehe D 1084 Plan N).

Nemrut Limanı (≈ 38°46'N 026°55,5'E) ist durch die nördlichen Winde noch mehr dem Qualm und Gestank der Ölraffinerien ausgesetzt. Die verschiedenen Hafenanlagen und Leuchtfeuer sind ebenfalls aus Plan N der D 1084 ersichtlich. Dies ist kein Platz, der für eine Yacht in irgendeiner Weise attraktiv sein könnte. Die Bucht bietet außerdem wenig Schutz vor den vorherrschenden Winden.

Yenifoça (38°44,6'N 026°50,3'E, *Yenice Limanı* – Plan Seite 106). Selbst bei Meltemi kann man diesen Hafen getrost anlaufen. Der Seegang in der großen Bucht behindert die Einsteuerung nicht wesentlich. Die Mole ist noch nicht befeuert; in der deutschen Seekarte ist sie nicht eingezeichnet. Seitdem die Mole um etwa 80 m verlängert wurde, bringt sie guten Schutz bei nördlichen Winden und bietet einigen Yachten zwischen den Fischerbooten einen sicheren Liegeplatz vor Buganker und Heckleinen. Beim Anlegen auf große Steine dicht am Kai achten.
Achtung: Ein gefährliches Unterwasserriff

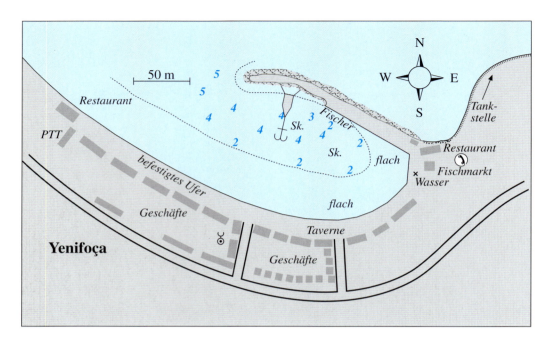

ragt im Nordwesten der Bucht in nordöstliche Richtung. Ankern kann man auch im Schutz des Kaps *Buruncu* südwestlich dieses Riffs unter den zahlreichen Villen.

Versorgungsmöglichkeiten: *Wasser mit Kanister vom Fischverkaufsstand. Tankstelle ca. 300 m entfernt. Im Ort gibt es zahlreiche Geschäfte mit einer guten Auswahl an Lebensmitteln. Mehrere Restaurants an der Wasserfront. PTT siehe Plan.*

Der lebhafte Ferienbetrieb im Westen der Bucht, wo viele Ferienhäuser und Apartments gebaut wurden, hat auch dem sehr urwüchsigen Dorf *Yenifoça* (*Yenice*) einen merklichen Aufschwung gebracht.

Weht der Wind aus Süd, was freilich seltener vorkommt, ist der Küstenabschnitt bis zum westlichen Kap *Aslan Burun* sehr zu empfehlen, vor allem die zerklüfteten, landschaftlich äußerst reizvollen Buchten mit weißen Kalksteinkliffs westlich von *Yenifoça*.

3 Izmir-Golf bis Kuşadası-Golf

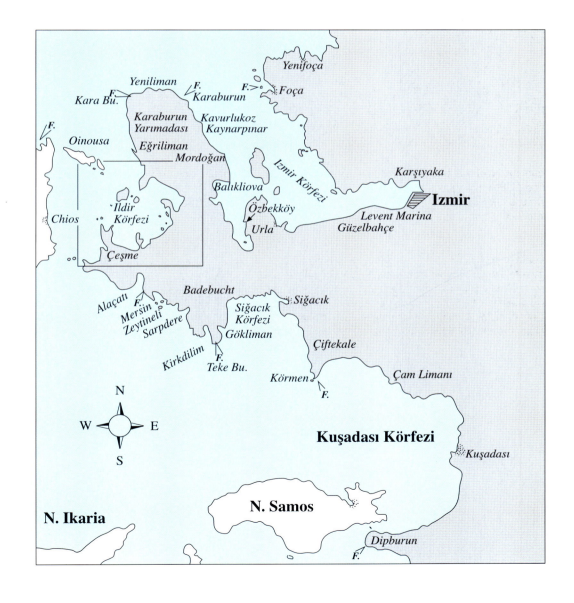

	Seite		Seite
IZMIR-GOLF	108	Ilica	125
Foça	109	Setur Çeşme Marina (Altın Yunus,	
Leventler Limanı	110	Golden Dolphin, Port of Entry)	125
Izmir (Port of Entry)	110	Dalyanköy (Demirtaş Limanı)	125
Levent Marina	112	Çeşme (Port of Entry)	
Güzelbahçe Ost	114	Çeşme Marina	128
Güzelbahçe West	114	Çiftlik	129
Urla Iskelesı	115	Alaçatı Körfezi	131
Gülbahçe Körfezi	115	Mersin Körfezi	132
Özbekköy (Akkum)	115	Zeytineli Körfezi	132
Balıklıova	116	Sarpdere Limanı	133
Mordoğan Iskele	116	Nerkis Limanı	133
Kaynarpınar	118	Kırkdilim Limanı	133
Korkülçe Koyu	119		
Kavurlukoz Limanı	119	**SIĞACIK-GOLF**	134
Karaburun	119	Gökliman	134
Büyükada (Saıp Adası)	119	Gökkovar Limanı	134
Yeniliman	120	Demircili Limanı	135
Eğriliman	120	Teos Siğack Marina	136
		Teos Limanı	137
ILDIR-GOLF	122	Çiftekale Adası	139
Karaada	122	Körmen Adası	139
Karareis Koyu (Gerence Körfezi)	123		
Nordbucht	123	**KUŞADASI-GOLF**	
Ildir	123	Çam Limanı	139

Izmir-Golf

Dass der Golf von Izmir im Allgemeinen von Sportbootfahrern gemieden wird, mag drei Gründe haben. Erstens schrecken die militärischen Sperrgebiete im *Izmir Körfezi* oder die Unsicherheit über ihre Grenzen ab. Zweitens ist es der Hafen Izmir selbst, der im letzten Winkel des Golfes keinen ausreichenden Wasseraustausch erfährt, sodass der Aufenthalt dort nur erträglich wird, wenn man die meiste Zeit an Land verbringt. Und drittens sind vor allem Segler sich dessen bewusst, dass sie die Strecke von über 30 sm aus dem Golf heraus gegen die sehr kräftige Tagesbrise ankreuzen müssen.

Diese Tatsachen können nicht verharmlost werden, doch lässt sich eine Seereise nach Izmir ohne große Strapazen verwirkli-

chen, wenn man genügend Ausweichmöglichkeiten kennt und die Strecke in bequeme Etappen einteilt.

Bei unseren Fahrten haben wir die Insel *Uzunada* außer Acht gelassen; an der Südseite beim *Çam Burnu* befindet sich eine militärische Anlage. Im Übrigen kann man die in den Seekarten verzeichneten Schießübungsgebiete bei entsprechender Routenwahl leicht umgehen.

Nicht ausweichen kann man dem im Sommer am Vormittag aufkommenden Wind, der – je nach Küstenverlauf in der Richtung abweichend – in den Golf bis zum Hafen Izmir hineinweht und am späten Nachmittag 6 Bft erreichen kann. In Izmir wird der Wind etwas gestaut, macht aber den Hafen sehr unruhig. Über Nacht wird

Izmir-Golf **109**

es meist windstill. Für die Rückfahrt empfiehlt es sich deshalb, die ruhigen Morgenstunden zu nutzen.
Von Norden kommend, passiert man zunächst eine Inselgruppe aus weißem Gestein in bizarren Formen, darunter die besonders leuchtende *Orak Adası,* ehe man den Hafen

Foça (38°40,2'N 026°45'E) erreicht. Foça kann dank der guten Befeuerung auch bei Nacht ohne Schwierigkeiten angelaufen werden. Bei Tag erleichtert eine Reihe Ferienhäuser auf der südlichen Einfahrtshuk *Kale Burnu,* auf der alte Festungsmauern zu erkennen sind, die Orientierung. Die Seekarte zeigt deutlich die genauen Wassertiefen um die Inseln bei *Foça* und in sandigen Einbuchtungen, die zum Ankern bestens geeignet sind.
Foça, das wunderschön auf einer Halbinsel liegt, hat zwei Häfen: *Küçükdeniz Limanı* (»kleiner Hafen«) im schmalen östlichen Einschnitt und *Büyükdeniz Limanı* (»großer Hafen«) auf der Westseite.
Kein Wunder, dass im kleinen Hafen die einheimischen Boote dicht gedrängt liegen, denn zu den einladenden Restaurants rund um die Hafenfront sind es nur ein paar Schritte. Bei starkem Nordwind fallen die Böen seitlich ein und belasten den Anker sehr. An einigen Stellen muss man wegen großer Steine mindestens 2 m vom Kai wegbleiben. Der kleine Hafen ist für Yachten ohnehin zu eng; man wird am Yachtkai im großen Hafen anlegen.

In *Büyükdeniz Limanı* sind die Böen wegen der Abdeckung durch die Häuser auf der Halbinsel nicht so ausgeprägt. Hier wurde ein **Yachtkai** für 100 Boote eingerichtet, an dem die Stadt Liegegebühren kassiert. Ausflugsboote und große Fischerboote haben ihre Plätze nördlich davon; manchmal sieht man die Fischtrawler im Päckchen inmitten der großen Hafenbucht vor Anker liegen, eine Alternative auch für Yachten, wobei die große Wassertiefe Probleme macht.

Versorgungsmöglichkeiten: *Wasser/Strom am Yachtkai. Treibstoff am Kai – man muss den »Diesel-Mann« suchen. Im Ort viele Lebensmittelgeschäfte mit guter Auswahl.*

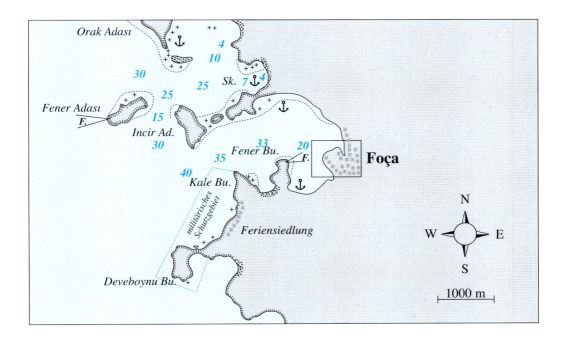

110　Izmir-Golf bis Kuşadası-Golf

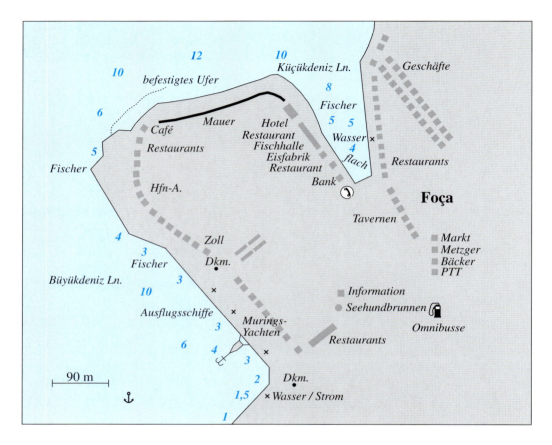

An der Wasserfront im kleinen Hafen reiht sich ein Restaurant an das andere (Preise beachten!). PTT an der Straße zwischen den beiden Häfen. Wäscherei, Banken, Gas, alles nahebei. Bus nach Izmir.

Das ideale Wassersportrevier mit Sandstränden und Tauchgründen um die vorgelagerten Inseln hat *Foça* zu einem begehrten Urlaubsziel gemacht, das sich immer mehr zu einem Ferienzentrum entwickelt. In manchen Land- und Seekarten wird die Stadt mit der Ruine der Genuesenfestung *Eskifoça,* Alt-Foça, genannt, zur Unterscheidung von *Yenifoça,* der jüngeren Siedlung 10 km nördlich, die bei einer Abwanderung der Bevölkerung im 14. Jahrhundert entstand.

Der ursprüngliche Name *Phokäa*, wie die damals ionische Stadt hieß, soll sich auf die vorgelagerten robbenähnlichen Inseln beziehen (*Phoka* = Robbe). Der Hafen hatte zu allen Zeiten Bedeutung, und die Phokäer waren als große Seefahrer, aber auch als geschickte Händler bekannt, die im ganzen Mittelmeerraum bis zum Schwarzen Meer Kolonien besaßen.

Leventler Limanı, der nächste größere Einschnitt südlich von *Foça* mit den Kaianlagen von *Hacılar*, darf ohne behördliche Genehmigung nicht angelaufen werden.

Izmir (38°25,7'N 027°07,9'E, Port of Entry), der größte Handelshafen der Türkei und Anlaufpunkt für Linienschiffe aus dem gesamten Mittelmeerraum, ist für Yachten zwar kein angenehmer, wohl aber annehmbarer Platz für den Besuch der Millionenstadt mit den Sehenswürdigkeiten aus alter und neuerer Zeit. Izmir lässt

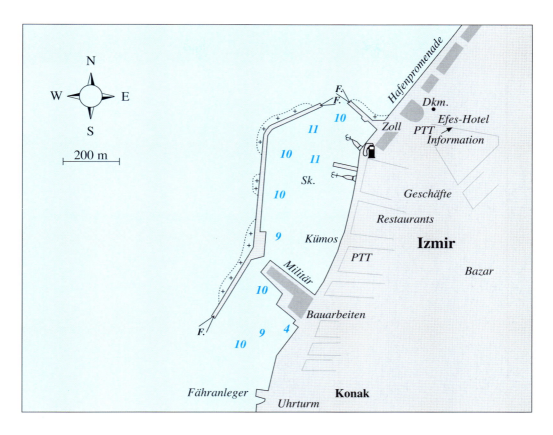

sich durch das betonnte und befeuerte Fahrwasser bei Tag und Nacht problemlos ansteuern. Aus der Seekarte ist die Verlandung des nördlichen Ufers ersichtlich.
Anlegen können Yachten im so genannten Alten Hafen, dessen Wellenbrecher bei Tage von weitem auffällt und der nachts an beiden Enden befeuert ist (Plan D der D 1083). In der Nähe des Zollhäuschens bei der nördlichen Einfahrt liegen die Sportboote vor Buganker und Heckleinen, trotz des Wellenbrechers dem Schwell bei der Tagesbrise sehr ausgesetzt. Wegen der großen Wassertiefe muss man viel Kette stecken, wegen des Schwells den Heckleinen Lose geben.
Militärboote, Kümos und Frachtkaiken liegen etwas südlicher. Die häufig nach Karşıyaka verkehrenden Fähren machen außerhalb fest.
Die Hafenpromenade wird verbreitert, um zwischen der viel befahrenen Straße und dem Ufer mehr Platz zu schaffen. Möglicherweise wird bei dieser Gelegenheit die Ringkanalisation verwirklicht. Es wird auch darüber spekuliert, ob eine Marina beim Umbau des Südteils des Hafens (Rückseite des Navyanlegers) entstehen wird.

Versorgungsmöglichkeiten: Das Leitungswasser ist – wie in allen türkischen Großstädten – stark gechlort. Tankstelle in nächster Nähe, hinter dem Andenkenkiosk. Lebensmittel stadteinwärts.
Im »Bit-Bazar«, einem Geschäftsviertel zwischen Fevzi Paşa Bulvarı und Gazi Bulvarı (zu Fuß erreichbar), erhält man sämtliche Motorersatzteile. Überhaupt lässt sich in Izmir eher als in allen anderen Hafenstädten ausländisches Zubehör finden. Händler und Werkstätten sind bestrebt, Ausländern behilflich zu sein. Für Reparaturen erkundige man sich nach der geeigneten Werft entweder in Karşıyaka

(Nordseite des Izmir Limanı) oder Çakal Burnu (siehe auch Levent Marina, Seite 113).

Izmir ist eine Stadt mit 2,7 Millionen Einwohnern, lärmendem Straßenverkehr sowie einem Gewirr von Neubauten und Abbruchstellen. Will man einen positiven Eindruck erhalten, sollte man sich gezielt auf einige Punkte konzentrieren. Bei Tag fällt die Vorstellung schwer, dass **Smyrna** im Altertum als die schönste Stadt weit und breit galt. Izmir von See her bei Nacht mit seinen unzähligen glitzernden Lichtern auf den dunklen Hügeln dagegen bietet einen märchenhaften Anblick. Ebenso großartig ist an einem strahlenden Sonnentag das Panorama zu Füßen der Zitadelle *Kadıfekale:* die moderne Stadt, das bunte Häusergewürfel der Außenbezirke und der weite Golf. Das fruchtbare Hinterland und die zentrale Lage an der Ägäisküste haben über drei Jahrtausende hinweg der Stadt eine bleibende Bedeutung als Wirtschafts- und Handelszentrum gesichert.

Die erste nachgewiesene Siedlung stammt aus dem 3. Jahrtausend v. Chr. und lag im heutigen Stadtteil *Bayraklı,* 8 km nördlich des Zentrums. Dort befand sich auch das Smyrna des 9. bis 4. Jahrhunderts v. Chr. Die Gründung der Ionier aus dem 8. Jahrhundert v. Chr. gehörte zusammen mit zwölf anderen Städten dem Panionischen Bund an, der das Gebiet vom Izmir-Golf bis zum Mäander-Fluss umfasste. Das Klima Ioniens war schon nach Herodot »das beste der Welt«, doch krankten später die Städte *Ephesos, Priene* und *Milet* an der zunehmenden Verlandung, während Smyrna immer noch über eine Zufahrt vom Meer her verfügte. (Allerdings musste hier vor hundert Jahren der Fluss *Gediz Nehir* umgeleitet werden, um die Hafenzufahrt freihalten zu können.)

Erst die Eroberung der Stadt durch *Alyattes* von Lydien 575 v. Chr. beendete diese Blütezeit. Ein Traum Alexanders des Großen bestimmte im 4. Jahrhundert v. Chr. den Hang des Pagosberges (heute *Kadıfekale*) als Platz für die Neugründung durch Lysimachos. Wiederum folgte eine Zeit der Blüte, dann im Jahre 178 v. Chr. die Zerstörung durch ein Erdbeben und der durch Marc Aurel veranlasste Wiederaufbau der Stadt.

In den nächsten Jahrhunderten wechselten Byzantiner, Seldschuken, Genuesen und Johanniter einander ab, bis zur endgültigen Beherrschung durch die Osmanen. Die antiken Bauten wurden bei den Erdbeben im 17. und 18. Jahrhundert weitgehend zerstört. Der Besetzung durch griechische Truppen im Jahre 1919 und dem Bevölkerungsaustausch zwischen Griechenland und der Türkei folgte 1922 ein Großbrand der Altstadt, sodass heute zwischen modernen Gebäuden und Parks nur noch wenige Bauten an frühere Zeiten erinnern.

Der Uhrturm und die Moschee am belebten *Konak*-Platz sind vom Hafen aus schnell zu erreichen. Weitere Moscheen und das neue Archäologische Museum befinden sich ebenfalls in der Nähe. Vor allem aber lohnt sich der Aufstieg zum Pagosberg. Mit Stadtplan und Kunstführer in der Hand kann man sich vom Hafen aus in ein, zwei Tagen einen guten Überblick verschaffen. Die Verkehrsverbindungen sind bestens: Stadtbusse, ein Fährboot zur anderen Hafenseite, Überlandbusse, Eisenbahn, Flughafen, Fähren nach Ancona und Venedig, die Mittelmeerlinie Istanbul – Iskenderun. Weitere Informationen: Fremdenverkehrsbüro im Gebäudekomplex »Efes-Hotel« (siehe Plan), daneben Büro der *Türk Hava Yolları* (THY) und Busse zum Flughafen *Menderes* (ca. 20 km).

Wer nicht den Ehrgeiz hat, das alte *Smyrna* auf eigenem Kiel zu besuchen, dem bieten sich die weiter unten beschriebenen Häfen *Urla* und *Levent Marina* oder – am besten – die neue Çeşme Marina an.

Levent Marina (38°24,4'N 027°04,1'E). Seit 2003 in den Händen eines neuen Eigners, wird dieser Yachthafen hoffentlich den früheren Standard wieder erreichen. Erste Ansätze sind vorhanden: Die Schwimmstege werden erneuert. Ausstattung: Platz für 70 Yachten an Schwimmstegen mit Murings, 40 an Land. Tiefen zwischen 2 und 6 Metern. (Der Tidenhub beträgt in Izmir einen halben Meter, in Extremfällen bis 1 m). Tankstelle, 24-Std.-Wachdienst, Duschen/Toiletten. Zur Marina gehört eine Werft mit einem Slip für bis zu 250 Tonnen. Alle Reparaturen. Swimmingpool, Café, Restaurant, reichlich Parkplätze (außerhalb); geringe Entfernung zur Küstenstraße; zum Flughafen Menderes 15 km. Fährstation in der Nähe. In der Marina ist eine Opti-Segelschule für Kinder entstanden. Gastliegeplätze stehen zur Verfügung. Anmelden über UKW-Kanal 73 (16).

Anschrift: *Levent Marina, Mustafa Kemal Sahıl Bulvarı 1880 Sok. No: 72*
35340 Cakalburnu-Izmir
Tel: +90 232 277 1111 und 277 2323
Fax: +90 277 97 59
Mail: tarik@levent-marina.com.tr
Web: www.levent-marina.com.tr

Wer die Marina anlaufen will, benötigt die Seekarte D 1083, um gut durch die mit Leuchttonnen markierte Durchfahrt *Yenikale Geçidi* zu gelangen und den Untiefen zu entgehen. Unmittelbar östlich des Kaps Yenikale sieht man den großen Fischerhafen von Izmir (Fischmarkt). Bis *Çakal Burnu* bleibt man auf Ostkurs, denn um dieses niedrige Kap reichen Verlandungen weit in den Izmir Limanı hinein.

Weniger als eine Seemeile südlich, in *Göztepe Koyu,* kann man die Wellenbrecher der Marina ausmachen. Zu beiden Seiten des Hafenbeckens sieht man Schiffe an Land. Beide Molen sind befeuert.

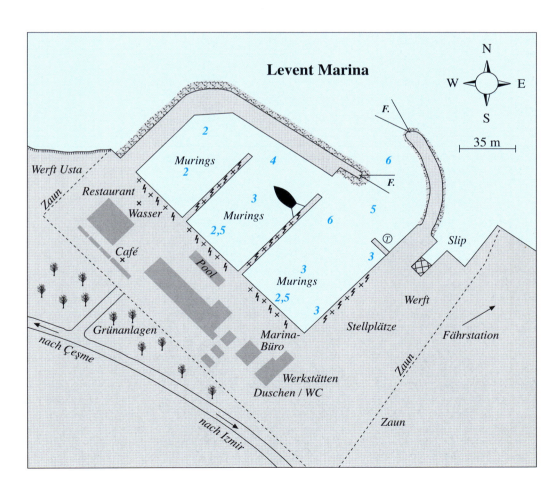

Die Marina liegt am Rand der Außenbezirke, die bis zur Innenstadt von Izmir eine lückenlose Hochhauskulisse bilden.

Güzelbahçe Osthafen (38°22,7'N 026°53'E). Dieser total überfüllte Fischerhafen 12,5 sm westlich von Izmir sollte nur angelaufen werden, um Wasser zu bunkern oder einzukaufen. Da die See am Nachmittag sehr unruhig wird, ist das Einlaufen nicht ganz einfach. Der Hafen ist befeuert.
Eventuell kann man bei den Fischerbooten längsseits gehen, wobei zu beachten ist, dass die Wassertiefe im Westteil des Kais abnimmt.

Versorgungsmöglichkeiten: Ein Wasserschlauch liegt aus. Fischstände, kleine Läden mit Lebensmitteln und Getränken sowie Restaurants direkt am Hafen. Stangeneis bei den Fischhändlern. Weitere Einkaufsmöglichkeiten, PTT, Tankstellen und Tavernen im nächsten Ort (ca. 1 km Richtung Izmir).

Güzelbahçe Westhafen
(38°22,5'N 026°52'E) ist im Grunde genauso wenig zu empfehlen wie *Güzelbahçe* Ost, weil genauso überbelegt mit Fischerbooten. Der Hafen ist kaum 1 sm von *Güzelbahçe* Ost entfernt. Eigentlich heißt der Ort davor *Yalı*; *Güzelbahçe* liegt etwas landeinwärts.
Will man es mit einer kleinen Yacht dennoch versuchen, achte man bei der Annäherung auf die auffälligen Hochhäusergruppen und die dahinter liegende Kiesgrube; später erkennt man die Steinschüttung der unbefeuerten Mole. Bei der üblichen Tagesbrise aus Nordwest steht vor dem Hafen Brandung, die das Einlaufen erschwert. Dann sollte man besser nach *Urla,* knapp 5 sm weiter westlich, segeln. Die Wassertiefe beträgt vor dem Hafen um 4,50 m, innerhalb auf 5 m zunehmend, doch ist es möglich, dass die Einfahrt allmählich wieder versandet. Der durch den Seegang aufgewühlte Sand kann einem einen gehörigen Schrecken einjagen!
Die Wassertiefe im Hafen von 4–5 m nimmt zu den Rändern hin langsam ab. Man kann zu den Molensteinen lange Leinen ausbringen und liegt hier – wenn man Platz findet – gut geschützt. Der Lärm der nahen Küstenstraße ist im Hafen kaum wahrzunehmen.

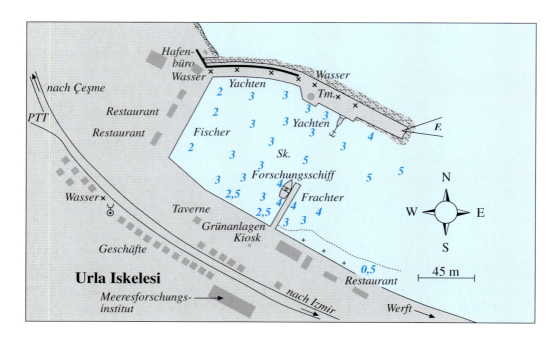

Wer von hier aus einen Besuch von Izmir plant, hält an der Straße einen Bus Richtung *Konak*-Platz an. Auf jeden Fall Bordwache zurücklassen!

Versorgungsmöglichkeiten: Supermarkt jenseits der Straße; WC/Duschen, Imbissstube und Telefon an der Wurzel der Mole.

Achtung: Güzelbahçe Westhafen nicht verwechseln mit **Kalabak** (38°21,7'N 026°48,7'E); dort eine ähnlich geformte, nach Osten offene grobe Mole, deren rotes Licht [noch] nicht funktioniert. Restaurant, Telefon an der Straße.

Urla Iskelesı (38°21,9'N 026°46,4'E) ist ein gemütlicher Hafen und außerdem ein empfehlenswerter Platz, wenn man den Golf von Izmir nicht bis zu seinem Scheitel ausfahren will.
Der Hafen ist durch die Halbinsel *Yollucaada* und eine verlängerte Mole, auf deren Kopf nachts ein grünes Licht brennt, sehr gut geschützt. Bei der Ansteuerung am Tag sind ein weißer Turm (in der Mitte der Mole) und das Minarett zu erkennen. Für Yachten ist der Nordkai reserviert. Dort gibt es Wasser und Elektrik. 24-Std.-Wachdienst. 1–2 Gastliegeplätze werden frei gehalten. Ausländer liegen 3 Tage kostenlos.
Das Forschungsschiff »Piri Reis« hat an der Frachterpier seinen festen Platz, weitere kleinere Boote der Meeresforscher liegen am Südkai. Das Meeresforschungsinstitut befindet sich jenseits der Straße.

Versorgungsmöglichkeiten: Bestes Trinkwasser auf dem Yachtkai und am Brunnen bei der Moschee. Treibstoff wird per Tankwagen geliefert. Gut sortierte Geschäfte für Lebensmittel, Obst und Gemüse, auch Bäckerei und Metzgerei sind vorhanden. Restaurants am Hafen. PTT an der Abzweigung außerhalb des Ortes (Richtung Çeşme), daneben Supermarkt. Bank im Hauptort Urla (5 km). Häufige Busverbindung Urla – Izmir (1 Std.). In der kleinen Werft bescheidene Reparaturmöglichkeiten.

Urla Iskelesı ist ein von Izmir aus gern besuchter Ausflugsort, der für eine Spezialität bekannt ist: die *Katmer* genannten, auf Bestellung frisch zubereiteten, in Öl gebackenen Teigtaschen, gefüllt mit Hackfleisch oder Käse und viel Petersilie. Dazu trinkt man *Ayran*, ein erfrischendes Getränk aus mit Wasser verdünntem Joghurt.
Wer sich für die Antike interessiert, kann auf der durch einen Damm mit dem Festland verbundenen Insel *Yollucaada* nach Mauerresten der ebenfalls ionischen Stadt *Klazomenae* forschen. Beispiele der bemalten »klazomenischen« Tonsarkophage sind im Museum in Izmir aufbewahrt.
Zahlreiche Feriensiedlungen an der Küste um *Urla Iskelesı* garantieren gute Badegelegenheiten, und wenn man sich vorsichtig den Stränden nähert, findet sich meistens auch eine geeignete Stelle zum Ankern. Dies gilt auch für die klippenreichen *Çiçek Adaları*.

Gülbahçe Körfezi, der tief nach Süden ins Land einschneidende Golf, hat ebenfalls eine Fülle von versteckten und zudem sicheren Ankerplätzen. Nach der Seekarte D 1083 lassen sie sich leicht ausmachen. Das Wasser ist hier erstaunlich sauber, und die grünen Ufer sind lieblich und abwechslungsreich. So recht ein Revier für längere, erholsame Aufenthalte.

Özbekköy Akkum (38°22,5'N 026°40,9'E), kleiner Fischerhafen auf der Ostseite des Golfes. Nur geeignet für kleinere Yachten, wenn man die Nacht nicht auf einem freien Ankerplatz verbringen will. Es ist ein ruhiger Platz mit ein paar Ferienhäusern in der näheren Umgebung.
Man kann frische Meeresfrüchte kaufen oder in einem Restaurant am Hafen essen. Außerdem gibt es einen Minimarkt (Plan Seite 116).
Eine Ortschaft voll urwüchsigen Lebens ist das von Platanen und Maulbeerbäumen umgebene *Özbekköyü* in 2 km Entfernung. Eine Besonderheit dort ist die 950 Jahre alte Zypresse bei der Moschee. – Bus nach *Urla.*

116   Izmir-Golf bis Kuşadası-Golf

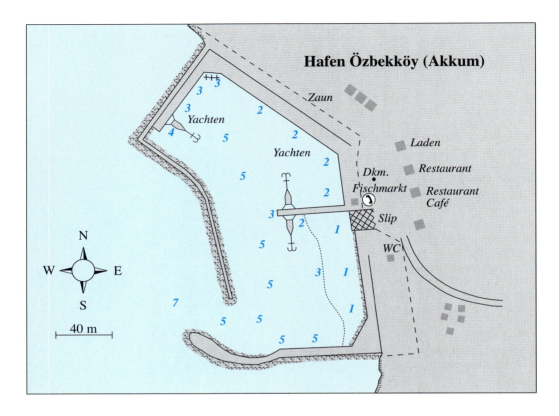

Balıklıova (38°25,5'N 026°35,4'E) liegt in einer großen Bucht gleichen Namens an der Westseite des Golfes. Unmittelbar neben einer Flussmündung wurde eine Mole aufgeschüttet, die Fischerbooten guten Schutz gibt (vgl. Plan Seite 117).
Bei der Annäherung muss man auf die Unterwasserklippen nördlich der Mole Acht geben. Ausreichende Wassertiefe trifft man nur entlang der Mole bis vor dem kleinen betonierten Kai (mit Festmacheringen) an. Direkt an der Mole muss man wegen der Steine Abstand halten. Der Hafen ist voll mit Fischern belegt. Wenn an dem Kai kein Platz frei ist, ankert man am besten in der Nähe des Molenkopfes und macht zu den Molensteinen fest. Es sind auch einige Eisenbügel vorhanden. Zum Ufer hin wird es rasch seicht.
Um den Hafen ist wenig Betrieb. Im benachbarten eingezäunten Campingplatz gibt es Minimarkt und Bar.
Balıklıova liegt etwas nördlicher. Das Leben samt Tourismus, Geschäften und Restaurants spielt sich in der Hauptstraße ab, durch die sich auch noch der Verkehr der Küstenstraße zwängt.
Vor dem Ort kann man gegebenenfalls frei schwojend ankern. Gute Einkaufsmöglichkeiten, PTT, Telefon.

Weitere Ankerplätze in schöner Umgebung nördlich von *Balıklıova*, zum Beispiel in *Engeceli Limanı*. Gefahrenstellen zeigt die Seekarte D 1083. Der Fischzuchtanlage kann man ausweichen.
Ab *Kum Burnu,* an der fast 15 sm langen Ostseite der landschaftlich großartigen, hochgebirgigen Halbinsel *Karaburun,* stehen Wind und Seegang gegenan, bis das offene Meer erreicht ist. Die Insel *Uzunada* mit dem militärischen Sperrgebiet bleibt weit an Steuerbord.

Mordoğan Iskele (38°31,1'N 026°37,7'E) kann man nur mit Sicht auf den Grund

Izmir-Golf 117

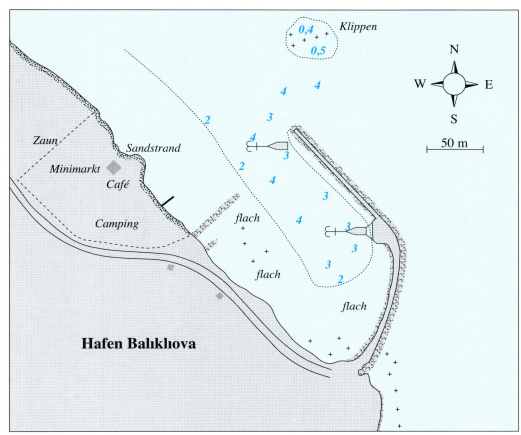

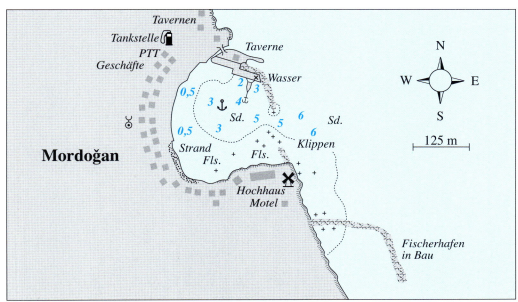

anlaufen, wenn der Seegang noch nicht ausgeprägt ist. Vor der südlichen Einfahrtshuk liegen zahlreiche Klippen, ebenso in der Verlängerung der südlichen Steinschüttung. Man muss dicht an der nördlichen Mole bleiben, wo es 5 m tief ist. Bei der Ansteuerung fallen auf der Südseite der Einfahrt der hohe Hotelbau »Aras« und eine Windmühlenruine auf, außerdem im Süden der Windmühle der lange Wellenbrecher des zukünftigen Fischerhafens. Noch liegen die Fischerboote in der einst schönen natürlichen Hafenbucht am Nordkai, wo die Wassertiefe 3–4 m beträgt. Der angelegte Kanal soll die Wasserzirkulation sichern.

Je nach Platz kann man vor Buganker mit Heckleinen anlegen oder auch mitten im Hafen ankern. Ankergrund ist Sand. Der im Bau befindliche große Fischerhafen südlich ist noch nicht fertig gestellt; er dürfte auch für Yachten genügend Platz bieten. Die Wassertiefe im neuen Hafenbecken wird mit 6 m angegeben.

Rund um den Platz am alten Hafen gibt es Metzger, Lebensmittel-, Obst- und Gemüseläden sowie Restaurants und PTT.

Kaynarpınar (38°33,7'N 026°34,3'E) ist ein wunderschön gelegener, sauberer kleiner Fischerhafen, der allerdings eng mit Fischerbooten belegt ist. Er bietet sehr guten Schutz bei allen Winden und Seegang. Die Ansteuerung ist ohne Probleme. Wenn man die Mole ausgemacht hat, kann man im rechten Winkel darauf zufahren. Von Norden kommend, sieht man erst eine weiße Huk, ehe man die Mole erkennt (Achtung: Stellnetze östlich des Molenkopfes!). Abends beleuchten Laternen die Mole.

Der Hafen ist freilich sehr klein und eng, hat aber ausreichende Wassertiefen bis an den Kai, sodass man auch längsseits am abknickenden Ende der Mole festmachen kann. Am Kai vor dem Ort ist das Wasser seicht. Ankern kann man bei ruhigem Wetter auch vor dem Strand südlich des Hafens.

Versorgungsmöglichkeiten: *Ein Wasserhahn am Kai, ständig fließendes Quellwasser hinter dem Café unter den schattigen Platanen. Zwei Fischrestaurants. Zwei Lebensmittelläden und eine Bäckerei.*

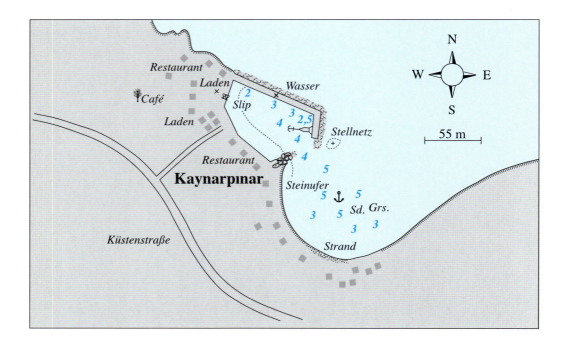

Kaynarpinar ist ein äußerst friedlicher Ort, umgeben von Olivenhainen und Zitrusgärten, vor einer wunderbaren Bergkulisse (*Akdağ* 1218 m hoch).

3 sm weiter, westlich von *Akburun,* liegt **Korkülçe Koyu,** ein winziger Hafen mit geringen Wassertiefen, der nur für Gleitboote geeignet ist. An der Innenseite der unbefeuerten Mole ist das Ufer teilweise befestigt.

Kavurlukoz Limanı
(38°37,9'N 026°31,5'E, auch Sahıpaltı) ist ein ruhiger, gut geschützter Hafen. Nur ein paar Sommerhäuser stehen am Strand und auf der nördlichen Huk zweistöckige Ferienhäuser, die bei der Ansteuerung von Norden zuerst zu erkennen sind. Der Hafen ist in die felsige Küste eingebaut, hat aber einen flach auslaufenden Steinstrand. Die Molenlichter sind noch nicht in Betrieb. Man kann zwischen den Fischerbooten anlegen (Achtung: Untiefe vor dem Nordkai!). Mehrere Wasserhähne am Kai – sonst nichts.

Den Hafen **Karaburun** erreicht man, indem man um die vorspringende felsige Küste fährt. Dabei kann man die Insel *Küçükada* an Steuerbord lassen. Für Yachten ist der Hafen viel zu flach, aber davor ist Raum genug zum Ankern. In dem Hafenort findet man außer einem Wasserhahn auf der Pier einige Restaurants und zwei Lebensmittelläden. Der große Ort *Karaburun* liegt auf der Anhöhe.
Wenn die Dünung bei einsetzendem Wind unangenehm wird, kann man zu einem guten Ankerplatz mit Sandgrund und sauberem Wasser auf der Südseite der Insel *Büyükada (Sahıp Adası)* ausweichen. In der Durchfahrt zwischen dem Festland und der Insel auf rostige, unbefeuerte Festmachetonnen achten!
Die Halbinsel *Karaburun*, vor Jahren noch wenig besiedelt, ist ringsum als Urlaubs-

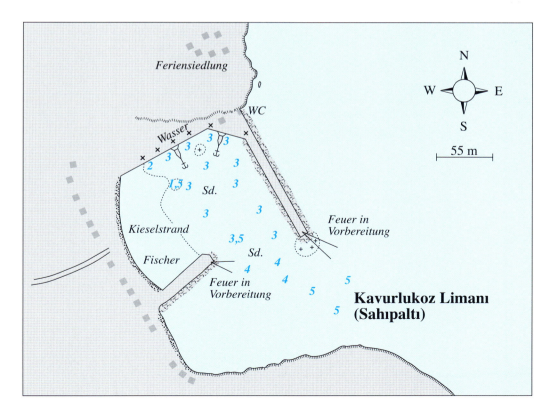

gebiet erschlossen und mit Feriensiedlungen zugebaut, denn die Strände an der Ägäisküste bilden einen großen Anreiz. Trotzdem haben die kleinen Küstenorte ihren dörflichen Charakter bewahrt.

Yeniliman (38°40,4'N 026°26,3'E), ein neuer Hafen (yeni = neu) an der Nordküste von Karaburun Yarımadası, ist ein von touristischem Trubel weitgehend verschont gebliebener Ort. Die Fischer machen für Fremde gern den besten Platz im Hafen frei.
Da die Hafeneinfahrt sehr nahe an den flach auslaufenden Strand heranreicht, sollte man auf die Ansteuerung verzichten, wenn sich bereits draußen Seegang bemerkbar macht. Bei auflandigem Seegang wird man so stark auf den Strand zu versetzt, dass das Einlaufen riskant wäre. Auch bei ruhiger See halte man sich möglichst nahe an den Molenkopf und runde ihn zügig.
Gleich nach dem Anlegen wird man von einem Wachhabenden zur penibel geputzten *Jandarma*-Station begleitet, wo das Transitlog kontrolliert und ein Formular über dieses wichtige Tagesereignis ausgefüllt wird.

Wasser per Schlauch vom Hafencafé, Bäckerei und Laden mit Grundnahrungsmitteln, Tavernen mit Saisonbetrieb.

Häufig trifft man an der Nordküste der Halbinsel *Karaburun* auf variable Winde, bis sich schließlich eine Windrichtung durchsetzt. Aus der weht es dann kräftig in die Golfe hinein. Hat man den Leuchtturm *Kara Burnu* erst einmal gerundet, dann geht es flott mit achterlichem Wind südwärts. Von der Küste sollte reichlich Abstand gehalten werden, vor allem in der Umgebung von *Küçükbahçe,* einer völlig versandeten Bucht, vor der weit außerhalb gefährliche Klippen liegen.

Eğriliman (38°32,2'N 026°22,8'E). Bei der Ansteuerung muss man sehr sorgfältig navigieren, da eine Untiefe mit 4,50 m Wasser darüber nordwestlich des Einfahrtskaps liegt. Die Einsteuerung ist bei jedem Wetter möglich; der Seegang lässt schnell nach, sobald man das steile braune Felskap erreicht hat. Auf dem Ankerplatz steht selbst bei starkem Nordwestwind nur eine leichte Restdünung.
Bei der Ansteuerung aus Norden erkennt man zwischen der Festlandsküste und

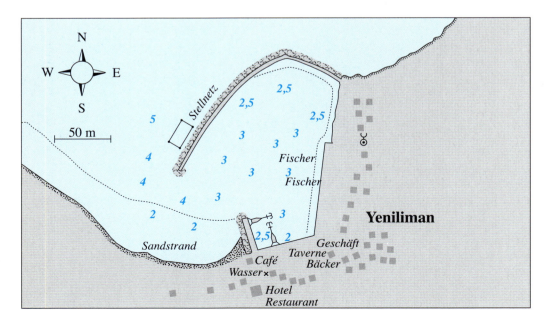

Eğriliman 121

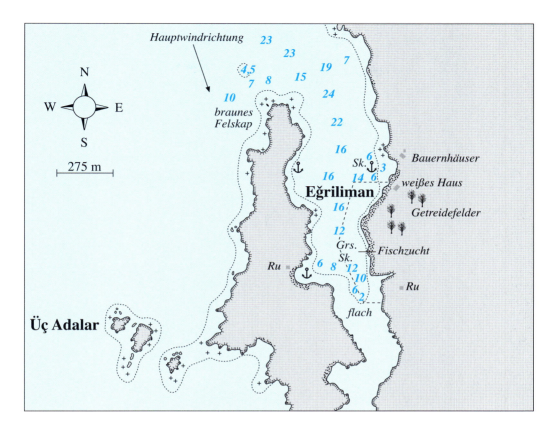

dem kahlen Felskap der schmalen Halbinsel von weitem das weiße Ferienhaus, das im Plan eingezeichnet ist. Der Grund steigt aus größerer Tiefe vor allem im westlichen Teil der Bucht schnell an. Vorsicht ist beim Anlaufen der seitlichen Ufer geboten, denn die zunehmende Verkrautung verringert die Wassertiefe ganz plötzlich.

Wegen der Fischzucht ist der östliche innere Teil der Bucht abgesperrt, sodass man den Ankerplatz mit mäßigen Wassertiefen nicht mehr benutzen kann. Der Grund besteht aus Schlick und dichtem Seegras.

In dieser sehr sicheren Bucht gibt es nur auf der Ostseite ein paar Bauernhäuser, aber keinerlei Versorgungsmöglichkeiten. Auch die Bucht 2 sm südöstlich von *Eğriliman*, über Land nur einige hundert Meter entfernt, ist bei nördlichen Winden und Seegang sehr gut geschützt. Achtung vor den Riffen und Untiefen um die westlich der Halbinsel vorgelagerten Inselchen *Üç Adalar* und um die etwas südlicher liegende kleine namenlose Insel.

Ildir-Golf

Von Eğriliman südwärts segelnd, lassen wir die griechischen Inseln um *Oinousa* an Steuerbord liegen. Nach 6 sm erreichen wir bereits den nächsten Ankerplatz, gelegen im *Ildir*-Golf, der mit seinen zergliederten Küsten navigatorische Leckerbissen bereithält. Nicht überall kann man bequem ankern, denn die hohen Berge der *Karaburun*-Halbinsel auf der einen, die bis 1300 m hohen Gipfel der griechischen Insel *Chios* auf der anderen Seite pressen den Nordwind durch die verschiedenen Meeresdurchfahrten in den *Ildir*-Golf hinein, sodass hier im Sommer sehr heftige Winde auftreten.

Insel Karaada ($\approx$ 38°25,8'N 026°20,5'E). Alle drei Buchten an der Südküste sind zum Ankern sehr gut geeignet, wenn auch starke Fallböen über die hohen Hügel kommen.
Die östliche Bucht schneidet am weitesten ins Land ein, weshalb sie für eine Übernachtung noch am ehesten in Frage kommt.

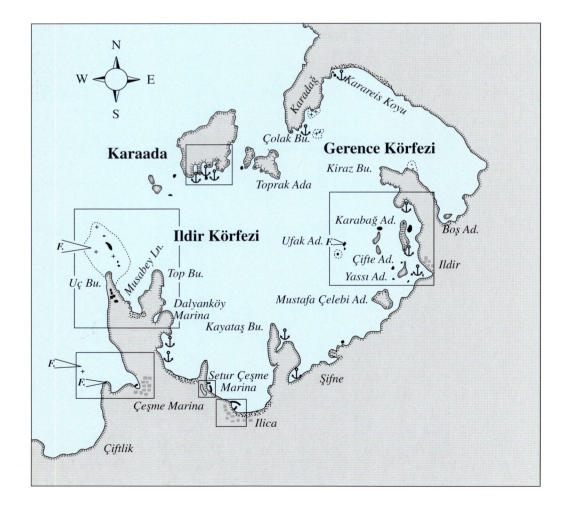

Die Fallböen sind hier etwas schwächer. In der mittleren Bucht darf man nicht an Land gehen, um die Esel nicht zu stören, die hier am Brunnen ihre Tränke haben (*Karaada* ist für seine Eselszucht bekannt). Die kurze Pier im Westen dient Fischern als Landeplatz.
Auch die westliche Bucht ist gegen Nordwind gut geschützt, sehr schön gelegen und einsam. Vorsicht vor dem Riff östlich von *Uzun Adaları*.

Will man den Ildir Körfezi im Uhrzeigersinn ausfahren, so passiert man von *Karaada* aus die Insel *Toprak Ada* und gelangt, vorbei an dem 312 m hohen *Karadağ*, in die weite Bucht *Gerence Körfezi*.

Karareis Koyu (38°28,5'N 026°25,5'E), im nördlichen Scheitel, wird durch das Vorgebirge gut geschützt. Vor einer Flussniederung mit einem bäuerlichen Anwesen und einer weithin sichtbaren Pappelreihe findet man einen Ankerplatz auf 4–5 m Wassertiefe über hartem Sandgrund mit Bewuchs. Der Wind streicht hier gleichmäßig über das Land. Die beiden Felsinseln lasse man beim Ankern an Backbord.
Vollends abgeschieden ankert man im Süden des *Gerence Körfezi* im Schutz der kleinen Insel *Boş Ada* oder im Osten vor der Feriensiedlung.
Im Osten des *Ildir*-Golfes befinden sich mehrere Ankerplätze, von denen der ruhigste nördlich der Insel *Karabağ* liegt. Bei der Ansteuerung von Westen ist eine kleine Felsinsel zu bemerken, die in älteren Ausgaben der Seekarte D 612 nicht eingezeichnet ist. Man kann sie auf beiden Seiten passieren und schwenkt dann in die

Nordbucht (38°24,7'N 026°28,1'E) ein. Gelegentlich haben Fischer hier ihre Netze ausliegen. Ankergrund ist gut haltender Sand. Nachts dreht der Wind auf Nordost, was man beim Ankern berücksichtigen muss, um nicht zu nah ans Land zu geraten. Am besten bringt man gleich einen zweiten Anker in Richtung Nordosten aus. Der östlich der Insel *Karabağ* liegende, bisher von Yachten bevorzugte Ankerplatz ist durch verankerte, mit Bojen markierte Fischzuchtkästen blockiert. Er ist außerdem so stark dem Nordwind ausgesetzt, dass wir ihn nicht empfehlen können (Plan Seite 124). Im Scheitel der nach Osten einschneidenden Bucht vor **Ildir** kann man nur bei ganz ruhigem Wetter ankern, wenn man in der Umgebung die Überreste von Stadtmauer und Theater des antiken *Erythrae* aufspüren

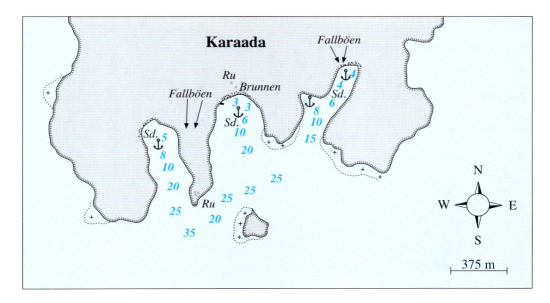

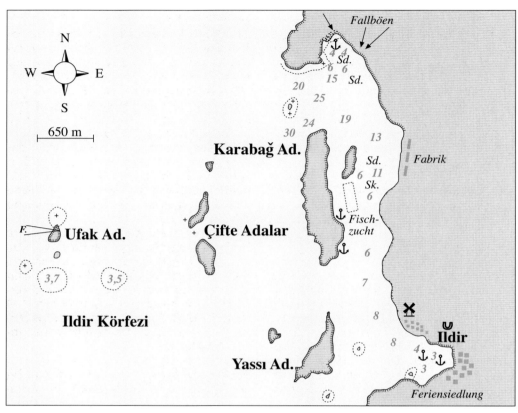

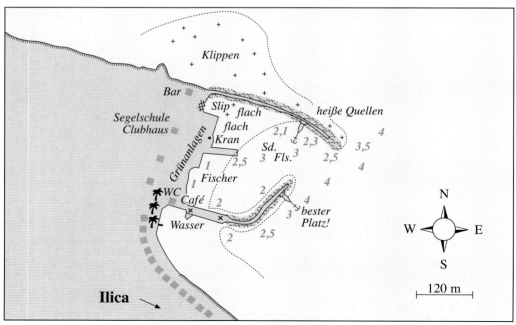

will, das ebenfalls zum Bund der ionischen Städte gehörte. Von See her bieten die wenigen Häuser des heutigen Ortes mit der Moschee zwischen den Olivenbäumen einen malerischen Anblick. Durch die nahe Feriensiedlung gibt es gute Verpflegungsmöglichkeiten. Bei Wind wird die Bucht durch den Schwell ungemütlich. Vom südlichen Ufer der Bucht halte man wegen unreinen Grundes um die kleine Insel Abstand (siehe Plan auf Seite 124).

Bei der Weiterfahrt in Richtung Westen kann es für die Orientierung zwischen den verschiedenen Inselchen nützlich sein, zu wissen, dass auf der Insel *Ufak Ada* ein Feuer steht.

Ilica (38°18,7'N 026°22'E), im Süden des Golfes gelegen, ist ein quirliger Ferienort mit einem ruhigen kleinen Sportboothafen, der sehr unterschiedliche Wassertiefen hat. Bei der Ansteuerung von Norden muss man etwa 100 m Abstand von der Mole halten, da Untiefen sich weit seewärts erstrecken. Da der Hafen durch Fischer und Einheimische stark belegt ist, ist es für Ortsunkundige am sichersten, vor dem Hafen frei zu ankern oder mit langen Leinen zur Südostmole festzumachen (siehe Plan). Der Ankergrund hält sehr schlecht, da nur wenige Zentimeter Sand über Fels liegen. Man sollte sich überzeugen, ob der Anker wirklich gefasst hat. Vor Seegang liegt man hier gut geschützt, wenn auch die Böen das Schiff stark schwojen lassen. Es gibt einen Wasserhahn am Kai. Außerhalb der Südmole ist es ebenfalls nicht sehr tief, aber gut geschützt.

In der Hauptstraße des modernen Ferienortes reichlich Restaurants, Geschäfte, PTT und die Bushaltestelle Izmir – Çeşme.

Eine besondere Attraktion von *Ilica* sind die heißen Quellen zwischen den Steinen an der Nordmole.

Kaum mehr als 1 sm nordwestlich von *Ilica* liegt die außerordentlich gut geschützte

Setur Çeşme Marina (nach dem Hotel auch *»Altın Yunus«* = Golden Dolphin genannt, Port of Entry, 38°19,5'N 026°20,8'E). Die Marina ist vor allem mit Motoryachten belegt. Es gibt aber immer einen Gastliegplatz. Bei der Ansteuerung fallen die schneeweißen Blocks der um das Hafenoval gelegenen Hotelanlage auf. Auch ein hohes Windrad nördlich des Hafens kann man von weitem ausmachen. Bei Nacht sind beide Wellenbrecher befeuert.

Kommt man von *Çeşme* und rundet das Kap *Üç Burun*, so beachte man die gefährlichen Klippen *Alev Ad.* (*Toprak Ad.*) gemäß Seekarte und dem Plan auf Seite 126. Siehe hierzu auch die Hinweise auf Seite 127.

Die Marina verfügt über 170 Liegeplätze im Wasser an Murings und 60 Stellplätze an Land. Das Personal weist den Platz zu (UKW-Kanal 73 »Setur Marina«). Setur Çeşme Marina berechnet von allen Setur-Marinas die höchsten Liegegebühren. Zoll in der Marina, Hafenkapitän und Passpolizei in Çeşme. Die Marina hilft beim Ein- und Ausklarieren.

Versorgung: Wasser- und Strom am Kai. 24-Std.-Wachdienst. Innerhalb der Hotelanlage: Duschen, Schwimmbecken, Restaurants und Cafés. Tankstelle außerhalb des Hafens am Werftkai; dort auch Supermarkt, Bootszubehör. Bei der Straßenausfahrt weitere Geschäfte, Gemüsestände, Taverne. Bushaltestelle. Nach Izmir 85 km, zum Flughafen 120 km.

Werft: *Schiffe bis 20 m Länge können geslippt werden, Slipwagen 60 t. 60 Stellplätze, Reparaturmöglichkeiten, Winterservice, Hubschrauberlandeplatz.*

Anschrift: *Setur Çeşme Marina, Altın Yunus, 35941 Çeşme-Izmir/Türkei*
Tel: +90 232 723 14 34
Fax: +90 232 723 4620
Mail: cesme@seturmarinas.com
Web: www. seturmarinas.com

Dalyanköy (*Demirtaş Limanı*, 38°21,5'N 026°19'E) liegt im *Ildir-Golf*, 2,5 sm nordwestlich der Setur Çeşme Marina an einem gekrümmten Hafenschlauch.

Sehr hilfreich für die Ansteuerung wird der Hinweis auf die Feriensiedlung nörd-

126 Izmir-Golf bis Kuşadası-Golf

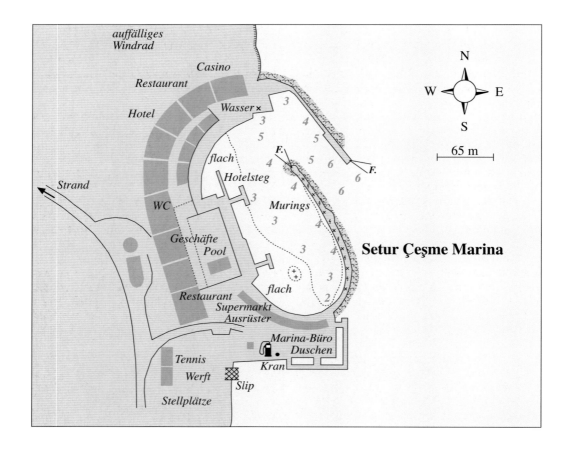

Ildir-Golf **127**

lich des Hafens nicht sein, denn inzwischen sind auf fast jedem Hügel in diesem Golf Urlaubsdomizile entstanden. Bei der Annäherung an die Mole ist dann das Standbild des Admirals *Turgut Reis* zu erkennen. Ein Sandstrand schließt nördlich an.

Der von Einheimischen wegen seiner guten Restaurants an der stimmungsvollen Wasserfront gern besuchte kleine Fischerort wird häufig auch von türkischen Yachteignern angelaufen, die den vorderen Teil des Hafens beanspruchen.

Der gut geschützte innere Teil wurde inzwischen zu einem von der Gemeinde *Dalyanköy* betriebenen Yachthafen ausgebaut und durch einen Zaun gesichert. Man legt mit dem Anker rückwärts zur Pier an. Wassertiefen in der Mitte um 3 m, an der West- und Ostpier zwischen 2,90 m und 2,20 m (flacher im südlicheren Teil). Büro neben dem Slip im Südteil des Hafens. Liegegebühren werden kassiert. Festmachemöglichkeiten für bis zu 40 Yachten. Wasser und Stromanschluss. Lebensmittel und PTT gibt es im Ort.

Anschrift: *Belediyesi Dalyan Yat Limanı Çeştur, Dalyanköy-Çeşme/Türkei*
Tel: +90 232 724 88 34

Will man den *Ildir*-Golf in nordwestlicher Richtung verlassen, so empfiehlt es sich, frühzeitig aus der Setur Çeşme Marina auszulaufen, da bei Einsetzen des Windes aus Norden der Seegang die Fahrt stark behindert.

Bei ruhiger See und Sicht auf den Grund nehmen Ortskundige die Abkürzung um das Kap **Üç Burun** südlich der gefährlichen Klippen um **Alev Ad.** (*Toprak Ad.*, siehe Plan

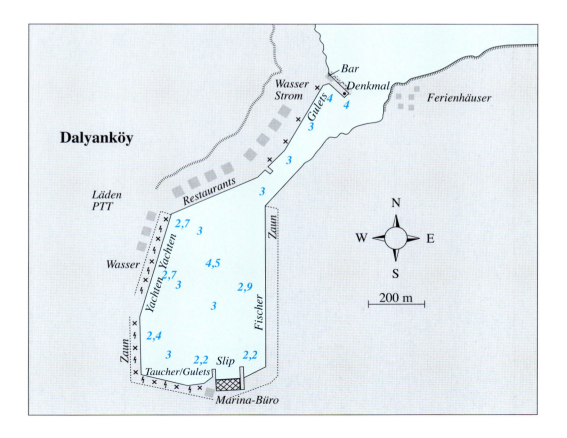

auf Seite 126 unten). Da diese Passage bei Seegang riskant ist, wird davon abgeraten.
Achtung: Der Kurs nördlich um *Üçburun Sığlıkları* ist äußerst sorgfältig einzuhalten. Die in älteren Seekarten angegebene Mindestwassertiefe von 3,90 m ist inzwischen auf 2,80 m berichtigt worden. Man sollte diesem Bereich weit aus dem Weg gehen. Gar zu leicht wird die Versetzung in Richtung dieser Klippen gerade beim Kreuzen unterschätzt!

Çeşme (38°19,4'N 026°18'E) ist Port of Entry und hat 20 000 Einwohner. Es liegt vom griechischen Ein- und Ausklarierungshafen *Chios* 8 sm entfernt. Die Ansteuerung ist bei Tag und Nacht möglich, die Leuchtfeuer von *Kaleyeri Sığlığı* und *Fener Burnu* führen sicher vor den Hafen. Die Fähr- und Dampfpier des Zollhafens ist befeuert, auch die Wasserfront ist hell erleuchtet.
Die Hafenbucht wurde ausgebaut, vier Schwimmstege und die Kais bieten Murings mit Versorgungssäulen (Wasser und Elektrik). Zur Zeit der Drucklegung stand noch nicht fest, wer der neue Betreiber der Marina sein wird.
Die Charterbasis Franken & Meer, die mit ihren Bavaria-Yachten an der Stadtseite des Hafens stationiert ist, wird im Südteil der neuen Marina eine Yacht-Service-Station mit eigenem Büro betreiben und ihr Know-how auch privaten Eignern anbieten. Am Kai der Charterstation gibt es Wasser- und Stromanschlüsse, Duschen, WC und Waschmaschine.
Die nahe Tankstelle hat Diesel und Benzin, Diesel wird auch mit Tankwagen geliefert. In der Stadt Brunnen mit bestem Trinkwasser. Eine üppige Auswahl an Obst und Gemüse, Lebensmitteln und Fisch hat man in der Hauptgeschäftsstraße. Entlang der Promenade gibt es mehrere Restaurants; sehr angenehm sitzt man auch beim kleinen Fischerhafen weiter nördlich. PTT ebenfalls an der Wasserfront. Hafenbehörden siehe Plan.
Während der Saison verkehren fast täglich Fährboote zwischen Griechenland und der Türkei, und es ist erfreulich zu sehen, dass die beiden Fähren unterschiedlicher Nationalität nicht nur einträchtig nebeneinander ankern, sondern sich bei seitlichem Wind auch mit Leinen innig verbinden.
Çeşme profitiert von dem Tourismus dank der schönen Sandstrände in der Umgebung. Von einem Besuch zum anderen lassen sich Verbesserungen im Stadtbild feststellen. So wurden die Genuesenfestung

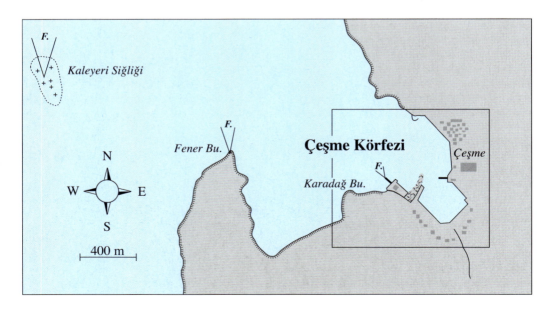

aus dem 15. Jahrhundert und die Karawanserei renoviert, die Promenade mit den vielen Restaurants (nicht billig!) wird immer nobler, und die Souvenirläden, Teppich- und Ledergeschäfte nehmen zu. Die Fähren sorgen in fast täglichem Wechsel für regen Touristenaustausch, wobei der Duty-free-Shop seinen Anteil hat. Trotzdem geht es in *Çeşme* noch sehr viel beschaulicher zu als zum Beispiel in *Kuşadası,* das für Ausflüge ins Landesinnere und zu den antiken Ausgrabungsstätten günstiger liegt und deshalb über Reiseagenturen verschiedene Gruppenfahrten anbietet.

Çiftlik (*Çiftlikköy*, 38°17,7'N 026°16,5'E) ist ein kleiner Fischerhafen nur 2 sm südlich von *Fener Burnu.* Ein Sportboot mit einem Tiefgang von höchstens 1,50 m kann hier Unterschlupf finden. Der Hafen ist nicht befeuert; nur einige Laternen beleuchten die Molen und den Anlegekai. Lebensmittel und Tavernen gibt es in der Nähe.

Die Weiterfahrt in südlicher beziehungsweise südöstlicher Richtung wird für Segler zu einem Vergnügen. Von *Akburun* bis *Teke Burnu,* dem westlichen Kap des *Siğacık*-Golfes, weht im Sommer ein kräftiger Nordwind, sodass man bei glatter See an der Küste entlang schnell vorankommt.

Bei der Fahrt in entgegengesetzter Richtung muss man darauf gefasst sein, dass in der Straße von Chios, *Çeşme Boğazı,* der Nordwind von beträchtlichem Seegang begleitet wird.

Die Küste wird allmählich wieder steiler, je weiter man nach Osten kommt. Sie ist vielfach eingekerbt und von der Formation her interessant. Im Hinterland steigen die Berge an.

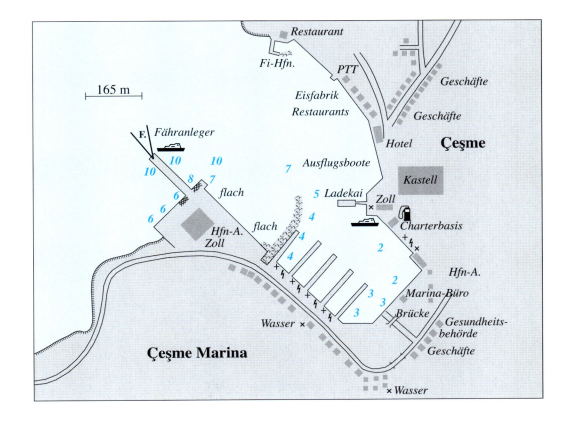

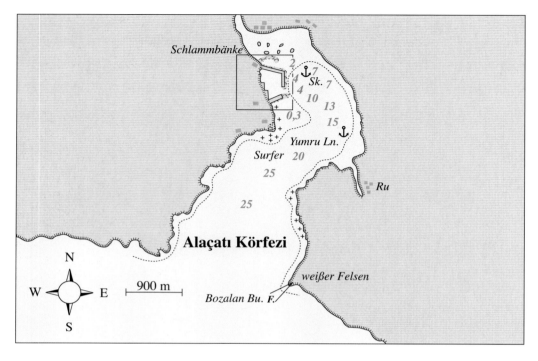

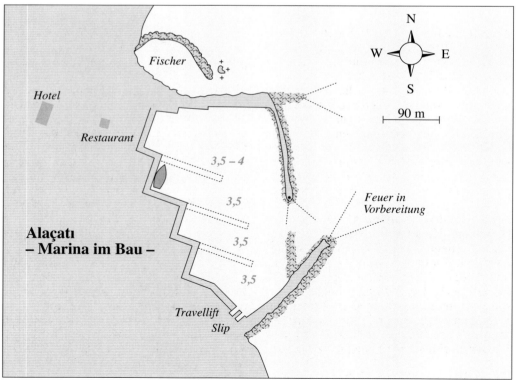

Alaçatı 131

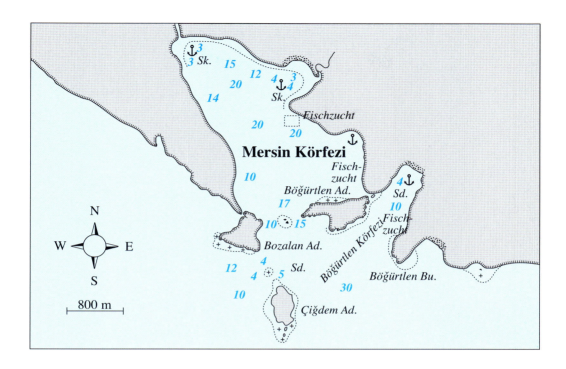

Alaçatı Körfezi (38°15,2'N 026°23,5'E), eine tief nach Norden einschneidende Bucht, erkennt man von weitem an der blendend weißen Kliffküste der östlichen Einfahrtshuk *Bozalan Burnu,* die ein Leuchtfeuer trägt. Wenn man sich in der Mitte hält, kann man weit nach innen laufen, ohne in den Bereich der Verlandungen zu geraten. Die flachen Stellen sind an der helleren Wasserfärbung gut zu erkennen. Bei der Einsteuerung achte man auf die vielen Surfer; sie haben am Westufer ihre Basis.

Für die künftige **Marina Alaçatı** sind die Molen und Kais fertig gestellt, man kann bereits anlegen. Die Wassertiefe beträgt zwischen 3 und 4 m, in der Einfahrt 3 m und soll auf 5,5 m ausgebaggert werden. In dem perfekt geschützten Hafenbecken sollen einmal 250 Yachten im Wasser an Stegen und 150 an Land Platz finden. Ein Travellift von 100 t ist geplant. Strom- und Wasseranschlüsse sind noch nicht vorhanden.
Anschrift: *Alaçatı Marina, Alaçatı-Çeşme*

35930 Izmir, Tel: +90 232 716 63 73
Fax: +90 232 716 63 65
Mail: alacati@alacati.com.tr

Von dem geplanten »Klein-Venedig« ist an Land noch nichts zu sehen. Doch das kann sich schnell ändern. Sogar ein Flughafen in weiterer Umgebung ist im Bau. Auffällig sind die 12 modernen Windräder auf dem nördlichen Hügel gegenüber. In Hafennähe ein kleines Hotel und ein Restaurant. Im 2 km entfernten *Alaçatı* gibt es gute Einkaufsmöglichkeiten. Samstags findet ein großer Wochenmarkt statt.
Der Ortskern ist von eigenartigem Reiz, mit engen weißen Gassen, blau umrandeten Mauern, die fast griechisch anmuten, und an der engsten Stelle führt die sauber mit kleinen Würfelsteinen gepflasterte Straße unter einem Weinlaubdach hindurch.
Wer lieber frei ankert, findet vor dem Hafen auf 4–5 m Wassertiefe sehr gut haltenden Schlickgrund. Der Scheitel der Bucht ist verschlammt und fällt teilweise trocken.

Mersin Körfezi (38°13'N 026°26'E). 3 sm südöstlich von *Alaçatı*. Wenn auch nicht besonders reizvoll, so ist *Mersin Körfezi* doch als sehr sichere, gegen alle Winde und Seegang geschützte Bucht zu empfehlen. Je nach Windrichtung kann man zwischen verschiedenen Ankerplätzen wählen. Der ruhigste liegt im Nordosten. Trotz der Fischzuchtbecken ist Raum für mehrere Yachten vorhanden. Ankergrund sehr gut haltender Schlick (Plan S.131).
Die Bucht ist nur bei Tag anzusteuern, da in der Mitte der Einfahrt zwischen den kleinen Inseln *Bozalan* und *Böğürtlen* eine Klippe liegt, die nur etwa 1,50 m aus dem Wasser ragt. Da mit weißer Farbe markiert, ist sie bei Tag gut auszumachen und kann in einigem Abstand auf beiden Seiten passiert werden. Von Westen kommend, kann man auch mit aller Vorsicht die Durchfahrt zwischen *Bozalan Adası* und *Ciğdem Adası* benutzen, doch halte man sich wegen der Klippe, die zwischen diesen beiden Inseln liegt, näher an *Bozalan* (siehe Plan J der D 1084).
Die Gegend ist unbewohnt, so weit man blicken kann. Gelegentlich trifft man Fischerboote an. Versorgungsmöglichkeiten gibt es nicht.

Zeytineli Körfezi (38°11,6'N 026°29,4'E). Bei der Ansteuerung dieser geräumigen Bucht ist die Feriensiedlung in ihrem Scheitel mit dem auffälligen Wasserturm eine gute Hilfe. Sie ist zwischen *Akburun* und *Teke Burnu* die einzige von See her sichtbare Ansiedlung. Der Ankerplatz mit gut haltendem feinem Sandgrund empfiehlt sich nur zu einem Badeaufenthalt. Man muss verhältnismäßig weit draußen

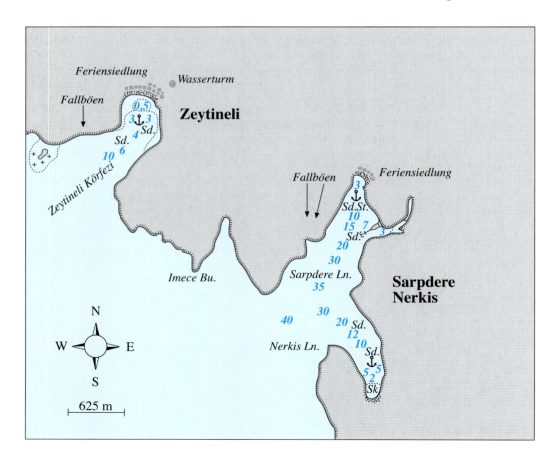

ankern, da Sandbänke schon etwa 250 m vor dem Strand die Wassertiefe plötzlich verringern. Die Böen von Land sind sehr heftig.
Während der Badesaison ist eine Getränkebar am Strand geöffnet.

Für die Übernachtung eignet sich die etwa 2 sm südöstlich gelegene Bucht *Nerkis* in *Sarpdere Limanı* besser.

Sarpdere Limanı (38°10,5'N 026°30,8'E). Von *Zeytineli Körfezi* kommend, braucht man nur nahe an der Küste entlangzufahren, um nach *Sarpdere Limanı* zu gelangen. Schwieriger ist es, die Bucht aus größerer Entfernung zu erkennen, da sich die felsigen Vorsprünge kaum voneinander unterscheiden und die südliche Einfahrtshuk sich von den höheren Hügeln im Hintergrund lediglich als flache Erhebung mit kräftigerem Bewuchs abhebt. *Sarpdere Limanı* hat drei Ankerplätze, die je nach Wetterlage zu gebrauchen sind.
Die *Nordbucht* mit der Feriensiedlung, die – von Westen kommend – erst spät auszumachen ist, hat etwa 100 m vor dem steinigen Strand auf 3–4 m Wassertiefe brauchbaren Ankergrund aus hartem Sand mit Steinen, sauberstes Wasser, beschert aber harte Fallböen.
Die *Ostbucht* mit der kleinen Schlucht im Rücken ist landschaftlich sehr reizvoll, bietet aber nur wenig Raum zum Schwojen, sodass eine Leine zum Land vonnö-

ten ist. Auch hier Ankergrund aus Sand mit Steinen. Boote mit geringem Tiefgang können sich in den schmalen Einschnitt verholen, der sich in einem Bach fortsetzt.

Nerkis Limanı, die Südbucht von *Sarpdere Limanı*, ist bei weitem der beste Ankerplatz. Hier kann man auf 4–6 m Wassertiefe über gut haltendem feinsandigem Grund ankern. Die Fallböen sind nicht mehr so ausgeprägt, statt dessen weht ein gleichmäßig starker Wind aus Norden, was eine kurze Welle verursacht. Nach Abflauen des Windes wird es schnell ruhig. Die 2-m-Linie verläuft etwa 200 m vor dem Strand. Das Wasser ist klar und türkisfarben. Keine Versorgungsmöglichkeit.

Kırkdilim Limanı (38°08'N 026°34,3'E), der letzte Einschnitt vor *Teke Burnu,* hat große Wassertiefen bis nahe an die steilen Ufer heran. Schon bei der Einsteuerung wird man von heftigen Fallböen empfangen, die bis zum Scheitel der fast 2 sm tiefen Bucht anhalten. Erst nahe vor dem Strand im nordwestlichen Winkel findet man brauchbare Wassertiefen und Ankergrund aus hartem Sand und Ton mit Steinen dazwischen.
Achtung: Nachts dreht der Wind bis zu 90° in östliche Richtung, die Böen fallen ungewöhnlich hart ein. Deshalb unbedingt auf den Schwenkkreis achten. Sicherer liegt man in *Nerkis* oder *Gökliman*.

134 *Izmir-Golf bis Kuşadası-Golf*

Siğacık-Golf

Teke Burnu ist ein weithin sichtbares Kap, das 363 m hoch ansteigt und von tiefem Wasser umgeben ist. Das Leuchtfeuer steht 38 m hoch. Folgt man dieser reinen Küste in nördlicher Richtung, so gelangt man in den *Siğacık*-Golf, der an seiner Nordseite zahlreiche kleine, zum Ankern geeignete Einschnitte mit Stränden hat.

Gökliman (38°08,4'N 026°36,5'E) liegt an der Westseite des Golfes am Ende eines gewundenen Einschnittes zwischen zerklüfteten, dicht mit Macchia bewachsenen Felsen. Bei der Fahrt an der gleichförmigen Felsküste entlang kann man die Einfahrt schließlich erkennen, wenn man die vorspringende Landzunge im Westen in ihrem Verlauf abwärts verfolgt.
Bis zur letzten Verengung sind die Wassertiefen ausreichend; der Schwenkkreis ist jedoch durch die Felsvorsprünge so stark eingeschränkt, dass man in jedem Fall eine Leine zum Ufer ausbringen muss. Die Fallböen kommen aus der anschließenden Schlucht. Ankergrund ist Schlick mit Bewuchs. Auf den Felsen sind Schiffsnamen verewigt. Leider hat durch die Fischzuchtanlagen das Wasser an Klarheit eingebüßt.

Die östliche Einbuchtung mit dem Bauernhaus auf der Anhöhe und dem kleinen Haus am Strand hat steil abfallenden Grund, sodass der Halt des Ankers bei Fallböen ungewiss ist. Der Ankergrund besteht aus Seegras mit Sandstellen.

Gökkovar Limanı (38°12,3'N 026°38,5'E). Etwa 4 sm nördlich von *Gökliman* schneidet diese Bucht nach Nordwesten ein. Die Wassertiefe nimmt zum Scheitel hin gleichmäßig ab. Ankergrund ist gut haltender Schlick und Sand mit Steinen, teilweise Seegras. Der Steinstrand setzt sich in einer engen Schlucht fort, durch die Böen einfallen. Auch über die Hügel können Böen kommen, was beim Schwojen zu beachten ist. Die ansteigenden Ufer sind dicht mit Hartlaubsträuchern bewachsen. Keine Besiedlung, sehr einsam.

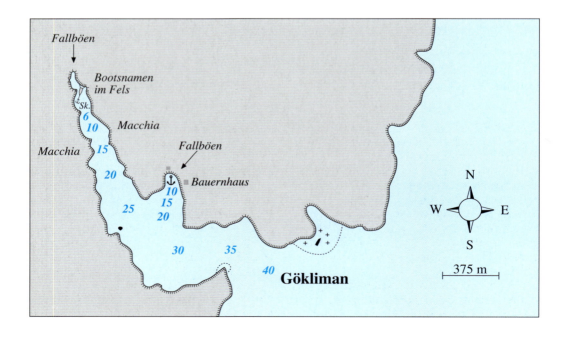

Siğacık - Golf 135

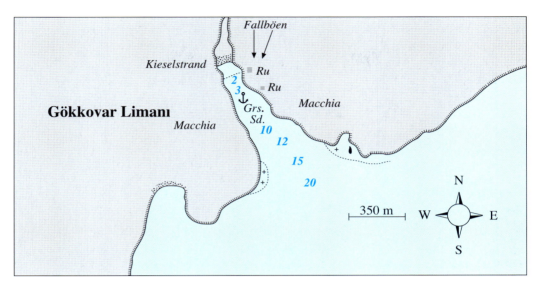

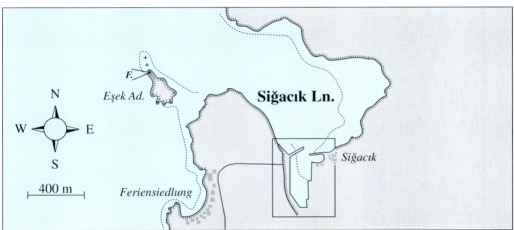

Demircili Limanı (38°12,3'N 026°40,8'E).
Liegt im Nordwesten des *Siğacık Körfezi.*
Die Bucht ist leicht zu identifizieren. Man
halte gut von der Insel und den Riffen an
der östlichen Einfahrtshuk frei. Ankern
vor dem Strand auf 5–8 Metern. Der
Grund ist gut haltender Sand, die Bucht
bietet guten Schutz vor dem Meltemi.
Manchmal steht leichter Schwell herein.
Einige Fischer gehen im Nordosten der
Bucht vor Anker.

Noch mancher schöne Badeplatz liegt an
der Nordküste des *Siğacık Körfezi,* nach der
Seekarte D 612 problemlos anzulaufen.

Siğacık Limanı (38°11,8'N 026°47'E).
Die Ansteuerung dieser großen, sicheren
Hafenbucht ist auch bei Nacht problemlos,
seit die Insel *Eşek* ein Blitzfeuer mit 5 sm
Reichweite trägt. Trotzdem sollte man
wegen der vorgelagerten Klippen in großem
Bogen um die Insel fahren. Plan D der Seekarte D 1084 zeigt deutlich die Ausdehnung
der Klippen, die sich vom Leuchtfeuer bis
etwa 1 kbl nach Norden erstrecken. Südlich
von *Eşek Adası* können nur Ortskundige mit
flach gehenden Booten passieren.

Nun sieht man schon die Mole des
Fischerhafens und die Mauern der mittel-

136 Izmir-Golf bis Kuşadası-Golf

alterlichen Festung, in die das Dorf *Siğacık* hineingebaut wurde. Größere Yachten können außerhalb nördlich der Mole auf gut haltendem Schlickgrund ankern.

Teos Siğacık Marina. Die Marina ist für 500 Yachten geplant. Der Ausbau der Wellenbrecher und der Kais ist fertig, Yachten können mit Buganker und Heckleinen oder am Westkai längsseits festmachen. Schwimmstege sind geplant, waren 2003 aber noch nicht vorhanden. Der Hauptwellenbrecher wurde an seinem verlängerten Ende mit einem Molenfeuer versehen. An seiner Wurzel wurde eine große Fläche betoniert und ein Travelliftbecken ausgehoben. Hier sollen demnächst Yachten an Land gestellt und repariert werden. Die Marina ist bei allen Winden sicher und wird wegen ihrer Nähe zu Izmir Bedeutung erlangen.

Wasser und Strom gibt es zunächst auf der Ostseite hinter der vorspringenden Pier südlich der Einfahrt zum kleinen Fischerboothafen, wo auch die *Sahıl Güvenlik* (Küstenwache) ihren Liegeplatz hat; Wassertiefe hier 3 m. Es werden Liegegebühren erhoben. Marinabüro noch in der Nordostecke des kleinen Fischerhafens.

Am kleinen Yachtkai an der Nordmole des Fischerhafens liegen einheimische Yachten. Der Platz ist sehr beengt und nicht zu empfehlen. Rund um den Hafen wurde ein Park angelegt. Die Restaurants am Hafen bieten gute Fischgerichte. Idyllisch der kleine Dorfplatz bei der Moschee mit Brunnen und Teehaus unter Weinlaub.

Auf Reede kann man auch nördlich vor

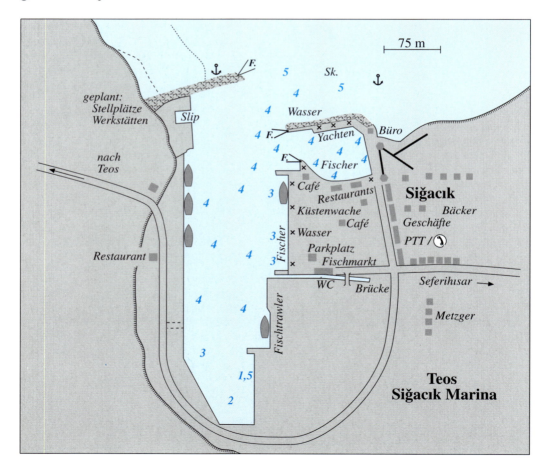

Siğacık-Golf

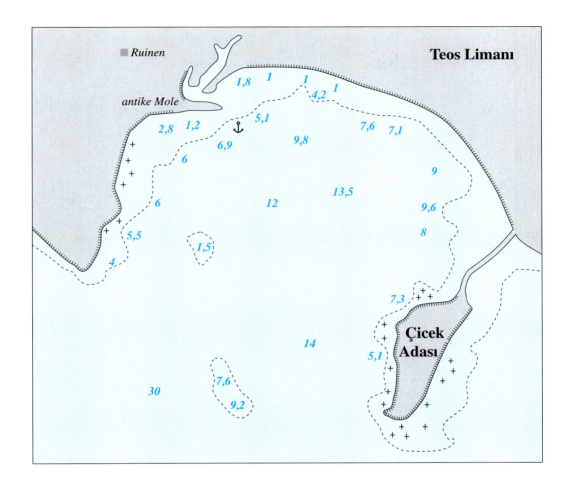

dem Wellenbrecher auf gut haltendem Grund vor Anker gehen und frei schwojen.

Versorgungsmöglichkeiten: *Wasser und Strom am Ostkai, Treibstoff per Tankwagen (im Marinabüro anmelden). Grundnahrungsmittel, Bäckerei, Metzgerei, Stangeneis, Fischmarkt in Hafennähe, PTT. Restaurants am Fischerhafen.*
Banken und weitere Einkaufsmöglichkeiten, auch Wochenmarkt am Freitag, in Seferihisar (Bus, 4 km). Von dort nach Izmir (50 km) und zum Flughafen Menderes.

Bei militärischen Übungen im Seeraum außerhalb des *Siğacık*-Golfes wird die Zufahrt zum Hafen gesperrt. Die Hafenbehörden informieren darüber rechtzeitig.

Teos Limanı (38°10'N 026°48'E), die große Bucht südlich von *Siğacık*, eignet sich zum Ankern, wenn auch Dünung hineinstehen kann. Die ganze Bucht ist von Feriendörfern umgeben. Die Ansteuerung kann nur unter ständigem Loten bei ruhiger See und guter Sicht auf den Grund erfolgen, denn die in den Seekarten vermerkten Untiefen sind schwer zu lokalisieren.

Achtung: Die in älteren Seekarten eingezeichnete 5-m-Stelle vor der Einfahrt zur Bucht hat tatsächlich nur eine Wassertiefe von 1,50 m. Die Insel *Kanlıada* ist durch einen schmalen Landstreifen mit der Küste fest verbunden.
In *Teos Limanı* war einst der Südhafen der

Teos, Dionysostempel

ionischen Stadt **Teos,** während der Nordhafen in *Siğacık Limanı* lag. Wir haben den Dionysos-Tempel, das Theater und die sonstigen Überreste, die zwischen Feldern und Olivenbäumen verstreut liegen, von *Siğacık* aus besucht (Asphaltstraße 5 km, vorbei an einem Picknickpark). Ein einheimischer »Führer«, der freilich nicht viel zum Verständnis beitrug, hatte sich sofort dazugesellt.

Auf der 33 sm langen Strecke von *Siğacık* nach *Kuşadası* gibt es einige Ankerplätze, die nicht so sicher sind, dass man das Boot für längere Zeit alleine lassen kann, um weitere historische Stätten in dieser Gegend aufzusuchen. Dies sollte man lieber auf dem Landwege ebenfalls von *Siğacık* aus tun. Die Geschichte der verschiedenen alten Städte ist so interessant, dass man dafür einen Kunstführer zu Rate ziehen sollte. Auf einem Tagesausflug kann man beispielsweise *Lebedos, Kolophon, Klaros* und *Notion* erreichen.

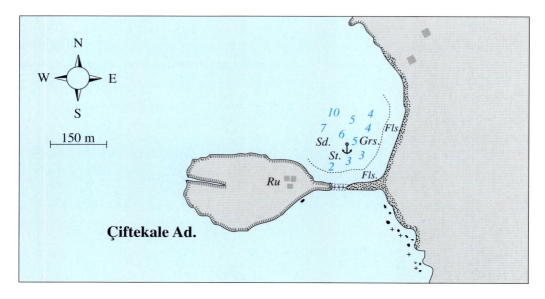

Çiftekale Adası (38°02,9'N 026°51,4'E). Etwa 1 sm nordwestlich des Kaps, das den *Sığacık*-Golf und *Lebedos Limanı* trennt, liegt nördlich der malerischen Insel *Çiftekale* ein brauchbarer Tagesankerplatz vor einem Sand-Kies-Strand auf 4–5 m Wassertiefe. Ankergrund Sand; die dazwischen liegenden Seegrasbänke verringern die Wassertiefe um etwa 1 m. Zum Strand hin wird der Grund felsig und steinig. Während bei nördlichen bis östlichen Winden starke Fallböen über die Berge kommen, liegt man hier bei Südwind relativ ruhig, da der Seegang weitgehend durch den schmalen überfluteten Damm gebrochen wird, der die 58 m hohe, steil zum Meer abstürzende Insel mit dem Festland verbindet.

Das kyklopische Mauerwerk auf der Insel soll vom alten *Myennesos* stammen, von dem sich auf dem Festland keine Spuren nachweisen lassen. Die Zisternen dagegen sind jüngeren Datums. Als Seeräuberversteck muss diese Insel ideal gewesen sein.

Bei der Fahrt von *Kuşadası nach Sığacık* kann der nördliche Wind, der tagsüber im *Sığacık*-Golf mit schöner Regelmäßigkeit und Stärke auftritt und Seegang entstehen lässt, das Kreuzen zum Hafen mühsam machen. Für diesen Fall ist zum Abwarten der Ankerplatz

Körmen Adası (38°02'N 026°52'E) nützlich. Die Ansteuerung macht keine Probleme, da der Seegang in Lee der Insel *Körmen* sofort nachlässt. Man liegt hier gut geschützt, wenn auch den Fallböen ausgesetzt. Der Ankergrund aus Sand und Schlick ist mit teilweise kurzem Seegras bewachsen. Nach Abflauen des Windes umlaufende Dünung. Etwas Abhilfe bringt dann ein Heckanker, um das Boot in Richtung der Wellen zu halten.
Am Ufer befinden sich zwischen den Steinen heiße Quellen.

Çam Limanı (38°01'N 027°04,8'E) stellt einen schönen Badeplatz, aber einen für die Übernachtung nur unzureichenden Ankerplatz dar, der sich in der Bucht nordwestlich von *Çam Limanı Adası* befindet.
Zur Ansteuerung dient das niedrige Felsenkap *Sünger Burnu*. Von Osten kommend, sieht man einen langen Strand mit einer Feriensiedlung und einen Windmühlenrumpf mit rotem Dach an der Küste, bevor man um das Inselchen *Çam*

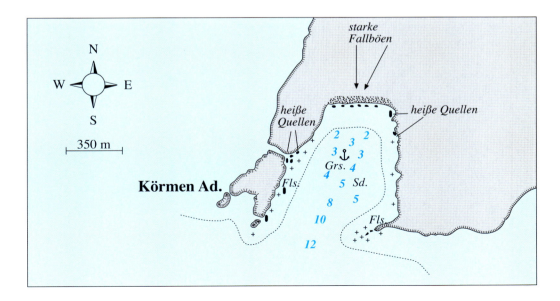

140 Izmir-Golf bis Kuşadası-Golf

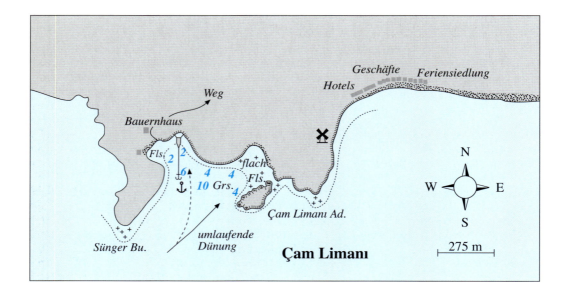

Çam Limanı

Limanı Adası in die Bucht einsteuert. Der kleine Strand wird gern von Einheimischen zum Baden aufgesucht. Abends wird es dann ganz einsam. Nach Abflauen des Windes setzt umlaufende Dünung ein, die die ganze Nacht anhält. Eine Leine zum Land kann das Liegen erleichtern. Der Ankergrund ist dicht mit Seegras bewachsen.

Die kleine Einbuchtung nördlich von *Çam Limanı Adası* hat unregelmäßigen Felsgrund und ist zum Ankern zu flach.

Auf den weiteren 12 sm bis *Kuşadası* segeln wir dort vorbei, wo früher *Notion*, die Hafenstadt von *Kolophon*, lag. Auch das ehemalige Orakelheiligtum *Klaros*, das besonders unter den Römern und bis in die christliche Zeit großen Zulauf hatte, ist in dieser Gegend zu suchen. Im Nordosten des *Kuşadası*-Golfes sehen wir einen langgezogenen Strand, hinter dem sich die fruchtbare Schwemmlandebene des *Küçükmenderes Nehri*, des »kleinen Mäander«, ausbreitet. Im Altertum hieß der Fluss *Kaystros*, an seiner Mündung lag der Hafen von *Ephesos*. Heute fährt man von *Kuşadası* aus kilometerweit ins Landesinnere, vorbei an Obstplantagen, Sonnenblumen- und Baumwollfeldern, ehe man *Ephesos* erreicht.

Kuşadası wird im folgenden Kapitel beschrieben.

4 Kuşadası bis Bodrum

	Seite		Seite
Kuşadası (Port of Entry)	143	Kuyucak Limanı	155
Setur Kuşadası Marina	143	Salıh Adası	155
Dipburun (St.-Pauls-Hafen)	146	Güvercinlik Iskele	157
Akköy Liman	147	Torba (Torbalı)	158
Kovala Liman	147	Ilica Bükü	159
Güllük-Golf	148	Türkbükü Limanı	160
Çukurcuk Limanı	147	Gündoğan	161
Karakuyu Koyu (Altınkum)	148	Yalıkavak Limanı	162
Kuruerik Bükü	150	Port Bodrum Yalıkavak Marina	163
Akbük Limanı	150	Gümüşlük Limanı	164
Kazıklı Iskele	152	Çatalada	165
Çam Limanı	152	D-Marina Turgutreis	166
Gök Limanı (Narlı Bükü)	152	Akyarlar (Gökdiken)	167
Asın Limanı (Iassos)	153	Aspat Koyu	169
Güllük (Port of Entry)	154	Bağlar Koyu (Ortakent Plaj)	169
Ülelibük	155	Bitez (Ağaçlı Koyu)	169

142 Kuşadası bis Bodrum

Kuşadası (37°52,2'N 027°15,5'E). Von seiner Lage her ist der Hafen *Kuşadası* (Port of Entry) für Törns nach Norden oder Süden unentbehrlich; es sei denn, man überquert den Golf von *Kuşadası* und fährt die über 40 sm lange Strecke zwischen *Siğacık* und dem Ankerplatz bei *Dipburun* in einem Zuge, wobei die griechische Insel Samos in gehörigem Abstand bleiben muss.

Will man von der Türkei nach Griechenland, kann man von *Kuşadası* aus entweder den Hafen *Samos* (*Vathy*, 18 sm) oder *Pythagoreion* (20 sm) anlaufen, um die Einreiseformalitäten zu erledigen. Kommt man von dort, so findet man die für die Einreise notwendigen Zoll-Behörden in der Setur Kuşadası Marina und Passpolizei und Hafenkapitän in der Stadt beim Großschiffsanleger. Dieser und der Fischerhafen dürfen von Yachten nicht angelaufen werden.

Die Ansteuerung der **Setur Kuşadası Marina** ist bei Tag und Nacht möglich, wenn man den Untiefen *Karakeçi Bankı* und *Yalancı Burnu Bankı* gemäß der Seekarte D 612 aus dem Weg geht. Nachts führt das Leuchtfeuer *Kuşadası* auf der Insel *Güvercin,* die mit dem Festland durch einen Damm verbunden ist, zum Yachthafen. Beide Molenköpfe sind befeuert. Am Tage erkennt man von weitem die ausgedehnte Stadt. Von Nordwesten

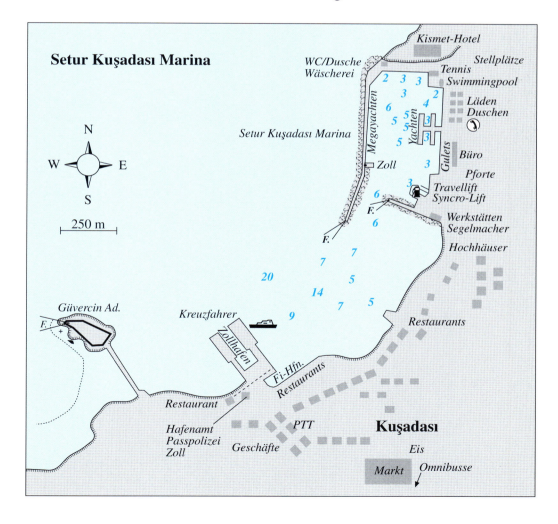

ansteuernd, sieht man zunächst eine Reihe Hochhäuser und dann den langen Wellenbrecher der Marina.

Es stehen 350 Liegeplätze für Schiffe bis 70 m Länge zur Verfügung, Wassertiefe zwischen 2 und 7 Meter. Der Liegeplatz wird vom Personal zugewiesen, UKW-Kanal 73 (16). Man darf keinen Anker benutzen, sondern nimmt eine Muringleine an und macht mit zwei Heckleinen fest. Der Hafen ist bei jedem Wetter bestens geschützt, weshalb er auch als Winterliegeplatz sehr gut geeignet ist. Rechtzeitige Anmeldung ist jedoch erforderlich. Das eingezäunte Gelände wird Tag und Nacht bewacht.

Diese Marina der Setur-Gruppe bietet so umfassenden Service, dass für Yachties nichts mehr zu wünschen übrig bleibt, ganz gleich, ob für einen Kurz- oder Daueraufenthalt, im Wasser oder an Land. Am besten lässt man sich im Büro entsprechende Unterlagen geben, zum Beispiel über Nachlässe in anderen Setur-Marinas bei Vertragsabschluss.

Versorgungsmöglichkeiten in der Marina:
Wasser- und Stromanschlüsse an allen Liegeplätzen. Duschen/WC, Wäscherei; Diesel-Tankstelle, Altöltonne, Schwimmbecken, Hubschrauberlandeplatz. Supermarkt, Stangeneis, Bar, Restaurant. Bootszubehör, Seekarten, Zeitschriften. Segelmacherei. Geldwechsel, Telefon-, Fax- und Internetservice, Briefkasten, Postfächer. Parkplätze, auch für Zollverschluss, Taxen. Ein- und Ausklarierungsformalitäten durch Agentur gegen Gebühr.
Für Reparaturen und Lagerung an Land: Travellift mit 80 t, Syncro-Lift 150 t, 175 Stellplätze, Werkstätten. Ersatzteil-Beschaffung »Yacht in Transit«.
In der Stadt: Dorthin mit Minibus (alle 15 min), per Taxi oder zu Fuß entlang der Uferpromenade. Üppige Auswahl an Restaurants und Geschäften, Markt. Duty-free-Shop am Fährhafen. Banken, PTT, Reisebüros, Busbahnhof. Handwerker und Fachgeschäfte (Gas). Petroleum an der Tankstelle Richtung Güvercin-Insel. Und natürlich: Souvenirs, Schmuck, Leder, Teppiche.

Der nächste Flughafen ist Izmir-Menderes (75 km). Im Sommer täglich Fährboote nach Samos. Die Fähren der Mittelmeerlinie Istanbul–Iskenderun berühren Kuşadası.

Anschrift: Setur Kuşadası Marina, 09400 Kuşadası/Türkei
Tel: +90 256 618 14 60
Fax: +90 256 618 14 64
Mail: kusadasi@seturmarinas.com
Web: www.seturmarinas.com

Während der Saison laufen täglich Kreuzfahrtschiffe den Hafen *Kuşadası* an. Die Passagiere fahren mit Sonderbussen und Reisebegleitern zu den Ausgrabungen von Ephesos, wobei am Schluss der Besuch eines Teppichbazars unvermeidlich ist.

Die Stadt *Kuşadası*, die durch den Tourismus zu Wohlstand gelangt ist, wurde in nur wenigen Jahren zu einer modernen Großstadt. Nur noch wenige Fachwerkhäuser in der Altstadt erinnern an die im 19. Jahrhundert typische Bauweise.

Unverändertes Alltagsleben kann man immer noch auf dem freitags stattfindenden Bauernmarkt beobachten; dort erhält man übrigens frische Ware zu normalen Preisen. Sonst ist alles auf den Tourismus abgestimmt. Begleiterscheinungen sind manchmal überhöhte Preise in Restaurants und gelegentlich auch aufdringliches Verhalten vor den Touristenshops.

Für den Besuch der antiken Ruinenstätten von *Ephesos, Priene* und *Milet* werden von zahlreichen Agenturen Gruppenfahrten angeboten. Auch für Ausflüge ins Landesinnere, etwa nach *Pamukkale* oder *Aphrodisias* (Entfernung 200 beziehungsweise 160 km), ist *Kuşadası* günstig gelegen. Eine Besichtigungsfahrt nach *Ephesos* (20 km) in eigener Regie mit den häufig verkehrenden öffentlichen Kleinbussen zu unternehmen, statt sich einer Reisegruppe anzuschließen, hat den Vorteil, dass man zeitlich unabhängig ist und je nach Interesse beliebig lange im Museum oder der Johannesbasilika in *Selçuk* oder bei den Ausgrabungen in

Ephesos verweilen kann (2 km voneinander entfernt).

Ephesos, das wohl umfangreichste Ruinengebiet Anatoliens, ist in mehrfacher Hinsicht besuchenswert. Österreichische Archäologen haben seit 1895 mit zeitlichen Unterbrechungen Wohnbezirke, Tempel, Theater, Straßen und öffentliche Bauten freigelegt und teilweise wiederaufgerichtet, sodass man sich eine gute Vorstellung von der Größe und Pracht dieser hellenistisch-römischen Stadt machen kann.
Wie ein roter Faden zieht sich der Artemiskult durch die Geschichte der Stadt, die mehrfach ihren Standort zwischen den verschiedenen Hügeln um das heutige Selçuk wechselte. Schon die ersten karischen Siedler verehrten um die Mitte des 2. Jahrtausends v. Chr. eine Fruchtbarkeitsgöttin, die von den im 11. Jahrhundert v. Chr. nachfolgenden ionischen Griechen ihrer Artemis gleichgesetzt wurde. Von dem schon allein als Bauwerk kolossalen Artemis-Heiligtum, das als eines der Sieben Weltwunder und als einer der bedeutendsten damaligen Wallfahrtsorte in die Geschichte einging, ist wenig mehr als der Platz mit einer willkürlich wiederaufgerichteten Säule vorhanden. Die im Museum in Selçuk gezeigten Marmorbildwerke der Artemis sind sehenswerte Kopien aus römischer Zeit.
Bereits im 6. Jahrhundert eine blühende Stadt, wurde Ephesos 555 v. Chr. vom Lyderkönig Kroisos erobert und bald danach von den Persern besetzt. An dem Ionischen Aufstand um 500 v. Chr. gegen die Perser beteiligte sich die Stadt nicht, obwohl Mitglied des Ionischen Bundes; sie trat erst später dem Delisch-Attischen Seebund bei.
Wegen der zunehmenden Verlandung der Meeresbucht durch die Mündung des Flusses Kaystros wurde das Stadtgebiet unter Lysimachos an den Hang des Pion verlegt und ein neuer Hafen geschaffen, der für die nächsten Jahrhunderte die Zufahrt zum Meer sicherstellen sollte. Trotz geschichtlicher Wechselfälle gedieh Ephesos weiterhin und wetteiferte mit Pergamon und Smyrna um den Rang der bedeutendsten Stadt. Unter den Römern wurde *Ephesos* schließlich Hauptstadt der Provinz Asia. Die Einwohnerzahl betrug über 200 000.
Nach der Zerstörung der Hafenstädte *Lebedos* und *Notion* wurde deren Bevölkerung ebenfalls in *Ephesos* angesiedelt. Die wiederholten Bemühungen, den Hafen durch einen Kanal vor der Verlandung zu bewahren, scheiterten.
Das Christentum breitete sich aus; auf einer seiner Missionsreisen wirkte der Apostel Paulus hier. 263 n. Chr. plünderten und zerstörten die Goten die Stadt und das Artemis-Heiligtum. 431 und 449 fanden in *Ephesos* wichtige Kirchenversammlungen statt.
Im 7. Jahrhundert wurde die Siedlung auf den Kastellhügel bei der Johannes-Basilika (Gründung Justinians über älteren Kirchenbauten) verlegt und befestigt. 1403 wurde sie von den Mongolen geplündert, später durch die Seldschuken erobert, ab 1426 endgültig von den Osmanen beherrscht, aus deren Zeit viele Moscheen stammen (z. B. *Isa-Bey* Moschee). Bis 1914 hieß die Stadt *Ayasoluk,* dann *Selçuk*, während das Ruinengebiet *Efes* genannt wird.
Zu einem neuen Wallfahrtsort für Christen und Türken gleichermaßen hat sich Marias angebliches Wohn- und Sterbehaus (*Meryemana* oder *Panaya Kapulu*) auf dem *Ala Dağ* entwickelt (7 km von *Selçuk*).
Für die Besichtigung von *Ephesos* und *Selçuk*, 2 km voneinander entfernt, wird ein Kunstführer dringend empfohlen. Broschüren sind auch im Archäologischen Museum in *Selçuk* zu erwerben. Als wichtigste Punkte außer dem Museum seien erwähnt: Kuretenstraße, Hadrianstempel, Celsusbibliothek, Marmorstraße, Theater und die Hafenstraße, die in der Schwemmlandebene endet.

Ein ähnliches Schicksal wie *Ephesos* erlebten die ionischen Städte **Priene** und **Milet,** die ebenfalls durch die Verlandung ihrer Häfen allmählich ihre Bedeutung verloren. Hier war es der große Mäander

(*Büyükmenderes Nehri*), der seine Sandmassen im Golf von *Latmos* ablagerte und die weite, fruchtbare Ebene schuf, die heute durch ein Kanalsystem bewässert wird und reiche landwirtschaftliche Erträge bringt. *Priene* fasziniert durch die Lage am Fuß eines steil abstürzenden Felsklotzes, der zum *Mykale*-Gebirge (*Samsun Dağı*) gehört, während sich Milet in einem ebenen Gelände ausbreitet. Die Seekarte lässt an den geringer werdenden Wassertiefen und den ausgedehnten Lagunen hinter der flachen Küste die starken Veränderungen in diesem Gebiet erkennen.

Wir wollen auf dem Seeweg von *Kuşadası* dieser Küste folgen und haben bis zum nächsten Ankerplatz eine Strecke von nahezu 20 sm vor uns. Auch in diesem Fall sollte man möglichst früh aufbrechen, da in der Samosstraße, *Sisam Boğazı*, mit Sicherheit im Laufe des Tages heftige Böen über die griechische Insel Samos kommen. Die Durchsteuerung ist problemlos. Man hält sich möglichst auf der türkischen Hälfte; die Leuchtturminsel *Bayrak* mit der deutlich sichtbaren Halbmond-Flagge ist von tiefem Wasser umgeben.

Dipburun (37°39'N 027°00,5'E, auch St.-Pauls-Hafen). Zwischen dem Kap *Dipburun* und der Insel *Tavşan (Çilada)* befindet sich der gegen nördliche Winde geschützte Ankerplatz. Er bietet einen sicheren Unterschlupf, wenn auch die Fallböen über das Kap äußerst heftig aus wechselnden Richtungen kommen. Die Bucht ist durch die westliche Klippenreihe, die zwischen der Insel *Tavşan* und dem Festland verläuft, gegen Seegang geschützt.
Man kann nordwestlich der Insel *Su* auf 3–5 m Wassertiefe ankern. Der dicht mit Seegras bewachsene Grund hält den Anker nicht immer gleich; deshalb wähle man eine der Sandstellen, die klar zu erkennen sind. Im Inneren der Bucht wird es ganz flach.
Da es sich bei *Dipburun* um militärisch bewachtes Grenzgebiet handelt, kann es vorkommen, dass Yachten auf den Ankerplatz im Süden der Insel *Su* verwiesen werden.
Die kleine Einbuchtung hinter der Insel *Sandal* ist ebenfalls brauchbar. Sie wird *St.-Nikolas*-Hafen genannt.
Der Name *St.-Pauls*-Hafen kommt daher, dass der Apostel Paulus auf seiner Seereise nach *Ephesus* hier Station machte. Im Übrigen ist jenseits der Berge das Panionion zu suchen, die religiöse Versammlungsstätte, an der sich die Vertreter

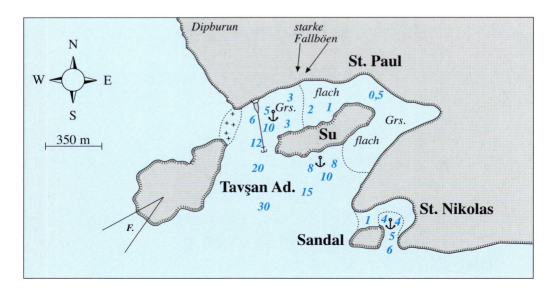

der ionischen Städte trafen, um sich zu beraten und dem Gott Poseidon zu opfern.

Die folgenden 21 sm bis zum Ankerplatz bei *Tekağac Burnu* machen bei achterlichem Wind Vergnügen, doch bei der Fahrt in nördlicher Richtung sollte man zunächst deutlich nordwestlichen Kurs halten, um beim Auffrischen der Tagesbrise etwas abfallen zu können. Das Kreuzen entlang der Küste erweist sich als sehr viel langwieriger, zumal man das flache Kap *Düzburun* in größerem Abstand passieren muss, als aus der Seekarte hervorgeht. Auch das Seehandbuch weist auf geringere Wassertiefen hin. Ein Mindestabstand von 1 sm zur Küste ist deshalb einzuhalten. Die Versandungen an diesem Küstenabschnitt unterliegen ständigem Wechsel, sodass man nicht blindlings der Seekarte vertrauen kann.

Dies gilt auch für **Akköy Liman,** dessen Lage aus der Seekarte zu ersehen ist. Zwar soll immer wieder gebaggert werden, doch seit wir bei einem Landausflug Badende bis zur Gürtellinie in der Hafeneinfahrt stehen sahen, segeln wir lieber an diesem Hafen und auch an **Kovala Liman,** 2,4 sm südlich, vorbei.

Obwohl wir uns hier in verlockender Nähe zwischen *Milet* und *Didyma* befinden, empfiehlt sich ein Ausflug zu diesen Sehenswürdigkeiten besser von *Altınkum Karakuyu Koyu* aus (siehe Seite 149). Kovala hieß einst *Panormos* und war der Hafen des antiken *Didyma*.

In der deutschen Seekarte findet sich keine Höhenangabe, doch können wir in dem ebenen Gelände eine mäßige Erhebung ausmachen (in der türkischen Seekarte Manastır T., 102 m), bei der es sich um die ehemalige Insel Lade im Golf von Latmos handelt. Im Jahre 494 v. Chr. fand hier die Seeschlacht statt, in der die Ionier von den Persern geschlagen wurden. Vom Latmischen Meerbusen blieb im Inneren des Landes noch der *Bafa*-See zu Füßen des *Latmos*-Gebirges übrig. Die Überreste der dort befindlichen antiken Hafenstadt Herakleia können wiederum Ziel eines gesonderten Landausfluges sein.

Çukurcuk Limanı (37°21,2'N 027°12,4'E), 0,8 sm östlich des befeuerten *Tekağac Burnu,* eignet sich gut, um die Fahrt zur Samosstraße hier zu unterbrechen und frühmorgens starten zu können, bevor der Nordwind in voller Stärke einsetzt.

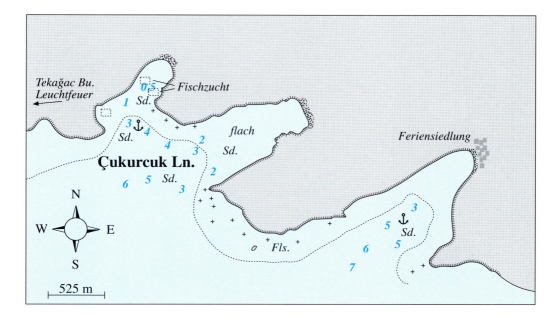

Die Ansteuerung muss sorgfältig erfolgen, da den einzelnen Küstenvorsprüngen Klippen vorgelagert sind. Von Osten kommend, ist die Feriensiedlung in der Nebenbucht eine gute Landmarke (Plan auf Seite 147).

Die beiden Arme des *Çukurcuk Limanı* sind ohne auffällige Merkmale. Sie neigen zum Versanden; die in der Seekarte angegebenen Wassertiefen stimmen nicht mehr. Man kann also nur zwischen den beiden Einschnitten auf 4–5 m Wassertiefe ankern. Der Ankergrund aus feinem Sand und Mud hält sehr gut. Der Raum zum Schwojen ist durch die Fischzuchten eingeschränkt. Meist weht ein gleichmäßig starker Wind über das öde, ebene Land, doch liegt man bei Nordwind hier sehr sicher und hat darüber hinaus glasklares Wasser unter dem Kiel.

Auf diesem Ankerplatz befinden wir uns bereits im **Golf von Güllük,** der sich durch seine unzähligen Einschnitte auszeichnet, die von Olivenbäumen und Hartlaubsträuchern, teilweise auch dicht von Kiefern umgeben sind. Es ist ein vielfältiges Sportbootrevier, das in kurzen Entfernungen schöne und sichere Ankerplätze bereithält und noch nicht so überlaufen ist wie etwa der *Gökova-Golf.* Leider schränken die zahlreichen Fischzuchten die Ankermöglichkeiten ein. Das Wasser ist in manchen Buchten dadurch trübe.
Einige Küstenstrecken sind unbewohnt, was für Yachtreisende Einsamkeit und eingeschränkte Versorgungsmöglichkeiten bedeutet. Zwar gibt es im Umkreis von Feriensiedlungen meist auch Restaurants oder Tavernen und, weil die türkischen Urlauber sich häufig selbst verpflegen, auch manchen bescheidenen Laden. Manchmal muss man weitere Wege auf sich nehmen, um Lebensmittel und Getränke zu bekommen. Vor allem sind Wasser und Treibstoff nur umständlich zu beschaffen, sodass die nächste bequeme Bunkermöglichkeit erst wieder in *Güllük* besteht.
Da die anderen türkischen Anlaufhäfen von den griechischen Inseln aus schneller zu erreichen sind, wird der Hafen *Güllük*

als Port of Entry selten wahrgenommen. Die Entfernungen betragen ungefähr: von *Pythagoreion*/Samos 45 sm, von Patmos 50 sm und von Kos 35 sm.
Der Meltemi kommt im Golf von *Güllük* aus Nordwesten, kann aber auf den einzelnen Ankerplätzen durch umliegende Berge in der Richtung beeinflusst werden. Abends wird es meist ruhig. In der Nacht muss man mit Landbrisen rechnen, die in der Richtung wechseln.

Altınkum (37°21,2'N 027°17'E, *Karakuyu Koyu*). Der in der Seekarte als *Karakuyu Iskele* bezeichnete Ort ist unter *Altınkum* (Goldstrand) bekannt. Es ist ein beliebter Ferienort für türkische Familien; aber auch Ausländer, vor allem Engländer, bevorzugen die zahlreichen Hotels dieses Urlaubsortes. Entsprechend viel Betrieb herrscht am langen, flach auslaufenden Sandstrand und an der Wasserfront.
Für Yachten und Motorboote bietet die Bucht auch bei starken Nordwinden einen ausgezeichneten Ankerplatz. Bei der Ansteuerung muss man großen Abstand von den gefährlichen Untiefen der antiken Mole mit 0,50 m Wasser darüber halten, die im Westen weit in die Bucht hineinreichen und an der helleren Wasserfärbung bei bewegter Oberfläche kaum zu erkennen sind. Das Ende der Untiefe ist meist durch eine Stange markiert; diese kann, muss aber nicht vorhanden sein.
Ansteuerungshilfe ist eine weiße Kliffküste im Osten der Bucht; im Übrigen ist der aus den Nähten platzende Ort nicht zu übersehen.
Man ankert auf beliebiger Wassertiefe in gehörigem Abstand zur Badezone; Grund ist sehr gut haltender Sand mit kleinen Seegrasstellen. Wegen der im Sommer tagsüber starken Böen ist reichlich Kette zu stecken. Am Kopf der Fischerpier legt das Fährboot nach *Bodrum (Gündoğan)* an. Am anschließenden kurzen Kai mit 2–3 m Wassertiefe liegen Ausflugsboote, die tagsüber unterwegs sind. In dieser Zeit können Yachten anlegen, um sich im Ort umzusehen und Proviant einzukaufen; gegen 16 Uhr, wenn die Schiffe zurück-

Güllük-Golf 149

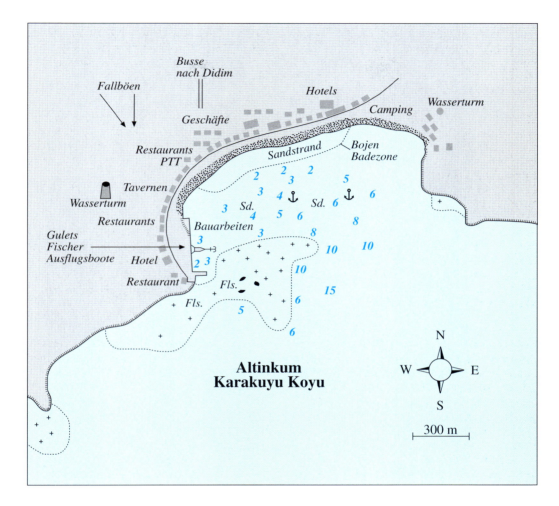

kommen, muss man den Platz jedoch räumen. Von der Marina, die in der westlichen Nachbarbucht gebaut werden soll, ist noch nichts zu sehen.

Versorgungsmöglichkeiten: Lebensmittel in vielen Läden im Ort. Entlang der Uferstraße gibt es eine Unmenge von Restaurants und Imbisslokalen. PTT siehe Plan.

Wenn man eine Ankerwache an Bord zurücklässt, kann man von hier aus Didyma mit dem Bus (*Didim* oder *Yenihisar*, 5 km) besuchen. Für *Milet* und *Priene* (ca. 25 bzw. 45 km) müsste man ein Taxi oder *Dolmuş* nehmen und Preis sowie Wartezeiten vereinbaren.

Die gewaltige hellenistische Anlage des Apollontempels von **Didyma,** inmitten des kleinen Dorfes *Yenihisar* gelegen, wurde selbst nach 300-jähriger Bauzeit nicht vollendet. Bereits Jahrhunderte vorher befand sich hier ein viel besuchtes Orakel, das sich zum bedeutendsten ganz Kleinasiens entwickelte. Eine »Heilige Straße« verband *Didyma* mit dem Hafen *Panormos*, in dem viele der Pilger ankamen, und führte weiter nach Milet, das den Tempelbezirk verwaltete.
Bei der Besichtigung beeindruckt nicht nur die kolossale Größe des Tempels mit den kunstvollen dekorativen Details, sondern auch die auf das Orakel als Mittelpunkt bezogene Geschlossenheit der Anlage.

150 *Kuşadası bis Bodrum*

Kuruerik Bükü (37°22'N 027°19,7'E). An der Nordseite des *Güllük Körfezi* schneidet weit nach Nordosten *Akbük Limanı* ein. Die nordwestliche Einbuchtung ist *Kuruerik Bükü*. Bei der Ansteuerung fallen schon von weitem das Hotel und große Feriensiedlungen auf. Östlich von *Kirik Burun* erstrecken sich Klippen weit ins Meer (in der T 224 als *Gökada* bezeichnet), weshalb genügend Abstand vom Land gehalten werden muss.
Der beste Ankerplatz befindet sich im Südwesten von *Kuruerik Bükü* vor dem Holzsteg auf Wassertiefen von 3–5 m. Ankergrund ist gut haltender Sand, mit kurzem Seegras bewachsen. Bei West- und Nordwestwinden sehr gut geschützt, bei Nordwind steht kurzer Schwell auf dem Ankerplatz. Um den Badesteg ist es seicht. Dort kann man mit dem Beiboot landen.
Ein kleiner Gemischtwarenladen mit Obst und Gemüse befindet sich in der Siedlung, die von Land her eingezäunt und bewacht ist. Die Ferienhäuser werden ausnahmslos von Türken bewohnt, von denen viele Deutsch sprechen.
Die Bucht im Norden von *Kuruerik Bükü* ist gegen Winde und Seegang aus West bis Ost gut geschützt. Die Wassertiefen nehmen von etwa 5 m in der Einfahrt zum Scheitel hin gleichmäßig ab. Ankergrund ist gut haltender Sand. – Die kleine Nachbarbucht ist zum Ankern zu seicht.

Akbük Limanı (37°24,7'N 027°25'E). Von den verschiedenen Ankerplätzen in *Akbük Limanı* ist der in der äußersten Nordostecke liegende der sicherste, wenn auch von den hier höher werdenden Bergen die Fallböen heftig niedergehen. Die Ansteuerung ist problemlos, die Wassertiefen nehmen allmählich ab. Östlich der niedrigen Halbinsel *Saplı*, die von weitem nur schwer vom Land zu unterscheiden ist, findet man gut haltenden Ankergrund aus Sand und Mud. Das Wasser ist etwas trüb. Der Platz reicht zum Schwojen auch für mehrere Yachten aus (Plan Seite 151).
Wo vor wenigen Jahren nur ein einzelnes Bauernhaus stand, breiten sich Feriensiedlungen aus. Eine Straße führt an Feriendörfern vorbei zum Ort *Akbük* (etwa 4 km). Davor besteht gute Ankermöglichkeit bei südlichen Winden.

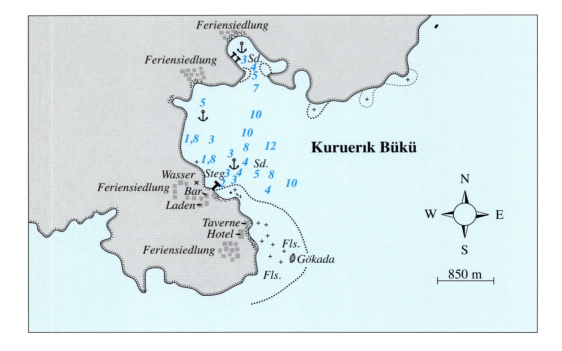

Güllük-Golf

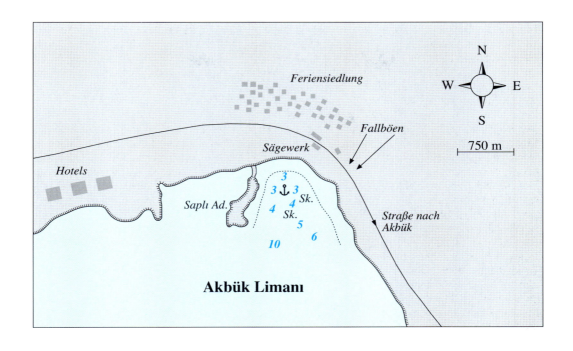

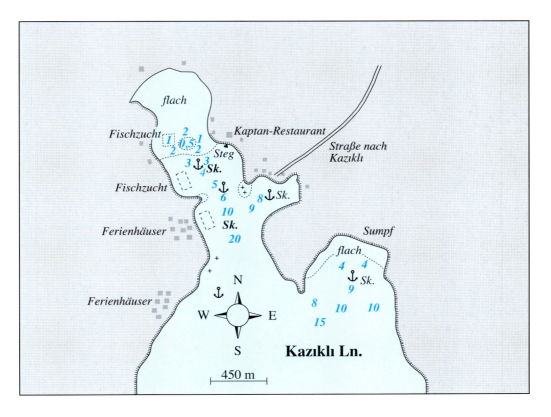

Versorgungsmöglichkeiten: *An der Straße in Richtung der auffälligen Hotelbauten Minimarkt und PTT, Nähe Hotel ebenfalls Einkaufsmöglichkeiten. – In Akbük Grundnahrungsmittel, Fleisch erhältlich. Tavernen sind vorhanden.*

Kazıklı Iskele (37°20,3'N 027°28,8'E) heißt der Ankerplatz in der tief nach Nordosten einschneidenden Bucht *Kazıklı Limanı,* deren innerer, nach Nordwesten gerichteter Teil im letzten Drittel sehr flach ausläuft und von Fischzuchtkästen belegt ist. Die Ansteuerung ist bei Tag einfach, wenn man in der Mitte zwischen den niedrigen Ufern bleibt und die Bojen der Fischzuchtanlagen beachtet. (Siehe Plan Seite 151)
Ankern kann man je nach Belieben über sehr gut haltendem Schlickgrund, der mit Seegras bewachsen ist. Das Wasser ist trüb. Da die Bucht nach Süden sehr offen ist, entsteht schon bei leichtem südlichem Wind Schwell. Der Nordwind kommt dagegen gleichmäßig über das umliegende flache Land. Will man an dem Anleger (mit Strom) vor dem Fischrestaurant »Kaptan« festmachen, muss man sich vorsichtig heranloten. Man kann auch in dem gleich südlich anschließenden Einschnitt nach Osten auf 7–8 m ankern.
Eine Straße führt durch Wald und Felder zum 5 km entfernten Dorf *Kazıklı,* wo es in einem kleinen Laden bescheidene Grundnahrungsmittel gibt. Von den Bauern kann man außerdem Butter, Käse und Gemüse erwerben.

Çam Limanı (37°16'N 027°28,7'E). Rundet man *Teke Burun,* kommt man in den nächsten Einschnitt *Alangül Körfezi.* Es gibt verschiedene Ankerplätze in wunderschöner Umgebung. Der gut geschützte westliche Einschnitt, 1,5 sm nordöstlich von *Teke Burnu,* hat im nördlichen Teil zu den kleinen Stränden hin eine Wassertiefe von 4–6 m; Sand und Mud, teilweise mit Seegras bewachsen. Leider gibt es auch hier Fischzuchtbetriebe mit Generatoren und Hütten am Ufer.

Gök Limanı (37°15'N 027°32,2'E, *Narlı Bükü*) liegt in *Asın Körfezi,* dem großen, tief nach Nordosten reichenden Mereseinschnitt mit dem Hauptort *Güllük.* Wie die vielen anderen Ankerplätze in *Asın Körfezi* kann diese Bucht bei Tage ohne Gefahr angelaufen werden, wenn man sich langsam dem nicht sehr hohen Felsenufer nähert, das mit vielen Olivenbäumen bewachsen ist, vorbei an den Fischzuchtkästen. Grund ist gut haltender Mud und Seegras. Je nach Dichte des Seegrasbewuchses schwankt die Wassertiefe

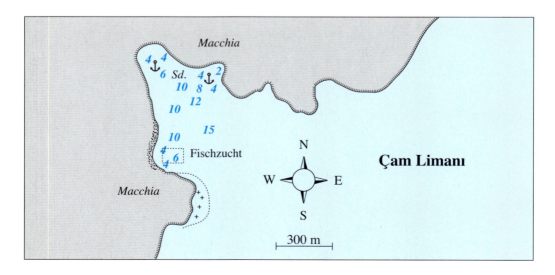

Güllük-Golf 153

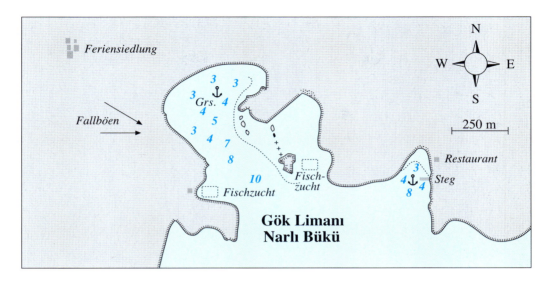

um 0,50 m. Starke Fallböen kommen aus West bis Nordwest.
Fährt man den *Asın Körfezi* bis zum nördlichen Scheitel aus, so gelangt man in die offene Bucht, die diesem großen Einschnitt den Namen gab und die mehrere Ankerplätze aufweist. Sie sind nach der Seekarte leicht anzulaufen.

Asın Limanı (37°16,4'N 027°35'E) ist in der Seekarte nur noch an dem Ort *Kurin* auszumachen. Die Einheimischen nennen ihr Dorf *Kıyıkıslacık*. Es handelt sich um den ehemaligen Hafen des antiken Iassos, der gern von Sportbootfahrern angelaufen wird und einen sehr sicheren Ankerplatz bietet.
Bei der Ansteuerung fallen die Bauruinen eines Ferienkomplexes auf der westlichen Einfahrtshuk als Erstes ins Auge. Die Einfahrt in die Hafenbucht wird an Backbord durch eine überspülte Mole eingeengt, deren Ende (nicht zuverlässig) mit einer Boje markiert ist. Da auch auf der anderen Seite vom alten Wachturm aus Steine in die Einfahrt reichen, halte man sich möglichst in der Mitte (siehe Plan Seite 154).
Je nach vorhandenem Platz kann man frei schwojend ankern oder eine Leine zum Ufer ausbringen. Der Ankergrund aus Schlick hält sehr gut. Tagsüber kommt der Wind aus nördlichen Richtungen, in der Nacht kann er wechselhaft sein.
An dem zum Kai ausgebauten Ufer auf der Westseite können Yachten anlegen. Vorsicht jedoch vor der Pier: Es liegen Steine davor, die das Ruder beschädigen können; etwas Abstand halten! Keine Abwässer im Hafen ablassen – das gilt natürlich für alle Häfen und Marinas!
Einen alternativen, einsamen Ankerplatz findet man östlich der Halbinsel unterhalb des antiken Theaters auf 5 m. Bei Südwind ist der Hafen unkomfortabel und der Ankerplatz ungeschützt; dann wechselt man zum 2,5 sm entfernten *Güllük* hinüber. Wasseranschluss am Kai. Außer den Marktständen am Hafen gibt es im Dorf Minimärkte mit Grundnahrungsmitteln und Brot. Die Tavernenwirte verstehen es, Fische appetitlich zuzubereiten.

Italienische Archäologen sind damit beschäftigt, das antike **Iassos** freizulegen. Funde aus verschiedenen Epochen bezeugen, dass die Halbinsel schon vor dreitausend Jahren besiedelt war. Zu den Überresten aus hellenistischer Zeit gehören unter anderem Theater, Agora, eine Landmauer westlich des Dorfes und ein römischer Grabbau. Vom mittelalterlichen Kastell hat man eine gute Aussicht

154   Kuşadası bis Bodrum

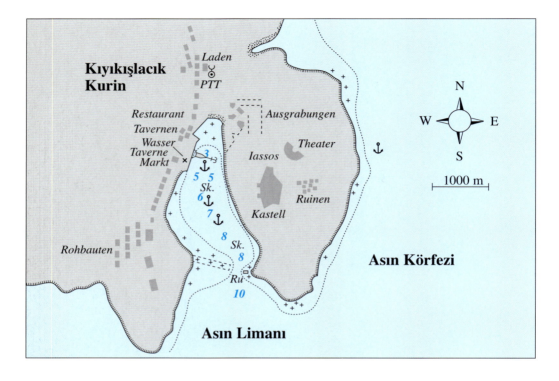

auf den Golf, die Hafeneinfahrt mit der Ruine des byzantinischen Wachturms und das friedliche Dorf, hinter dem sich wohlgenutztes Bauernland ausbreitet.

Güllük
(37°14,4'N 027°35,8'E, Port of Entry). Obwohl die liebliche Umgebung und der Bau von Hotels und Pensionen einigen Fremdenverkehr in den Ort gebracht haben, kann man Güllük noch als verschlafenes Städtchen bezeichnen, zumindest was die Abfertigung beim Ein- oder Ausklarieren angeht. Als Port of Entry scheint der Hafen selten beansprucht zu werden. Trotzdem seien nochmals die ungefähren Distanzen von den umliegenden griechischen Ports of Entry aufgeführt: *Pythagoreion/ Samos* 45 sm, *Patmos* 50 sm, *Kos* 35 sm. Der Hafen kann bei Tag und Nacht angesteuert werden. Nicht in allen Seekarten ist die Klippe verzeichnet, die sich 1 kbl in Fortsetzung des befeuerten Kaps *Çamlık Burnu* westlich von *Güllük* befindet. Der Kopf der Pier trägt ein rotes Licht.

An der 180 m langen, sehr hoch gebauten Pier laden Frachter Bauxit oder andere Güter. Für größere Yachten ist der günstigste Platz längsseits in der Nähe der Treppe, wo man einigermaßen gut festmachen und übersteigen kann. Ungestört liegt man hier nicht.
Der beste Platz für mittlere bis kleinere Yachten ist im Hafenbecken auf der Landseite, wo die Charterfirma Lale-Yachting ihren Stützpunkt hat. Wenn deren Boote unterwegs sind, kann man am Kai bei 2–2,50 m Wassertiefe anlegen, um sich zu versorgen (Liegegebühr). Ein neuer kurzer Betonanleger wurde östlich der Frachterpier gebaut. Hier kann man, falls Platz ist, mit Buganker und Leine festmachen. Falls dort kein Platz ist, bleibt nur noch freies Ankern im ungeschützten Ostteil des Hafens. Deshalb sollte man die ruhigen Morgenstunden nutzen, bevor die kräftige Tagesbrise einsetzt.
Zum Ausweichen gibt es in *Asın Körfezi* zahlreiche schöne und sichere Buchten. Bei Südwind ist *Güllük* eher zu empfehlen.

Güllük-Golf 155

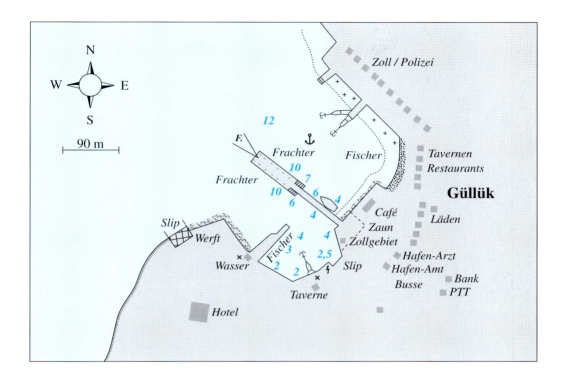

Versorgungsmöglichkeiten: *Wasser am Yachtkai oder per Kanister vom Wasserhahn im Park. Tankstelle am Ortsausgang, auch per Tankwagen. In Hafennähe Supermärkte, Gemüsestände, Restaurants, Bars, Bäcker, Metzger.*
Bei den Fischhändlern kann man am Morgen frischen Fisch kaufen. PTT und Bank siehe Plan. Busse nach Milas und Bodrum.

Ülelibük (37°12,5'N 027°35'E) liegt etwa 2 sm südwestlich von *Güllük*. Die Bucht ist nur bei ruhigem Wetter oder bei südlichen Winden als Ankerplatz geeignet. Bei Meltemi läuft Dünung voll hinein. Hat man das auffällige weiße Sommerhaus mit dem roten Dach und dem sauber betonierten Kai davor passiert, werden die Wassertiefen nach Osten hin geringer, sodass man auf etwa 4–5 m ankern kann. Der Ankergrund besteht aus Mud und dichtem Seegras. Das Wasser ist trüb. Am Südwestufer wird es schnell flach, der innere Teil der Bucht ist vollkommen verschlickt.

Kuyucak Limanı (37°09,4'N 027°33,3'E) ist ein beliebter Ankerplatz. Die stille, rundum bewaldete Bucht teilt sich in zwei Arme, von denen der seichte östliche durch Pfähle abgesperrt ist; außerdem gibt es hier Fischfarmen. Der nordwestliche Arm bietet guten Ankergrund aus Schlick und Seegras für freies Ankern. Der Badezone der Ferienanlage bleibt man am besten fern. Ein frei verankerter Schwimmsteg mit 2 m Wassertiefe ist zum Festmachen geeignet; er gehört zum Club Marverde, wo man duschen und essen kann. Auf der kleinen Landzunge zwischen den Einbuchtungen sind die weißen Mauern einer ehemaligen Kapelle zu sehen, was für die Ansteuerung ganz nützlich sein kann (siehe Plan Seite 156).

Die große, dicht mit Kiefern, Olivenbäumen und Wacholdersträuchern bewachsene Felseninsel **Salıh Adası** im Südosten des *Güllük Körfezi* hat einige sehr schön gelegene Ankerplätze.
Die enge Durchfahrt zwischen dem Festland und der Insel *Salıh* ist ohne Gefahr

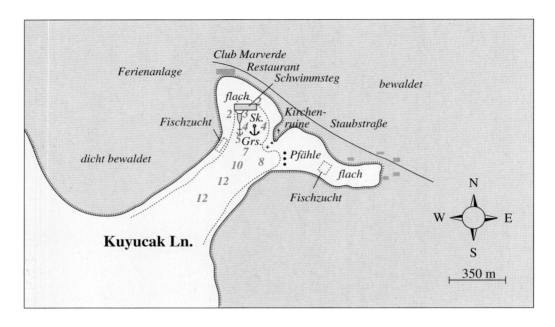
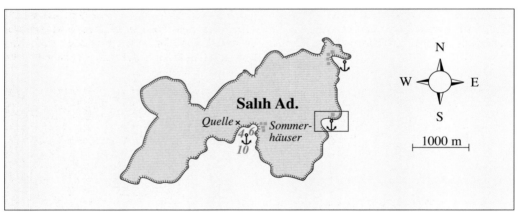
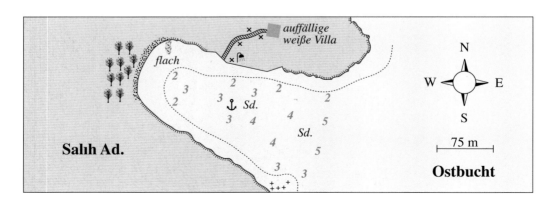

passierbar. Gleich hinter dem nordöstlichen Zipfel versteckt liegt auf der Festlandseite eine kleine Ansiedlung in der Bucht *Ada Bükü*, vor der man auf beliebiger Wassertiefe über Sandgrund ankern kann. Bei der Ansteuerung der

Ostbucht Salıh Adası
(37°09,1'N 027°32'E) fällt eine große weiße Villa ins Auge, sobald man sich dem Ankerplatz nähert. Vor diesem Privatgrundstück ist das Ufer zu einem Kai ausgebaut, vor dem die Wassertiefe gering ist. Inmitten der Bucht ist gut haltender Sandgrund zum Ankern und genügend Raum zum Schwojen vorhanden. Hier liegt man bei dem üblichen Nordwestwind sehr sicher. Vor der Abenddämmerung gibt es in manchen Sommern allerdings viele Wespen. Es versteht sich von selbst, dass man den Privatbesitz respektiert und nicht an Land geht, ohne vorher das Personal zu fragen. Bei Abwesenheit des Besitzers dürfte die Benutzung der Dusche am Kai sicherlich erlaubt werden (kein Trinkwasser!).

Südbucht Salıh Adası
(37°09'N 027°31'E). Ohne Schwierigkeit ist auch die Südbucht anzulaufen. Hier fallen einige Sommerhäuser am östlichen Ufer auf. In einigem Abstand findet man harten Sandgrund zum Ankern. Die mäßigen Böen kommen aus wechselnden Richtungen.
Im Westen der Bucht befindet sich eine gemauerte Quelle mit gutem Wasser. Sonst keinerlei Versorgungsmöglichkeiten.
Die Lage der Bucht zeigt der Plan auf Seite 156.

Güvercinlik Iskele
(37°08,3'N 027°34,7'E). Selten besucht wird *Güvercinlik Iskele* im Südosten des *Güllük*-Golfes, obwohl die weiträumige Bucht einen unerwartet angenehmen Ankerplatz bietet. Weht der Wind zunächst in die Bucht hinein, so wird man überrascht sein, im letzten Winkel vor der Ortschaft Böen aus Nordosten anzutreffen, die das Wasser glätten und abends einschlafen. Bei starkem Meltemi, der manchmal nachts durchweht, ist der An-

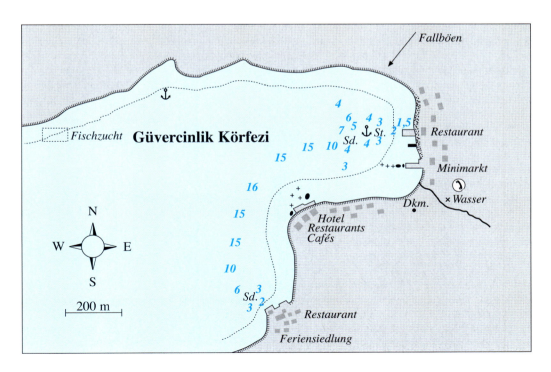

kerplatz unsicher und unkomfortabel. Was darüber hinaus stört, ist der Lärm der Schnellstraße *Milas–Bodrum*, die um die Bucht herum führt. Die meisten der modernen Bauten sind Sommerhäuser.
Zum Ankern auf beliebiger Wassertiefe ist genügend Raum vorhanden, der Grund aus Schlick und Sand hält sehr gut.

Versorgungsmöglichkeiten: *Waschwasser kann man mit Kanistern vom Überlaufbecken der Pumpstation beim Denkmal holen. Minimarkt Richtung Küstenstraße, Läden in der Nähe. Mehrere kleine Restaurants und Bars rings um die Bucht.*

Torba (37°05,3'N 027°27,6'E, *Turfanda Bükü*), auch als *Torbalı* bezeichnet, ist ein malerischer Flecken im Süden des *Güllük*-Golfes. Wenn man in die Bucht *Torbalı Limanı* einschwenkt, sieht man westlich des langen Strandes die Steinschüttung des Wellenbrechers.
Da die nördlich vorspringende Küste den gröbsten Seegang abhält, kann man vor dem Hafen ankern und mit Leinen zum Wellenbrecher festmachen. Die Böen sind allerdings beträchtlich und kommen aus wechselnden Richtungen. Der Hafen ist eng und dicht belegt, selten ist ein Platz zu finden. Das Manövrieren und Anlegen mit Buganker und langen Leinen zum Kai wird dann schwierig. Direkt am Kai liegen große Steine, deshalb möglichst mit dem Bug an den Kai gehen.
Gelegentlich suchen große Fischerboote hier Schutz. Wenn ein Verbleiben bei Meltemi nicht ratsam erscheint, sollte man in die Ostbucht von *Salıh Adası* oder nach *Kuyucak Limanı* ausweichen.
Bei ruhigem Wetter kann man sich kaum einen wohligeren Ferienort als *Torba* vorstellen. Die gepflegten Villen mit den blühenden Vorgärten sind ein angenehmer Anblick, in den Lokalen bekommt man gut zu essen, direkt hinter der Mole kann man ein erfrischendes Bad nehmen.
Wer sich länger in dieser Gegend aufhalten will, kann für Einkäufe den Kleinbus nach *Bodrum* (8 km) benutzen. (Bei der Rück-

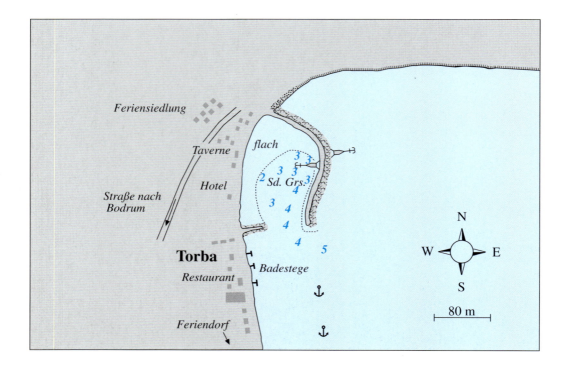

fahrt frage man auf dem Busbahnhof in *Bodrum* nach *Torba*, sonst gerät man womöglich in einen Bus nach *Torbalı* bei *Izmir*!)
Wandert man an den Badeplattformen vorbei am Ufer entlang, so kommt man zu einem weiteren Restaurant am Wasser, nahe der Ferienanlage »*Torba Tatıl Köyü*«. An der kurzen Pier unmittelbar vor dem Lokal sind Fischerboote vertäut. Etwas weiter südlich gibt es zwei Lebensmittelläden und PTT, doch nirgends Trinkwasser. Das wird für die Anwohner per Tankwagen zum Pumpwerk transportiert. Zunächst bleiben wir noch in der relativen Abgeschiedenheit des *Güllük*-Golfes und laufen die etwa 3 sm nordwestwärts liegende Bucht

Ilica Bükü (37°07,5'N 027°25,5'E) an. Da beide niedrigen Einfahrtskaps sich unter Wasser noch als Klippen fortsetzen, muss man in großem Bogen herumfahren und sich beim Einsteuern in die Bucht genau in der Mitte halten. Obwohl die Bucht nach Nordosten weit offen ist, wird die bei dem üblichen Tageswind hereinstehende Dünung durch die heftigen, in der Richtung wechselnden, überwiegend aber aus Südwesten (!) kommenden Böen glatt gebügelt, die über das flachere Hinterland wie durch eine Schneise in die Bucht einfallen. Man muss deshalb beim Ankern großen Abstand zu den Ufern halten und einen Heckanker oder eine Landfeste ausbringen. Der harte Sand-Schlick-Grund, mit kurzem Seegras bewachsen, wird zu den Seiten hin felsig.

Ilica Bükü war besonders beliebt wegen des herrlichen Kiefernwaldes, der bis ans Wasser herab die Ufer umgab. Höchst selten traf man auf den schattigen Waldwegen einen Menschen, doch nachts rumorten Wildschweine auf der nahen Lichtung. Ende der 1980er-Jahre ist der Wald abgebrannt, und damit war der ganze Liebreiz dieser Bucht dahin.

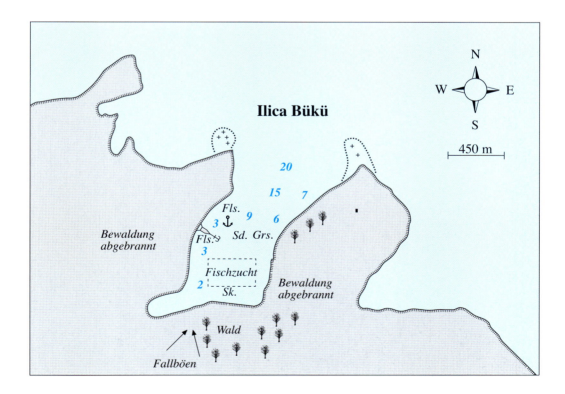

Türkbükü Limanı (37°08'N 027°22,8'E, *Göl Limanı*) ist eine große, bei westlichen bis nördlichen Winden durch die Insel *Badem (Büyük Adası)* an sich gut geschützte Bucht, die mit ihren tiefen Wassern keinen sicheren Ankergrund bietet.

Die Ansteuerung macht bei Tag keine Schwierigkeiten. Um *Badem Adası* ist auf Fischzuchten zu achten. Man ankert am besten im nordwestlichen Teil der Bucht vor den Häusern auf 5–10 m Wassertiefe. Der Ankergrund besteht aus Sand und Schlick und ist mit Seegras bewachsen. Starke Fallböen lassen es ratsam erscheinen, zusätzlich eine lange Leine zum Land auszubringen, da der Halt des Ankers in dem rasch abfallenden Grund ungewiss ist. Bei der Mündung des kleinen Baches breitet sich eine Versandung mit 0,30 m Wassertiefe aus. Unmittelbar davor fällt der Grund steil auf große Tiefe ab.

An den zahlreichen mit Polstern und Tischen ausgestatteten Badeplattformen kann man nur nach Rücksprache festmachen. Die meist gehobenen Restaurants sind ganz auf Badegäste eingestellt, die Yachten als Störung empfinden. *Türkbükü* ist zum »In-Platz« der Istanbuler High Society aufgestiegen. Mit viel Kette kann man jedoch in gehörigem Abstand vor den

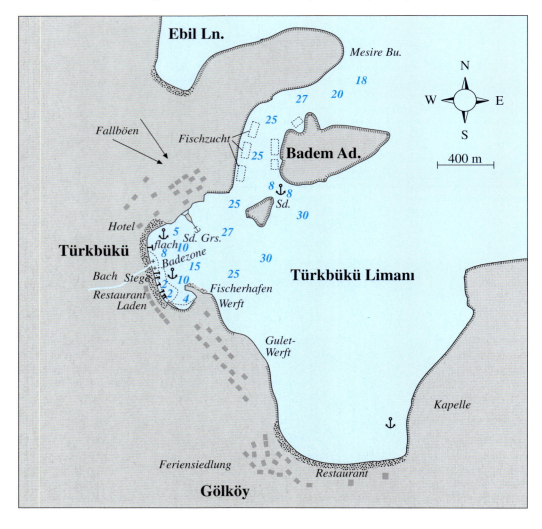

Schwimmabsperrungen ankern. Durch kräftiges Rückwärtseinfahren prüfen, ob der Anker hält.
Der südliche Landvorsprung wurde durch eine Steinaufschüttung verlängert, sodass eine gekrümmte Mole entstand, in deren Schutz die Fischerboote liegen. Die Wassertiefe beträgt direkt hinter dem Molenkopf 3 – 4 m, zum Land hin schnell abnehmend. Da das Manövrieren wegen des beengten Raumes und schwimmender Leinen schwierig ist, sollten höchstens kleine Yachten von dieser Anlegemöglichkeit Gebrauch machen. Die Heckleinen können an der planierten Innenseite der Mole befestigt werden. In der Nähe gibt es Tavernen, Läden und PTT.

Die südöstlich anschließende Bucht heißt **Gölköy Limanı** und ist ebenfalls zum Ankern geeignet, vor allem im Ostteil vor der Ruine einer alten griechischen Kapelle liegt man gut bei ruhigem Wetter. Bei Meltemi steht kräftiger Schwell herein. Die Restaurants am Ufer sind weniger »fashionable« wie die in *Türkbükü*.

Westlich von *Türkbükü* folgt ein stark gegliederter Küstenabschnitt mit steilen Felsabbrüchen und Sandstränden dazwischen. Die Buchten sind nach Norden weit offen und deshalb bei südlichen Winden, die im Sommer selten stark auftreten, besser geeignet als bei Meltemi. Trotzdem findet man einigen Schutz, z. B. in *Gündoğan Bükü*.

Gündoğan (37°08'N 027°20,7'E) ist ein kleiner Fischerhafen in der weiträumigen Bucht *Gündoğan Bükü,* die sehr schön zwischen begrünten Hängen liegt. Über das ganze Tal zu Füßen dieser Berge verstreut sind nicht nur die Häuser des Dorfes, sondern auch Sommervillen und Feriensiedlungen.
Der Hafen im Scheitel der Bucht ist nicht zu verfehlen. Es sollten nur kleinere Boote einlaufen, denn nur in der Mitte ist es 3 m tief, zum Land hin wird es seicht. Außerdem ist der Raum zum Manövrieren begrenzt. Da Steine vor der Mole liegen, kann man nicht direkt anlegen, sondern muss lange Leinen ausbringen. Das Fähr-

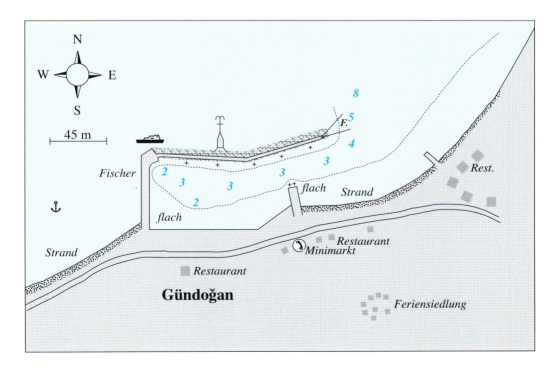

boot nach *Didim* legt an der Außenseite der Mole an. Bei ruhigem Wetter ist dies auch eine Möglichkeit für Yachten.
Wem es im Hafen zu eng ist, der kann vor dem langen Strand ankern. Ansonsten wählt man einen Ankerplatz auf der Westseite; hinter einer Einbuchtung gibt es ausreichend Schutz vor dem Meltemi.
Restaurants und Minimarkt im Ort. Dass es frischen Fisch gibt, versteht sich von selbst. Auf dem Wochenmarkt werden neben bestem Obst und Gemüse alle möglichen Lebensmittel und Gewürze in großer Menge angeboten; außerdem Haushaltswaren und Bekleidung für die Landbevölkerung.

Der Halbinsel *Yalıkavak (Yalıkavak Yarımadası)* sind Klippen und Untiefen vorgelagert, ersichtlich aus der Seekarte. Eine Orientierungshilfe ist die eckige Klippe *Gemitaşı*, etwa 6 m hoch, die wie der Schornstein eines gesunkenen Schiffes oder auch wie ein U-Boot aussieht.
Hat man die Halbinsel gerundet, so öffnet sich eine weite Bucht:

Yalıkavak Limanı, auch *Ortakent Limanı* genannt. Die Ansteuerung musste mit einiger Sorgfalt erfolgen, denn im südlichen Teil erstreckte sich ein Klippenfeld bis in die Mitte der Bucht. Dieses wurde in die Mole der neuen Marina einbezogen. Auch die einzelnen Einbuchtungen auf der Nordseite sind mit Vorsicht anzusteuern. Dort gibt es sehr schöne und sichere Ankerplätze.
Ganz gleich, ob Meltemi aus Nordwesten oder Seebrise aus Südwesten, der Seegang läuft ungehindert in die Bucht hinein, weshalb wahrscheinlich mancher Sportbootfahrer bisher diese Bucht ausließ.
Dies könnte in Zukunft anders sein. Die neue **Port Bodrum Yalıkavak Marina** (37°06'N 027°17'E) wird mit ihrer exklusiven Architektur und ihren Serviceleistungen Segler und Motorbooteigner anlocken. Für die aufwändige Realisierung wurden modernste Techniken verwendet: Die Pier ist auf Betonpfosten gebaut, die Schwimmpontons aus Beton sind mit Teakholz eingefasst. Beim Bau wurde auf Umweltverträglichkeit geachtet.

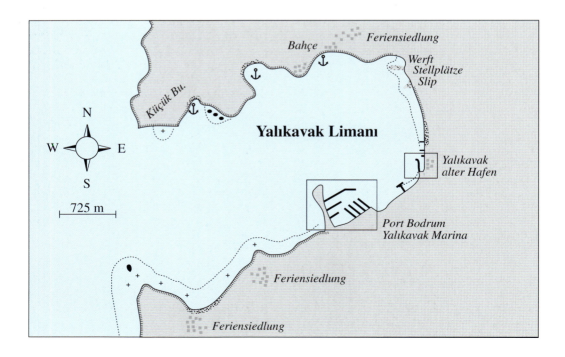

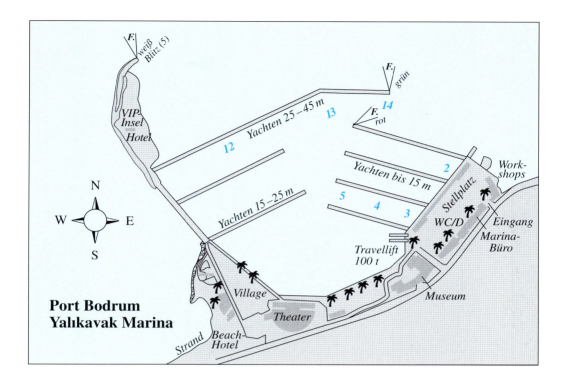

Die Marina umfasst eine Gesamtfläche von 82 000 m². Die Hälfte dieser Fläche besteht aus Grünanlagen. Ein Badestrand, ein Fischerdorf, ein Amphitheather für 2500 Zuschauer, eine VIP-Insel mit einem 25-Betten-Hotel, Boutiquen, Restaurants und Bars wurden in die Marina integriert. 265 Dattelpalmen aus Ägypten sorgen für ein tropisches Ambiente.

Die Marina bietet Liegeplatz für 450 Yachten (einschl. Mega-Yachten) und Landliegeplätze für 100. Das Personal weist den Platz an (UKW-Kanal 06 – 16). Travellift bis 100 Tonnen, Aquamobil-Schlepper bis 40 Tonnen, Elektrik (16-32-63-125-200-260 A) und Wasser, Duschen/WC, Bilgenentwässerung, biologische Abfallbehandlung, Schiffsbedarf, Läden, Telefon, Bar, Restaurant, Club, Tauchschule, Segelschule. Zoll- und Hafen-Formalitäten (Port of Entry). Außerdem: Tennis, Golf, Museum, Hubschrauberlandeplatz, Einkaufszentrum und Duty-free-Shops, Badestrand innerhalb des Yachthafens.

Versorgungsmöglichkeiten: *Wasser, Elektrik, Telefon- und TV-Anschluss am Steg. Tankstelle. Supermarkt, Boutiquen. In Yalıkavak (10 min. zu Fuß) gibt es Lebensmittel und Gemüse, Bank, PTT und Telefon. Taxen und Busse nach Bodrum 15 km, Flughafen 50 km, Izmir 240 km, Dalaman 230 km.*
Anschrift: *Port Bodrum Yalıkavak Marina, Çökertme Cad. Yalıkavak-Bodrum/Türkei*
Tel: +90 252 385 38 60 u. 385 32 80
Fax: +90 252 385 32 81
Mail: info@portbodrum.com
Web: www.portbodrum.com

In der Nordostecke der *Yalıkavak Limanı*-Bucht gibt es eine traditionelle Werft, die vor allem Gulets an Land zieht, aber auch Erfahrung mit Katamaranen hat, die mit großer Umsicht geslippt werden. Da die Werft im Vergleich mit den Slips in den Marinas preisgünstiger ist, sind die Stellplätze an Land zeitweise sehr gefragt.
Bei auflandigem Seegang sollte man in einer der Nordbuchten ruhigere See abwarten, bevor man vor der Werft ankert.

164 *Kuşadası bis Bodrum*

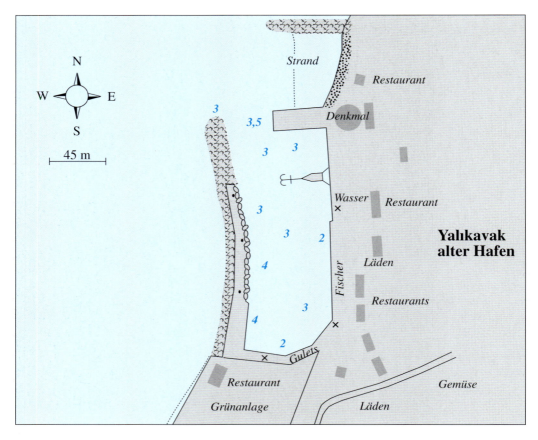

Der **alte Hafen** direkt am Ort wird durch einen Wellenbrecher geschützt, hinter dem Fischerboote und Gulets sehr sicher liegen. Wegen der geringen Wassertiefe in der Einfahrt, die zum Versanden neigt, kann man nur bei ruhigem Wasser einlaufen. Allerdings wird vor den Restaurants nur selten ein Platz zum Anlegen frei sein.

In der Umgebung wurden mehrere Feriensiedlungen erbaut. Auch in *Yalıkavak* sind kleine Hotels und viele Restaurants entstanden, der Ort hat sich vergrößert, es werden Grünflächen angelegt. *Yalıkavak* ist ein angenehmer Platz, in dem noch ein Hauch davon zu spüren ist, wie es früher einmal war.

Gümüşlük Limanı (37°03,4'N 027°14'E), 6 sm vom Hafen *Yalıkavak* entfernt, wird durch ein hohes Vorgebirge vor Seegang aus nördlichen Richtungen geschützt. Außerdem liegt im Süden der Bucht *Tavşan Adası*, eine Insel, die mit dem Festland durch eine alte, teilweise abgesunkene Mole verbunden ist, schützend vor der Einfahrt.

Obwohl die Einfahrt gut 100 m breit ist, wird von einer Ansteuerung bei Nacht abgeraten. Der Wachturm auf der Halbinsel gibt eine gute Ansteuerungshilfe. Die Westseite der Einfahrt wird geringfügig durch versunkene Reste einer antiken Mole eingeengt, die aber größtenteils so tief liegen, dass sie keine Gefahr darstellen. Allerdings dürfte das Einlaufen unter Segeln wegen der über die Halbinsel kommenden Fallböen schwierig sein. Auf dem Ankerplatz kommt der Wind dann gleichmäßig über die flache Landenge.

Yachten können tief in die Bucht einlaufen und auf beliebiger Wassertiefe ankern, wodurch sie auch bei starkem Wind ruhig und sicher liegen. Der Ankergrund ist tief

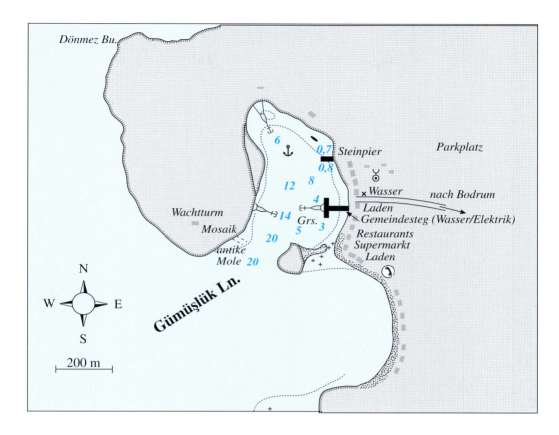

und hält nicht immer gleich gut. Am besten den Anker mit Motor gut rückwärts einfahren; notfalls Manöver wiederholen. Bei südlichen Winden ist die Bucht unsicher.
Wenn Platz am hölzernen Anleger der Gemeinde ist, kann man auch dort anlegen. Anker weit nach Nordwesten ausbringen, da nachts heftige Böen seitlich auf die Yachten drücken und die Anker zum Slippen bringen können. Es werden Liegegebühren erhoben.

Versorgungsmöglichkeiten: *Wasser und Strom am Steg. Lebensmittel und Gemüse in mehreren gut sortierten Läden. Die Restaurants bieten hervorragende Fischgerichte; es gibt auch kleine Grillstuben und Bars. Kleinbusse fahren nach Bodrum.*

Trotz der eingeschränkten Ankermöglichkeiten fühlt man sich in *Gümüşlük* wohl. Vor allem Bodrumer kommen im Hochsommer hier heraus, um der Hitze in der Stadt zu entgehen. In *Gümüşlük* ist es wie in anderen Orten direkt an der Westküste der *Bodrum*-Halbinsel meist um 5–7 °C kühler. Die ehemaligen Fischerhäuschen direkt an der Wasserfront sind zu Fischrestaurants geworden.
Man kann sich leicht vorstellen, dass dieser gut geschützte Naturhafen schon im Altertum benutzt wurde. Vom antiken *Myndos*, einer Gründung des Mausolos, der seinen Hauptsitz in *Bodrum* hatte, sind nur noch wenige Mauerreste vorhanden.

Insel Çatalada (37°00,4'N 027°13,2'E). Auf der Ostseite an der engsten Stelle der Insel befindet sich ein schöner Ankerplatz, der zum Baden ideal ist. Der Wind weht gleichmäßig über die flache Landenge, die die beiden hoch aufragenden Inselteile miteinander verbindet. Zum Kiesstrand hin steigt der Grund allmählich an,

besteht aus hartem Sand mit kurzem Seegras, wird aber felsig, je näher man dem Strand kommt. Man sollte sich überzeugen, ob der Anker wirklich gefasst hat.
Solange Wind weht, liegt man hier gut geschützt, während jenseits der Landenge das Meer brandet. Nach Abflauen des Windes kann leichte umlaufende Dünung aufkommen; der Platz ist bei südlichen Winden zum Übernachten nicht geeignet.
Von der Anhöhe hat man eine schöne Aussicht auf die griechischen Inseln. Ziegen klettern auf den Felsen herum, gelegentlich läuft ein Fischerboot den Ankerplatz an.
Im Sommer kommen vom nahen *Turgutreis* Ausflugsboote mit lärmenden Touristen herüber. Abends ist es wieder friedlich, und die Lichter der Küste leuchten stimmungsvoll herüber.

Turgutreis (37°00,4'N 027°15,2'E). Bei der Annäherung fallen die beiden Minarette der Moschee auf und das *Turgut-Reis*-Denkmal, das von fern wie ein Segel aussieht. Der Ort hat den Namen nach *Turgut Reis*, einem türkischen Seefahrer, der hier geboren wurde und im 16. Jahrhundert ein bedeutender Kapitän der Osmanen war (Statue auch in *Dalyanköy* bei *Çeşme*).
Bisher wurde der Ort von Yachtleuten gemieden. Jetzt hat die Doğuş-Gruppe aus Istanbul hier großzügig in ihre erste supermoderne **D-Marina** investiert. 550 Liegeplätze sind entstanden. Zur Aufschüttung des Geländes und zur Gründung der Mole wurden 1,5 Mio Tonnen Fels herangeschafft. Das Gelände umfasst 100 000 m².
Diese und die neue Marina in *Yalıkavak* werden der Mitta Bodrum Marina (bisher Karada Marina) ordentlich Konkurrenz

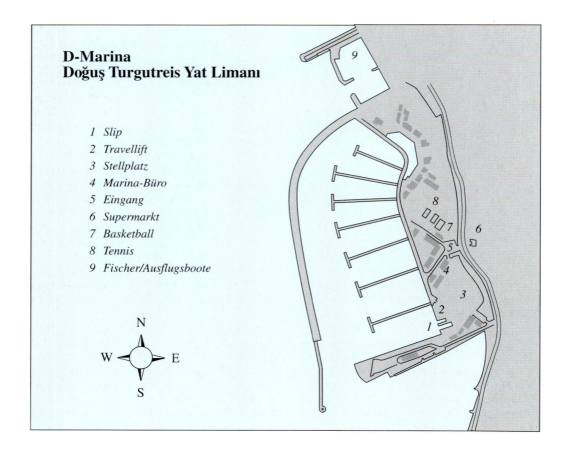

machen. Denn die Lage am westlichsten Punkt der *Bodrum*-Halbinsel ist fantastisch. Mindestens 6°C kühlere Temperaturen im Hochsommer sind hier »draußen« an der Tagesordnung. Der Wind weht immer vom offenen Meer auf die Schwimmstege und nicht aufgeheizt wie in *Bodrum* von den Bergen.

Gegenüber liegen einige kleine Inseln, und dahinter ragen die wuchtigen Berge von *Kalymnos* auf. Nach *Kos* sind es nur 7 Meilen. In der Marina sind alle Behörden (Zoll, Passpolizei, Hafenmeister) stationiert, damit das Ein- und Ausklarieren auf kurzen Wegen problemlos möglich ist. Die Marina ist Port of Entry und nimmt ausländische Yachten unter Zollverschluss. Am Südostkai wurde ein Fähranleger für Fährschiffe nach Griechenland gebaut.
Die beiden neuen Marinas in *Yalıkavak* und *Turgutreis* entsprechen neuesten technologischen Standards und sind mit allem ausgerüstet, was für modernen Yachtbetrieb erforderlich ist.

Die **D-Marina Turgutreis** kann 550 Yachten im Wasser und 100 an Land beherbergen, auch Megayachten bis 50 Meter Länge. Das Personal weist den Platz zu (UKW-Kanal 73). Wassertiefen 3 bis 8 Meter.

Versorgungsmöglichkeiten: An allen Plätzen Murings, Elektrik 16-32-63-125 A (220/380 Volt–50 Hz), Wasser- und TV-Anschlüsse, auf Wunsch auch Telefon. WC/Duschen, Wäscherei, Erste-Hilfe-Station, Depots für Yachten, Tankstelle. Travellift (100 t), Slipway, Taucherstation und Flaschenfüllservice, Hawser Boat (in der Marina), alle Reparaturen. Tank- und Bilgenentleerung, Parkplätze. Restaurants, Pub-Café-Bar, Yacht-Club, Fitness & Sauna, Tennis, Basketball, Beach Volleyball, Kindergarten, Swimmingpool, Bank, Internet-Café, Supermarkt, Boutiquen. In Turgutreis (10 min. zu Fuß): Lebensmittel und Gemüse, Bank, PTT und Telefon. Taxen und Busse nach Bodrum. Supermarkt direkt gegenüber der Marina.

Anschrift: D-Marin Turgutreis, Abide Cad. No. 26, 48960 Turgutreis-Bodrum/Türkei
Tel: +90 252 382 90 65
Fax: +90 252 382 90 68
Mail: info@dogusmarina.com.tr
Web: www.dogusmarina.com

Der kleine Hafen beim Ort ist Fischern, einheimischen Gulets und Ausflugsbooten vorbehalten.

Bei der Weiterfahrt in südöstlicher Richtung sind die gefährlichen Klippen um *Hüseyin Burnu*, *Paşa Kayalar* und *Bekçi Kayası* mit großem Abstand seewärts zu passieren, da man sie nicht sehen kann. In der engen Durchfahrt *Bodrum Boğazı (Diavlos tis Ko)* ist die griechische Insel *Kos* weniger als 3 sm vom türkischen Festland entfernt.

Akyarlar (*Gökdiken*, 36°58'N 027°17,5'E) liegt im Scheitel der Bucht nordwestlich des Leuchtfeuers *Kargı Adası*. Die Ansteuerung ist einfach. Schon beim Einschwenken in die Bucht fällt der unfertige Hotelbau auf der westlichen Einfahrtshuk auf, dann sind der Ort mit der Moschee und der Wellenbrecher des kleinen Fischerhafens deutlich zu erkennen. Auch hier werden massenhaft Ferienunterkünfte gebaut.
Man kann sowohl in der nordwestlichen Einbuchtung als auch vor dem Hafen auf 3–4 m Wassertiefe ankern. Hier besteht der Ankergrund aus hartem Sand mit Seegrasstellen dazwischen. Der Anker gräbt sich schlecht ein. Gegebenenfalls bringt man eine Leine zur Mole aus. Starke Fallböen aus wechselnden Richtungen kommen von den Bergen. Leichte Dünung hält an. Wegen der nachts ein- und auslaufenden Fischerboote Ankerlicht setzen (siehe Plan Seite 168).
Der Fischerhafen hat nach dem Ausbaggern mindestens 2,50 m Wassertiefe, am Molenkopf 3 m; landwärts wird es flach.
Im Notfall bekommt man Wasser von einer der Tavernen. Ein kleiner Laden ist jenseits der Straße.
Dieser Platz kann für den Fall nützlich sein, dass man – von *Bodrum* kommend –

Kuşadası bis Bodrum

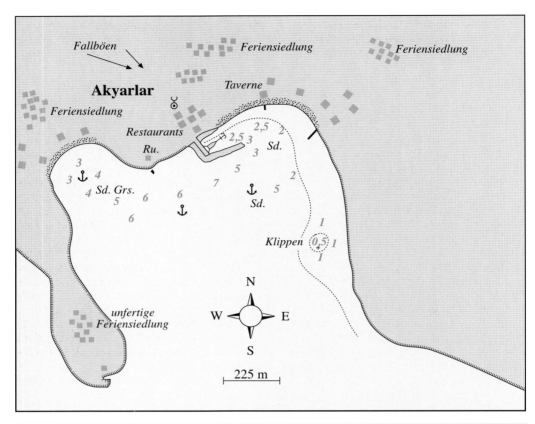

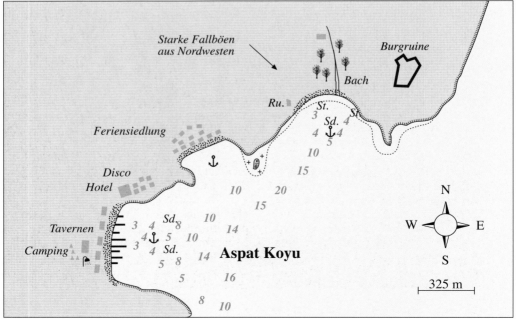

nach dem Runden des Kaps *Kocaburun* wegen zu starken Gegenwindes die Fahrt in nördlicher Richtung unterbricht.

Aspat Koyu (36°58,3'N 027°18,3'E) ist die nächste Bucht, wenn man das hohe Kap Kocaburun gerundet hat. Ein Campingplatz und eine Unmenge von Ferienhäusern befinden sich am Ufer. Die westliche Einbuchtung ist frei von Untiefen, der Grund nimmt gleichmäßig zum Sandstrand hin ab. Ankergrund feiner Sand. Hier liegt man bei dem üblichen Nordwestwind sehr sicher. Die Stege werden tagsüber von Ausflugsbooten beansprucht.
Bei den Tavernen sitzt man wie in einem Picknickpark auf Bänken an rohen Holztischen und bekommt schmackhaft zubereitete Speisen und frisches Fladenbrot aus dem Backofen.
Vor der Feriensiedlung im Nordwesten kann man ebenfalls auf Sandgrund ankern. Weniger günstig liegt man im Nordosten vor der kleinen Bachmündung unterhalb der Burgruine, denn der Platz ist starken Fallböen ausgesetzt. Ankergrund ebenfalls Sand, zum Ufer hin in Steine übergehend. Zum Übernachten eignet sich am besten die Westbucht.
In dieser Gegend wurden besonders viele der abschreckend eintönigen Feriensiedlungen, die wie aufgereihte weiße Schuhkartons aussehen, aus dem kahlen Boden gestampft.
Die Ankerplätze in den Buchten **Bağlar Koyu** *(Ortakent Plaj)*, **Bitez** *(Ağaçlı Koyu)* und **Gümbet** sind nach der Seekarte mühelos anzulaufen. Will man bei einem längeren Aufenthalt in dieser Gegend der Sommerhitze der Stadt fernbleiben, sind diese luftigen Buchten zum Ausweichen gut geeignet. Am Gemeindesteg an der Südseite der *Bitez*-Bucht *(Ağaçlı Koyu)* gibt es Wasser- und Stromanschluss; es werden Liegegebühren kassiert. Im Nordteil der Bucht Strandleben, Restaurants, kleine Lebensmittelläden, Klimbimgeschäfte. Wegen ihrer Nähe zu *Bodrum* sind die Buchten stark belebt; pausenlos pendeln Ausflugsboote hin und her.

Bodrum, Blick vom Hafen auf die Johanniterburg

5 Bodrum bis Marmaris

	Seite		Seite
GÖKOVA-GOLF	172	**HISARÖNÜ-GOLF**	197
Bodrum (Port of Entry)	173	Kuruca Bükü/Çiftlik Limanı	197
Bodrum Marina	174	Armak Bükü	199
Kargıcık Bükü	176	Bencik	199
Orak Adası	176	Karasüleyman Bükü (Big Foot)	200
Alakışla Bükü	177	Kuyulu Bükü, NW-Bucht	200
Kargılı Limanı	177	Orhaniye Koyu (Keçi Bükü)	200
Çökertme Koyu	177	Martı Marina	201
Akbük Limanı	179	Selimiye Koyu	203
Gökova Iskele	179	Ağıl Koyu (Dirsek)	205
Çamlı Limanı (Gelibolu Limanı)	181		
Şehir Adaları	181	**YEŞILOVA-GOLF**	205
Karacasöğüt (Karaca Limanı)	182	Söğüt Limanı	206
Değirmen Bükü (Ingliz Limanı)	184	Kızıl Adası	207
Kargılıbük Limanı	185	Bozburun (Yeşilova)	207
Tuzla Koyu	185		
Yediadalar	186	**KARABURUN BIS KADIRGA BURNU**	207
Küfre Koyu	186	Bozukkale (Aplotheka)	208
Saklı Limanı	186	Serçe Limanı	209
Bördübet Limanı	187	Arap Adası	209
Gökçelerbükü Limanı	187	Kumlu Burnu	211
Çatı Koyu	188	Çiftlik Koyu	211
Körmen	189	Kriek Ince (Ince Adası)	212
Mersincik Limanı	190	Çaycağız Koyu (Kadırga Burnu)	212
		Kumlu Bükü	212
KNIDOS BIS HISARÖNÜ-GOLF	191	Turunç Koyu	212
Büyük Limanı (Knidos)	191		
Echo-Bucht	193		
Palamut Bükü	193		
Hayıt Bükü	193		
Kargı Koyu	195		
Datça (Port of Entry)	195		
Karainicir Adaları/Değirmen Bükü	196		

Gökova-Golf

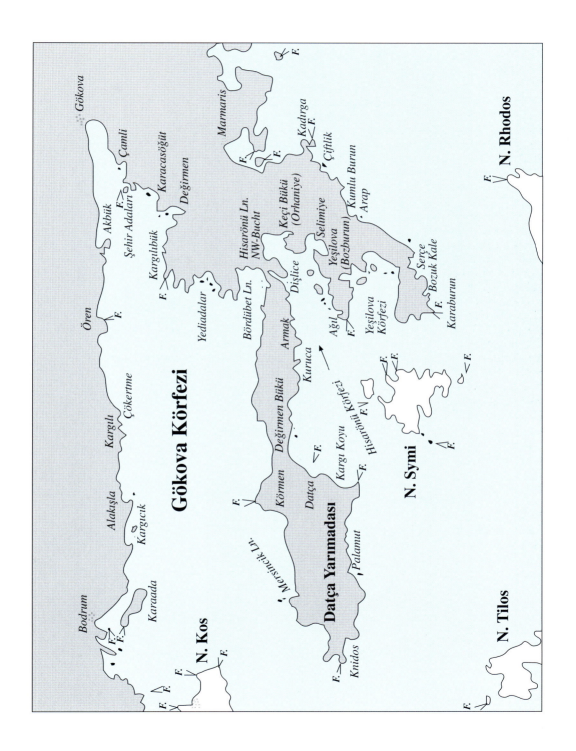

Gökova-Golf

Ein weitgereister Segler, der alljährlich den Sommer im Seerevier zwischen *Bodrum* und *Kaş* verbrachte, sagte einmal: »Die Karibik muss man einmal gesehen haben, aber an der türkischen Küste bleibt man.« Das hat sich herumgesprochen: Vor allem in dem Gebiet zwischen *Bodrum* und *Fethiye* findet man die schönsten Ankerplätze des Mittelmeeres.
Die Häfen von *Bodrum, Marmaris* und *Göcek* sind zu Zentren des Yachttourismus geworden, begünstigt durch gute Anreisemöglichkeiten und zahreiche Charterflotten, die hier stationiert sind. Sie werden zur Versorgung angelaufen und bei einem beabsichtigten Länderwechsel. Die Entfernungen zu den griechischen Ports of Entry betragen: *Bodrum – Kos* 11 sm, *Marmaris – Rhodos* 26 sm, *Göcek – Rhodos* 43 sm.
Da eine Crew, die vielleicht nur zwei Wochen zur Verfügung hat, keine übermäßig langen Strecken zurücklegen kann und es angesichts der einzigartigen Küste sicherlich auch gar nicht will, hält sich eine große Anzahl von Charterbooten in diesem begrenzten Revier auf. Hinzu kommen die *Gulets,* traditionelle Holzschiffe mit kräftigem Motor und mehr und mehr auch Segeln. Die meisten sind Charterschiffe und erfreuen sich für die so genannte »Blaue Reise« großer Beliebtheit.
Außerdem gibt es jede Menge Kleinboote, die zwischen Feriensiedlungen und Hotels zu benachbarten Badeplätzen hin und her pendeln, sodass »einsame« Winkel immer seltener werden. Andererseits ist in den großen Golfen noch genügend Platz für alle da, wenn die Crews rücksichtsvoll und auf Sicherheit bedacht ankern und sich kameradschaftlich nach den guten Regeln der Seemannschaft verhalten.
An dieser Stelle soll auch ein Wort über verantwortungsvolles Umweltverhalten gesagt werden. Es sind die sorglos hinter Oleanderbüschen abgestellten Müllsäcke, die auf den Ankergrund versenkten Flaschen und Dosen, die ausgepumpten Bil-

gen, die uns die Freude an einer einsamen Bucht verderben. Hinzu kommt der Ärger über das übereifrige Dienen- und Verdienenwollen in den Häfen, die manchmal überhöhten Preise, die es hier wie überall gibt.
Die Gemeinden der Orte an der Küste haben das Problem erkannt und inzwischen viel in die Wege geleitet. So schulen die Bodrumer Gulet-Agenturen ihre künftigen Kapitäne und Mannschaften auf einem eigens gebauten Schulschiff. In häufig angelaufenen Buchten wurden Müllhäuschen aufgestellt und ein Müllschiff gebaut, das den Müll dort abholt. Türkische Naturschützer haben aktiv die Aktion zur Rettung der Schildkröten im *Dalyan*-Gebiet unterstüzt und manches Bauprojekt verhindert, das die Natur empfindlich gestört hätte. Die *Bodrum Gönülleri,* die freiwilligen Helfer von Bodrum, fahren jeden Herbst mit bis zu 30 Gulets in den Gökova-Golf, um in den Buchten den angeschwemmten und weggeworfenen Müll einzusammeln. Alle diese Kampagnen nützen der Natur und nützen damit jedem von uns. Die wichtigsten Verhaltensregeln sind hier nochmals zusammengefasst:

– Kein Abfall in die Natur!
– Keine Toilettentank-Abwässer in Küstennähe ins Meer!
– Keine scharfen Putzmittel an Bord verwenden!
– Keine Waschmittel über Bord!
– Keine Flaschen und Dosen versenken, weder auf dem Ankerplatz noch auf dem offenen Meer!
– Keine laute Musik an Bord, kein Lärm (Generator!) bis spät in die Nacht!
– Kein Feuer an Stränden und in den Buchten (Waldbrandgefahr)!

Mit diesen guten Vorsätzen wollen wir die Fahrt in den *Gökova*-Golf *(Gökova* bedeutet Himmelsebene) beginnen, der nach der antiken Stadt *Keramos* (heute *Ören*) auch

Keramos-Golf genannt wird. Durch die vielfach eingekerbte Küste gibt es eine große Anzahl von Ankerplätzen in berückend schöner Landschaft. Bei stabiler Schönwetterlage weht der Wind aus West und wird höchstens geringfügig durch den Küstenverlauf abgelenkt. Er beginnt am späten Vormittag und steht bis zum Sonnenuntergang durch, kann bis zu 6 Bft erreichen und einigen Seegang verursachen. Der Segler, der den *Gökova*-Golf in seiner gesamten Länge von 50 sm ausfahren will, hat die Wahl, zwischen der Nord- und Südküste zu wechseln oder sich in kleinen Etappen vorwärts zu bewegen, wobei er den günstigsten Wind ausnutzt.

In den Buchten an der Nordseite gibt es Fallböen je nach Lage der Berge, die bis über 900 m ansteigen, je näher man dem Scheitel des Golfes kommt. Die Küste an der Südostseite hat flachere Ufer, ist hügelig, stark bewaldet und in den Flussmündungsgebieten sumpfig. Dort gibt es natürlich Mücken. Auch die Südseite des Golfes, die Nordküste von *Datça Yarımadası*, bietet einen herrlichen Anblick, hat aber weniger Einschnitte.

Die Buchten westlich von *Bodrum* sind oft Ziel von Tagesausflügen und deshalb besonders stark überlaufen. *Aspat Koyu* und *Akyarlar (Gökdiken)* wurden bereits im vorigen Kapitel beschrieben.

Bodrum

(37°02'N 027°25,5'E, Port of Entry). Die Ansteuerung von *Bodrum* macht selbst nachts keine Schwierigkeiten, wenn man das Leuchtfeuer auf der Westseite der Insel *Karaada* zu Hilfe nimmt. Bei bewegter See sollte man auf die 4,60-m-Stelle *Sığlık* 1,7 sm SSW vor der Hafeneinfahrt achten. Die Untiefe *Dikilitaş,* 1 kbl südöstlich von *Haremten Burnu*, ist mit einer Leuchtbake gekennzeichnet.

Die Molenköpfe sind befeuert, die Stege der Marina im westlichen Teil des Hafens beleuchtet, und das Kastell wird angestrahlt, sodass man sich nachts gut zurechtfinden kann. Auch bei Tage ist das Kastell die markanteste Ansteuerungshilfe.

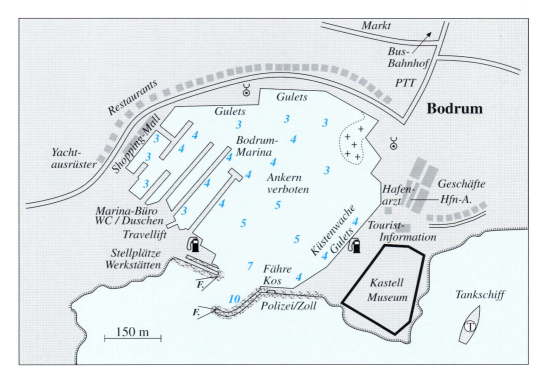

Der **Hafen Bodrum** ist seit der Verlängerung der Außenmole auch im Winter und bei südlichen Winterwinden gut geschützt. Freies Ankern im Hafen ist verboten.
Die Liegeplätze am Kai rund um den Hafen sind für einheimische Gulets, Ausflugs- und Fischerboote bestimmt. Lediglich zum Tanken dürfen Yachten kurzfristig am Ostkai anlegen. Die Marina-Tankstelle befindet sich an der Wurzel der Westmole. Am unkompliziertesten tankt man am Tankschiff außerhalb des Hafens südöstlich des Kastells, das immer im Wind liegt, was das Anlegen längsseits einfach macht.
An der Ostmole unterhalb des Kastells machen die Fähren aus *Kos* fest; dort befinden sich auch der Zoll *(Gümrük)* und die Passpolizei sowie einige Duty-free-Shops. Das Hafenamt ist in der Nähe des großen Platzes vor dem Kastell, der »Doktor«, der ebenfalls das Transitlog abstempeln muss, ein paar Häuser weiter. Will man nicht in der Marina festmachen, besteht die Möglichkeit, in der östlich des Kastells gelegenen Bucht *Kale Koyu* zu ankern; doch ist dies kein sicherer und vor allem ein lauter Platz.

Milta Bodrum Marina. Die bisherige Karada Marina heißt seit 2003 Milta Bodrum Marina, kurz Bodrum Marina, nachdem die anfangs beteiligte Karada Holding ausgestiegen ist. In den Hochsommermonaten ist sie zu 95 Prozent belegt, an Wochenenden kann man dann oft keinen Liegeplatz finden. Frühzeitiges Anmelden wird empfohlen. Drei Charterfirmen haben hier ihre Yachten stationiert; große Motoryachten und Gulets können an den Schwimmstegen bestaunt werden. Eine stattliche Anzahl moderner Yachten von Jeanneau, Beneteau etc. tragen die türkische Flagge und gehören türkischen Eignern. Der in der Marina heimische *Bodrum Yachtclub* veranstaltet mehrmals im Jahr Regatten, an denen bis zu 30 Yachten teilnehmen – sogar im Winter.

Innerhalb der Marina: 450 Liegeplätze an Kai und Stegen (Murings) mit Wasser- und Stromanschluss; das Personal weist den Platz zu (UKW-Kanal 73). Modernste Duschen/WCs, Wäscherei, Erste-Hilfe-Station. Schiffsbedarf, Blockeisverkauf, Supermarkt, Ladenzeile, Telefon-, Fax- und Internetservice, Restaurant, Bar, Yachtclub.

Versorgungsmöglichkeiten: *450 Plätze, Wasser-, Elektrik- und Telefon-Anschluss am Steg, Tankstelle, Supermarkt, Boutiquen. 40 Stellplätze an Land, Travellift 70 t, Werkstätten, Diesel-Tankstelle Nähe Westmole. Supermarkt Gima direkt in der Marina. Begrenzter Parkplatz (auch für Zollverschluss). In Bodrum (10 min. zu Fuß ins Zentrum) gibt es alles: drei große Supermärkte (Migros, Gima, Tansas). Gemüse und Obst auf dem Wochenmarkt (Donnerstag/Freitag). Banken, PTT und Telefon. Taxen und Busse nach Izmir, Ankara, Istanbul, Marmaris etc.*

Anschrift: *Milta Bodrum Marina, Neyzen Tevfik Cad. No. 5, 48400 Bodrum/ Muğla/ Türkei*
Tel: +90 252 316 18 60
Fax: +90 252 316 14 06
Mail: info@ miltabodrummarina.com
Web: www.miltabodrummarina.com

Bodrum ist der beliebteste Ferienort und Zweitwohnsitz für wohlhabendere türkische Familien. Beim ersten Bummel scheint es, als bestehe der Ort nur aus Restaurants, Bars, Gold- und Teppichläden. Man muss schon ein paar Schritte abseits in die Seitensträßchen hinein gehen, um festzustellen, dass hier auch noch »normale« Menschen leben und ihrem Alltag nachgehen. Schön sind die alten Bodrum-Häuser aus massivem Naturstein, die Gartenmauern mit blühendem Oleander und Bougainvillea. Am Hafen steht man staunend vor den ankernden, honiggelb leuchtenden Gulets, die auf Charterkundschaft warten. Im Zentrum bei der Post gibt es einen kleinen Obst- und Gemüsemarkt; großer Bauernmarkt donnerstags und freitags beim Busbahnhof. Fachgeschäfte für Farben, Werkzeug, Bootszubehör und Werkstätten ebenfalls Nähe Busbahnhof (siehe Plan). Die Post *(PTT)* liegt wenige Schritte vom Zentrum in Richtung der Ausfahrtstraße auf der linken Seite. Gute Busverbindungen in alle Richtungen. Internationaler Flughafen *Milas-Bodrum* (35 km). Täglich Fähren nach *Kos*.

Einen besonders schönen Rundblick auf Bodrum hat man vom restaurierten antiken Theater, das man erreicht, wenn man von der Marina, sich links haltend, durch die Gassen aufwärts wandert oder – da man sich schnell verläuft – mit einem Taxi hinauf bringen lässt.

Vom antiken **Halikarnassos,** das im 4. Jahrhundert v. Chr. Hauptstadt der persischen Provinz Karien war und unter Mausolos seine Glanzzeit erlebte, sind kaum Reste erhalten. Berühmt als eines der Sieben Weltwunder wurde das Grabmonument des Mausolos, das 55 m hohe und prächtig verzierte *Mausoleion,* von dem nur noch das Fundament aus grünem Sandstein an seinem Platz verblieb, während Statuen und Reliefs nach London kamen und andere Marmorteile in der Festung verbaut wurden. Der Platz des *Mausoleums* liegt in der *Turgutreis Caddesı*, 5 min. von der Marina entfernt.
Mächtig und nach der Renovierung völlig intakt zeigt sich die größte Sehenswürdigkeit der Stadt, das *Kastell St. Peter*. Es wurde ab 1420 vom Johanniterorden erbaut und fiel 1522 kampflos an die Türken, als die Johanniter Rhodos und damit auch Bodrum verlassen mussten. Heute sind im Kastell verschiedene Museumsräume eingerichtet, in denen neben sehenswerten archäologischen Stücken zahlreiche Funde aus uralten Schiffswracks aufbewahrt werden (Anker, Bronzebarren). Besonders eindrucksvoll: der Saal mit der karischen Prinzessin. Sehr dekorativ sind marmorne Bruchstücke und ganze Amphorenlager auch im Burggelände verteilt.

Werften: In *Içmeler,* etwa 2 sm südöstlich von *Bodrum*, befinden sich einige große Werften – *Bodrum* ist das Zentrum des Guletbaus. Hier kann man Gulets in allen Baustadien sehen. Wer sich für Gulets und

Blaue Reisen interessiert, findet umfassende Infos unter *www.gulet.net*. Von den besonders für Yachteigner interessanten Werften seien hier drei benannt. Man sollte möglichst vorher das Gelände besichtigen (5 km auf dem Landweg, *Dolmuş*-Verbindung) und einen Slipertermin für die ruhigen Morgenstunden vereinbaren, da tagsüber der Wind an dieser Küste auflandig weht, was das rückwärts Einfahren in die Liftkammern schwierig macht. Das Leistungsangebot der Werften:

Yatlift, 100 Stellplätze, beleuchtet und bewacht, mit Wasser- und Stromanschluss; Duschen, Löschanlage. Zwei Travellifte (20 t, 60 t), breit genug auch für Katamarane. Sämtliche Arbeiten werden übernommen: Osmose-Behandlung, Sandstrahlen, Schweißen, Farbanstriche, Arbeiten an Holz, und Teakdeck, Motorreparaturen, Batterie- und Rettungsinsel-Wartung. Zollabfertigung bei Auslandslieferungen (mehrwertsteuerfrei). Zusammenarbeit mit der Segelmacherei Seagull, Bodrum. Eigenarbeit erlaubt, aber keine betriebsfremden Hilfskräfte und Handwerker.

Anschrift: Yatlift, Içmeler, 48400 Bodrum/ Türkei, P.K. 424
Tel: +90 252 316 78 42
Fax: +90 252 316 76 20
UKW-Kanal 69 »Yatlift«
Web: www.yatlift.com

Erol Ağan: Reichlich Platz auf markierten Flächen, alle Reparaturen; Wasser, Strom, Travellift 40 t, Box 3 m Wassertiefe, Schlitten für Schiffe von 40–80 t vorhanden.
Anschrift: Ağanlar Tersanesi, Içmeler Mevkii, 48400 Bodrum
Tel: +90 252 316 17 08
Fax: +90 252 316 68 74

Gündüz: 150 Stellplätze, Wasser, Strom, Travellift 16 t, Motor- und Segelreparaturen.
Anschrift: Gündüz Tersanesi, Içmeler Mevkii, 48400 Bodrum
Tel: +90 252 316 15 51 (Stadtbüro)
Tel: +90 252 316 69 72 (Werft)
Fax: +90 252 316 43 21

Nicht in *Içmeler*, aber in *Bodrum* und in *Yalıkavak*, bietet Yusuf Civelekoğlu, vielen noch als dynamischer Macher von *Yatlift* bekannt, seine Dienste rund um Yachten und Motorboote an. Seine Firma heißt **Yachtworks**: Neben allen technischen Betreuungs- und Reparaturarbeiten versteht Yachtworks sich als Helfer in allen Zollprozeduren, insbesondere im »Yacht-in-Transit«, bei Mehrwertsteuer-Rückerstattung für Exportgut und als Ansprechpartner der Kreuzer-Abteilung des DSV im Raum Bodrum.

Anschrift: Yachtworks Turgutreis, Cumhuriyet Bulvarı 29a, 48400 Turgutreis/ Türkei
Tel: +90 252 382 44 45 oder
Yachtworks Bodrum, Poyraz Sokak 2, 48400 Bodrum/Türkei
Tel: +90 252 316 50 38
Fax-Tel: +90 252 313 75 39
Mail: yachtworks@superonline.com
Web: www.yachtworks.info

Verlässt man *Bodrum* in südöstlicher Richtung, so muss man tagsüber, wenn der Wind bereits eingesetzt hat, zwischen dem Festland und der hohen Insel *Karaada* auf heftige Böen gefasst sein. Nur 10 sm von *Bodrum* entfernt liegt dann

Kargıcık Bükü (≈36°59'N 027°34'E), ein Archipel von Buchten und Inseln, die gegen die vorherrschenden sommerlichen Winde und den Seegang bestens schützen. Tiefes Wasser reicht bis dicht an die Ufer, der Grund steigt aus großer Tiefe zu den Kiesstränden hin gleichmäßig an. Die früher bei Seglern beliebte **Westbucht** ist leider durch die Hotelanlage *Seagarden-Hapimag* besetzt – man wird des Platzes verwiesen.

Bleiben die Ankerplätze im Südteil der **Pabuş-Bucht** auf 5–10 m (der Nordteil ist ebenfalls von *Seagarden* belegt) und die Ankerplätze rund um die Insel **Orak**. Hier findet man einen sicheren Platz gegen südliche Winde im Einschnitt an der Nordseite. Da der Platz begrenzt ist, bringt man eine Leine zu den Tamarisken neben dem kleinen Anleger im Scheitel der Bucht aus.

Mehrere Plätze befinden sich an der Ostseite der Insel. Beim Ansteuern auf das östlich

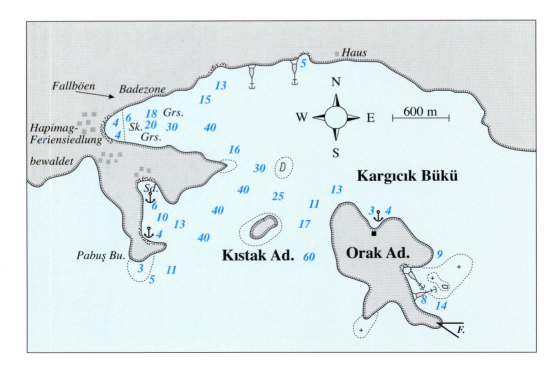

11 Setur Kuşadası Marina ist ein beliebter, gut geschützter Yachthafen

12 Siğacik-Marina – guter Schutz zwischen Çeşme und Kuşadası

13 Apollontempel in Didyma

14 Die D-Marina in Turgutreis bietet kompletten Service

15 Blick auf den Hafen Bodrum und das Johanniter-Kastell. Bodrum ist ein idealer Ausgangspunkt für Fahrten in den Gökova-Golf

16 Kargılıbük Limanı – eine der reizvollen Buchten im Gökova-Golf

17 Die Hayıt Bucht bietet einen kleinen Steg für 6 bis 8 Yachten

18 Bucht Bencik im Hisarönü-Golf

19 Das imposante Kap von Knidos markiert die südöstliche Einfahrt in den Gökovagolf

20 Bizarre Landschaft im Hisarönügolf (Burgengolf)

21

21 Die felsige Einfahrt zum Serçe Limanı
22 Bozburun ist ein sicherer Hafen genau östlich der griechischen Insel Symi

22

vorgelagerte Riff achten! Da der Grund rasch abfällt, empfiehlt es sich, eine Leine zu den Felsen auszubringen. Die Ostküste der *Orak* Insel wird tagsüber gerne von Gulets und Motoryachten aus *Bodrum* besucht, nachts ist man fast allein. Bei südlichen und östlichen Winden muss man in die Nordbucht ausweichen.
Ein dritter Ankerplatz befindet sich an der Nordküste der *Kargıçık Bükü*, da wo die Fischer liegen oder noch weiter östlich neben der auffallenden Villa vor einem Kiesstrand. Leine zum Land ausbringen, da der Wind aus Nord oft heftig auffrischen kann.

Alakışla Bükü (36°59,8'N 027°39'E), weitere 5 sm östlich gelegen, hat einen Ankerplatz im Norden der Bucht vor einem Kiesstrand. Bei der Ansteuerung lässt man die kleine Insel *Yildiz* an Backbord, wenn man ganz sicher sein will, der Klippe zu entgehen, die mit einem Seezeichen markiert ist. Beim Näherkommen erkennt man einige byzantinische Ruinen am Strand. Der Ankergrund besteht aus Schlick und ist mit kurzem Seegras bewachsen. Auch hier empfiehlt sich eine Landleine zu den Bäumen am Ufer. Der kleine Einschnitt nach Westen neben den Ruinen bietet Platz für eine Yacht mit zwei Leinen zu den Bäumen. Im Südwesten der weiträumigen *Alakışla Bükü* gibt es noch einen Einschnitt, der ebenfalls gut geeignet ist. Leine zum Land. Achtung vor dem gut sichtbaren Felsen.

Kargılı Limanı (36°59,8'N 027°46,6'E) ist eine breite, tief nach Norden einschneidende Bucht, die guten Schutz bei westlichen Winden bietet. Tiefes Wasser auf beiden Seiten der Einfahrt erleichtert die Einsteuerung; erst im letzten Drittel steigt der Grund vor dem Steinstrand auf brauchbare Wassertiefen an.
Da genügend Raum zum Schwojen vorhanden ist, ankert man am besten vor dem Strand über gut haltendem Grund aus Mud und Sand. Einzelne Seegrasstellen kann man gut erkennen und beim Ankern meiden. Die Fallböen von den Bergen im Norden können am Nachmittag heftig sein. Deshalb sollte man eine Landleine zu den Olivenbäumen am Ufer ausbringen. Nur bei starkem Seegang aus westlicher Richtung entsteht leichte umlaufende Dünung. Die Bucht ist unbewohnt.

Çökertme Koyu (37°00,3'N 027°47,6'E). Diese sehr schön gelegene Bucht ist gegen die westlichen Tageswinde an sich gut geschützt, doch kommen starke Fallböen von den Bergen, die die Ansteuerung unter Segeln erschweren können. Man kann zwischen drei Ankerplätzen wählen.
Die westliche Einbuchtung ist tagsüber am

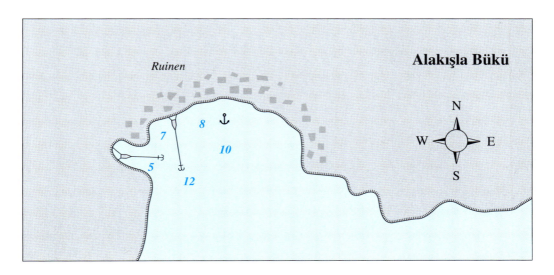

178 *Bodrum bis Marmaris*

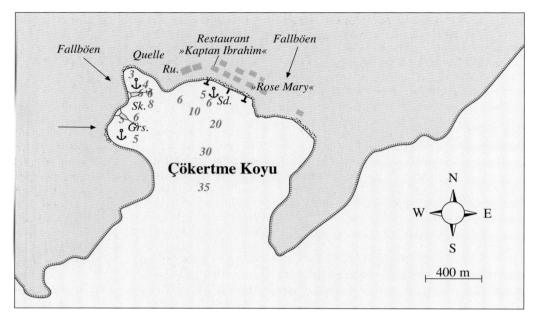

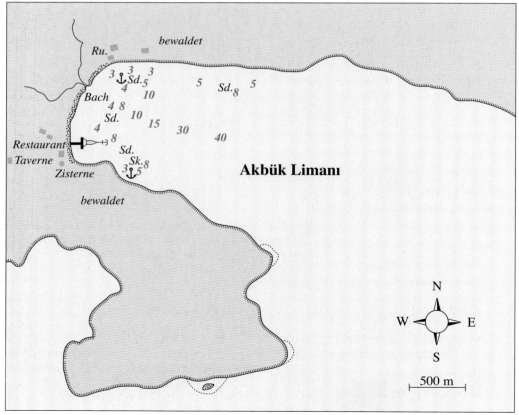

stärksten der umlaufenden Dünung ausgesetzt. Die Böen kommen hier mehr aus Westen.

In der nordwestlich gelegenen Bucht nehmen die Wassertiefen gleichmäßig ab, und der Ankergrund besteht aus Sand und Mud mit kleinen Steinen, teilweise mit kurzem Seegras bewachsen. Da immer mehrere Boote vor Anker liegen, muss man sicherheitshalber eine Leine zum Felsufer ausbringen. Speedboote der Restaurants bieten ihre Hilfe beim Leinenausbringen zu den Felswänden an. Die Fallböen sind hier schwächer als vor dem Ort, wechseln aber in der Richtung.

Am östlichen Ufer fließt eine Quelle, unter Büschen versteckt, direkt ins Meer. Vor dem Ort *Çökertme* gibt es Stege, an denen man mit Murings und Heckleinen anlegen kann. Nachmittags steht manchmal heftiger Schwell herein, da liegt man bessser im Nordwestteil der Bucht vor den Felswänden. Der erste Anleger gehört zum »Kaptan Ibrahim Restaurant«, der östliche zum »Rose Mary Restaurant«. Bei »Kaptan Ibrahim« gibt es neben türkischer Küche und Hähnchen aus dem Backofen manchmal einen türkischen Abend mit Pistolentanz in osmanischer Tracht und anschließendem Unterricht im Rauchen der *Nargile* (Wasserpfeife). Bei »Rose Mary« soll das Essen sehr gut sein. Bei beiden gibt es Wasser, Duschen/WC, Minimarkt, Telefon und türkische Küche. Wer will, kann auch auf einem Kamel reiten oder sich mit Souvenirs eindecken. Im Dorf *Çökertme*, weiter oben am Berg, werden Teppiche geknüpft.

Fünfeinhalb Seemeilen östlich von *Çökertme* fällt der hohe Schornstein des vielumstrittenen Kraftwerks von *Ören* auf (siehe Seekarte). Umweltschützer haben dagegen protestiert, *Saynur Gelendost,* eine Umweltfrau aus *Bodrum,* hat ihren Hungerstreik bis ins Koma getrieben – es hat alles nichts genutzt: Der Schornstein, eine unverwechselbare Landmarke, raucht nahezu unsichtbar vor sich hin.

Akbük Limanı (37°02'N 028°06,2'E), gegen West- bis Nordwinde sehr gut geschützt, ist von grünen, dicht bewaldeten Bergen umgeben. Bei der Ansteuerung können die Fallböen dem Segler zusetzen, doch die Annäherung an die rundum tiefen Ufer ist ungefährlich. Nachts kommt der Wind aus wechselnden Richtungen über die Berge, die an der Nordflanke steil bis auf 951 m Höhe ansteigen. Nachts manchmal heftigste Fallwinde von dort.

In der Nordwestecke vor dem Kieselstrand steigt der Grund gleichmäßig an und besteht aus Sand und Schlick. Hier ist genügend Raum zum Schwojen. Ankert man in einer der südlichen Einbuchtungen, so empfiehlt es sich, eine Leine zum Land auszubringen. Zwei Restaurants bieten mit ihren Stegen komfortables Liegen. Macht man dort fest, verpflichtet man sich, zum Abendessen in die »Villa Akbük« bzw. in »Altaş Restaurant« einzukehren.

Das Hinterland wird von ein paar Bauern bewirtschaftet. Nur einige Häuser sind bewohnt. Der gewundene Bach füllt hinter dem Kieselstrand erst ein kleines Becken, bevor er ins Meer mündet, sodass man abwechselnd ein See- und Süßwasserbad nehmen kann.

Im Scheitel des Gökova-Golfes ändert sich das Landschaftsbild abrupt: Hohe Felshänge gehen in flaches Schwemmland über, das den *Gökova Limanı* im Osten abschließt. Ideale Anker- oder gar Anlegeplätze für Sportboote gibt es hier nicht.

Gökova Iskele (37°03'N 028°18,7'E) liegt am Ende des Golfes. Die Dünung macht sich in diesem letzten Teil des Gökova-Golfes lange vor Einsetzen des Windes unangenehm bemerkbar. Wegen der im Sommer zu erwartenden kräftigen Tagesbrise ist das Ankern in dieser Gegend dann nahezu unerträglich.

Wir ankerten vor der kleinen abknickenden Pier auf 4–5 m Wassertiefe über Sandgrund. Zu beiden Seiten der Pier wird es seicht, Yachten finden hier keinen Schutz. Bei einsetzendem Wind sollte man den Platz verlassen und eine der besser geschützten Buchten an der Südküste aufsuchen (siehe Plan auf Seite 180). Der kleine Einschnitt 1/2 sm westlicher an der Nordküste mag da, wo die

180 Bodrum bis Marmaris

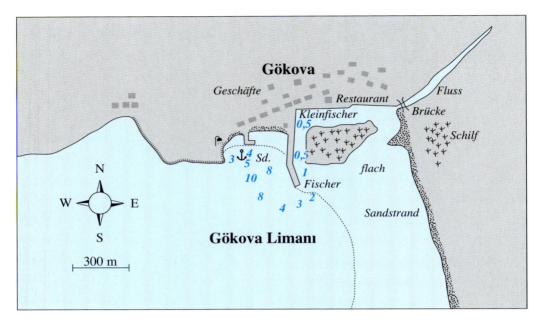

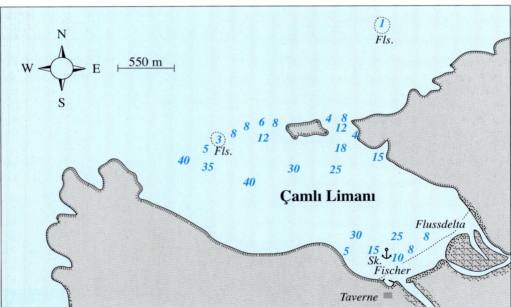

Fischerboote liegen, ein vorübergehender Ankerplatz sein. Idyllische Restaurants in der Nähe.

Gökova, nach dem der Golf benannt ist, besteht aus verschiedenen Siedlungen im Umkreis von 3 km, die ein Außenstehender nicht so leicht auseinander halten kann. In *Akyaka* fielen uns sehr reizvolle neue Sommervillen mit Holzvorbauten und -balkonen auf. In der Nähe der Moschee findet man Läden und PTT.

Gökova-Golf **181**

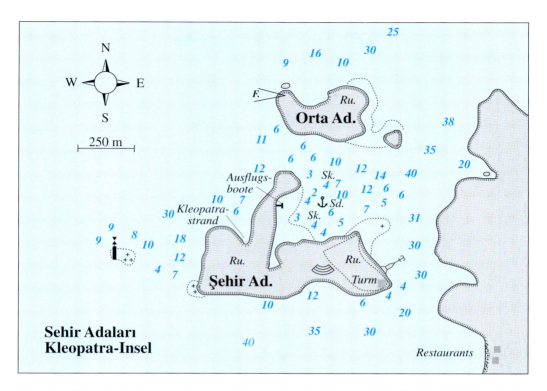

**Sehir Adaları
Kleopatra-Insel**

Bei den Einheimischen ist die bewaldete Umgebung von *Gökova Iskele* mit Picknickpark und Badeplatz sehr beliebt. Hohe Pinien, Palmen, das aus den Felsen sprudelnde Quellwasser, Duschen und Restaurant – auch der Yachtfahrer würde gern bleiben. Doch zum nächsten wirklich sicheren Ankerplatz, *Karaca Limanı,* muss er 10 sm gegen Wind und Seegang aufkreuzen.

Çamlı Limanı (36°59,6'N 028°15'E, *Gelibolu Limanı*), nur 5 sm entfernt, ist nicht so gut geschützt, wie es auf den ersten Blick nach der Seekarte erscheinen mag (siehe Plan auf Seite 180). Die Dünung steht voll hinein. Durch die verzweigte Mündung eines Flusses ist der Scheitel der Bucht verschlammt und flach auslaufend. Vor den Anlegern für Fischer- und Ausflugsboote ist das Wasser seicht. Am Ufer eine kleine Taverne. Eine Straße führt zu den nächsten Ortschaften.
Von hier aus werden Badegäste zur Kleopatra-Insel transportiert, die kaum mehr als 2 sm westlich liegt.

Sehir Adaları (36°59,7'N 028°12,5'E) ist die Bezeichnung der Inselgruppe nach der Seekarte. Bei Einheimischen und Touristen wird die größere der beiden Inseln, *Şehir Adası* (*şehir* = Stadt), einfach Kleopatra-Insel genannt. Die Klippen und Untiefen sehen zwar gefährlich aus, doch bei genauer Navigation erreicht man den äußerst beliebten Ankerplatz bei der Insel *Şehir* ohne Risiko.
Der Grund besteht bei 3–5 m Wassertiefe aus hartem Sand und Mud mit kurzem Seegrasbewuchs. Die Skizze zeigt die Lage des Ankerplatzes zwischen den Inseln. In der Seekarte sind die Wassertiefen verzeichnet. Die Landzunge gibt genügend Schutz vor dem Seegang aus Westen, doch wird man bei starkem Wind die Buchten *Karaca Söğüt Limanı,* 3,5 sm südlich, oder *Değirmen Bükü,* 6,5 sm, vorziehen. Außerdem ist bei der Kleopatra-Insel das Ankern nachts verboten. Diese landschaftlich schöne und zudem historisch eindrucksvolle Insel eignet sich nicht für einen geruhsamen Aufenthalt. Zu viele Touristen werden täglich hierher trans-

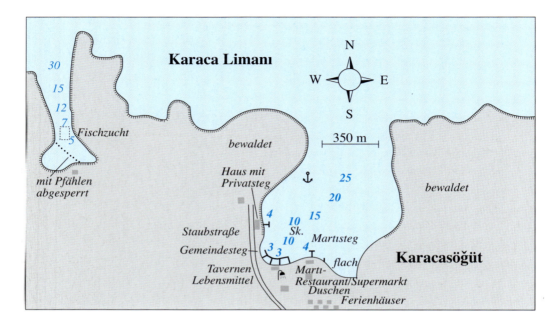

portiert und bevölkern den Kleopatra-Strand jenseits der Landzunge, wo sie in dem weißen, angeblich zur Freude der Königin eigens aus dem Roten Meer herbeigeschafften Korallensand wie Sardinen in der Büchse liegen.
Das Manövrieren der ein- und auslaufenden Ausflugsboote und Gulets zwischen den ankernden Yachten erfordert ständige Aufmerksamkeit. Für das Betreten der Insel und die Besichtigung der Ruinen wird ein überraschend hohes Eintrittsgeld erhoben.

Die Ruinen der alten Stadt **Kedreae** im Ostteil der Insel schlummern romantisch zwischen Olivenbäumen, in denen geradezu ohrenbetäubend die Zikaden zirpen. Vom hübschen kleinen Theater ist noch ein gutes Dutzend Sitzreihen zu sehen, zwischen denen Bäume wachsen. In dem unwegsamen Gelände ist vor allem auf überwucherte, ungesicherte Zisternen zu achten.

Karacasöğüt (36°56,6'N 028°11,3'E, *Karaca Limanı, Söğüt Limanı*) ist leicht anzusteuern und bietet bei westlichen Winden hervorragenden Schutz. Die weiträumige Bucht hat tiefes Wasser bis an die Ufer, die üppig bewaldet sind. Im Süden wurde durch eine Flussmündung viel Land aufgeschwemmt, sodass die Wassertiefen dort geringer sind.
Ankert man auf der Westseite der Bucht, dann muss man wegen der großen Wassertiefe viel Kette stecken und eine lange Leine zu einem Baum ausbringen.
Da die Bucht gern von den großen Gulets und natürlich auch von ausländischen Yachten angelaufen wird, sind hier gleich zwei Yachtversorgungsstationen entstanden.

Der **Gemeindesteg** an der Südwestseite hat ausreichend Wassertiefe zum Anlegen. Wegen des schnell abfallenden Grundes ist auch hier viel Kette erforderlich. Die Liegegebühren schließen Wasser und Strom ein. An Land Duschen, Tavernen, kleine Lebensmittelläden.

Die östlichere T-fömige **Steganlage** wird nicht mehr von Setur betrieben, sondern von der Marti-Gruppe, die ebenfalls die Marina in *Orhaniye* betreibt. Am Steg gibt es 16 Muringplätze mit Wasser und Strom. Es werden Liegegebühren erhoben. Zum Anleger gehört ein Restaurant, Duschen/WC, ein Supermarkt. Diesel per Tankwagen. Bus nach Marmaris (25 km).

Gökova-Golf 183

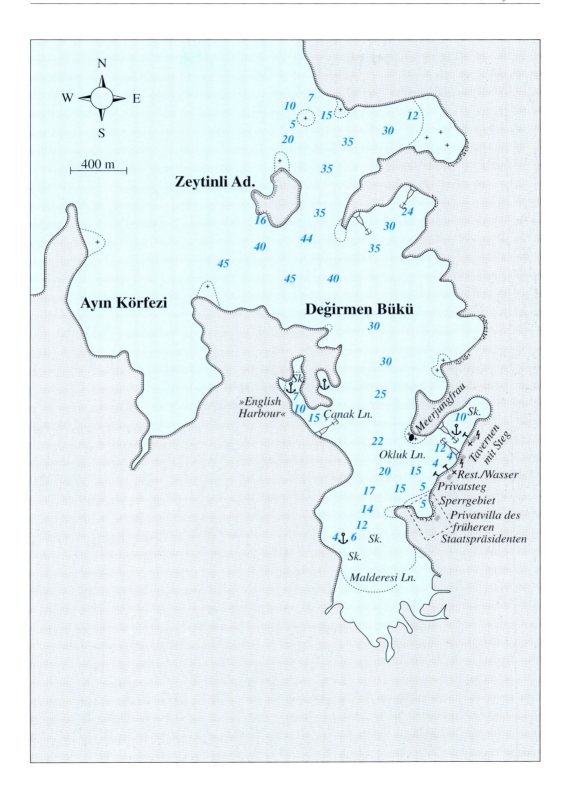

Der Badesteg weiter östlich eignet sich wegen geringer Wassertiefe nicht zum Anlegen.
Da *Karacasögüt* Naturschutzgebiet ist, bleiben die bewaldeten Flanken der Bucht von Feriensiedlungen verschont. Nur im Ort wurde tüchtig gebaut. Vor einigen Jahren hat ein verheerender Brand die Wälder zwischen der Bucht und der Kleopatra-Insel bis 30 km ins Landesinnere niedergewalzt.

Die Bucht westlich von Karaca Limanı hinter *Andızlı Burun*, in den Seekarten ohne Namen, ist zum Ankern nicht geeignet. Der nach Westen gerichtete Einschnitt ist mit Pfählen abgesperrt, sodass man nicht weit genug hineinfahren kann, um Schutz vor der Dünung zu haben. Außerdem behindern Fischzuchten das Liegen.
Nur 3 sm weiter befindet sich, versteckt hinter kleinen Inseln und Landvorsprüngen, *Değirmen Bükü*.

Değirmen Bükü (36°55,4'N 028°09,8'E, *English Harbour, İngliz Limanı*). In den Einschnitten der tief ins Land greifenden Bucht findet man mehrere bestens geschützte Ankerplätze in grüner Umgebung.

In der schönsten und häufig besuchten, in nordöstlicher Richtung verlaufenden Bucht *Okluk Limanı* gibt es an der Südostseite zwei Restaurants mit hölzernen Anlegebrücken. Man kann dort direkt anlegen oder sich mit Leinen zum gegenüberliegenden Ufer verholen. Der Grund steigt aus großer Tiefe steil an, weshalb viel Kette zu stecken ist (Plan siehe Seite 183).
In den Tavernen Wasser, Duschen und Toiletten, Telefon, kleine Läden. Von hier herrliche Wanderungen auf halber Höhe am Meer entlang, z. B. nach *Karacasögüt*.
Die bronzene Meerjungfrau (Kopie des Wahrzeichens von Kopenhagen) auf der Untiefe vor der Einfahrt hat der türkische Weltumsegler Sadun Boro aufstellen lassen. Sie soll an den behutsamen Umgang mit der Natur appellieren.

Sehr eng, aber außerordentlich gut geschützt ist auch die westliche, nach Norden weisende Einbuchtung *Çanak Limanı*. Sie ist auch als »English Harbour« bekannt. Zwar wirkt sie etwas kahl – der Baumbestand wurde durch einen Brand vernichtet und der neue Bewuchs ist noch niedrig –, aber man liegt hier sehr ruhig.

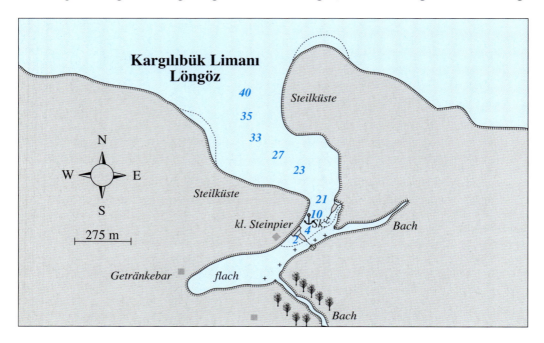

Ankergrund ist gut haltender Schlick und Sand, die Wassertiefe liegt bei 7 m.

Im Scheitel von *Değirmen Bükü*, in *Malderesi Limanı*, besteht der Ankergrund aus Schlick. Zu den Ufern hin ist die Bucht durch die beiden in der Regenzeit einmündenden Flüsse verschlammt, der Grund steigt plötzlich an.

Manchmal liegt hier ein Patrouillenboot an der großen Festmachertonne und überwacht das Sperrgebiet um die südöstliche Einbuchtung; hier hatte der frühere Staatspräsident Turgut Özal ein Haus.

Je nach Wetter bieten sich weitere schön gelegene Ankerplätze in der Umgebung an. Gegen Wind und Seegang geschützt ist auch die üppig begrünte Bucht

Kargılıbük Limanı (36°56,4'N 028°05,7'E, auch *Löngöz* oder *Kargılı Koyu*, nicht zu verwechseln mit *Kargılı Limanı* auf der Nordseite des Golfes). Die Ansteuerung macht bei Tag keine Schwierigkeiten. Aus großer Tiefe von etwa 60 m steigt der Grund allmählich an; am Knick der Bucht nach Südwesten hat man noch etwa 16 m Wasser unter dem Kiel. Während das nördliche, dicht bewaldete Ufer hoch aufragt, ist das südliche eben und durch die Mündung der Bäche versumpft. Dahinter breiten sich Felder aus. Die Wassertiefe reduziert sich hier rasch ab der kleinen Pier auf 2 m, der hintere Teil der Bucht ist ganz flach. Da der Raum etwas eingeengt ist, sollte man eine Heckleine zum Felsen oder am jenseitigen Ufer zu einem Baum ausbringen (siehe Plan).

Man kann sich nicht darauf verlassen, dass der Getränkekiosk ganz hinten in der Bucht (nur zu Fuß zu erreichen) oder ein anderes, irgendwo in der Wildnis eröffnetes Lokal beim nächsten Besuch noch existiert. Manchmal werden nichtgenehmigte Bauten von den Behörden abgerissen, um Gewohnheitsrecht zu verhindern.

Wird man in manchen Jahren abends und auch morgens von Wespen und Fliegen belästigt, so bleibt die Bucht dennoch in schöner Erinnerung. Bei Windstille steigen nachts Nebel aus dem sumpfigen Gelände auf und machen den Ankerplatz romantisch und stimmungsvoll.

Tuzla Koyu (36°55,6'N 028°01,3'E), gleich östlich des Kaps *Koyun Burun*, bietet mehrere Ankerplätze an der Stelle, an

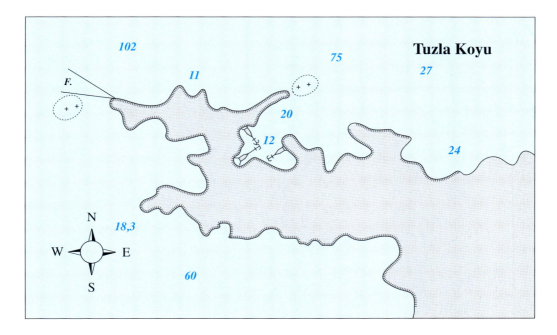

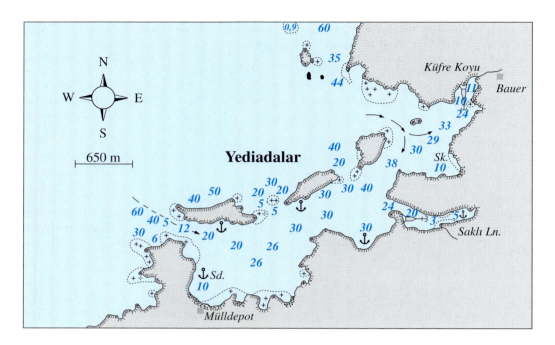

der sich der Golf wieder nach Süden weitet. Hier legen oft Gulets an; Fischerboote sind stationiert. Der Platz ist absolut einsam. Die Ansteuerung ist unkompliziert, man orientiert sich am Leuchtfeuer westlich auf *Koyun Burun* und erkennt beim Näherkommen östlich davon die vorspringende natürliche »Mole« aus Fels. In vier verschiedenen Ecken findet man Ankerplätze auf großen Wassertiefen, weshalb eine Leine zum Land unerlässlich ist. Viel Kette geben.
Beim Ansteuern von Süden ist unbedingt Abstand vom überspülten Riff 1/4 sm südwestlich des *Kaps Koyun* zu halten. Bei ruhigem Wetter kann man zwischen Kap und Untiefe hindurch steuern. Bei Seegang ist das Riff nicht zu erkennen.

Yediadalar (*Taneli Burun* = 36°52'N 028°01'E). Wie ein Schutzwall liegt die Gruppe der *Yediadalar* (sieben Inseln) vor der vielfach eingeschnittenen Küste und bildet ein kleines, gegen Seegang geschütztes Binnenrevier.
Nur in der Nord- und in der Südpassage sind ausreichende Wassertiefen vorhanden (siehe Plan). Bei ruhiger See und Sicht auf den Grund kann man beliebig auf Sandgrund in Lee der Inseln ankern, soweit es die Wassertiefe erlaubt. Wird es auf den offenen Ankerplätzen zu unruhig, so weicht man in eine der tief einschneidenden Buchten im Nordosten, Osten oder Südwesten aus. In den am besten geschützten Einschnitten ist das Wasser freilich nicht mehr so klar; doch liegt man sehr sicher mit einer Leine zum Land.

Küfre Koyu, die Nordostbucht, endet in einer verschlickten Bachmündung, in deren Nähe Bauern ihre Felder bestellen. Eine Quelle liefert gutes Trinkwasser. Manchmal ist das Bauernrestaurant im hinteren Teil der Bucht geöffnet.

In **Saklı Limanı** halte man sich mehr ans Nordufer, da um die Bachmündung eine flache Stelle weit ins Fahrwasser reicht. Am besten geschützt liegt man mit Leine zu den Bäumen gleich an der Steuerbordseite der Einfahrt hinter der vorspringenden Nase vor einem kleinen Sandstrand. Weiter hinten wird es flach. Versorgungsmöglichkeiten gibt es nicht.
Einen gut geschützten Ankerplatz findet

man auch gleich nach der Südpassage an Steuerbord vor den grünen Hügeln mit dem Müllhäuschen; der Grund ist gut haltender Schlick. Hier ist genügend Platz zum Schwojen vorhanden. Gulets bringen dennoch immer eine Leine zum Land aus. Der Wind kommt auch im Hochsommer kühl über den nach Westen schützenden Landwall.

Nach 5 sm in südlicher Richtung gelangt man in die große Bucht **Bördübet Limanı** mit zahlreichen Ankerplätzen für verschiedene Windrichtungen. Hier ist die Landenge zwischen dem *Gökova*-Golf und dem *Hisarönü Körfezi* nur 1000 Meter breit. Über See müssen wir dagegen eine Strecke von 72 sm zurücklegen, um die Bucht jenseits des Isthmus zu erreichen. Tatsächlich beabsichtigten um die Mitte des 6. Jahrhunderts v. Chr. die Bewohner von Alt-Knidos, die Halbinsel vom Festland zu trennen und zur Insel zu machen, um sich vor den persischen Eroberern besser schützen zu können. Ein Orakelspruch von Delphi bewog sie dann aber, den Durchstich aufzugeben (siehe auch *Bencik*).

Gökçelerbükü Limanı (36°47,5'N 028°02'E), im Süden des *Bördübet Limanı* gelegen, hat mehrere Einbuchtungen, in denen man je nach Windrichtung und Seegang einen guten Ankerplatz finden kann (siehe Plan).

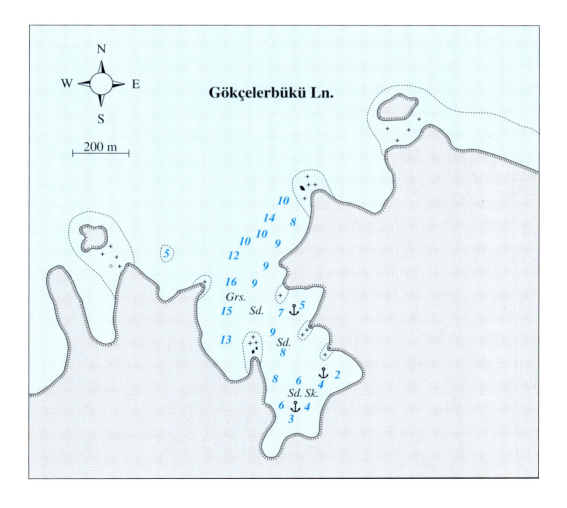

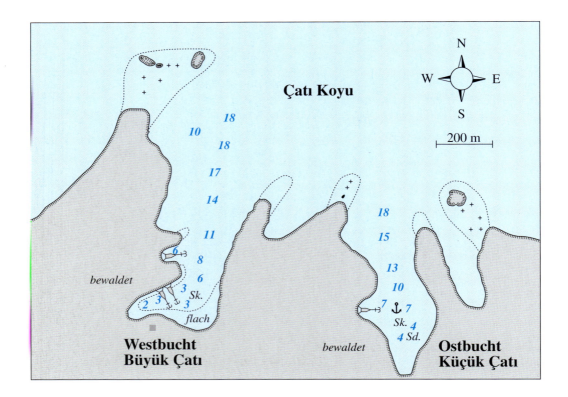

Vorsicht beim Einlaufen! Die Landvorsprünge, die die einzelnen Einschnitte bilden, setzen sich unter Wasser fort, was bei Tage gut an der Wasserfärbung zu erkennen ist. Der Grund besteht in der Einfahrt aus Sand, mit Seegras bewachsen, und geht in den Einbuchtungen in gut haltenden Schlick über. Bei starkem Wind läuft Dünung in die Bucht, dann ist die

Büyük Çatı (36°47,5'N 028°00,9'E, Westbucht) weniger als 1 sm weiter westlich sehr viel besser geeignet.
Durch die Felsklippen nördlich der Einfahrt wird der Seegang weitgehend gebrochen. Bei der Ansteuerung halte man sich gut frei von den Untiefen.
Im Inneren nimmt die Wassertiefe zum südlichen Ufer hin schnell ab. Ankergrund ist sehr gut haltender Schlick. Man legt sich vor Buganker und bringt eine lange Leine zum Land aus. Bäume zum Belegen stehen bis nahe ans Wasser heran. Das Wasser ist etwas trüb.

Der westliche Einschnitt der **Küçük Çati** eignet sich ebenfalls zum Übernachten, wenn auch etwas Restdünung steht. Auch hier Buganker und Landfesten benutzen. Bei starkem Seegang ist diese Bucht nicht zu empfehlen.
Bei der Ansteuerung beider Buchten sollte man genügend Abstand von den einzelnen Huken halten und genau in der Mitte der Einfahrt bleiben.

Sind schon die bereits beschriebenen Buchten durch ihre Abgeschiedenheit und landschaftliche Schönheit bemerkenswert, so kann man dies von der gesamten **Datça-Halbinsel** (*Datça Yarımadası*) erst recht sagen. Ihre Küsten sind nur spärlich besiedelt, was mangelnde Versorgungsmöglichkeiten, aber auch relative Einsamkeit bedeutet.
Von *Bördübet Limanı* bis zum nächsten Anlaufpunkt, dem Hafen *Körmen,* sind es über 20 sm an einer grünen Hügellandschaft mit ausgeprägten Felsenkaps und

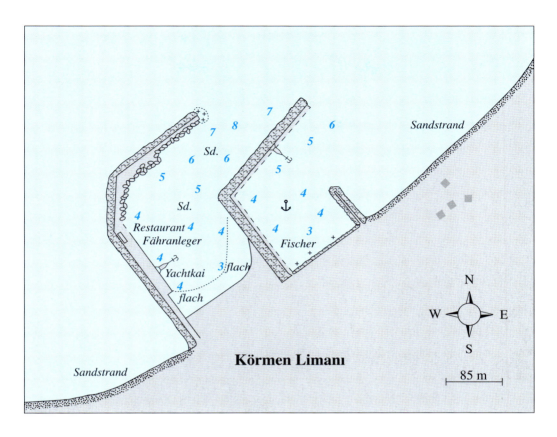

langen Stränden entlang, doch ohne wirklich empfehlenswerte Ankerplätze bei dem üblichen Sommerwind.

Körmen (36°46,2'N 027°37'E) liegt 2,8 sm südsüdwestlich des befeuerten Kaps *Ince Burnu* in der weit offenen Bucht *Körmen Limanı*. Dieser Hafen dient dem Autofährverkehr zwischen *Bodrum* und der *Datça*-Halbinsel. Durch den sorgfältigen Bau des äußeren Wellenbrechers und die innere L-förmige Steinschüttung, die das Becken für die Fischerboote abteilt, ist ein auch für Yachten brauchbarer Schutzhafen entstanden.
Bei der Ansteuerung ist der Wellenbrecher vor dem langen Strand gut zu erkennen. Molenlichter sind noch nicht vorhanden. Das Einlaufen wird bei Meltemi, der auflandigen Seegang erzeugt, durch die seitlich versetzenden und reflektierten Wellen erschwert. Im Hafen kann man dann in aller Ruhe Anker und Leinen zum Anlegen klarmachen.
Yachten können am Westkai festmachen, wo die Wassertiefe überall 4 m beträgt, vorausgesetzt der Platz für die Fähre bleibt frei. Hier liegt man bei den üblichen westlichen Winden gut geschützt. Notfalls ist auch freies Ankern im benachbarten Fischerhafen möglich.
Von dem geplanten Ausbau zu einer Marina ist bisher nichts verwirklicht worden. Es sollten 100 Liegeplätze mit allem Service geschaffen werden, auch Stellplätze, Travellift, Werkstätten und Tankstelle. Der südliche Teil des Hafens ist noch seicht!
Zur Zeit sind außer einem Restaurant auf dem Kai keine Versorgungsmöglichkeiten gegeben. Nach Datça sind es etwa 10 km. Bus und Taxen sieht man nur bei Ankunft der Fähre.
Da es weit und breit keinen Ort, sondern nur Bauernland gibt, wirkt die Umgebung

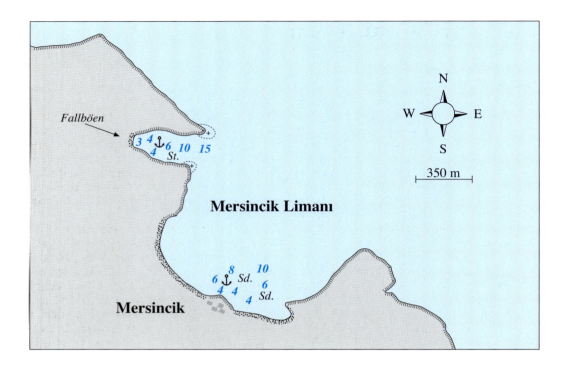

des Hafens verlassen und leblos. Umso mehr beeindrucken die steilen Berghänge in einiger Entfernung, die im Inneren der großen Halbinsel im Bergmassiv des *Kocadağ* mit 1162 m ihre größte Höhe erreichen. Die folgende Küstenstrecke westwärts ist fast unbewohnt.

Mersincik Limanı (36°45,3'N 027°28,7'E) ist an den wenigen Häusern des Ortes im Scheitel der Bucht auszumachen. Die Bucht ist wegen der ständigen Dünung nicht besonders empfehlenswert. Doch könnte sie willkommen sein, wenn man von einem starken Südwind in *Knidos* überrascht wurde und gezwungen ist, einen ablandigen Schutzplatz aufzusuchen. Vor der kleinen Huk mit den Häusern besteht der Ankergrund aus Sand und Seegras, während der schmale Einschnitt im Nordwesten steinigen Grund hat, in dem der Anker schlecht hält. Hier reflektiert der Seegang besonders stark, sodass diese kleine Bucht eher als Badeplatz geeignet ist. Bleibt man dennoch, unbedingt viel Kette stecken und eine Leine nach NW zu den Felsen ausbringen.

Knidos bis Hisarönü-Golf

Mersincik ist der letzte Ankerplatz im *Gökova*-Golf; von hier sind es 17 sm zurück zum Hafen *Bodrum* oder rund 10 sm bis zur Hafenbucht *Knidos*. Die folgende Strecke mit den abweisenden Kaps *Görmen, Iskandıl* und *Deveboynu* erfordert bei SW- bis NW-Winden ohne ausreichenden Motor einige Ausdauer. Mit zunehmendem Wind bauen sich im Laufe des Tages Kreuzseen auf, die das Segeln vor allem in nördliche Richtung erschweren. Segelt man Richtung *Knidos,* sollte reichlich Abstand zur Küste gehalten werden.

Das steile Felsenkap *Deveboynu Burnu* mit dem weithin sichtbaren Leuchtturm (104 m hoch) bringt zudem noch Fallböen hinter dem Kap, die aber die Ansteuerung von

Knidos (36°41,1'N 027°22,5'E, *Büyük Limanı*) nicht beeinträchtigen; vielmehr glätten sie das Wasser vor der Einfahrt. Von dem antiken Hafen *Knidos* ist auf der Südseite noch ein Teil der Mole erhalten, die man im Abstand von 20–25 m passieren muss. Die nördliche Mole ist mindestens 1 m unter Wasser abgesunken und erstreckt sich weit nach Süden, dürfte aber bei der Breite der Einfahrt keine Gefahr bedeuten.

Da *Knidos* als zentraler Punkt von fast allen in dieser Gegend kreuzenden Yachten angelaufen wird, muss man sich ein wenig nach den bereits ankernden Booten richten. Besonders Gulets legen sich gern mit langen Hecklienen an eines der Ufer. Der Holzsteg vor dem Restaurant ist manchmal durch Winterstürme zertrümmert und wird nicht immer repariert, das Restaurant bleibt dann geschlossen.

Wer frei ankert, sollte möglichst auf 4 – 6 m Wassertiefe bleiben, den eigenen und den Schwenkkreis der Bootsnachbarn aber genau beobachten. Bei Meltemi kommen härteste Böen über die flache Landenge! Bei Sonnenuntergang dreht der Wind auf Nord bis Nordost und kommt noch härter von den Bergen über dem antiken Theater. Da der Grund aus hartem Sand, Gras und teilweise auch Fels sehr schlecht hält, sind Ankermanöver so lange zu wiederholen, bis der Anker wirklich fest sitzt.

Bei Südwind ist die Bucht ungeschützt, dann bietet sich als nächster Ausweichplatz *Mersincik Limanı* auf der Nordseite der *Datça*-Halbinsel an.

Beim Landen mit dem Beiboot nimmt man am besten gleich die Bordkasse mit,

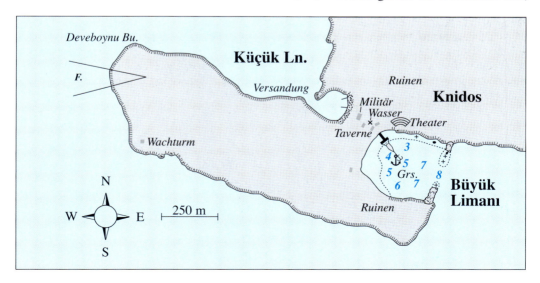

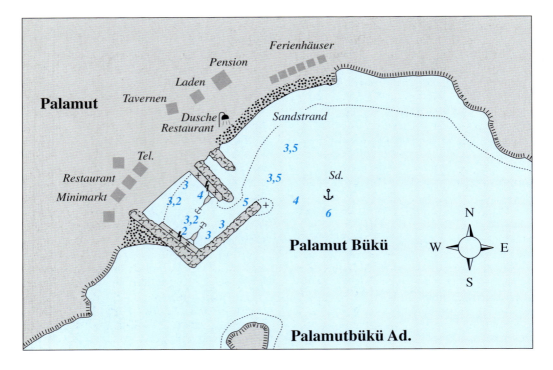

denn für die Besichtigung der Ausgrabung muss Eintritt bezahlt werden. Der Militärposten kontrolliert nur noch in Ausnahmefällen die Schiffspapiere. Diese Aufgabe hat die *Sahil Güvenlik* (Küstenwache) übernommen, die öfter mal *Knidos* anläuft, um nach dem Rechten zu sehen. Eine staubige Straße führt nach *Datça* (40 km). *Deveboynu Burnu* war früher eine Insel und wurde erst bei der Neugründung der Stadt **Knidos** im 4. Jahrhundert v. Chr. durch einen aufgeschütteten Damm mit dem Festland verbunden. (Alt-Knidos lag in der Nähe des heutigen *Datça*.) Durch seine für den Seehandel ideale Lage erlangte Knidos bald große Bedeutung und entwickelte sich zu einem Zentrum von Wissenschaft und Kunst. Berühmt war zu jener Zeit das Heiligtum der Aphrodite Euploia, Beschützerin der Seefahrt, das allein schon wegen der überlebensgroßen, schönen Skulptur der Aphrodite von Praxiteles von sich reden machte. Vom Original fehlt jede Spur; nur der Sockel des Rundtempels wurde zwischen den Ruinen lokalisiert. Doch durch spätere Kopien ist das Aussehen dieses Bildwerkes bekannt. Von der Stadt mit den rechtwinkligen Straßen sind noch umfangreiche Mauern und Häuserfundamente erhalten. Das kleinere der beiden Theater sieht man bereits vom Ankerplatz aus. Auf der westlichen Seite der Landenge befand sich der Kriegshafen, der heute völlig versandet ist und weniger als 1 m Wassertiefe hat. Wenn das Wetter eine längere Abwesenheit vom Boot nicht zulässt, ist eventuell eine Besichtigungsfahrt per Taxi von *Palamut Bükü* aus möglich. Von dem kahlen Vorgebirge aus hat man einen herrlichen Blick über die Hafenbucht und die Ruinenstätte sowie über das Meer bis hin zu den griechischen Inseln.

Von *Knidos* bis in den hintersten Winkel des **Hisarönü-Golfes** haben wir eine herrliche Strecke von etwa 40 sm vor uns. Die felsige Küste wird immer wieder von sandigen Stränden unterbrochen. Es gibt eine große Anzahl von Tagesankerplätzen, die nach der Seekarte ohne Gefahr anzulaufen sind. *Datça* ist der nächste Hafen mit guten Versorgungsmöglichkeiten.

Die **Echo-Bucht** (36°39,7'N 027°29,5'E) liegt nordöstlich von Kap *Divan Burun* eine knappe Seemeile von *Palamut*-Hafen entfernt. Sie schneidet westlich in die Felsküste ein und fällt durch ein rotes Kliff in ihrem Scheitel auf. Man gibt viel Kette und legt eine Landleine zum Felsufer aus. Abends macht sich leichter Schwell bemerkbar. Ein absolut einsamer Platz mit einem guten Echo von den hohen Wänden.

Palamut Bükü (36°40,2'N 027°30,4'E) ist eine sehr offene Bucht mit einem weiten Strand und einem kleinen, molengeschützten Hafen. Die Einfahrt und das Hafenbecken neigen zum Versanden. Zwar wird immer wieder gebaggert, doch kann man nicht sicher sein, dass die angegebenen Wassertiefen noch zutreffen. Deshalb muss man sich vorsichtig in den Hafen loten. Am nördlichen Kai waren bei unserem letzten Besuch 3–4 m Wassertiefe. Man liegt hier bestens geschützt. Es werden Liegegebühren erhoben, Wasser und Elektrik sind enthalten.
Hinweis: Im Plan ist der Hafen gegenüber der Küstenlinie nicht maßstabgetreu, sondern der Deutlichkeit zuliebe sehr viel größer dargestellt.

Große Yachten ankern vor dem Hafen. Der Ankergrund besteht aus Sand. Die an der Küste umlaufende Dünung macht den Platz für einen längeren Aufenthalt ungeeignet.
In dem einfachen Ferienort gibt es einen Supermarkt. Das »*Merhaba*«-Restaurant gleich am Hafen ist wegen seiner türkischen Küche beliebt. Gegebenenfalls Taxi nach *Knidos* und *Datça*.

Für den historisch Interessierten sei erwähnt, dass sich an diesem Platz wahrscheinlich der Hafen *Triopion* befand, der im Altertum durch eine Mole zwischen dem Festland und der Insel *Palamutbükü Adası* geschützt war. Die heutige große Wassertiefe zwischen Insel und Festland lässt auf eine Absenkung des Meeresbodens schließen.
Zwischen *Palamut Bükü* und *Ince Burnu* findet man mehrere sehr schöne Tagesankerplätze, zum Baden und Schnorcheln bestens geeignet. Die Dünung macht das Ankern etwas ungemütlich.

Hayıt Bükü (36°41,0'N 027°34,7'E, *Ova Bükü*) ist ein kleiner Strandort 1 sm nordöstlich von *Kap Adatepe*. Erst wenn man kurz vor der Einfahrt steht, öffnet sich der Blick auf die Bucht hinter einer hohen

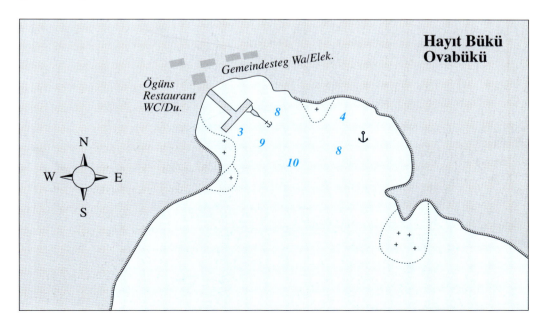

194 *Bodrum bis Marmaris*

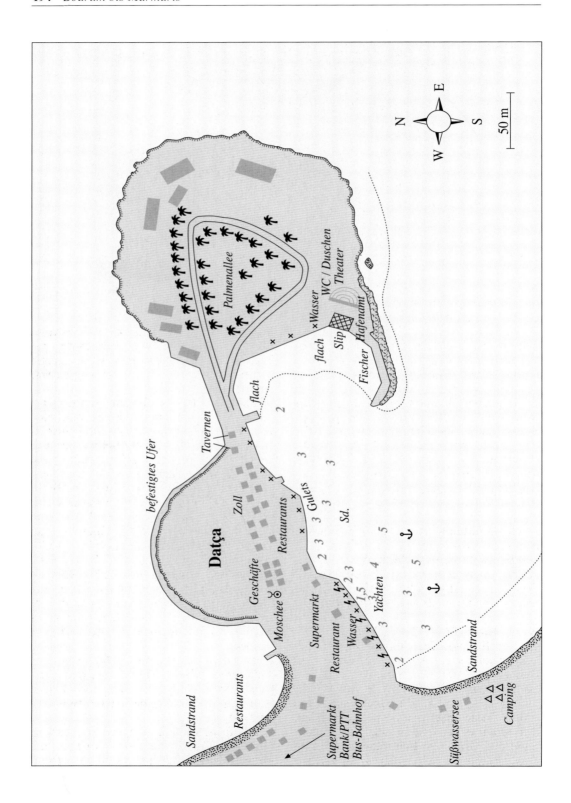

Knidos bis Hisarönü-Golf 195

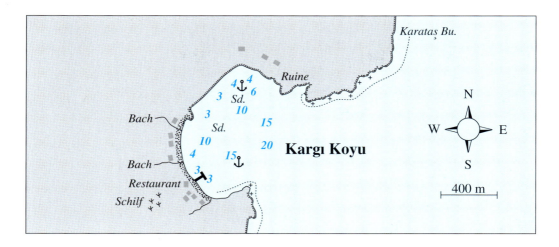

Bergnase. Es gibt einen Holzsteg, der von der Gemeinde betreut wird; die Liegegebühren enthalten Wasser und Elektrik. Die Wassertiefe am Kopf des T-Anlegers beträgt 2,2 m. Der Platz bietet guten Schutz vor Meltemi. Nachts pfeift es von den nördlichen Bergen. Da muss der Anker gut eingefahren sein, um nicht zu slippen. Unter großen Bäumen versteckt ist *Ogüns Restaurant,* ein Platz mit guten türkischen Spezialitäten, Duschen und einem pfiffigen Ogün, der hilft, wenn es technische Probleme gibt. Tel: +90 252 728 0023. Man kann aber auch im östlichen Teil der Bucht auf 6–8 m ankern. Vorsicht vor dem Riff im Scheitel der Bucht.

Auch unmittelbar hinter dem befeuerten Kap *Ince Burnu* kann man für einen spannenden Schnorchelnachmittag vor Anker gehen, muss aber mit Fallböen rechnen. Das Wasser ist glasklar, doch der Grund hält den Anker nicht besonders gut.

Kargı Koyu (36°42,2'N 027°41'E), 2 1/2 sm nördlich von *Ince Burun,* eignet sich ausgezeichnet als Alternative, wenn man Bucht und Hafen *Datça* meiden will. Von Süden kommend, fallen schon von weitem mehrere Häuser auf. Der Grund steigt aus großer Tiefe erst in unmittelbarer Nähe des Strandes an und besteht aus feinem Sand und Gras. Gut liegt man im Norden dieser schönen Bucht. Oder im Südteil vor dem Restaurant am Ufer, wo der Schwell am geringsten ist.

Datça (36°43,3'N 027°41,4'E, Port of Entry) ist ein beliebter Anlaufhafen für Yachten, denn er bietet gute Versorgungsmöglichkeiten und hat eine angenehme Atmosphäre.
Wegen der dem südlichen Einfahrtskap vorgelagerten Insel und Klippen muss man vor allem bei Nacht sehr sorgfältig einsteuern. Bei der Navigation helfen nur das Leuchtfeuer auf der Insel *Uzunca* (siehe Seekarte) und später die Lichter des Ortes. Man lasse sich nicht von farbigen Blinklichtern an Land, z. B. von Restaurants oder der Disco am Hafen, irritieren! Am Tage kann man direkt bis in die Bucht segeln, sobald man die palmenbestandene Halbinsel mit dem auffälligen Gebäude ausgemacht hat. Nordwestliche Böen können sehr heftig über das Land kommen. Bei Südoststurm im Frühjahr, Herbst und Winter ist der Hafen unbrauchbar und muss deshalb bei fallendem Barometer verlassen werden.
Südwestlich der Halbinsel, die Hafen und Ankerplatz schützt, findet man genügend Raum zum Ankern bis hin zum Strand. Hier liegt man luftig; der Ankergrund hält sehr gut.
Am befestigten Ufer vor den Restaurants gibt es genügend Platz zum Anlegen, die besten Plätze weiter innen sind von einhei-

Süßwassersee in der Nähe des Hafens

mischen Gulets belegt. Die Behörden zum Ein- oder Ausklarieren liegen nahe beieinander.

Die von der Gemeinde betriebene kleine Marina kassiert Liegegebühren. Es gibt Wasser und Strom, Eis und Supermärkte direkt am Kai. Diesel wird angeliefert. Öffentliche Duschen/WC auf der Ostseite des Hafens (nachts geschlossen). Cafés und Restaurants mit Meerblick direkt am Hafen haben großen Zulauf. Nachts kann der Lärm der Diskos und Bars so störend sein, dass man sich in eine einsame Bucht wünscht. Am frühen Morgen holt dann der Ruf des Muezzin die Yachtcrews aus dem Schlaf, obwohl das Minarett von Hochhäusern verdeckt ist.

In der Stadt Bäckerei, weitere Geschäfte, PTT, Bank und Marktstände. Bus nach Marmaris (75 km).

In dem kleinen Hafen hat es uns immer ganz besonders gut gefallen. Doch hat die für den Tourismus umgebaute Hafenfront viel von ihrem Charme früherer Tage verloren. Wandert man ein Stück auf der Straße in Richtung Süden, sieht man ein Gewässer, das sich als »Süßwassersee« staut, bevor es sich als kleiner Wasserfall ins Meer ergießt. Hier kann man abwechselnd in Süß- und Meerwasser baden. Auf der Nordseite der Halbinsel kann man ebenfalls auf bequemen Wassertiefen über Schlickgrund ankern, wenn es der Wind zulässt. Am Strand entlang gibt es stimmungsvolle Restaurants.

Karaincir Adaları (36°45,5'N 027°47,5'E, *Değirmen Bükü*). Diese sehr hübsche Bucht 5 sm nordöstlich von *Datça* eignet sich gut für einen Badeaufenthalt. Bei der Ansteuerung achte man auf die *Karaincir*-Inseln und die Klippen *Yolluca* 2 kbl südwestlich von diesen.

Man ankert nach Belieben auf sehr gut haltendem Sandgrund. Bei starkem Wind steht Dünung in die Bucht, dann sollte man sie nicht anlaufen. Ein Restaurant befindet sich direkt am Strand. Im Sommer herrscht durch die Feriensiedlung lebhafter Badebetrieb.

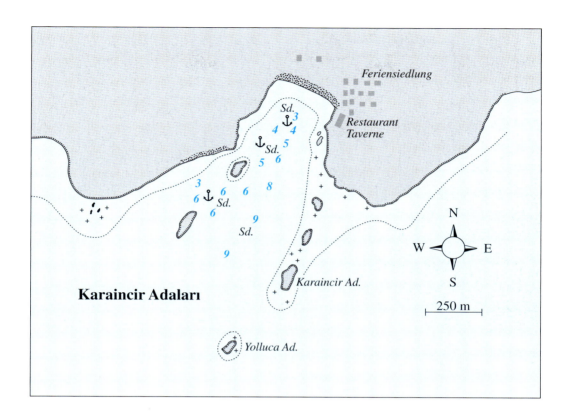

Hisarönü-Golf

Kuruca Bükü (36°45,3'N 027°53,8'E) und die westlich davon gelegene Bucht **Çiftlik Limanı** sind durch eine Landenge und eine hohe Halbinsel voneinander getrennt. Feriensiedlungen und ein Campingplatz bringen Leben an die schönen Sand-Kies-Strände inmitten der dichtbewaldeten Umgebung.
Während *Çiftlik Limanı* der Dünung ausgesetzt ist, liegt man in *Kuruca Bükü* bestens geschützt vor Anker. Die Ansteuerung ist bei Beachtung der in der Seekarte eingezeichneten Klippen gefahrlos. Eine gute Landmarke stellt die Feriensiedlung nördlich der weit in die Bucht reichenden Klippeninseln dar, denen man leicht aus dem Weg gehen kann. Über die hohe Halbinsel und die flache Landenge kommen heftige Böen. Der Grund steigt aus großer Tiefe steil an und ist dicht mit Seegras bewachsen. Erst etwa 50–100 m vor dem Strand geht der Bewuchs in Sand und Mud über (Seite 198).
Auf 4–6 m Wassertiefe hält der Anker gut. Es gibt genügend Raum für ein Dutzend Yachten. Der Steg wird tagsüber von Ausflugsbooten beansprucht; abends kann man gegebenenfalls dort anlegen.
Auf der Landenge ist alles Lebensnotwendige zu finden: Wasser, Duschen, verschiedene Geschäfte, Metzger, Obst- und Gemüsestände; Briefkasten, Bushalte-

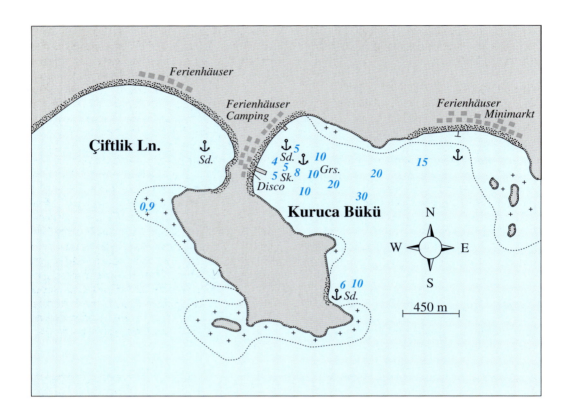

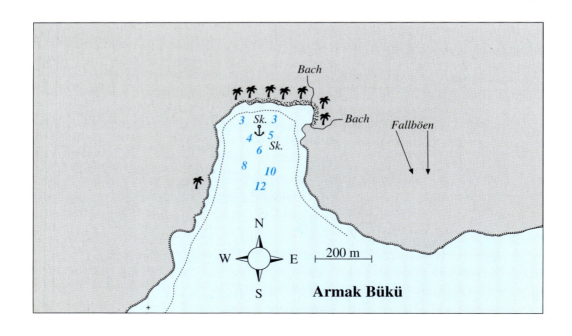

stelle und – eine Disco. Auch in der östlich gelegenen Feriensiedlung Minimarkt, Metzger, Café/Bar.

Armak Bükü (36°45,7'N 027°58,6'E). 4 sm östlich von *Kuruca Bükü* schneidet diese Bucht nach Norden ins Land ein. Von mittelhohen Bergen umgeben, bietet sie einen guten Ankerplatz vor dem Kiesstrand, hinter dem einige Palmen und Kiefern wachsen. Der Kiesstrand ist leider mit Teer verschmutzt. Fallböen kommen aus Norden, sie sind aber nicht sehr stark.
Die 2-m-Linie verläuft etwa 20 m vor dem Ufer. Der Ankergrund aus Gras und Mud hält gut. Die zwei kleinen Bäche im Osten der Bucht sind im Sommer ausgetrocknet. – Sehr einsam.

Bencik Koyu (36°46,2'N 028°02,2'E). Bei der Ansteuerung fällt schon von weitem die dunkel aus dem Meer aufragende Insel *Dişlice* auf. Sie kann auf beiden Seiten passiert werden – siehe auch Plan. In dem dicht mit Kiefern bestandenen Fjord, der weit nach Nordosten einschneidet, finden mehrere Schiffe in den einzelnen landschaftlich äußerst reizvollen Einbuchtungen ungestörte Ankerplätze, die vor allem auch bei Südostwinden Schutz bieten. Da große Wassertiefen bis nahe an die Ufer heranreichen, muss man eine Leine zum Land ausbringen. Im hinteren Teil der Bucht stehen die Häuser einer Wetterstation. Vor dem befestigten Ufer ist es seicht. Immer wieder hört man davon, dass Hundshaie sich in dieser Bucht tummeln sollen, weshalb sie gelegentlich auch Haifischbucht genannt wird. Wir konnten bei unseren Besuchen zwar keine entdecken, haben aber das übliche Bad durch eine Kletterpartie ersetzt, die einen herrlichen Blick über die grüne Landschaft ermöglicht. Die Bucht läuft in flachen Schlammbänken aus. Das Wasser ist dort trüb und brackig.

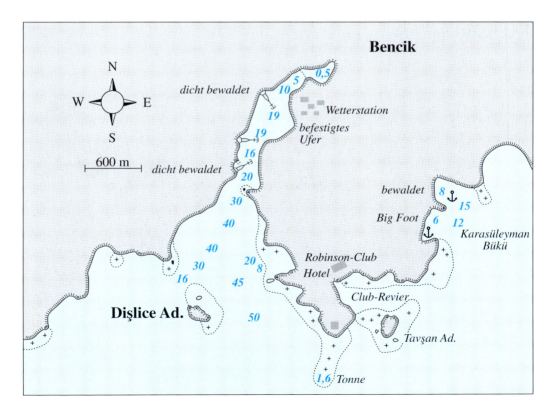

An dieser schmalsten Stelle der *Datça*-Halbinsel beträgt die Entfernung zum *Gökova Körfezi* nur etwa einen Kilometer. Hier sollte der Graben verlaufen, den die Knider im 6. Jahrhundert v. Chr. ausheben wollten, um die persischen Truppen aufzuhalten. Weil sich aber die Arbeiten schwieriger gestalteten als ursprünglich angenommen und mehr Verletzte zu beklagen waren als zu vertreten war, ließen die Bewohner von Alt-*Knidos* das Delphische Orakel sprechen, das gegen den Durchstich entschied (siehe auch *Bördübet*-Bucht im *Gökova*-Golf).

Achtung: Bei der Ausfahrt aus der *Bencik*-Bucht achte man auf die 1,60-m-Stelle, die sich von der östlichen Huk weit südwärts erstreckt. Sie ist mit einer Tonne markiert, die manchmal aber vertrieben ist.

Auf dem vorspringenden Kap fällt die Hotelanlage des Robinson Clubs ins Auge. Wächter versuchen, für die Gäste des Ferienclubs die ganze Bucht freizuhalten; für Yachten war dieser durch die **Insel Tavşan** geschützte Platz besonders attraktiv. Wegen der Klippen sollte man einen großen Bogen um *Tavşan* machen und von Osten her einsteuern. Wenn man will, kann man mit dem Club ein Arrangement zum Abendessen treffen und im östlichen Teil vor Anker gehen. Allerdings steht der Preis in keinem Verhältnis zur Leistung.

Aus der Seekarte ist zu ersehen, dass es in dieser Gegend noch viele Ankerplätze zu entdecken gibt. Zum Beispiel befindet sich 0,5 sm nordöstlich von *Tavşan Adası* hinter der Huk ein zauberhafter Ankerplatz unter einer rostroten Tuffsteinwand mit einem Felsbrocken, der aussieht wie ein großer Fuß. Die in der Seekarte **Karasüleyman Bükü** genannte Bucht (36°46,2'N 028°03,8'E) haben wir deshalb **Big Foot** getauft. Man ankert auf 8 m und macht mit Leinen zu den Bäumen im Westen der Bucht unterhalb der bizarren Tuffsteinwand fest. In der Nebenbucht kann man frei auf 6–7 m vor dem Strand vor Anker schwojen. Leider sind die Bäume in dieser Bucht vor ein paar Jahren abgebrannt.

Gleiches gilt für die Wälder in der **Kuyulu Bükü**, der Nordwestbucht im *Hisarönü Limanı* (36°47,3'N 028°04,6'E). Jetzt sind nur noch die auffälligen rot-braunen Gesteinsformationen zu bewundern. *Kuyulu Bükü* ist zum Übernachten sehr gut geeignet. Der Ankergrund steigt zu den Ufern hin sanft an und ist dicht mit Seegras bewachsen. Erst etwa 100 m vor den Ufern sieht man freie Stellen aus Mud. Man ist hier meist völlig allein; die Straße verläuft weit hinter den Hügeln.

Orhaniye Koyu ist die tief ins Land einschneidende Südostbucht in *Hisarönü Limanı*, allgemein als **Keçi Bükü** bekannt – siehe Plan Seite 201. Diese Bucht ist nicht nur bei jeder Wetterlage bestens geschützt, sondern auch außerordentlich

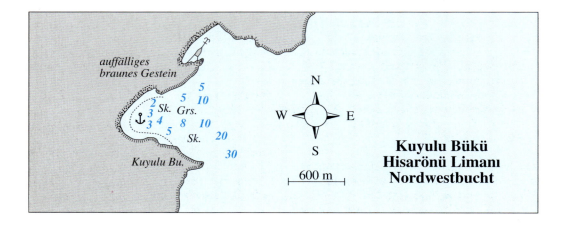

Kuyulu Bükü
Hisarönü Limanı
Nordwestbucht

Hisarönü-Golf

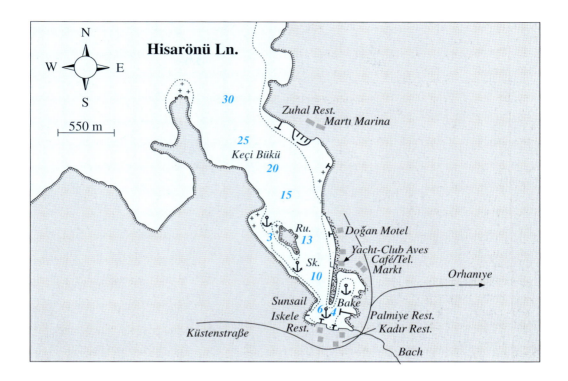

schön gelegen, mit verschiedenen Anker- und Anlegeplätzen, abgeschieden in bewaldeter Umgebung. Trotzdem gibt es fast alles zur Versorgung.

Martı Marina (36°45,3'N 028°08,35'E). Die Ansteuerung bereitet keine Schwierigkeiten. An Backbord macht man als Erstes eine große Hotelanlage aus. Dann erkennt man die Masten, Molen und die Gebäude der Marina vor dem Grün der Pinien. Nach dem Besitzerwechsel (früher BAY-Marina) ist die Marina bis auf das Hotel fertig gestellt. 270 Muringplätze im Wasser (max. 50 m) und 100 an Land. Swimmingpool für Marinagäste kostenlos. Das *Mistral*-Restaurant bietet gute Küche. Gleich daneben offeriert *Zuhal* türkische Spitzenküche unter schattigen Pinien (Detailplan Seite 202).

Die Molen sind beleuchtet, die Anlage Tag und Nacht bewacht. Die Marina erfüllt die Richtlinien der National Yacht Harbour Association of London und wurde mit der »Blauen Flagge« für Umweltschutz ausgezeichnet. Hotel und Hafen sind in die grüne Landschaft eingebettet, und die Mauern einer byzantinischen Kirche mitten im Marinagelände setzen einen besonderen Akzent. Ein ruhiger und angenehmer Platz in waldreicher Umgebung. Wer Stille liebt, ist hier genau richtig.

Versorgung: *270 Plätze im Wasser, 100 an Land. Das Personal hilft beim Anlegen, UKW-Kanal 73 (16) »Martı Marina«. Tankstelle, Wäscherei, Restaurant, Supermarkt, Schiffsausrüster, Wetterbericht, Telefon, Fax- und Internetservice, 24-Std.-Wachdienst.*

Yachtservice: *60-Tonnen-Travellift, 2-Tonnen-Kran zum Mastheben, Mechaniker, Tischlerei, Schweißerei, Segelreparatur, Elektriker, Elektroniker, Taucher, Rumpfreparaturen, Osmosebehandlung, Chromarbeiten. Es gibt keine Behörden (diese sind im 25 km entfernten Marmaris; dreimal täglich kostenloser Shuttlebus). 120 km vom internationalen Flughafen Dalaman.*

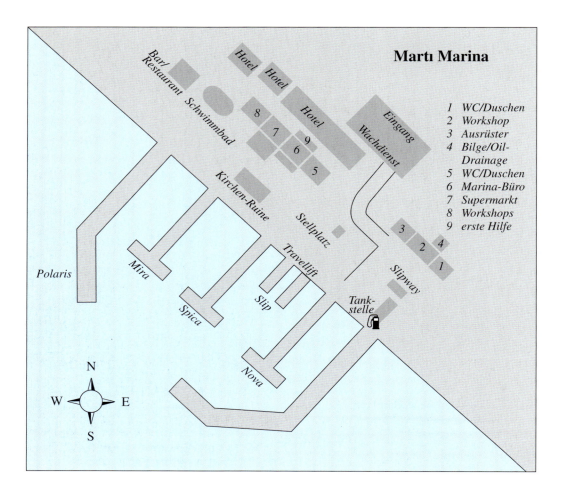

Anschrift: Martı-Marina, TR-48700 Hisarönü Orhaniye/Türkei
Tel: +90 252 487 1063, 1064, 1065, 1067
Fax: +90 252 4871066
Mail: martimarina@martimarina.com
Web: www.martimarina.com

Auf der Ostseite von **Keçi Bükü** sieht man in flacher grüner Umgebung einige Holzstege, die zu Restaurants gehören. Wegen der unterschiedlichen Wassertiefe ist Vorsicht beim Anlegen geboten.
Die kleine Insel rechter Hand bietet an ihrer Südwestseite einen einsam gelegenen Ankerplatz. Zwar existiert auch westlich der Insel eine Durchfahrt, doch ist diese gewunden und etwas riskant, weshalb davon abgeraten wird. Die Festungsmauern auf dem Eiland sollen Reste eines byzantinischen Kastells sein. Weiter südwärts steuernd, passiert man eine eben überflutete Barre aus rotem Kies, deren Ende mit einer Bake markiert ist. Östlich der Kiesbarre kann man sich sachte auf einen gut geschützten Ankerplatz heranloten (Plan Seite 201).

Der nächste, weit ins Wasser vorgebaute T-Steg eignet sich ebenfalls zum Anlegen; er gehört zum *Palmiye*-Restaurant/Motel. Während der Ostteil im Mündungsbereich des Baches seicht ist, findet man im Scheitel der Bucht vor den Stegen der Restaurants durchweg 3 m Wassertiefe zum Ankern. Das Angebot der Restaurants von Ost nach West:

Hisarönü-Golf 203

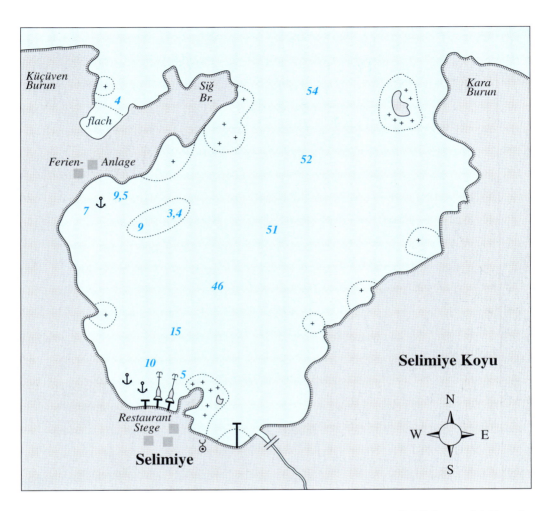

Palmiye-Restaurant/Motel:
Wasser/Strom, Schwimmbad, Duschen/WC, Telefon, Internetservice
Kadır-Restaurant: Wasser/Strom, Duschen/WC, Eis, Telefon
Iskele-Motel: Restaurant, Schwimmbad, Wasser/Strom, Duschen/WC, Market, Wäscherei, Telefon
Ersoy-Pansiyon: Restaurant, Bar, Wasser/Strom, Duschen, Telefon
In allen Restaurants kann man ein Taxi oder einen Minibus zu den Wasserfällen oder nach Marmaris besorgen.

Schließlich kann man noch in der südwestlichen Ecke vor der Sunsail-Station frei schwojend oder mit einer Leine zum Land ankern. Der Schlickgrund hält sehr gut. Das Wasser ist im innersten Teil der Bucht durch mangelnden Austausch etwas trüb und im Hochsommer sehr warm.
Frisches Gemüse und einige Lebensmittel an fast allen erwähnten Plätzen. An der Abzweigung nach *Orhaniye* findet man einen kleinen Supermarkt. Das urige Dorf liegt in paradiesischer Ländlichkeit (2–3 km entfernt). Unterwegs wandert man durch Erdnussfelder.

Auf der Südseite des Hisarönü-Golfes liegen **Delikliyol Limanı** und **Selimiye Koyu**. Einige schön gelegene Ankerplätze in dieser weitläufigen Bucht lassen sich mithilfe der Seekarte ansteuern, wenn auch

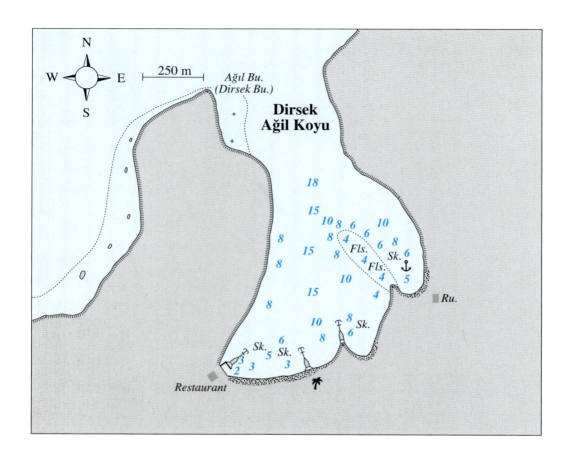

die großen Wassertiefen nicht unproblematisch sind.
Im Süden, vor dem Ort **Selimiye** (36°42,6'N 028°05,5'E), ist vor allem der Steg des *Aurora*-Restaurants erwähnenswert, eine schattige Oase um ein altes Steinhaus, liebevoll von Suzan und Hüseyin im Toskana-Stil eingerichtet. Hier treffen sich Yachten aus aller Herren Länder. Hüseyin spricht perfekt Deutsch und hat sich auf gehobene türkische Küche eingestellt. Am Steg gibt es Platz für 10 Yachten an Murings. Wassertiefe 3 m, Strom und Wasser (Plan Seite 203). Tel: +90 252 446 40 97.
In dem urwüchsigen Fischerdorf gibt es weitere 7 Restaurants (Osmans Place, Falcon, Sadunya, Gümüş, Elite, Garden Beach und Kaptan) mit Stegen, die mehr auf Yachten als auf Gulets eingerichtet sind, da auf Gulets meist an Bord gekocht wird.

Falls es an den Stegen bei Nordwind zu unruhig wird, kann man sich auf den Ankerplatz im Nordwesten von *Selimiye Koyu* verholen.
Für Reparaturen an Segeln und Rigg empfiehlt sich Sail & Service, Bente und Hans Donné mit ihrer Werkstatt in *Selimiye* und Büro in der Nestsel Marina in *Marmaris*. Auch zwei Holzschiffswerften gibt es hier.

Wenn wir den *Hisarönü*-Golf (Burgengolf) wieder verlassen, kommen wir an mehreren Inseln, den *Hisarönü Adaları*, vorbei. Nun heißt es wieder gegen die Tagesbrise aus westlicher Richtung aufzukreuzen. Bei ruhigem Wetter kann man auch die Südpassage zwischen Festland und den fünf Inseln wählen. 1,5 sm vor dem äußeren Kap, *Atabol Burnu*, liegt

Dirsek (36°41,3'N 027°59'E) – auch als *Ağıl Koyu* bekannt –, eine Bucht, die bei starkem Gegenwind zur Unterbrechung der Fahrt nützlich sein kann, wenn sie auch sonst nicht viel zu bieten hat und ziemlich kahl ist. Mit Ausnahme einer Felsbarre, die sich weit in nordwestliche Richtung erstreckt, reicht tiefes Wasser bis an die Ufer. Ankergrund ist weicher Mud, teilweise mit Seegras bewachsen, in dem der Anker nicht gut hält. Es ist deshalb zweckmäßig, eine Leine am Ufer festzumachen. Oder man legt sich an die kleine Betonpier vor dem *Dirsek Bükü*-Restaurant auf 3–4 m mit viel Kette nach Nordosten.

Von der Restaurant-Terrasse hat man einen herrlichen Blick auf die Bucht. In der Küche kann man sich die Speisen aus den Töpfen auswählen. Gelegentlich machen Flottillenboote hier Station. Gulets kommen selten. Die Böen wehen tagsüber aus wechselnden Richtungen und können nachts heftig sein.

Yeşilova-Golf

Das Kap *Atabol Burnu* trägt kein Sektorenfeuer mehr. Stattdessen ist die vorgelagerte gefährlich überspülte Klippe *Atabol Kayası* mit einer Bake (mit Toppzeichen und Blitzfeuer) markiert. Somit ist die Gefahrenstelle, die schon man-

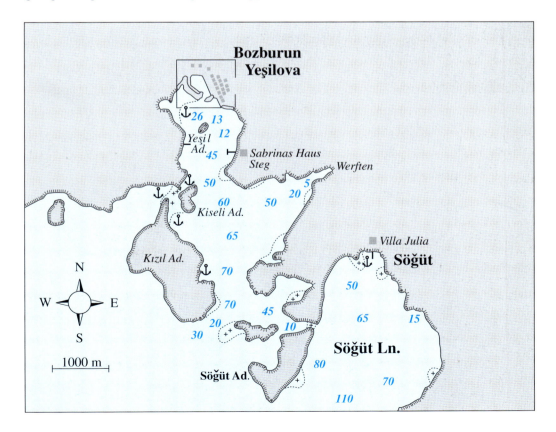

chem Schiff zum Verhängnis wurde, eindeutig gekennzeichnet. *Achtung*: Äußerste Vorsicht ist an diesem Kap geboten. Am besten, man umfährt es in gehörigem Abstand!

Nun befinden wir uns im *Yeşilova Körfezi*, der nach der griechischen Insel *Symi*, früher *Sömbeki Körfezi* (türkisch: *Sömbeki Adası*), genannt wurde. Wie eine ständige Versuchung liegt Symi vor uns, von Nordwesten bis Südosten vom türkischen Festland umklammert, das sich ihr bis auf weniger als 4 sm nähert.

Söğüt Limanı (36°39,5'N 028°04,9'E), die große östlich gelegene Bucht, ist an sich gut geschützt, hat aber sehr tiefes Wasser, sodass man vorsichtig bis nahe an den nördlichen Scheitel heranfahren muss, wo vor dem Ort Fischerboote ankern (Plan Seite 205). Am besten legt man sich mit einer Leine zum Land in die NW-Ecke der Bucht. Die Winde kommen aus wechselnden Richtungen über die grünen Terrassenhänge. Zur Versorgung ist im Ort einiges vorhanden, doch in Bozburun hat man's bequemer.

Zwischen dem Festland und *Söğüt Adası* konnten wir mit einem Tiefgang von 2 m nicht durchfahren. Die »Nachrichten für Seefahrer« meldeten eine Wassertiefe von 2,30 m; vermutlich beziehen sie sich auf die türkische Seekarte, die 2,30 m anzeigt. Aus der deutschen Seekarte ist dies nicht ersichtlich.

Sehr schöne Tagesankerplätze befinden sich nördlich von **Kızıl Adası** und um **Kiseli Adası,** das nordöstlich davon gelegene Eiland. Das Wasser ist so klar, dass

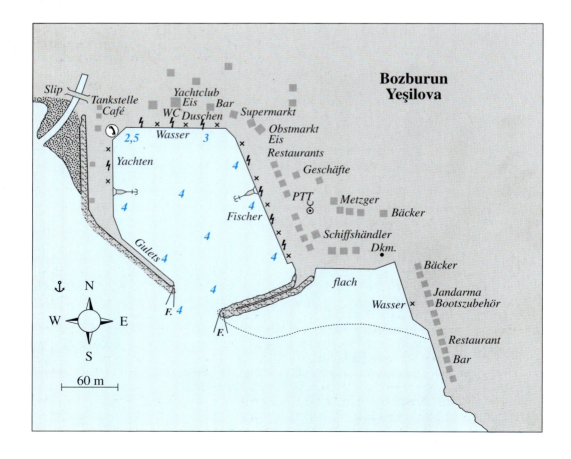

man sich ohne Gefahr so weit herantasten kann, bis man zum Ankern brauchbare Wassertiefen lotet. Zwischen *Kiseli Adası* und der gegenüberliegenden Festlandküste gibt es keine Durchfahrt für Yachten; nur flach gehende Fischerboote können hier passieren.

Bozburun (36°41,4'N 028°02,5'E, *Yeşilova*). Die Ansteuerung erfordert eine sorgfältige Navigation, weil es vor den verschiedenen Landvorsprüngen flach ist. Vom Anlaufen bei Nacht, noch dazu ohne Ortskenntnis, muss deshalb abgeraten werden. Hat man erst die kleine Insel *Yeşil* an Backbord gelassen, kann man ohne Gefahr auf die beiden kräftigen, befeuerten Wellenbrecher zuhalten. Bei Tag sieht man von weitem die Kuppel der Moschee. Achtung: In der Bucht westlich des Hafens steigt der Grund schneller an, als aus den Seekarten zu ersehen ist, sodass immer wieder Yachten aus Unkenntnis auflaufen und aus dem Schlickgrund schwer freikommen. Will man also außerhalb des Hafens ankern, muss man ständig loten.

Der Hafen der Gemeinde *Yeşilova* bietet rundum Platz zum Anlegen. Der Ostkai wird von Fischerbooten und Gulets beansprucht, Yachten gehen meist an den Westkai. Zum Festmachen sind reichlich Poller und Ringe vorhanden.

Die Gemeinde kassiert Liegegebühren. Wasser (kein Trinkwasser) und Strom am Kai, Diesel per Tankwagen. Duschen (öffentlich) am Hafen, auch im Yachtclub. Restaurants an der Wasserfront. Im Ort Lebensmittelläden und PTT. Bus nach Marmaris. Behörden: Militärposten, Hafenmeister.

Gerade die ländliche Abgeschiedenheit macht *Bozburun* – der neue Name *Yeşilova* ist selbst Einheimischen noch nicht geläufig – für den Besucher so sympathisch. Auf Tourismus sind allein die Hafengegend und natürlich die Restaurants eingestellt.

Bozburun ist neben *Bodrum* durch den Bau der typischen Holzschiffe, Gulets, bekannt. Im Winter ist der Hafen mit diesen Schiffen voll belegt, die hierher zur Überholung gebracht werden. Die Gulet-Werften befinden sich auf der Ostseite der Hafenbucht.

Insel im Strom der Zeit nennt sich das kleine Hotel *Sabrinas Haus* südlich in der Bucht mit Steg und Restaurant für Yachten.

Karaburun bis Kadırga Burnu

Im *Yeşilova*-Golf setzt meist schon am frühen Vormittag Wind aus westlicher Richtung ein, und gegen Mittag hat sich Seegang aufgebaut, sodass das Aufkreuzen mühsam wird. Es empfiehlt sich also frühes Auslaufen, wenn man westwärts segeln will. Wenden wir uns nach Süden, so haben wir bald das Kap *Karaburun* querab, das uns wiederum ein ganz neues Seerevier eröffnet. Denn hier beginnt die südanatolische Mittelmeerküste. Bis zum Kap *Kadırga* vor der Einfahrt nach Marmaris haben wir in der Meltemizeit ideale Segelverhältnisse: ablandigen Wind und glatte See. Die griechische Insel *Rhodos* liegt kaum 10 sm entfernt.

An dieser stark gegliederten Felsenküste gibt es einige außerordentlich schöne Ankerplätze, bei deren Ansteuerung man mit heftigen Fallböen von den hohen Bergen rechnen muss. In einigen Buchten bieten Tavernenwirte Muringbojen an, um den Gästen das Ankermanöver zu ersparen. Doch nicht immer sind diese Murings kräftig genug, um bei Nacht oft starkem Wind zuverlässigen Halt zu garantieren.

Bozukkale (36°34,2'N 028°01'E). 2,2 sm östlich des befeuerten Kaps *Karaburun* führt dieser tiefe Einschnitt nach Nordwesten ins Land. Er wird auch *Aplotheka* oder *Loryma* genannt. Bei der Ansteuerung fällt schon von weitem die mächtige Festung auf der westlichen Einfahrtshuk, *Kale Burnu*, auf. Der erste Ankerplatz befindet sich in der Einbuchtung gleich unterhalb der Festung. Der Grund steigt von 10 m gleichmäßig zum felsigen Ufer hin an und besteht aus Sand mit Steinen. Etwas umlaufende Dünung macht sich immer bemerkbar, sodass eine Leine zum Land nützlich sein wird. Besser liegt man in der nächsten Einbuchtung am Restaurantsteg von *Çoban Ali* mit Muring. Oder vor dem Steg im Norden der Bucht (ebenfalls Restaurant und Muring).

Bozukkale empfiehlt sich zur Besichtigung der imposanten **Festung Loryma,** deren makellos gefügtes Mauerwerk noch großenteils erhalten ist. *Loryma*, das der ganzen Halbinsel den Namen gab, bildete im 5. Jahrhundert v. Chr. mit zahlreichen Siedlungen bis zum *Keramos*-Golf – *Idyma/Gökova, Kallipolis/Gelibolu/Çamlı, Kedreae/Şehir Adaları, Bybassos/Hisarönü, Tymnos/Bozburun* und *Physkos/Marmaris* – die so genannte Rhodische Peraia, den Machtbereich von *Rhodos*, das mit drei Stadtstaaten der Insel und mit *Kos, Knidos* und *Halikarnassos (Bodrum)* verbündet war. Wichtig für dieses Herrschaftsgebiet waren die guten Naturhäfen der *Loryma*-Halbinsel, die im Laufe der Jahrhunderte wiederholt ihre Besitzer wechselten. Der zweite Name geht auf die Funktion als »Arsenal«-Bucht im 10. Jahrhundert zurück *(Hoplotheke, Oplosika Bükü)*.

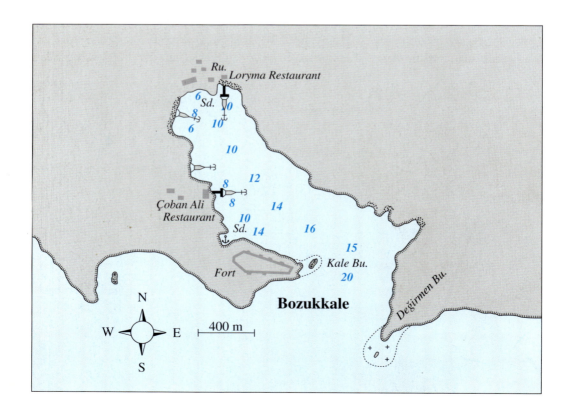

Serçe Limanı (36°34,8'N 028°02,8'E). Diese gegen Seegang geschützte Bucht liegt knapp 4 sm von Karaburun entfernt in wild zerklüfteter Umgebung. Die Einfahrt ist schwer auszumachen, weil die Felsen sich vom Hintergrund kaum abheben. Sie ist aber mindestens 150 m breit und gefahrlos zu passieren.
Auch im Inneren sind die Wassertiefen groß. Es gibt mehrere Möglichkeiten zum Ankern, sowohl im Norden als auch im Süden der Bucht, wo der Grund allmählich ansteigt. Im Nordteil ist der Grund dicht mit Seegras bewachsen, im Süden besteht er aus gut haltendem Sand mit Seegrasstellen. Es empfiehlt sich, eine Leine zum Land auszubringen. Tags und auch nachts können die Fallböen von den hohen Hängen sehr heftig sein. Am neuen Schwimmsteg des *Ararat*-Restaurants im Südteil der Bucht kann man sicher anlegen. Auch im Nordteil gibt es ein Restaurant mit Murings.
Noch immer versuchen hier junge »Bootshändler« Nüsse, Thymian, Salbei, Honig oder bestickte Kopftücher und sogar kleine Kelims zum Kauf anzubieten. Neuerdings hat neben dem Ararat-Restaurant ein Teppichhändler aus Istanbul sein Geschäft in einem ansehnlichen Holzhaus mit überdachter Veranda eröffnet. Es stellt sich die Frage, ob dies Schule machen wird: Teppichverkäufer bieten in einsamen Buchten ihre Kelims an – Allah bewahre uns davor!

Ankerbucht bei **Arap Adası** (36°39,1'N 028°08,7'E). Etwa auf halber Strecke zwischen den beiden befeuerten Kaps liegt im Schutz der Insel *Arap* ein von felsigen Ufern umgebener Ankerplatz, in der sich der Legende nach arabische Seeräuber versteckt hielten. Trotz leichter Dünung ist der Einschnitt zum Übernachten geeignet. Die Insel *Arap* kann auf beiden Seiten passiert werden. Die nördliche Durchfahrt hat 4 m Wassertiefe, die südliche ebenfalls, ist aber durch eine 2-m-Stelle etwas eingeengt. Vorsicht vor den Klippen im Nordteil.
Guten Ankergrund aus Sand findet man hinter der Insel bei einer Wassertiefe von 6–7 m. Die Fallböen aus Nord bis West können heftig sein, weshalb man viel Kette stecken muss. Auch eine Landfeste zur Insel ist zweckmäßig. Zu den Ufern hin wird der Grund felsig und ist mit großen

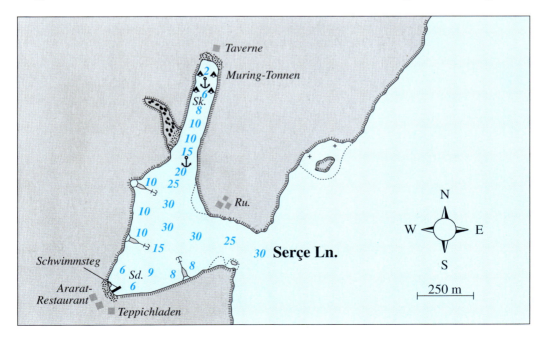

210 *Bodrum bis Marmaris*

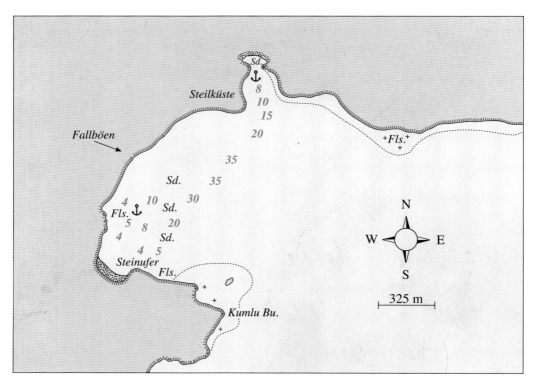

Karaburun bis Kadırga Burnu

Steinen übersät. Hier hat sich schon mal unser Anker »felsenfest« verhakt. Schönes Tauchrevier.

Keine Versorgungsmöglichkeiten. Gelegentlich kommen Fischer längsseits, um ihren Fang anzubieten oder auch nur, um zu plaudern. Ein paar Zigaretten sind immer willkommen.

Bucht bei **Kumlu Burnu** (36°40,6'N 028°09,5'E). Auch diese breite Bucht eignet sich bei westlichen bis nördlichen Winden zum Ankern. Vor dem schmalen Strand im Südwesten besteht der Grund auf 8–10 m Wassertiefe aus feinem Sand mit kleinen Steinen. Etwa 100 m vor dem Strand wird es felsig.

Der kleine Einschnitt im Norden in einer steilen Felsnische ist nur bei ruhigem Wetter für einen Badeaufenthalt geeignet. Vor dem Ufer besteht der Ankergrund aus Sand mit großen Steinen.

Ein ergiebiges Schnorchelrevier: Fische vieler Arten tummeln sich zwischen den Unterwasserfelsen.

Çiftlik Koyu (36°43'N 028°14,5'E) ist bei der Ansteuerung nicht leicht auszumachen, da die hohe Insel *Çiftlik* sich von den Bergen um die Bucht kaum abhebt. Fährt man näher heran, was bei den Wassertiefen ohne Gefahr möglich ist, dann öffnet sich dahinter die geräumige Bucht. Die Insel kann auf beiden Seiten passiert werden.

Bei den starken sommerlichen West- bis Nordwestwinden gewährt der Ankerplatz wegen der umlaufenden Dünung eingeschränkten Schutz. Der Ankergrund vor dem Sandstrand aus Sand und Mud, teilweise mit Seegras bewachsen, hält gut. Im Nordteil genügend Platz zum Schwojen.

Besser liegt man im Südwestteil der Bucht am Steg des *Fanya*-Yachtclubs oder an einem der Stege daneben. Murings. Im *Fanya Club* gibt es Wasser und Strom, Duschen und gute türkische Spezialitäten. Keine Liegegebühren, wenn man das Restaurant besucht. Gehobene Küche.

Die bewaldeten Berge zu beiden Seiten und das kleine grüne Tal, zu dem eine

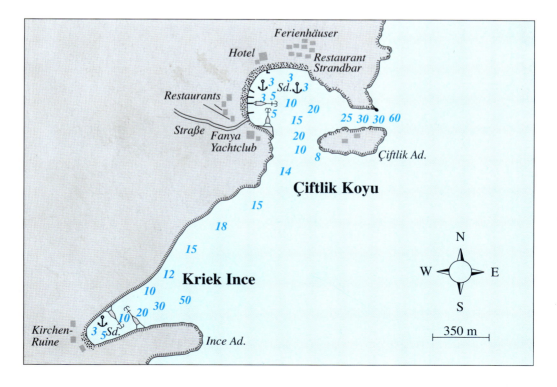

Straße herunterführt, bilden einen fantastischen Hintergrund für diese einzigartige Bucht mit ihrem breiten Sandstrand.
Zahlreiche Ausflugsboote bringen täglich Badegäste aus Marmaris hierher. Die Restaurants haben sich auf Tagesgäste eingestellt.

Kriek Ince (36°42,3'N 028°13,7'E) heißt die Bucht 1 sm südwestlich von *Çiftlik* im Schutz einer weit vorspringenden felsigen Halbinsel, die in der Seekarte als *Ince Adası* bezeichnet wird. Der Grund steigt von 30 m in der Einfahrt gleichmäßig zum Strand hin an und besteht aus gut haltendem Mud mit Steinen und teilweise Seegras. Gulets bringen meist eine Landfeste zu der dicht mit Olivenbäumen bewachsenen Halbinsel aus. Es kommen extrem starke Fallböen von den Bergen, doch vor Dünung wird man weitgehend verschont.
Ein wunderschöner, ruhiger, wenn auch viel besuchter Platz mit einer byzantinischen Kirchenruine im Nordwesten.

Çaycağız Koyu (36°44'N 028°18'E) liegt unmittelbar westlich des Leuchtturms *Kadırga Burnu*, der zur Ansteuerung von Marmaris dient. Die Einfahrt ist frei von Untiefen. Aus den Seekarten ist nicht ersichtlich, dass in der nördlichen Hälfte eine gut erkennbare Felsinsel liegt, die rundum tiefes Wasser hat.
Vor dem kleinen Sand-Kies-Strand im Westen der Bucht befindet sich guter Ankergrund aus Sand und Mud mit Seegrasbewuchs. Möglich sind auch Buganker und Leinen zu den Felsufern, vor denen die Wassertiefe 6–8 m beträgt, weiter weg ist es wesentlich tiefer. Es steht zwar stets eine leichte, umlaufende Dünung. Dennoch verbringen hier oft viele Charter-Gulets und -Yachten ihre letzte Nacht, bevor sie nach Marmaris zum Gästewechsel einlaufen.

Die weit offene Bucht **Kumlu Bükü** (≈36°45'N 028°16,4'E) eignet sich bei ruhiger Wetterlage ebenfalls zum zeitweiligen Ankern. Wegen der großen Wassertiefe muss man sich möglichst nahe an den Strand heranloten. Bei längerem Aufenthalt empfiehlt es sich, am Restaurant-Steg des *Kumlu Bükü* Yachtclub festzumachen, wo gehobene türkische Küche serviert wird. Unter der Felswand der antiken Stadt *Amos* in der Nordwestecke der Bucht bietet das Restaurant *Amos* ebenfalls beste türkische Küche. Am Kopf des Steges 2 m. Es liegen Ankermurings aus.
In **Turunç Koyu** (36°46,6'N 028°15,2'E), das sehr reizvoll in der Landschaft liegt,

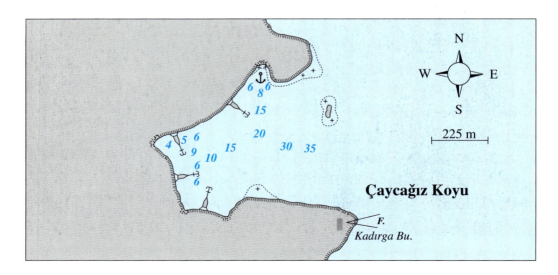

macht sich schon die Nähe von *Marmaris* bemerkbar. Es wird viel von Ausflugsbooten aus *Marmaris* angelaufen, die am ausgebauten Kai mit 2 m Wassertiefe festmachen. Man sollte so ankern, dass man den Pendelverkehr nicht behindert und den Unterwasserkabeln nicht zu nahe kommt (siehe Seekarten). Einen guten Platz findet man auch in der Südausbuchtung vor der Absperrung auf 10 m. Heftige Fallböen von den hohen Bergen. An der Wasserfront gibt es einige Restaurants, in denen abends oft bei Musik und Tanz eine ausgelassene Stimmung herrscht. Der Ort hat sich vergrößert; man kann gut einkaufen. PTT in der Nähe.

Die letzten 5 sm bis *Marmaris* durch die breite, eindeutig befeuerte Durchfahrt zwischen *Yildiz Adası (Nimara Adası)* und *Keçi Adası* bereiten keinerlei Schwierigkeiten.

Idylle abseits vom Trubel: die Pupa-Marina

6 Marmaris bis Kaş

	Seite		*Seite*
Marmaris (Port of Entry)	217	Boynuzbükü	229
Netsel Marina	218	Göcek Limanı	229
Albatros Marina	219	Göcek Marina	231
Pupa Marina	219	Marina Skopea	231
Marmaris Yacht Marina	220	Club Marina Göcek	232
Sunmarina	221	Port Göcek Marina	234
İçmeler	221	Fethiye (Port of Entry)	234
Köyceğiz Limanı	222	Ece Saray-Marina	234
Ekincik Limanı	222	Yes Marina	236
Maden Iskele (My Marina)	222	Letoonia Marina	236
Delikada	223	Karacaören Adası	237
Aşı Koyu	223	Gemiler Adası	239
Baba Adası	223	Kalevezi Koyu (Beştaş Limanı)	239
Fethiye-Golf	224	Ölü Deniz (Belceğiz Körfezi)	240
Kızılkuyruk	225	Yeşilköy Limanı	241
Kuyruk Burnu	225	Kalkan	241
Tersane Adası	225	Kaş (Port of Entry)	243
Kapı-Bucht	227	Bucak Denizi	245
Picknick-Bucht	227	Bayındır Limanı	245
Quellenbucht	228		

Marmaris 215

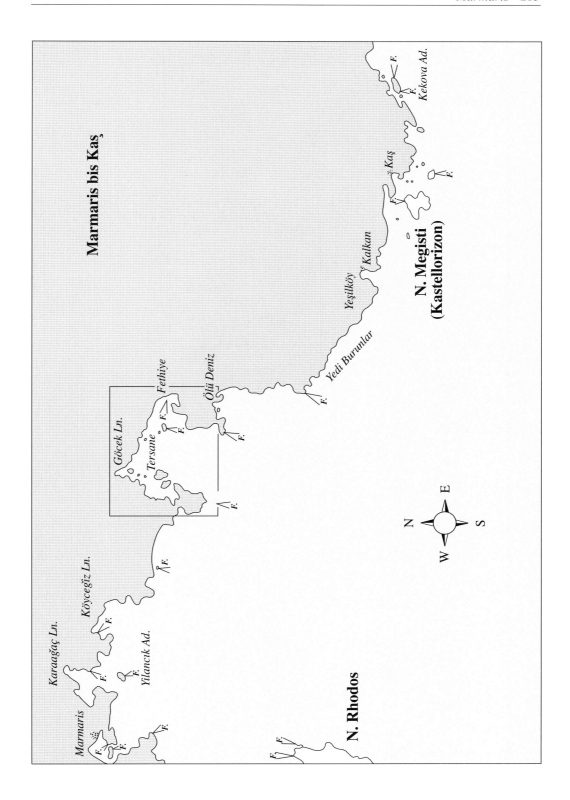

Neben *Bodrum* ist vor allem *Marmaris* zum Zentrum des Yachttourismus an der türkischen Küste geworden. Die Nähe zum griechischen Port of Entry *Rhodos,* nur knapp 26 sm entfernt, macht *Marmaris* zu einem bevorzugten **Einklarierungshafen** für Segler und Motorbootfahrer, die entweder nach Nordwesten in Richtung *Bodrum* oder nach Südosten in Richtung *Göcek/Fethiye* wollen. Aus dem ehemaligen Fischerdörfchen hat sich *Marmaris* in den letzten 15 Jahren zu einer Hochburg des Yacht- und Hoteltourismus an der türkischen Ägäisküste entwickelt.

Die kurzen Entfernungen zwischen den einzelnen Ankerplätzen ermutigen auch weniger erfahrene Segler, ein Boot zu chartern. Es gibt denn auch ein reiches Angebot an Charteryachten, die an diesem Küstenabschnitt vor allem in *Marmaris* und *Göcek* stationiert sind. Hinzu kommt die immer noch wachsende Anzahl von Gulets, die honigfarbenen traditionellen Motorsegler aus Holz, die vor allem mit Besatzung an ausländische Urlaubergruppen für eine so genannte »Blaue Reise« verchartert werden. Diese Art der Urlaubsreise geht auf den türkischen Schriftsteller *Cevat Sakir Kabaağaçli* zurück, der in *Bodrum* lebte. Für seine Entdeckungsfahrten an der Küste mietete er in den 1950er-Jahren einfache Fischer- oder Schwammtaucherboote und lud dazu seine Freunde ein – meist ebenfalls Schriftsteller und Maler aus Istanbul. Wochenlang trieben sie sich durch die Buchten des *Gökovagolfes*, lebten einfach, angelten, fischten, backten Brot an Bord und ließen den lieben Gott einen guten Mann sein. In seinen Reiseberichten nannte er diese Fahrten begeistert *mavi yolculuk* – Blaue Reise.

In der Saison fällt in dieses Gebiet also eine Armada von Sportbooten ein. Das hat zu einer merklichen Verbesserung der Versorgungsmöglichkeiten geführt. Wer das Gebiet nicht anders kennt, wird es vielleicht sogar begrüßen, dass hinter jeder Felsnase eine Taverne aus dem Boden sprießt oder irgendein *Servis* angeboten wird, der nicht unbedingt notwendig ist. Diese Entwicklung ist nicht mehr aufzuhalten, nachdem sie einer großen Anzahl von Küstenbewohnern eine willkommene Einnahmequelle verschafft hat. Manchmal gerät dadurch das Preis-Leistungs-Verhältnis in Schieflage. Aber insgesamt ist die Entwicklung für den Urlaub machenden Sportschiffer positiv.

Im Verhältnis zu anderen Revieren kommen Diebstähle auf Ankerplätzen kaum, an Kais in größeren Hafenorten dagegen schon mal vor. Keinesfalls sollte man abends an Land gehen und das Boot unverschlossen zurücklassen.

Kurz gesagt: Die **Versorgung zwischen Marmaris und Kaş** ist problemlos, und die Ankerbuchten zumindest bis zum Golf von *Fethiye* sind viel besucht. Auf der weiteren Strecke bis *Kaş* aber entsteht gelegentlich der Eindruck, an unbewohnten Gestaden entlangzusegeln. Dies trifft vor allem für die felsigen Sieben Kaps zu, *Yedi Burunlar,* die Ausläufer der im Hinterland bis zu einer Höhe von 3000 m ansteigenden Gebirge sind. Setzt man auf der Seekarte die Linie von den hohen Bergen in Richtung Südwesten fort, so stellt man fest, dass die Wassertiefen ebenso groß sind (3000 bis 3500 m, stellenweise sogar weit über 4000 m). In Richtung Süden ist der Seeraum bis Ägypten offen.

Batı, der sommerliche Schönwetterwind, weht im Kanal zwischen *Rhodos* und den türkischen Bergen dem Küstenverlauf folgend aus W bis SW. Bei der Fahrt nach Nordwesten ist zu bedenken, dass er am frühen Nachmittag zunehmen wird, sodass das Gegenankreuzen bei heftigem Seegang eine nasse Angelegenheit werden kann. Wer sich das ersparen will, sollte möglichst früh auslaufen und notfalls ein paar Seemeilen mit dem Motor gutmachen, wobei die westwärts laufende Strömung eine steile See aufwirft. Der **Meltemi** dagegen kommt von den Bergen aus NNW bis W und bringt in Küstennähe heftige Fallböen. Mit gerefften Segeln

kann man dann – gehörigen Abstand von den Bergen haltend – in einem Schlag die Strecke *Kadırga Burnu–Karaburun* zurücklegen. In der Bucht von *Marmaris* kommt der Wind meist aus W bis NW, in der Passage nach *Marmaris* verstärkt von vorn. Beim **Ankern** bewährt sich auch in diesem Gebiet die von den Einheimischen praktizierte Methode, wegen des meist schnell auf große Tiefen abfallenden Grundes den Anker »bergauf« zu ziehen und eine Leine an Land zu belegen. So kann auch der manchmal recht lästigen Dümpelei durch umlaufende Dünung nach Abflauen des Windes weitgehend begegnet werden.
Sehr ernst zu nehmen ist das in der Seekarte eingezeichnete **Sperrgebiet** in der großräumigen Bucht *Karaağaç Limanı* östlich von Marmaris. Kontrollfahrten des Küstenwachbootes sorgen dafür, dass dort einlaufende Yachten nicht unentdeckt bleiben. Unannehmlichkeiten sind die Folge. Man sollte sich nicht von anderslautenden Meinungen beeinflussen lassen.

Marmaris (36°51'N 028°16,5'E) ist Port of Entry. Die Ansteuerung der großen Hafenbucht ist denkbar einfach, wenn man sich nach Plan G der D 614 richtet.
Der bei *Kadırga Burnu* noch gleichmäßige Wind fängt an zu schralen und bläst am Nachmittag kräftig über die hügelige Küste und durch die Einfahrt zwischen den Inseln *Keçi* und *Yildiz* (*Nimara*); Letztere ist auf der Ostseite durch eine Land-

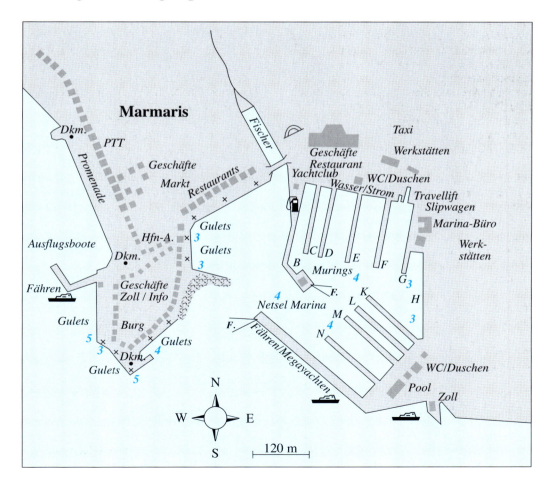

enge mit dem Festland verbunden; dort entsteht zur Zeit eine der größten Marinas an der Küste. Das Fahrwasser *Büyük Boğaz* ist breit und ohne Untiefen, beide Inseln sind nachts befeuert. Die Stadt im Scheitel der Bucht lässt sich von weitem ausmachen.

Man kann überall ankern, sofern man den Hafenbetrieb nicht behindert. Die Liegeplätze südlich des Fähranlegers am nach Westen offenen Kai werden meistens von Charter-Gulets in Anspruch genommen. Dieser Platz ist tagsüber durch den auflandigen Schwell etwas unruhig. Besser liegt man um die Ecke mit dem Anker in Südostrichtung, wo man wegen der schnell zunehmenden Wassertiefe viel Kette stecken muss. Im nördlichen Teil des Hafens kann man mit viel Glück zwischen den einheimischen Booten ebenfalls einen freien Platz finden. Ein Bediensteter der Stadt kassiert Liegegebühren.

Da diese Liegeplätze sich um den Altstadtkern scharen, ist es nicht weit zu den Behörden, die in der Nähe des Fähranlegers ihre Büros haben. Dort auch Informationsamt, Bank, PTT. In der Saison regelmäßige Fährverbindung mit Rhodos. Der nächste Flughafen, *Dalaman*, ist 100 km entfernt.

Rund um den Hafen gibt es reichlich Restaurants und Cafés. Da die Bazargasse Nähe Fähranleger auf den Tourismus ausgerichtet ist, findet man dort nur noch wenige Lebensmittelläden; weiter in Richtung Moschee bekommt man aber alles Nötige für die Bordküche. Auffallend vielfältig ist die Auswahl an Honigsorten aus der Umgebung. Große Supermärkte wie Migros und Tansas sind in westlicher Richtung mit dem Taxi zu erreichen.

Netsel Marmaris Marina (36°51'N 028°16,5'E) ist ein moderner Yachthafen mit 750 Liegeplätzen an Murings für Schiffe bis zu 40 m Länge. Er schließt unmittelbar an den Stadthafen im Osten an und ist perfekt geschützt. Viele Charterunternehmen haben hier ihren Stützpunkt. Nahezu alle Reparaturdienste werden angeboten.

Einrichtungen: UKW-Kanal 06 »Port Marmaris«. Das Personal hilft beim Anlegen mit Murings. Wasser und Strom an den Stegen, viele gepflegte Heißwasserduschen, Waschbassins, Wäscherei. Tankstelle für Diesel und Benzin. Entsorgung von Altöl, Schmutzwassertanks. Parkplatz, Wachdienst rund um die Uhr, Feuerschutz, täglich Wetterbericht, Telefon-, Fax- und Internetservice.

Im Werftbetrieb: 210 Stellplätze, Travellift (120 t), Slip, Werkstätten (Mechanik-, Holz-, Farb-, Schweißarbeiten, Segelreparatur).

Direkt am Hafen Restaurants, Cafés, Supermarkt, Yachtshop (Seekarten), Eis, Servicefirmen, Reiseagenturen, diverse Geschäfte und Boutiquen. – Über die nahe Fußgängerbrücke gelangt man in die Altstadt.

Anschrift: Netsel Marmaris Marina, 48700 Marmaris-Muğla/Türkei
Tel: +90 252 412 27 08, 412 14 39
Fax: +90 252 412 53 51
Mail: info@netselmarina.com
Web: www.netselmarina.com

Die Stadt *Marmaris* liegt überaus malerisch auf der Landzunge im Norden der großen Hafenbucht, von bewaldeten Höhen eingerahmt. Zwar hat der Fremdenverkehr von Jahr zu Jahr zugenommen, daneben geht aber das Alltagsleben seinen geruhsamen Gang. Die Leute sind liebenswert und hilfsbereit.

Eine kilometerlange Palmenpromenade lädt zu einem abendlichen Spaziergang ein. Erst westlich des Atatürk-Reiterstandbildes beginnt der Bereich mit den großen Hotels und vielen Pensionen in den Seitenstraßen. Wild gestikulierende Eisverkäufer, bunt erleuchtete Kioske, Postkartenstände, Porträtmaler und Himmelsfernrohre warten auf Kunden. Neben den üblichen Souvenirs werden Teppiche und Lederwaren angeboten. In einfacheren Lokalen (*Lokanta*) kann man in die Töpfe gucken und sich für wenig Geld sattessen; gemütlicher sitzt man freilich am Hafen in den vornehmeren Restaurants und Bars. Hier sollte man allerdings aufpassen, dass man nicht über den Tisch gezogen wird.

Irgendwo in Richtung des renovierten Kastells (16. Jahrhundert) enden die engen Gassen, ebenso schnell ist man wieder am Hafen.

Albatros Marina
(36°50,48'N 028°17,12'E) heißt ein kleiner Yachthafen mit Werftgelände, etwa 5 kbl südöstlich der Netsel Marina. Bei dem in der Seekarte erkennbaren eckigen Landvorsprung auf 36°50,8'N 028°17,1'E handelt es sich um die Stellfläche mit Travelliftbox und Slip am westlichen Ende. Am ausgebauten Ufer gibt es eine Menge Liegeplätze bei 4 m Wassertiefe, doch sicherer liegen die Boote im Hafenbecken an den Murings (Boote von »Offshore Sailing« haben Vorrang; beim Crewwechsel am Wochenende gibt es kaum einen freien Platz!). Wasser- und Stromanschlüsse. Charter-Büro, Restaurant, Minimarkt und Duschen sind in der Nähe zwischen kleinen Grünflächen.

Auch im so genannten »Creek«, einer romantischen Bachmündung an der Nordseite liegen Boote längsseits vertäut. *Achtung:* In Verlängerung des nördlichen Bachufers ist es seicht.

Auf dem Freigelände können bis 300 Boote an Land stehen. Travellift (20 t), Mobilkran und Schlitten sind vorhanden, auch verstellbare Lagerböcke. Das deutsche Management von Offshore Sailing übernimmt anspruchsvolle Reparaturarbeiten. Das Gelände und der Parkplatz sind eingezäunt und werden Tag und Nacht bewacht.

Diese kleine Marina ist – vor allem was die Werft betrifft – voll ausgelastet (viele Gulets und Katamarane). Die Entfernung zur Stadt ist größer, dafür herrscht hier eine sympathische Clubatmosphäre.

Anschrift: *Albatros Marina, Kirlik Mevkii, 48700 Marmaris/Türkei*
Tel: +90 252 412 2456, 412 8684

Fax: +90 252 412 5547
UKW-Kanal 06

Pupa Marina (36°49,8'N 028°18,6'E) liegt etwa 2 sm südöstlich von Marmaris im Schutz einer bewaldeten Huk. Es handelt sich hier um den Stützpunkt von Pupa-Yachting, einem türkischen Charterunternehmen, das seit 1981 besteht und in *Bodrum, Marmaris* und *Göcek* ihre auf Oneway-Törns eingerichtete Charterstationen hat.

Ein Steg bietet Platz für bis zu 40 Yachten an Murings. UKW-Kanal 06, »Pupa Marina«, Wasser- und Stromanschluss, Diesel direkt am Steg. Weiterer Service: Charter-Büro, Schmutzwasser-Entsorgung, Reparaturen, WC/Duschen. Dolmuş und Taxi-Stand (nach Marmaris 5 km).

Das dazugehörende kleine »Pupa Yacht Hotel – fernab vom Trubel« liegt versteckt hinter hohen Palmen und Eukalyptusbäumen. Auf der gemütlichen Restaurant-Terrasse gibt es jeden Abend ein offenes Buffet. Alex, der Manager, spricht Deutsch und hilft gerne. Man kann in der Bucht auch frei ankern (muss aber Abstand zu den Stegen halten), baden und sich in der schönen Umgebung rundum wohl fühlen. Eine beständige Brise sorgt für mäßige Temperaturen. Pupa Marina ist im Hochsommer der kühlste Platz in der ansonsten heißen Bucht von Marmaris.

Anschrift: *Pupa Marina, Yalancı Boğaz Adaagzı Mevkii, 48700 Marmaris/Türkei*
Tel: +90 252 413 1853
Fax: +90 252 413 4899
Mail: marmaris@pupa.com.tr
Web: www.pupa.com.tr

Steuert man von diesem schönen Ankerplatz ein kurzes Stück in Richtung Süden, gelangt man zu der Landenge, die in der Seekarte als *Yalancı Boğaz* bezeichnet wird. Auf diesem niedrigen Landstreifen erkennt man große Werftplätze. Sie sind auch auf dem Landwege leicht zu finden, wenn man nach *Adaköy* oder *Yalancı Boğaz* fragt.

Marmaris bis Kaş

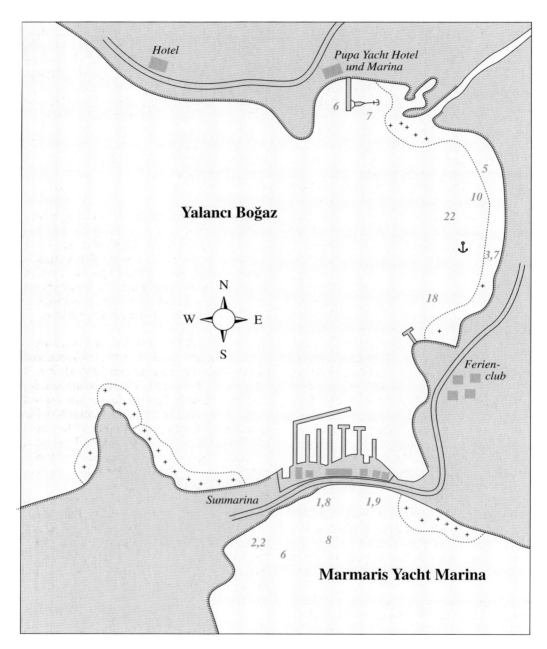

Bis vor kurzem gab es hier noch mehrere getrennte Werften, die inzwischen in der **Marmaris Yacht Marina** (früher Marmarin Boat Yard) zusammengefasst sind. Unabhängig existieren lediglich noch die **Sunmarina**, die Sunsail-Charterboote betreut und die **Berk Marina**. Es wird gemunkelt, dass diese beiden Werften ebenfalls irgendwann in den Großbetrieb eingegliedert werden könnten.

Marmaris Yacht Marina (36°49,05'N 028°18,32'E). Auf dem schmalen Isthmus verwirklicht ein Istanbuler Reeder seinen

Traum. Mit insgesamt 140 000 m² Landfläche ist das Gelände größer als die Netsel Marina. Hier steht der stärkste Travellift des östlichen Mittelmeeres mit 330 t sowie ein kleinerer mit 60 t. Damit können übergroße Yachten, Katamarane und Motorboote an Land gehoben werden. Es gibt Stellplätze für 630 Yachten an Land und Liegeplätze für 150 im Wasser. Die Zahl der Wasserliegeplätze wird um weitere 600 ausgebaut, sodass insgesamt 750 Yachten Platz haben. Die dazu nötigen Schwimmstege werden in eigener Regie gefertigt. Ankommende Yachten werden von zwei Marinabooten vor der Einfahrt empfangen und zum Liegeplatz begleitet. Die Werft-Marina versteht sich als Full-Service-Betrieb.

Einrichtungen: UKW-Kanal 72–73 »Yacht Marina«. Das Personal hilft beim Anlegen mit Murings. Wasser, Strom an den Stegen (380 und 220 V), Duschen und WC (speziell auch für Behinderte), Yachtclub, Supermarkt, Schwimmbad, Dachbar, Zeltbar, Restaurant, 8-Suiten-Hotel, täglich Wetterbericht. Tankstelle für Diesel und Benzin, Entsorgung von Altöl, Schmutzwassertanks. Waschbassins, Wäscherei, Erste-Hilfe-Station, Kinderspielplatz, Friseur, Bibliothek, eigene Radiostation (FM 99,0), Postdienst, Reiseagentur, Parkplatz, Wachdienst rund um die Uhr, Feuerschutz, Internet, ATM, Bank.
Im Werftbetrieb: 630 Stellplätze, Travellift (330 t + 60 t), Lift-Becken 50 x 10,5 m und 40 x 8 m, Werkstätten (Mechanik, Holz-, Farb-, Schweißarbeiten, Segelreparatur). Dolmuş nach Marmaris alle 30 min.

Anschrift: Marmaris Yacht Marina, Yalancı Boğaz Mevkii, 48700 Marmaris-Muğla/ Türkei
Tel: +90 252 422 0022 & 54
Fax: +90 252 422 0049
Mail: info@yachtmarin.com
Web: www.yachtmarin.com

Sunmarina Hier überwintern neben anderen die Sunsail-Charterboote. Platz für 200 Yachten an Land, Duschen/WC, Slipwagen bis 30 t (auch für Katamarane), Winterarbeiten, Motorenwerkstatt, Osmosebehandlung, Segelreparatur, Bootszubehör, Bar/Cafeteria, zertifiziertes Beneteau Reparatur-Center, 24h Bewachung, Telefon-Fax-Service, alle Formalitäten. Dolmuş-Bus nach Marmaris alle 30 min.

Anschrift: Sunmarina, Yalancı Boğaz Mevkii, Adaköy, 48700 Marmaris-Muğla/Türkei
Tel: +90 252 422 0035
Fax: +90 252 422 0036

Bei entsprechend ruhiger Wetterlage bietet sich vielleicht noch der eine oder andere Ankerplatz auf der Nordseite der Insel **Yildiz** (Nimara) im Schutz der vorgelagerten *Bedir*-Insel, allerdings ist es hier tief. Man muss nah ans Ufer herangehen und ggf. eine Leine zum Land ausbringen. Bei Südwind ein gut geschützter Platz.

An der Westküste des *Marmaris*-Golfes, an der sich der Tourismus am stärksten mit Hotel- und Ferienbauten und natürlich mit lebhaftem Badebetrieb bemerkbar macht, sind bei einigen Hotels Stege am Strand vorgebaut, wo Yachten gegebenenfalls für kürzere Zeit anlegen können. Fährt man die Bucht bis zur südwestlichen Ecke aus, entdeckt man am Ende des Sandstrandes einen Kai, an dem Fischerboote liegen. Der Ort wird **Içmeler** genannt.
Vielleicht ist ein Platz zum Anlegen frei. Von der gut funktionierenden Yachtstation, die hier vor Jahren betrieben wurde, ist nur noch die Quelle übrig geblieben. Einkaufsmöglichkeiten in Içmeler, Bus nach Marmaris. Der Badestrand schließt auf der einen Seite an, die Felsküste auf der anderen.

Küçük Boğaz, die schmalere der beiden Durchfahrten, die an der Insel *Keçi Adası* vorbei aus dem *Marmaris*-Golf hinausführen, liegt hinter der nächsten Huk.

Noch einmal sei auf das **Sperrgebiet um Karaağaç Limanı** hingewiesen, das für Yachten tabu ist, auch wenn man gelegentlich andere Meinungen hört.

Von der gefährlichen felsigen Untiefe *Turnalıkayası* (auch *Edmonds Rock* genannt) mit 1,80 m Wassertiefe, die 7 kbl südlich der Küste und 1,8 sm westlich der Insel *Yilancık* liegt, muss man großen Abstand halten (siehe Seekarte). In diesem Gebiet um die Insel *Yilancık* schralt der Wind, und der Seegang läuft wild durcheinander, weshalb man besser außerhalb der Leuchtturminsel passiert.

Köyceğiz Limanı weist im Westen einige sehr schöne Badeplätze in dicht bewaldeter Umgebung auf. Der Ankergrund aus Schlick hält gut, fällt aber schnell auf große Tiefe ab. Kein Haus weit und breit. In manchen Jahren abends viele Wespen, die nach Sonnenuntergang wieder verschwinden. Umlaufende Dünung bleibt die ganze Nacht.

Ekincik Limanı (36°49,8'N 028°33,2'E) heißt der Scheitel des *Köyceğiz Limanı*. Die Ansteuerung ist sogar bei Dämmerung möglich, da die westliche Huk *Karaçay* ein Feuer trägt. Man kann auf 3–5 m Wassertiefe vor dem Strand ankern (Grund gut haltender Mud). Nach Abflauen des Windes am Abend und in der Nacht macht sich leichte Dünung bemerkbar.

Die Ausflugsboote nach *Dalyanköy* liegen am westlichen Ufer. Am Anleger bekommt man Getränke und gutes Wasser gegen Bezahlung. Taverne, Minimarkt im Dorf.

Der zweite, noch besser geschützte Ankerplatz in wunderschöner grüner Waldlandschaft ist im Osten des *Ekincik Limanı*:

Maden Iskele (36°49,5'N 028°33,8'E), eine bei Einheimischen und Ausländern gleichermaßen beliebte Bucht, hinter einem hohen Kap versteckt.

Am besten ankert man auf 8–10 m Wassertiefe und bringt eine Landfeste zum felsigen Ufer aus. Auf diese Weise können viele Boote Platz finden. Ankergrund ist gut haltender Mud mit Steinen; er fällt schnell auf größere Tiefe ab. Mitarbeiter

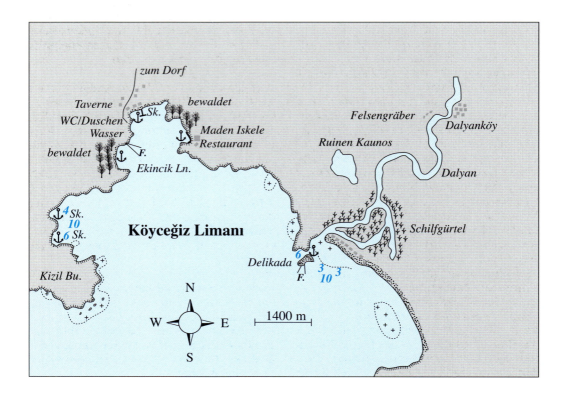

der **My Marina** helfen beim Anlegen, auch wenn man nicht am Betonanleger festmachen will. Schöner Blick von der Restaurant-Terrasse auf die Bucht. Wasser, Duschen, WC, Müllentsorgung sind im kostenlosen Anliegen enthalten, wenn man (im nicht billigen, dafür aber exzellenten) Restaurant speist. Gleiches Management wie Restaurant Pineappel in der Netsel-Marina.

Die »My Marina« ist der beste Platz, um das Boot mit einer Bordwache zurückzulassen, wenn man das antike **Kaunos** und die lykischen Felsengräber besuchen möchte. Hierfür bieten ehemalige Fischer, die sich zu einer Kooperative zusammengeschlossen haben, ihre mit Sonnensegeln überdachten Boote an. Der Ausflug hat unabhängig von der Anzahl der Beteiligten je nach Route seinen festen hohen Preis von zwischen 80 und 125 Euro.

Der Ausflug dauert je nach Programmwahl drei bis acht Stunden und führt durch den dichten Schilfgürtel der Flussmündung des *Dalyan*. Dann begleitet der türkische Bootsführer die Besucher zu den Ausgrabungen von *Kaunos* und zu den lykischen Felsengräbern. Die längste Route führt zum Süßwassersee *Köyceğiz Gölü,* wo man im Thermalbad *Sultanıye* ein Schwefelbad nehmen kann oder bei *Rizaçavuş* ein Schlammbad. Manchmal wird die Besichtigung etwas abgekürzt, um schneller nach *Dalyanköy* zu gelangen, wo ein Tavernenbesuch eingeplant ist. Zugegeben, die in der Gegend zahlreich gefangenen Meeräschen schmecken gut, der Preis steht aber dem in feinsten Stadtrestaurants nicht nach. Im Dorf *Dalyankö*y kann man nahezu alle Lebensmittel einkaufen und mit dem Boot zurück zur Yacht in *Ekincik* fahren.

Wegen der zunehmenden Hitze sollte man so früh wie möglich starten; außerdem nimmt am Nachmittag der Seegang zu, sodass die Rückfahrt in dem offenen Boot etwas ungemütlich werden kann.

Trotz aller Einschränkungen wird der Ausflug empfohlen, denn die Fahrt auf den vielfach verzweigten Wasserwegen durch das Schilf ist schon ein Erlebnis für

sich. Man passiert die Pfostensperre, an der den Fischen, die zum Ablaichen in den *Köyceğiz*-See kommen, der Rückweg zum Meer abgeschnitten wird.

Die Ruinen von *Kaunos* sind noch nicht vollständig freigelegt. *Kaunos* war eine Hafenstadt, die mit Trockenfisch, Salz, Harz und – Sklaven handelte, durch die Schlammablagerungen des Flusses *Dalyan* (antik *Kalbis*) aber allmählich den Zugang zum Meer und damit ihre Bedeutung verlor. Sehenswert sind vor allem die mit kunstvollen Fassaden ausgestatteten Felsengräber (4. Jahrhundert v. Chr.). Von dort oben überblickt man die wundervolle Flusslandschaft mit dem Dorf *Dalyanköy.*

Bei beständiger ruhiger Wetterlage besteht die Möglichkeit, in Lee der Leuchtturminsel **Delikada** gegenüber der Flussmündung, die weitgehend versandet ist, zu ankern und mit Leinen zu den Felsufern der Insel das Boot in der Richtung des auflandigen Seegangs zu halten. Die Insel bietet jedoch nur sehr geringen Schutz, weshalb man das Boot nicht ohne Ankerwache lassen darf. Von hier aus starten ebenfalls Ausflugsboote nach *Kaunos.*

Auf den 21 sm von Maden Iskele bis zum westlichen Einfahrtskap in den Fethiye-Golf gibt es nur wenige sichere Ankerplätze. In der Einbuchtung hinter dem Kap Dişibilmez Burun findet sich **Aşı Koyu,** ein Ankerplatz unter einer grauen Felswand vor hellgrauem Strand. Vorsicht: Felsplatten ziehen sich unter Wasser bis weit in die Bucht. Man bringt eine Leine zum Ufer aus. Am Nachmittag beginnt Schwell, der zum Abend heftiger wird. Gegenüber in der Einbuchtung ist eine Taverne.

Einheimische suchen auch im Einschnitt an der Nordküste der Insel **Baba Adası** mit einer Leine zu den Felsen Schutz. In der Einbuchtung vor der Feriensiedlung gegenüber können flache Boote frei ankern. Doch sollte man die Ansteuerung nur bei ruhiger See wagen.

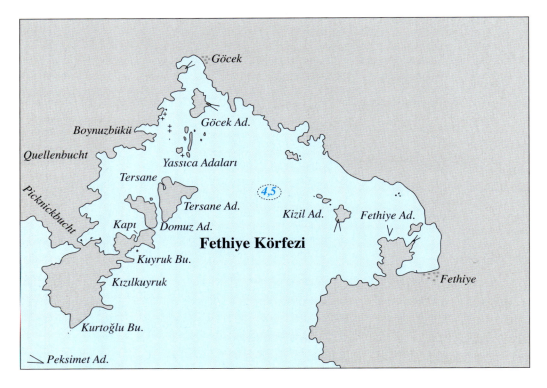

Fethiye-Golf. In diesem paradiesischen, vor Seegang gut geschützten Revier findet man – zumindest in der Hochsaison – selten eine Bucht ganz für sich alleine. Der Plan zeigt die Lage der näher beschriebenen Ankerplätze, doch sind damit längst nicht alle Möglichkeiten ausgeschöpft. Als zeitweilige Tagesankerplätze lassen sich in dem ideal geschützten Gebiet noch viele liebliche Winkel ausfindig machen. Hier kann man am Beispiel der ortskundigen Gulet-Kapitäne lernen, wie vielfältig die Möglichkeiten sind, eine günstige Stelle zum Ankern zu nutzen, doch sollte man es vermeiden, sich sofort daneben zu legen, denn wer möchte nicht gern den gefundenen Platz wenigstens die nächsten Stunden ungestört genießen!

Klippen und Untiefen sind in der Seekarte deutlich genug verzeichnet, sodass keine Gefahrensituation für das Boot entstehen dürfte. Dennoch wird extra auf die Untiefen bei der *Tavşan Adası,* vor der Einfahrt zu *Boynuz Bükü*, auf die Klippen zwischen den südlichen Inseln der *Yassıca Adaları* und auf die Untiefe *Izkayasu* 2,2 sm östlich der Insel *Tersane* hingewiesen.

Es versteht sich von selbst, dass man enge Durchfahrten zwischen den Inseln mit der nötigen Vorsicht passiert, denn nicht in jedem Fall bedeutet das Weiß in der Seekarte große Wassertiefe. Ein Beispiel: Während die deutsche Seekarte mit Recht vor der Durchfahrt zwischen den *Yassıca Adaları* und der Insel *Zeytinli* (*Hacıhalıl*) mit einem Klippen-Kreuzchen warnt, zeigt die türkische Karte (zwar etwas abseits, aber doch irreführend) eine Wassertiefe von 79 m! Man muss sich immer vor Augen halten, dass Seekarten in erster Linie für die Berufsschifffahrt konzipiert sind, für die solche Wege nicht in Betracht kommen. Andererseits wurden zwei schwer auszumachende Gefahrenstellen mit rundum tiefem Wasser im Hinblick auf die Sportschifffahrt in diesem Golf inzwischen mit Tonnen markiert. Häufig fehlen in den Karten Namensbezeichnungen, weshalb wir uns teilweise mit eigenen Erfindungen helfen mussten.

23 In der Netsel Marina Marmaris sind zahlreiche Charterflotten stationiert. Im Hintergrund ist die Stadt zu erkennen

24 Lykische Felsengräber in Kaunos

25 Ankerplätze in der Bucht gegenüber der Insel Gemiler

26 Versteckter Einschnitt im Kalevezi Koyu (Beştaş Limanı)

27 Ankerplatz an der Nordküste der Insel Gemiler

28 Boynuzbükü im Fethiye-Golf

29 Küste der sieben Kaps: Dünen bei Patara

30 Hafen Kaş und – links oben im Bild – die Bucht Bayindir Limanı

31 Kalkan, nützlicher Hafen und angenehmer Ort an der türkischen Südküste

Fethiye-Golf 225

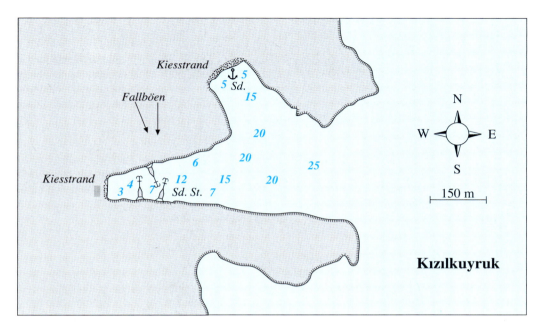

Kaum 2,5 sm vom westlichen Einfahrtskap *Kurtoğlu Burnu* schneidet eine Bucht ohne Namen (von Einheimischen *Kızılkuyruk* genannt) mit zwei Armen nach Westen in die Halbinsel *Kapıdağı* ein:

Kızılkuyruk (36°37,2'N 028°52,2'E) eignet sich gut, wenn man die Fahrt zum Hafen Fethiye unterbrechen will, der gut 12 sm weiter liegt. Man hat hier die Möglichkeit, im Nordeinschnitt auf Sandgrund zu ankern oder in der nach Westen verlaufenden Bucht mit Leinen zum Ufer festzumachen. Hier ist der Sandgrund mit Steinen durchsetzt. Nachts herrscht selbst bei ruhiger Wetterlage umlaufende Dünung. Geringe Wasserstandsschwankungen wurden festgestellt. Eine Taverne sorgte früher für das leibliche Wohl. Diese wurde, weil ohne Genehmigung errichtet, wieder geschlossen. Hintergrund: Die Gemeinden wollen Gewohnheitsrecht verhindern. Also kommt vor Ablauf der Frist der Bulldozer. Anschließend entstehen nahezu über Nacht neue Tavernen in der Nähe – bis zum nächsten Abriss. Man muss sich wundern, mit welchem Geschick und geringem Aufwand sogleich appetitliche Gerichte auf den provisorischen Tisch gezaubert werden.

Kuyruk Burnu (36°38'N 028°53,3'E). Ebenfalls an der Ostseite der *Kadıdağ*-Halbinsel, westlich von *Kuyruk Burnu*, liegt eine rundum bewaldete Bucht, die auf 6–8 m Wassertiefe gut haltenden Ankergrund aus Sand und Mud hat. 50 m vor dem Kiesstrand geht der Grund in Felsplatten über. Zeitweise stören die vielen Wespen. Wegen der nachts umlaufenden Dünung ist diese Bucht für eine Übernachtung weniger geeignet. Auch hier sind Wasserstandsschwankungen zu bemerken.

Tersane Adası (36°40,6'N 028°54,8'E). Einen absolut sicheren Schlupfwinkel findet man an der Nordwestseite der Insel. Um dahin zu gelangen, kann man auch zwischen *Tersane Adası* und *Domuz Adası* passieren, denn tiefes Wasser reicht bis an die Ufer der Inseln heran. Auch innerhalb der Bucht sind die Wassertiefen bis zum letzten Drittel groß, wo man je nach vorhandenem Platz auf 4–8 m ankern und gegebenenfalls eine Leine zum felsigen Ufer ausbringen kann. Ankergrund ist Schlick, mit Seegras bewachsen, zum Scheitel der Bucht flach auslaufend und in Steine übergehend.
In dieser ländlichen Umgebung mit einem

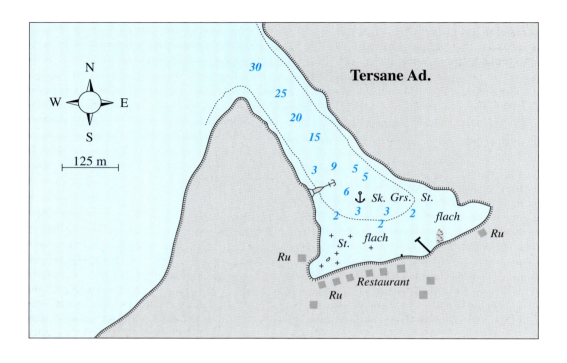

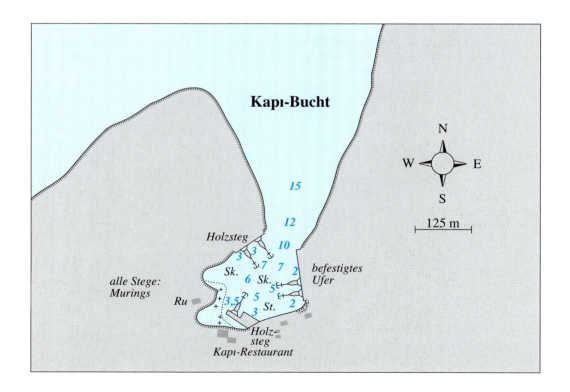

Restaurant, einigen Bauernhäusern und byzantinischen Ruinen erinnert außer dem Namen der Insel (*tersane* = Werft) nichts mehr daran, dass hier einmal Schiffe gebaut und ganze Kriegsflotten ausgerüstet wurden. Die Bucht wird tagsüber von zahlreichen Ausflugsbooten angelaufen.

Die **Kapı-Bucht** (36°38,7'N 028°53,7'E), in den Seekarten ebenfalls ohne Namen, erreicht man, wenn man von der Insel *Domuz* südwärts fährt; *domuz* heißt übrigens Wildschwein, die Insel deshalb *Domuz Adası*, weil es auf ihr viele Wildschweine gab und vermutlich noch gibt. Man kann auch die schmale, von Untiefen freie Durchfahrt an der Südküste von *Domuz Adası* benutzen. Die geringste Wassertiefe beträgt dort 16 m.
Die Einfahrt öffnet sich gleich nach der Südpassage an Backbord. Der tüchtige Tavernenwirt hat an der Ostseite einen Holzsteg mit 2 m Wassertiefe angebracht (ggf. Abstand halten). Direkt vor dem Restaurant wurde ein zweiter Holzsteg errichtet, vor dem an der Außenseite 3–3,5 m Wasser sind. Innen können kleinere Yachten auf 2 m längsseits anlegen (Flachstück südlich davon beachten). Im Nordwestteil der Bucht ist der beste Winterliegeplatz ebenfalls an einem neuen Holzsteg. Alle Plätze mit Murings der Taverne.
Beliebt ist die *Kapı*-Taverne auch wegen der Krebse, die hier serviert werden. Gelegentlich wird auch ein ganzes Wildschwein gegrillt (*Achtung:* wegen Trichinen nur gut durchgegartes Fleisch essen!). Die Einbuchtung unmittelbar westlich von *Kapı* ist schön, aber nur als Tagesankerplatz zu empfehlen. Tiefes Wasser bis nahe an den Strand.

Picknick-Bucht (36°38,7'N 028°51,2'E). Die Bucht, im südwestlichen Winkel dieses Gebietes gelegen, bietet verschiedene gute Ankermöglichkeiten. Bei der Ansteuerung halte man sich von den kleinen, den Landvorsprüngen vorgelagerten Inselchen gut frei und achte auch auf die 1-m-Stelle vor dem Picknickplatz. Am besten ankert man in der Nähe der langen Bruchsteinmauer auf 7–8 m Wassertiefe und verholt sich mit Leinen zum Land. Ankergrund ist Sand mit Steinen und Seegrasbewuchs. Mit Fallböen aus westlichen Richtungen muss gerechnet werden. Die Bucht ist rundum mit hohen Kiefern bewachsen und landschaftlich außerordentlich schön.

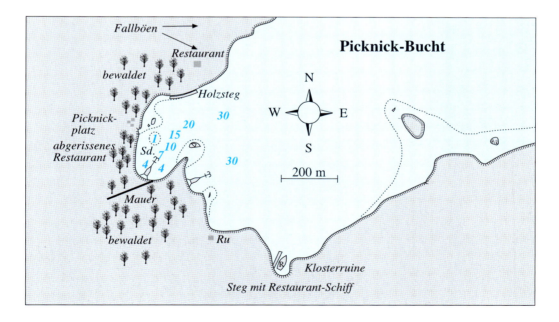

Kein Wunder, dass sich an diesem beliebten Platz kleine Restaurants etabliert haben, die teilweise wieder abgerissen wurden. Im südlichen Zipfel dieser großen Bucht gibt es zwei primitve Holzanleger bei einer Klosterruine. Das Restaurant befindet sich auf einem dort festgemachten Schiff, vermutlich um im Fall einer Vertreibung auf einen anderen Platz verholen zu können.

Am Nordwestufer hat sich ebenfalls ein Restaurant mit einem Holzsteg etabliert. Wir lassen nun einige Einschnitte aus und erreichen nach 3,3 sm die

Quellenbucht (36°41,8'N 028°52'E), in den Seekarten ohne Namen, besonderes Merkmal: die Quellen am Nordufer. Außerdem fallen die etwas erhöht gelegenen Felsengräber auf.

Man kann direkt vor den Quellen ankern oder in der NW-Ausbuchtung. Da der Grund schnell auf größere Tiefe abfällt, empfiehlt es sich auf jeden Fall, eine Landfeste auszubringen. Es ist ein liebenswerter Platz. Von den beiden gefassten Quellen spendet eine das ganze Jahr über gutes Trinkwasser.

Auch am jenseitigen Ufer gibt es je nach Belieben Ankerplätze über gut haltendem Schlickgrund. Es kann durchaus sein, dass hier irgendwann irgendwo wieder Tavernen entstehen, die – wenn ohne Betriebsgenehmigung – bei der nächsten behördlichen Kontrollaktion wieder abgerissen werden, so wie die Tavernen, die es früher hier einmal gab.

Für archäologisch Interessierte sei erwähnt, dass eines der Felsengräber, deren einstmals prächtige ionische Fassaden zerstört sind, eine Inschrift enthält, sonderbarerweise in karischer Sprache, die noch nicht entschlüsselt ist. Obwohl nicht endgültig belegt, nehmen die Experten an, dass diese Tempelgräber sowie die Grabhöhlen zur lykischen Stadt *Krya* gehörten, zu der in den Fels gehauene Stufen führten. Durch den »Stadiasmos«, eine Art Hafenverzeichnis aus dem 1. Jahrhundert v. Chr., konnte *Krya* wie mancher andere vergessene Ort an der Küste lokalisiert

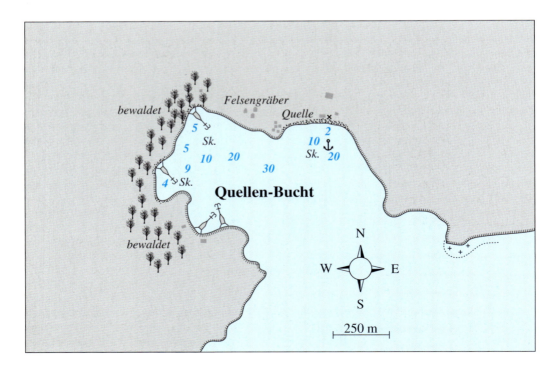

werden. Jedenfalls scheinen die Inseln und Festlandsküsten im *Fethiye*-Golf zu jener Zeit viel stärker besiedelt gewesen zu sein als heute.

Boynuzbükü (36°42,8'N 028°53,7'E), der weit nach Westen einschneidende Fjord, ist unter allen bemerkenswerten Ankerplätzen im *Fethiye*-Golf für uns der Platz mit dem größten landschaftlichen Liebreiz. Ganze Flotten von Booten können sich hinter den einzelnen bewaldeten Landvorsprüngen verstecken, ohne dass der Nachbar im Geringsten gestört wird. Wegen der großen Wassertiefe sind beim Ankern in jedem Fall Leinen zu den Bäumen erforderlich.
Im Scheitel der weiten Bucht hat ein Bach viel Land aufgeschwemmt, auf dem herrliche Amberbäume wachsen. (Die Amberbäume stehen übrigens in der Türkei unter strengstem Naturschutz.) Zu beiden Seiten schließt sich eine romantische Schilflandschaft an. Je nach Belieben ankert man entweder auf bestem Schlickgrund in einiger Entfernung oder nähert sich vorsichtig mit dem Heck dem Holzsteg, der gerade noch 2 m Wassertiefe an seinem Kopf hat. Geringfügige Wasserstandsschwankungen sind zu berücksichtigen. Am Ufer findet man eine Taverne, Wasserhahn und Dusche. Man sollte fragen, ob die Benutzung kostenlos ist.
Fast wäre dieses idyllische Plätzchen dem Bau eines Ferienzentrums mit 2000 Betten und angeschlossener Marina zum Opfer gefallen, doch die Naturschützer haben sich durchgesetzt.

Auf der Weiterfahrt in Richtung *Göcek* beachte man die mit einer Tonne markierte felsige Untiefe eine halbe Seemeile nördlich der *Yilanlı*-Insel.

Göcek Limanı (36°45,1'N 028°56,2'E), im äußersten Norden des *Fethiye*-Golfes gelegen, ist bei Tag und Nacht anzusteuern. Sowohl die Insel *Göcek* als auch die Halbinsel im Westen der großen Bucht sind befeuert.
Nicht nur wegen der guten Verkehrsverbindungen mit *Fethiye* und *Dalaman* – zum Flughafen sind es nur 25 km – hat sich *Göcek* unter Sportbootfahrern einen Namen

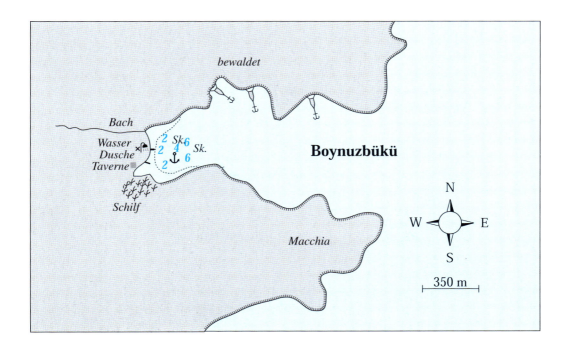

230 *Marmaris bis Kaş*

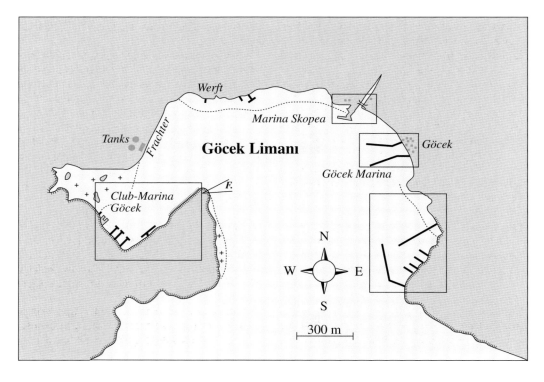

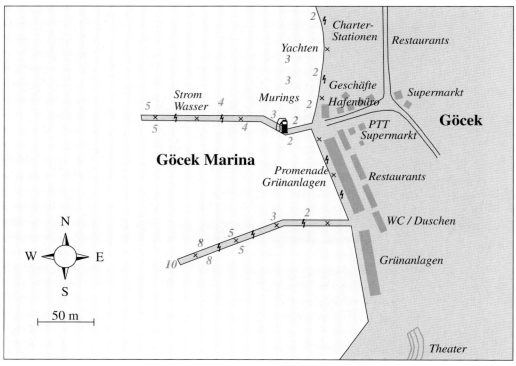

gemacht; es stehen vier Anlegemöglichkeiten zur Auswahl: der Gemeindehafen, seit langem Yachtversorgungsstation und deshalb auch als »Marina Göcek« bezeichnet, die Marina Skopea, die Club-Marina Göcek und seit einigen Jahren die Port Göcek Marina. Marina Göcek und Marina Skopea sind nur im Sommer in Betrieb, denn gegen Südoststürme im Winter sind sie ungeschützt. Die Club-Marina und die Port Göcek-Marina sind dagegen rund ums Jahr geöffnet und bieten allseitigen Schutz.

Die **Göcek Marina** wird wegen ihrer guten Versorgungsmöglichkeiten gern von Sportbooten angelaufen und auch als Charterstützpunkt benutzt. Die Liegeplätze an den beiden Piers und am nördlichen Kai sind zwar dem Schwell ausgesetzt, der Schlickgrund hält jedoch den Anker sehr gut. Teilweise sind Murings ausgelegt. Es werden Liegegebühren kassiert. Man kann auch in einiger Entfernung von den Piers frei ankern.
In der Marina Göcek gibt es überall Wasser und Strom; Dieseltankstelle auf der nördlichen Pier. Duschen siehe Plan. Restaurants am Hafen und im Ort, dort auch Geschäfte aller Art. Der Hafenmeister ist nahebei.
Der Frachterkai im Nordwesten der Bucht darf nicht von Yachten benutzt werden. Hier werden Chromerz und Rohöl umgeschlagen. Am Nordufer daneben befindet sich ein Werftplatz mit Stellfläche und Travellift der Port Göcek-Marina.

Marina Skopea. Die L-förmige Pier dieser privaten Marina schließt an die zum Kai ausgebaute Wasserfront von Göcek im Norden an. Es ist eine hübsche Anlage, die sich gut in das modernisierte Göcek einfügt.
60 Liegeplätze sind mit Murings ausgestattet. Nur an der nach Süden gerichteten Außenseite können größere Yachten auch

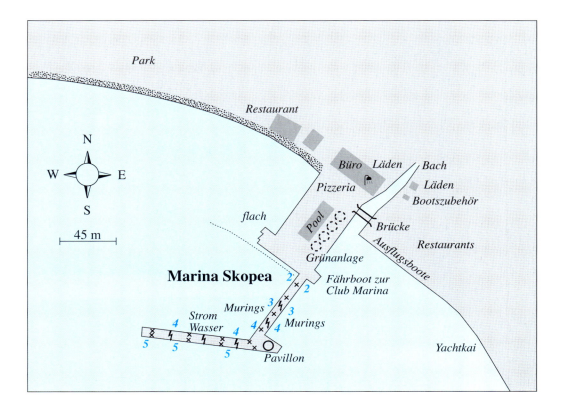

232 Marmaris bis Kaş

vor Anker festmachen. Wegen der rasch zunehmenden Wassertiefe ist viel Kette erforderlich.

Service: Wasser und Strom, Duschen/WC, kostenlose Müll- und Altölentsorgung, Bewachung Tag und Nacht, Feuerlöscher, Postaufbewahrung, Wetterbericht. In der Nähe gibt es Lebensmittel, Restaurants, Telefon, Bootszubehör.
Der Manager Göker Tuncay und seine deutsche Frau Britta kümmern sich aufmerksam um ihre Gäste und sind sehr hilfsbereit.

Anschrift: Skopea Marina, 48310 Göcek/Türkei
Tel: +90 252 645 17 94
Fax: +90 252 645 17 93
UKW-Kanal 72
Die Eignergemeinschaft Göcek (E.G.G.) hat ihr Büro im Marina-Gebäude.

Die **Club Marina Göcek** (36°45,5'N, 028°55,5'E) liegt im westlichen Winkel des *Göcek Limanı* behutsam in die dicht bewaldete Landschaft integriert. Es ist ein exklusiver Yachthafen mit 160 Liegeplätzen, darunter 25 separate Anleger für Schiffe aller Größen, wenn die Eigner etwas Abstand wünschen (mit Einzelparkplätzen, Extrabewachung zu Sonderpreisen). Von der natürlichen Lage her vollständig geschützt, eignet sich diese Marina bestens als Dauer- und Winterliegeplatz.
Die Marina wird vor allem von Eignern großer Motoryachten bevorzugt. Aber auch mancher Dauerlieger unter den Seglern hat in dieser privaten Edelmarina seinen ständigen Liegeplatz.

Die Liegeplätze an Murings werden vom Personal zugewiesen, Tower (Kanal 72,

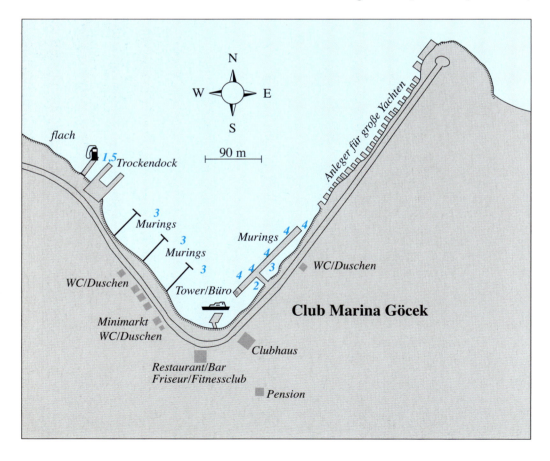

Fethiye-Golf

»Club-Marina«), Wettervorhersage tägl. 8.30 Uhr, Wasser-, Strom- und Telefonanschluss direkt am Steg. Die Preise sind unterschiedlich je nach Liegeplatz; das Gelände wird rund um die Uhr bewacht.

Geschmackvoll sind auch die verschiedenen Gebäude in die blühende Umgebung eingefügt: Bungalows, Gästehaus, Restaurant, Minimarkt, Bootszubehör, Duschen, Türkisches Bad, Fitnessräume usw.

Um die ruhige Clubatmosphäre nicht zu stören, ist die hydraulische Hebeplattform (110 t Tragfähigkeit) nur für kurzfristige Arbeiten am Unterwasserschiff gedacht; ein Taucher kann auch besorgt werden. Daneben zwei Dieselzapfsäulen (Wassertiefe davor 1,50 m), Lieferung auch per Tankwagen.

Nach Göcek (3,5 km) läuft man durch Pinienwald. Kostenloser Shuttleservice mit einer Bosporusfähre »en miniature« von 7.45 Uhr bis Mitternacht zur Marina Skopea. Ein ehemaliger Bosporusdampfer, »MS Halas«, umgebaut zum Exkursionsschiff mit Luxuskabinen und Restaurant, liegt als weitere Attraktion vor Anker, gepflegt und auf Hochglanz poliert. Wer hier einen Platz bekommt, ist nicht

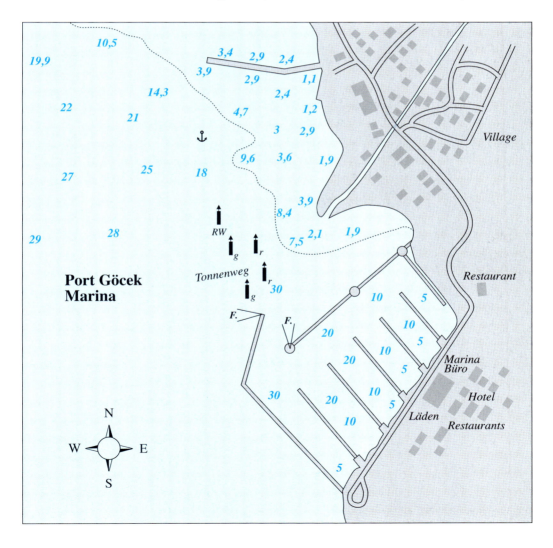

schlecht bedient. 22 km vom Flughafen Dalaman und 33 km von Fethiye.

Anschrift: Club Marina Göcek, 48310 Göcek-Fethiye/Türkei
*Tel:	+90 252 64518 00*
*Fax:	+90 252 64518 04*
*Mail:	portmaster@turkeyclubmarina.net*
*Web:	www.turkeyclubmarina.net*

Port Göcek-Marina (36°44,9'N 028° 56,6'E). Exklusive Marina unter der Leitung von Camper&Nicholson für 380 Yachten östlich von *Göcek* vor grüner Bergkulisse. Hier weht immer ein erfrischender Wind, der das Liegen angenehm macht. Die Marina wurde 1999 in Betrieb genommen und ist eine interessante Alternative zur Club-Marina. Die Nähe zum Flughafen Dalaman (25 Minuten) garantiert dieser Investition eine gute Belegung.

Elegante Toiletten- und Dusch-Anlagen, In Verbindung mit dem *Swiss-Hotel*, das unmittelbar hinter der Marina am Hang gebaut wurde, stehen mehrere Restaurants zur Verfügung. Da die Bucht geschützt ist und die Schwimmstege nach unten offen sind, hat das Wasser in der Marina Badequalität. Der in der Marina etablierte *Göcek Yat Kulübü* (Yachtclub) organisiert die jedes Jahr stattfindende Port Göcek-Regatta.
Die Preise sind im oberen Bereich angesiedelt und mit denen der Club-Marina zu vergleichen.
Zur Anlage gehört ein 70-Tonnen-Travellift (2 km entfernt über die Bucht) mit Landstellplätzen für über 180 Yachten.

Einrichtungen: UKW-Kanal 73 »Port Göcek«. Das Personal hilft beim Anlegen mit Murings. 380 Liegeplätze, Wasser, Strom, Telefon und TV am Steg, elegante, klimatisierte Duschen und WC's. Buggyservice zu den Stegen. 180 Landplätze, Travellift 70 t, Hebeplattform 38 t, Slipbahn, alle Reparaturen. Minimarkt, Schiffsausrüster, Wäscherei, Fäkalien- und Schmutzwasserentsorgung, wireless Internet. Hotel, Restaurants, Fitnessanlage, Tauch-

schule, Parkplatz, 24-Std.-Bewachung. 400 m zum Ort, 20 Minuten zum Flughafen Dalaman.

Anschrift: Port Göcek Marina, P.K. 20, TR-48310 Göcek-Fethiye
*Tel:	+90 252 645 15 20 und 13 36*
*Fax:	+90 252 645 18 97*
*Mail:	enquiries@portgocek.com*
*Web:	www.portgocek.com*

Nach Südosten weiter segelnd, kommen wir zum Haupthafen *Fethiye*, in dem ebenfalls eine neue Supermarina ihre Dienste anbietet.

Fethiye (36°37,5'N 029°06,1'E) ist Port of Entry. Der Fähr-, Handels- und Yachthafen liegt versteckt hinter kleinen Inseln und einer großen Halbinsel. *Fethiye* war bisher ein wichtiger Ausfuhrhafen für Chromerz.
Die Ansteuerung ist bei Tag und Nacht ohne Probleme. Man halte sich an die zahlreichen Leuchtfeuer, die das Einlaufen erleichtern. Auch die flach auslaufende Ostseite der großen Hafenbucht wird durch Feuer beziehungsweise Leuchttonnen markiert (siehe Seekarte). Das nördlich des Hafens kieloben liegende ehemalige Hotelschiff ist tagsüber nicht zu übersehen; das Wrack ist mit einer Leuchttonne gekennzeichnet.
An der weit vorspringenden Frachterpier machen auch die Linienschiffe fest. An den östlichen Kais liegen Ausflugsboote, die mit teilweise schrillen Plakaten auf ihre Touren aufmerksam machen. Der westlich anschließende Kai ist mit Gulets belegt. Daran anschließend öffnet sich da, wo bisher der Yachthafen *Fethiye* lag, die Anlage der neuen

Ece Saray-Marina (36°37,55'N 29°06,1'E) mit 6 Schwimmstegen, einem alles umfassenden Wellenbrecher und 465 Muringplätzen. Das Projekt wird realisiert und betreut von der *Ecetaş AŞ Holding* in Ankara. Zwei Jahre hat man sich mit der besonders schwierigen Stegkonstruktion beschäftigt – die Schwimmstege mussten

auf einer Wassertiefe von 20 Metern verankert werden.
Seit Sommer 2003 ist die Marina fertig und bietet Rundumschutz vor allem auch im Winter (Plan Seite 236).
Zum Komplex gehört das wunderschöne 5-Sterne-Hotel *Ece Saray* mit seiner renovierten klassizistischen Fassade, 14 Suiten und 38 Zimmern. Schwimmbad und Restaurants gehören ebenfalls dazu.

Einrichtungen: *Das Personal hilft beim Anlegen mit Murings, UKW-Kanal 73 »Ece Marina«. 465 Liegeplätze, Wasser, Strom, Telefon und TV am Steg, Internet über Funknetz, 30 Duschen und WC, 2 für Behinderte. Tankstelle, Supermarkt, Boutiquen, Business Office, Fitnesscenter, Erste Hilfe, Sauna + türk. Bad (im Hotel), Restaurant, Bar. Behörden im Ort. Hafenamt, Banken, PTT, alle Arten Geschäfte, einen üppigen Bauernmarkt und jede Menge Restaurants und Konditoreien gibt es in der Stadt (20 min. Fußweg). 100 t Travellift mit Stellplätzen 1 sm über die Bucht; alle Reparaturen.*

Anschrift: *Ece Saray Marina & Resort, 1. Karagözler Mevkii, 48300 Fethiye/Muğla*
Tel: +90 252 612 5005
Fax: +90 252 614 7205
Mail: marina@ecesaray.net
Web: www.ecesaray.net/marina.htm

Gleich westlich der Marina gibt es zwei Hotelanlagen mit Stegen, an denen man gegen Liegegebühren festmachen kann. Es haben nur wenige Yachten Platz. Im Westteil der Bucht findet man auf beliebiger Wassertiefe über Schlickgrund guten An-

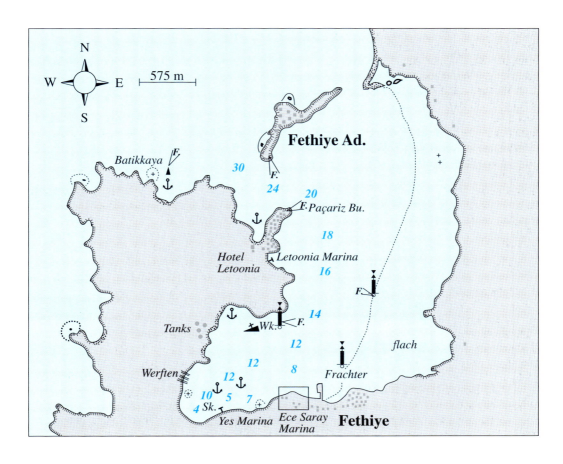

Marmaris bis Kaş

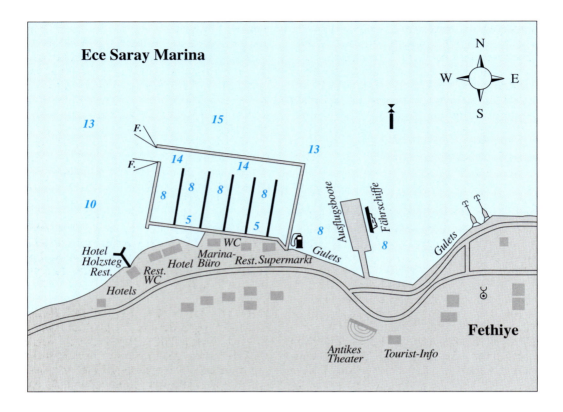

kerhalt. – Zwei Werften, die mit Schlitten arbeiten, befinden sich im westlichsten Teil der Bucht, wo auch die kleine private **Yes Marina** ihre T-förmige Steganlage für 30 Boote hat. Der Platz befindet sich eine halbe Seemeile in westlicher Richtung (siehe den Plan auf Seite 235).
An der Stirnseite benutzt man Muringleinen, an den Seiten den Anker. Es ist keine staatlich autorisierte Marina mit Zollobhut. Wer über Winter bleiben will, muss an Bord wohnen. Die Liegegebühren über längere Zeit und außerhalb der Saison sind niedriger als in der Marina Ece Saray.
Die Betreiber der Marina, Özcan und Çetin Kaya, sorgen für alles Notwendige. Wasser und Strom, Diesel per Tankwagen, Wäsche (1 Tag), Proviant-Anlieferung, Wetterbericht. In der Marina saubere heiße Duschen, Restaurant, Wachdienst (24 Std.). Ausflüge per Minibus können arrangiert werden.

Anschrift: Fethiye Yes Marina, II. Karagözler Mah., 48300 Fethiye/Türkei
Tel: +90 252 614 22 58
Fax: +90 252 614 39 65
UKW-Kanal 67

Letoonia Marina (36°38,2'N 029°06'E) nennt sich die Pieranlage in der Bucht 3 kbl südlich des befeuerten Kaps *Paçarız Burnu*. Sie gehört zum Clubhotel Letoonia, dessen Ferienhäuser, Sportanlagen und Restaurants über die ganze bewaldete Halbinsel verteilt sind.
An der Pier ist Platz für ein Dutzend Boote, die den Anker auf angenehmer Wassertiefe von 5 m ausbringen. Liegegebühren. Inwieweit die Einrichtungen des Hotels auch für die Yachtcrews zugänglich sind, erfährt man von den Wachmännern. Wasser, Strom und Duschen sind jedenfalls vorhanden, Restaurants und Minimarkt nur während der Saison geöffnet. Ein Zubringerboot verkehrt nach *Fethiye*.

Fethiye ist eine neuzeitliche Provinzstadt, deren Geschäfte weitgehend auf die Bedürfnisse der Landbevölkerung eingestellt sind. Die großartige Landschaft des alten Lykien, einzigartige Strände, eine Vielzahl von historischen Sehenswürdigkeiten – *Xanthos, Patara, Pinara, Letoon, Myra*, um nur einige zu nennen – und gute Verkehrsverbindungen (Flughafen *Dalaman* etwa 55 km, Busse nach *Ölü Deniz,* Gruppenfahrten zu den lykischen Städten) haben *Fethiye* für den Tourismus attraktiv gemacht.

Wenn wir vergeblich nach alten Gassen suchen, so hat dies seine Ursache in dem verheerenden Erdbeben von 1957, bei dem die gesamte untere Stadt zerstört wurde. Mit den Trümmern wurden die Ufer aufgeschüttet, wodurch die heutige Wasserfront entstand. Menschen kamen damals nicht ums Leben, weil der *Kaymakam* (Landrat) sofort nach dem ersten leichten Erdstoß durch Ausrufer die Bevölkerung aufforderte, die Häuser zu verlassen. Heutzutage fallen in allen Städten der Türkei Lautsprecheranlagen auf, die von Ausländern gern als Hilfsmittel zur politischen Aufklärung abgetan werden, ohne dass an den praktischen Zweck für einen Notfall gedacht wird. Selbst der belächelte Verstärker auf dem Minarett hat unter diesem Gesichtspunkt seine doppelte Berechtigung.

Im Altertum hieß die Stadt *Telmessos* und war Haupthafen der großen Provinz Lykien, die sich von *Kaunos* bis *Antalya* erstreckte. Die ersten Siedler sollen aus Kreta gekommen sein. Wie die Bewohner anderer antiker Landschaften sind auch die Lykier immer wieder von den Eroberungszügen anderer Völker betroffen worden. Trotz der naturgegebenen harten Lebensbedingungen und räumlichen Entfernungen hielten die lykischen Städte zusammen und bewahrten gegen jede Fremdherrschaft ihre Eigenständigkeit. Viel mehr als andere Bevölkerungsgruppen in jener Zeit bildeten die Lykier eine Nation, die Kultur und Brauchtum pflegte.

Die Blütezeit liegt zwischen 550 und 300 v. Chr., und aus dieser Zeit sind auch die meisten Grabbauten erhalten: Hausgräber, die den Holzbau nachahmen, Felsengräber mit tempelartigen Fassaden, bei denen sich der griechisch-ionische Einfluss bemerkbar macht, freistehende Pfeilergräber und Sarkophage, wie wir sie auf unserer weiteren Reise noch vielfach zu sehen bekommen werden.

In Fethiye ist vor allem das Grab des Amyntas (4. Jahrhundert v. Chr.) sehenswert, das neben anderen Grabbauten oberhalb der Stadt kunstvoll aus dem Felsen herausgearbeitet wurde. Von dort oben hat man eine herrliche Aussicht auf die Hafenbucht und das Umland. Auf dem Rückweg zum Hafen können wir ein sehr schönes Beispiel eines lykischen Sarkophages vor dem Rathaus in der Hauptstraße betrachten.

Wenn wir den *Fethiye Körfezi* in östliche Richtung verlassen und bei *Iblis Burnu* auf den knapp 2000 Meter hohen *Baba Dağı* zuhalten, gelangen wir in einen nicht so tiefen und kleineren Golf mit mehreren viel besuchten Ankerplätzen, von denen der nächste bei

Karacaören Adası (36°32,5'N 029°03,4'E) liegt. Wegen der von der felsigen Landzunge aus weit ostwärts reichenden Klippen muss man sich bei der Ansteuerung näher an die Insel halten, die rundum tiefes Wasser hat. Bevor man den Anker ausbringt, sollte man loten und den Platz nach Sicht auf den Grund auswählen, da die Wassertiefen sehr unterschiedlich und auf dem groben Sandgrund Felsbrocken verstreut sind. Wegen der reflektierenden Dünung und mit Rücksicht auf die anderen Boote muss man sehr lange Leinen zum Ufer ausbringen. Es ist nicht leicht, unter den ausgewaschenen Steinen einen zu finden, der wirklich Halt verspricht. Zahlreiche Hausruinen sowohl auf der Insel *Karacaören* als auch auf dem Festland zeugen davon, dass die Küste früher einmal stärker besiedelt war. Nur eine Taverne mit unübersehbarer Reklame und unüberhörbarem Generator bietet etwas in Verruf stehende Gastlichkeit.

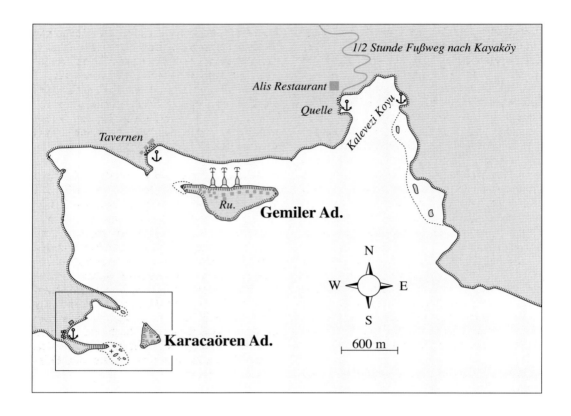
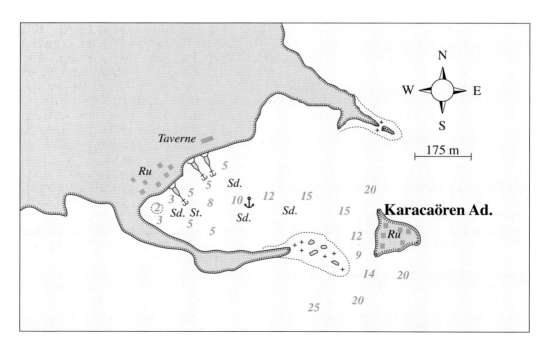

Gemiler Adası (36°33,4'N 029°04,2'E).
Wenn man in dem Kanal an der Nordseite
der Insel auf 8–10 m Wassertiefe ankert
(größte Tiefe 27 m) und Leinen zum felsigen Ufer ausbringt, kann man das ver-
schlossene Boot bei stabiler Wetterlage
unbesorgt eine Zeit lang zurücklassen, um
zwischen den Ruinen und Festungsmauern auf der Insel herumzuklettern. Es ist
ein sehr gut geschützter Ankerplatz, den
kein Seegang erreicht; lediglich leichte
Dünung kann entstehen. Gefahr geht
allerdings von vorbeirasenden Motorbooten aus! Es haben sich wiederholt Unfälle
ereignet, bei denen Schwimmer zu Scha-
den kamen.
Manchmal kommt man sich wie in einem
Hafen vor, wenn eine Segelflottille und
ein Dutzend Gulets auf dieselbe Weise
hier festgemacht haben. Dazwischen tummeln sich Surfer. Das Wasser ist makellos
klar, kleine Fische kann man von der
Badeleiter aus der Hand anfüttern.

Tagsüber wird die Insel *Gemiler* wie auch
andere Buchten in diesem Gebiet von
Ausflugsbooten aus Fethiye und *Ölü
Deniz* angelaufen. Abends kehrt Ruhe ein.
Nur ein paar Esel und Ziegen leben auf der
Insel. Selten macht sich jemand die Mühe,
der Befestigungsmauer bis zum höchsten
Punkt zu folgen. Man wird mit einem
traumhaften Panoramablick auf den fast
2000 m hohen *Baba Dağı* belohnt, von
dem jeden Vormittag, so lange es noch
windstill ist, viele bunte Gleitschirme herab schweben.

Bei absolut ruhiger Wetterlage kann man
es wagen, vor dem Steinstrand nordwestlich der Insel *Gemiler* zu ankern, wo es
einfachste Restaurants gibt. Der Halt des
Ankers ist ungewiss. Sicherer liegt man
auf jeden Fall im Schutz der Insel. Die
Lage der verschiedenen Ankerplätze zeigt
der Plan auf Seite 238.
Es mag eine freundliche Geste sein, wenn
Tavernenwirte manchmal einen Zubrin-
gerdienst für ihre Gäste anbieten. Doch
darauf lassen wir uns grundsätzlich nicht
ein, sondern rudern lieber mit dem eige-

nen Beiboot an Land, um den Zeitpunkt
der Rückkehr selbst bestimmen zu können.
Bei solchen Landgängen die Yacht unbedingt absperren – man kann nie wissen.
Alle Ankerplätze außerhalb des Fethiye-
Golfes sind der Dünung ausgesetzt, vor
allem wenn der Meltemi nicht ausgeprägt
ist und sich die auflandige Seebrise aus
südlicher Richtung durchsetzt.

Kalevezi Koyu oder **Beştaş Limanı**
(36°33,8'N 029°05'E) ist die nordöstlich
von *Gemiler Adası* einschneidende Bucht
mit einem westlichen und einem östlichen
Einschnitt. In beiden kann man ankern
und mit einer Leine zu den Felswänden
bzw. Bäumen festmachen. Besonders die
westliche, auch »Kaltwasserbucht« genannte, wird viel von Ausflugsbooten angelaufen. In der steilen Felsnische entspringt
eine starke Quelle, die das ganze Jahr über
eiskaltes Wasser in die Bucht ergießt und
den Badenden großes Vergnügen bereitet.
Ganz Mutige springen vom schroffen Felsufer in die Tiefe.

Das bisherige Restaurant von Ali Tuna
war an der typischen Landmarke »Haus
mit schiefem Dach« zu erkennen. Das
Haus ist verschwunden. Grund: Das
Fleckchen Ufer, auf dem es stand, gehört
der Gemeinde. Jetzt hat Ali den Platz
etwas nach oben verlegt. Dort entstand auf
seinem eigenen Grund und Boden das
neue Yacht-Restaurant mit einer großzügi-
gen Terrasse, von der man einen fantastischen Blick über die Bucht und die Berge
bis hinauf zum *Baba Dağı* hat.
Eine Attraktion des Platzes ist, dass man
von hier aus eine Wanderung zum verlassenen Griechendorf *Kayaköy* machen
kann. Der Weg geht über Stock und Stein
und ist mit roten Pfeilen und Punkten markiert. Verlaufen kann man sich nicht, aber
besseres Schuhwerk als Bootsschuhe sollte man an den Füßen haben.
Kayaköy hieß bis in die 1920er-Jahre
Levissi. Die Einwohner waren tüchtige
Handwerker, Eisenschmiede, Schreiner
und Maurer und wohnten in schönen Häusern. Es gab Kirchen und Apotheken, und

die Ärzte versorgten die türkische Bevölkerung der Umgebung mit. Man lebte in guter Nachbarschaft und feierte gemeinsame Feste. Nach dem Friedensvertrag von Lausanne wurden ganze Bevölkerungsgruppen ausgetauscht: Die Kayaköyer wanderten nach Griechenland hinüber und türkische Bewohner der griechischen Inseln kehrten ans Festland zurück. Danach verfiel *Kayaköy*, wird aber in letzter Zeit langsam wieder aufgebaut. Es wird sogar von einem Kommunikations- und Versöhnungszentrum gemunkelt, in dem sich Künstler und Wissenschaftler beider Länder treffen und zusammenarbeiten können. Ein Besuch lohnt auf jeden Fall.

Ölü Deniz (36°32,7'N 029°07'E, *Belceğiz Körfezi*), der Traum in Blau, Grün und Weiß auf Prospekten und Kalenderblättern, gilt mit Recht als Inbegriff landschaftlicher Schönheit. Seitdem die Yachten aus dieser herrlichen Lagune verbannt worden sind, ist sie noch schöner anzusehen. Das Verbotsschild auf der Halbinsel vor der Einfahrt muss ernst genommen werden.

Trotzdem brauchen Yachturlauber auf den Besuch von *Ölü Deniz* nicht ganz zu verzichten. Es besteht die Möglichkeit, bei ruhiger See vor dem weißen Sandstrand zu ankern. Der Grund fällt freilich schnell auf große Tiefe ab. Auch südlich der Halbinsel mit dem Ankerverbotsschild kann man auf großer Wassertiefe ankern und eine Landfeste ausbringen. Beide Plätze sind nur für kürzere Liegezeit gedacht, da nicht zuverlässig. Landet man mit dem Beiboot am Strand, ist man gleich mittendrin im Menschengewühl. Der stärkste Badebetrieb konzentriert sich auf die weiße Sandbank, die unvermittelt in tiefes blaues Wasser übergeht.

Mit Ausnahme der Gegend um das Feriendorf und den Campingplatz, die vom Strand her unzugänglich sind, liegt die

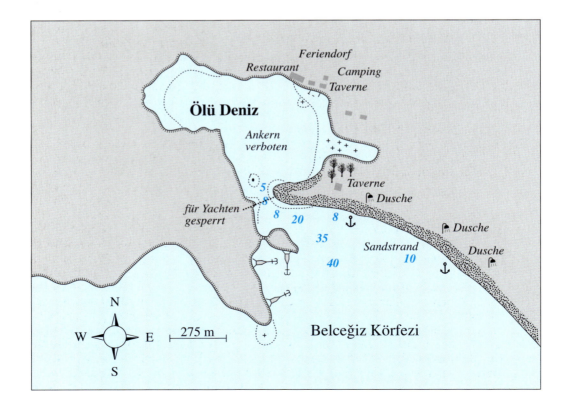

Lagune mit ihren hohen, bewaldeten Hängen und dem sumpfigen, flach auslaufenden Ostteil in unberührter Schönheit da.

Segeln wir nun zunächst in südlicher, dann in südöstlicher Richtung weiter, passieren wir die unnahbaren Sieben Kaps, *Yedi Burunlar.* Zur Linken die gewaltigen Gebirge des Westlichen Taurus, auf der anderen Seite die seewärts rapide zunehmenden Wassertiefen – dieser Küstenabschnitt von etwa 30 sm bietet keine schützenden Ankerplätze.

An die Sieben Kaps schließt ein endlos langer Sandstrand an, wo – unter Dünen begraben – die Ruinen von **Patara** auf Archäologen warten. Dort, wo einst ein wichtiger Hafen Lykiens lag, breitet sich jetzt eine sumpfige Ebene aus. Zwischen den antiken Überresten werden Getreide und Gemüse angebaut. Es ist nicht ratsam, vor dem Strand zu ankern, etwa um das Theater oder den römischen Triumphbogen zu besuchen. Diesen Ausflug unternimmt man besser vom Hafen *Kalkan* aus, wobei man die lykische Hauptstadt *Xanthos* gleich mit einbeziehen kann. Vom Meer aus sehen wir nur die einsame Dünenlandschaft und ein paar Badegäste am Strand. Irgendwo in dieser Gegend mündet der Fluss *Eşen (Xanthos)* ins Meer und wirbelt Sand auf, sodass man einen gehörigen Schrecken bekommt, wenn man nahe an der Küste entlangsegelt und sich plötzlich in trübem Wasser befindet.

Bei den *Çatal Adalar* weicht die Küste nach Norden zurück und bildet eine weiträumige Bucht. Im Nordosten leuchtet weiß die Ortschaft *Kalkan* herüber. Am Westufer gibt es mehrere gute Ankermöglichkeiten. Mit Sicht auf den Grund lassen sich bereits bei der Einfahrt zwischen den Klippen und Steinen sandige Stellen mit Seegrasbewuchs ausmachen, die zum Ankern geeignet sind. Angesichts der Böen muss man natürlich einen entsprechenden Schwenkkreis berücksichtigen. Hier lässt es sich wunderbar baden und schnorcheln.

Yeşilköy Limanı (36°15,5 'N 029°22,5'E). Obwohl in den Seekarten vor *Yeşilköy Limanı* beträchtliche Wassertiefen verzeichnet sind, findet man im Nordwesten der Bucht vor dem kleinen Sandstrand einen gut brauchbaren Ankerplatz auf 4–6 m Wassertiefe. Der Ankergrund besteht aus Sand mit Seegrasbewuchs, nahe am Strand sind Steine. Wegen der starken seitlichen Fallböen wird man zusätzlich eine Leine zum Land ausbringen müssen. Die Dünung ist schwach.
Hat man die Einsamkeit an diesem wunderbaren Platz ausgekostet, wechselt man schnell nach Kalkan hinüber, das 2 sm entfernt liegt.

Kalkan (36°15,5'N 029°25'E). Im Nordosten der von hohen Bergen umgebenen weiten Bucht erkennt man bei der Annäherung die Mole und den Ort Kalkan schon von weitem. Man kann den Hafen notfalls auch nachts anlaufen, denn das Leuchtfeuer *Çatal Adası* ist kräftig und die große Bucht frei von Untiefen. Auch die Molen sind befeuert. Die Lichter des Ortes sind eine weitere Ansteuerungshilfe.
Yachten können am Kai bei 3 – 4 m Wassertiefe rundum anlegen. Der Platz wird zugewiesen; die Gemeinde kassiert Liegegebühren. Man hat erkannt, dass der Yachttourismus einiges einbringt.

Versorgungsmöglichkeiten: Wasser am Kai. Diesel ab 17.00 Uhr per Tankwagen. Duschen und Waschhaus an der Wurzel der Mole (gegen Bezahlung). Lebensmittel gibt es am Hafen und im Ort. Am Vormittag kann man Obst und Gemüse an Marktständen in der Hauptstraße kaufen. PTT in der Ausfahrtstraße. Restaurants am Hafen und etwas versteckt im Ort bieten eine große Auswahl an Spezialitäten.

Trotz der vielen Neubauten ist der Charme des Ortes erhalten geblieben, sodass sich Yachtleute und Sommergäste, die in Hotels und Pensionen wohnen, hier wohl fühlen. Da Kalkan an der Küstenstraße liegt, gibt es Busverbindungen in beide Richtungen. Zum Flughafen *Dala-*

Marmaris bis Kaş

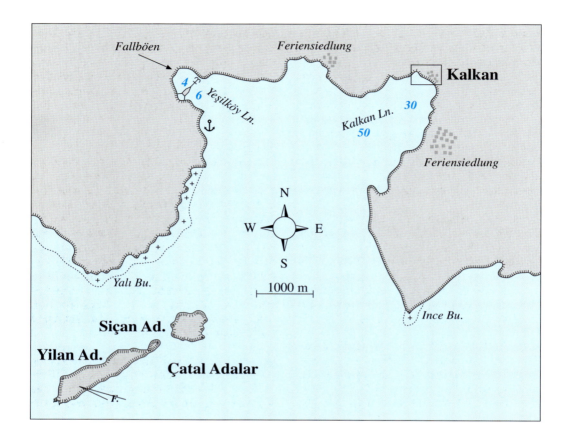

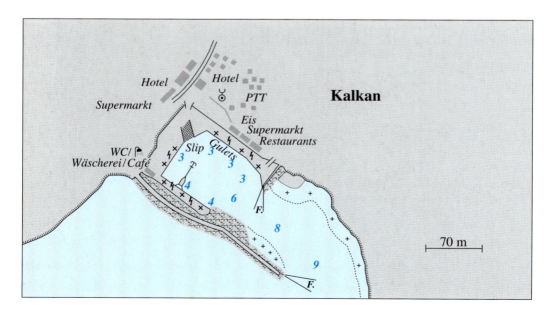

man sind es etwa 130 km, nach **Xanthos** rund 20 km. Beim Besuch dieser hochinteressanten Ruinenstätte kommt man nicht ohne Kunstführer aus. Vor allem kann man dort die verschiedenen lykischen Grabtypen studieren, die eine Vielfalt der Ausgestaltung zeigen, darunter das sogenannte Harpyien-Monument mit bedeutungsvollen Reliefs aus Gips (Originalplatten im Britischen Museum) und der berühmte »Obelisk«, ein Pfeilergrab mit bemerkenswerten Inschriften.

Zwischen *Kalkan* und dem nächsten Hafen *Kaş* gibt es einige kleine Inseln, Klippen und Riffe, die besondere Aufmerksamkeit bei der Navigation erfordern. Insbesondere das Unterwasserriff mit 2,4 m Wasser 2,2 sm ostsüdöstlich von der kleinen Insel *Heybeli* ist gefährlich. Die Tonne war mehrfach vertrieben, als wir vorbeisegelten.

Kaş (36°12'N 029°38,5'E, Port of Entry). Für die Ansteuerung dieses Hafens ist sorgfältige Navigation erforderlich. Es wird deshalb die Seekarte D 1085 Plan D empfohlen. Damit ist das Anlaufen des Hafens selbst bei Nacht ohne Gefahr möglich. In jedem Fall ist die griechische Insel *Megisti (Kastellorizon)*, die sich bis auf 1 sm dem türkischen Festland nähert, bei Tag und Nacht eine gute Ansteuerungshilfe. *Ince Burnu* und der Wellenbrecher sind befeuert.

Die Zeiten, zu denen man sich den Liegeplatz am Kai aussuchen konnte, scheinen endgültig vorbei zu sein – zumindest in den Monaten Juli und August. Der Hafen wird schon wegen seiner guten Versorgungsmöglichkeiten gern aufgesucht, ist aber auch ein beliebter Aufenthaltsort für Landurlauber. Dementsprechend viele Ausflugsboote und Gulets belegen den Hafen, vor allem die Ostseite. Manchmal gibt es massiven Ankersalat. Mit der Fertigstellung der Marina in der benachbarten Bucht *Bucak Denizi* könnte die Situation verbessert werden.

Im Hafen von *Kaş* kassiert ein Obmann der Gemeinde Liegegebühren. *Kaş* ist Port of Entry. Die Behörden zum Ein- oder Ausklarieren liegen etwas verstreut, doch

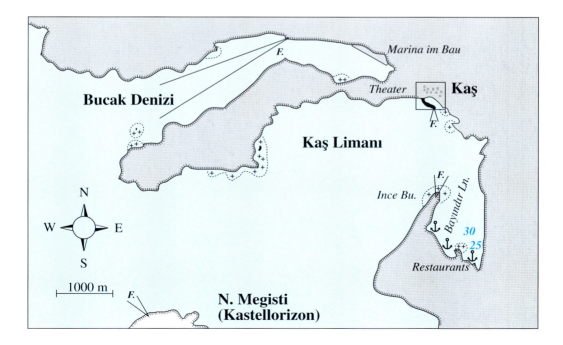

nicht allzu weit voneinander entfernt. (Um das Hafenamt zu finden, frage man nach »*Liman Başkan-lığı*«.) Bei dieser Gelegenheit kann man sich gleich einen guten Eindruck vom Ort verschaffen, der sich im Laufe der Jahre verändert hat und lebendiger geworden ist. Leider ist die Restaurant-Gasse (auch »Fressgasse« genannt), wo eine *Lokanta* neben der anderen war und man überall in die Töpfe gucken konnte, verschwunden; jetzt bieten hier aufgedonnerte Goldläden ihre überall gleichen Schmuckstücke an. Schade. Ein weiterer Nachteil, der die Begeisterung für den Ort dämpft, ist die hämmernde Diskomusik bis zum frühen Morgen direkt neben dem Anleger für Yachten. Die Gemeinde sollte hier entschieden eingreifen.

Versorgungsmöglichkeiten: *Wasser und Strom am Kai, Duschen (gegen überhöhte Bezahlung) siehe Plan. Tankschiff kurz hinter der Einfahrt. Küstenwache gegenüber. Lebensmittel in mehreren Geschäften, Obst und Gemüse von den Marktständen. Esslokale in den Gassen und um den Hafen. PTT Nähe Busbahnhof. (Flughafen Dalaman ca. 160 km, Antalya 200 km.)*

Zeugen aus klassischer Vergangenheit, als die Stadt Antiphellos hieß, sind ein gut erhaltenes antikes Theater etwas außerhalb mit einem fantastischen Ausblick aufs Meer sowie ein Sarkophag auf der Mole und ein zweiter, besonders kunstvoller, in der Straße mit den verschiedenen Souvenirläden. Dieser Sarkophag steht auf einem hohen Sockel und hat einen spitzbogenförmigen Deckel mit vier Löwenköpfen.

Die Experten nehmen an, dass *Antiphellos* der Hafen der lykischen Stadt *Phellos* war. Man vermutet, dass *Phellos* hoch in den Bergen lag, etwa dort, von wo *Kaş* noch heute sein gutes Trinkwasser herleitet.

In der Antike war *Antiphellos* für seine herrlich weichen Schwämme bekannt.

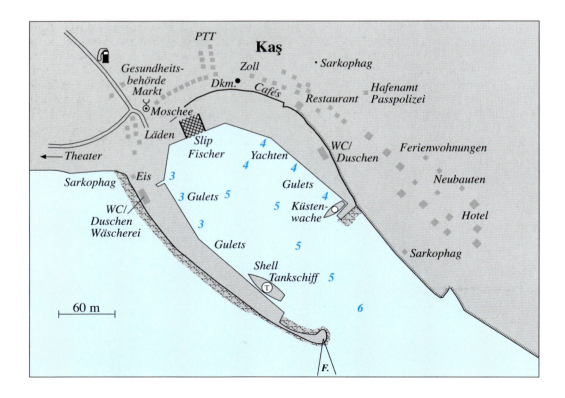

Außerdem wurde hier Holz aus den lykischen Wäldern verladen; dieser Handel wurde bis in jüngere Zeit fortgeführt. Allerdings nahmen die Frachtschiffe ihre Ladung später in der Nachbarbucht *Bucak Denizi* auf.

Bucak Denizi, die Bucht der zukünftigen Kaş-Marina, ist als Ankerplatz ebenfalls geeignet, vor allem dann, wenn man Ruhe sucht. Bei Meltemi steht aber der Schwell voll in die Bucht. Auch die große Wassertiefe erschwert das Ankern. Die Bauarbeiten lassen noch nicht erkennen, wie die neue Marina geschützt werden soll. Man kann längsseits der öden Betonkais anlegen; es gibt jedoch keinerlei Service. Dienstags ist in der Nähe Bauernmarkt. In die Stadt sind es nur 10 Minuten zu Fuß.

Bayındır Limanı (36°11'N 029°39'E). Ein angenehmer Platz, um dem lauten, engen und umtriebigen Kaş zu entgehen, ist die nur 1,5 sm südlich gelegene Bucht. Hier ist es entschieden ruhiger und beschaulicher, vor allem, wenn der Hafen voll belegt ist. Außerdem ist die Bucht ideal zum Baden. Man achte auf das dem Kap *Ince Burun* vorgelagerte Riff; auf dem Kap steht ein Leuchtfeuer. Die Wassertiefen sind bis nahe an die Ufer groß, doch muss man mit Sicht auf den Grund vorsichtig heranfahren, um einen zum Ankern geeigneten Platz auszuwählen. Eine Leine zum Land kann erforderlich sein.

Einsam ist es hier nicht mehr. Hotel und Restaurant (mit Anleger) haben etwas Leben in die Bucht gebracht.

In unzugänglicher Höhe sind Felsgräber in den Stein gehauen. Auch in dieser Gegend soll sich in der Antike eine kleine Siedlung befunden haben. Ihr lykischer Name *Sebeda* blieb durch die Jahrhunderte erhalten; denn bis in jüngere Zeit wurde die Bucht als Hafen von *Sevedo* bezeichnet.

Die Lage von *Kaş* vor den hochragenden kahlen Felsen, eingerahmt von der grünen Küste, ist derart schön, dass man sich weit und breit keinen reizvolleren Ort denken kann. Dazu trägt allerdings auch die griechische **Insel Kastellorizon** ihren Teil bei, die groß und schützend vor der Hafenbucht thront.

Unwillkürlich liebäugelt man mit einem Besuch der nahen griechischen Insel *Kastellorizon*. Nachdem die griechische Regierung die hohen Einreisegebühren gestrichen hat, dürfte dem nichts mehr im Wege stehen. Die Yacht muss ein gültiges *»Private Pleasure Maritime Traffic Document«* vorweisen (nur in griechischen Ports of Entry zu bekommen), in dem jeder Hafenbesuch eingetragen wird; für dieses Papier sind Gebühren zu entrichten. Damit ausgestattet lohnt es sich, dem zauberhaften Tavernen-Hafen von Kastellorizon einen Besuch abzustatten.

7 Kaş bis Antalya

	Seite		Seite
KEKOVA ADASI (Geyikova Adası)	247	Sazak Limanı	256
Xera-Bucht (Tersane)	249	Cineviz Limanı	256
Kaleüçağız	249	Çıralı Limanı	256
Kale (Kekova Reede)	249	Atbükü Limanı	257
Gökkaya Limanı	250	Tatlısu Limanı	257
Andriake (Andraki)	251	Tekirova Limanı (Phaselis)	257
Karaloz-Bucht	252	Park Kemer Marina (Port of Entry)	259
Setur Finike Marina (Port of Entry)	253	Antalya (Port of Entry)	260
Karagöz	254	Setur Antalya Marina	260
		Antalya Kaleiçi Marina	261
ANTALYA-GOLF	255	Anhang: Alanya und Bozyazı	264
Çavuş Limanı	255		

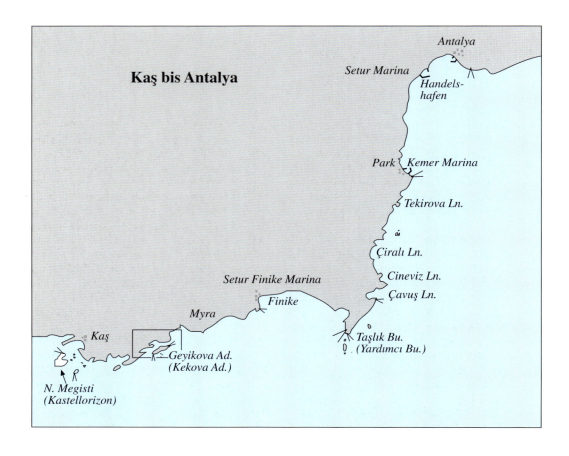

Knapp 90 sm direkter Strecke trennen uns noch von *Antalya*. Es gibt Tage und sogar Wochen, in denen der Meltemi, der hier aus westlicher bis nordwestlicher Richtung weht, auf sich warten lässt. Dann reicht die Tagesbrise kaum aus, um unter Segeln in die nächste Bucht zu kommen. Man kann also sagen, zwischen *Kaş* und *Antalya* wird im Hochsommer nicht überwiegend gesegelt, sondern mehr motort bzw. geankert. In solchen windarmen Zeiten ist die Sicht mäßig und die Luftfeuchtigkeit so hoch, dass zum Beispiel Wäsche über Nacht nicht trocknet, sondern eher noch nasser wird. Trotzdem muss man abends mit der Landbrise rechnen, die den ruhigsten Ankerplatz schlagartig für Stunden fast unerträglich macht (siehe zum Beispiel *Cineviz Limanı*).

Wenn dieses Revier trotzdem empfohlen wird, dann wegen des wunderbar klaren Meerwassers, der großartigen Landschaft und wegen der historischen Vergangenheit, die uns auf Schritt und Tritt durch ganz Lykien begleitet. Soweit die geschichtlichen Stätten ohne große Umwege zu erreichen sind, wird darauf hingewiesen.
Für die Versorgung sind *Finike, Kemer* und *Antalya* ideal. Mit diesen Yachthäfen stehen auch genügend Dauerliegeplätze zur Verfügung, sodass man diese Küstenstrecke als in sich abgeschlossenes Urlaubsrevier betrachten kann, zumal durch den Flughafen von *Antalya* die Anreise in kürzester Zeit möglich ist.

Kekova Adası (Geyikova Adası)

Wir segeln oder motoren zunächst von *Kaş* durch ein insel- und klippenreiches Gebiet, das für die Navigation interessant ist, aber keinerlei Probleme bringt.
Bei *Ulu Burnu* kann man eine westwärts setzende Strömung von 1–2 kn bemerken, die bei Westwind eine kabbelige See aufwirft.
Kaum 10 sm weiter befindet man sich bereits wieder in einem geschützten und für Wasserratten und Kultursucher gleichermaßen viel versprechenden Revier:
Kekova Adası. In der Seekarte haben die Insel und das Kap mit dem Leuchtfeuer nun den Namen **Geyikova,** wie auch einige andere geläufige Namen in den nautischen Unterlagen verändert worden sind. Alle Welt spricht von *Kekova*, und wir belassen es deshalb auch bei dieser Bezeichnung.
In diesem Gebiet muss der Skipper besondere Vorsicht walten lassen, denn weder

auf Seekarten noch auf Pläne ist bei einer derartigen Vielzahl von Klippen Verlass. Sogar das BSH-Handbuch Nr. 2031 weist auf die unzureichende Vermessung hin, dies allerdings im Hinblick auf die Belange der Berufsschifffahrt. Wenn einem in diesen Gewässern tatsächlich einmal ein ausgewachsenes Kreuzfahrtschiff begegnet, so ist dies nicht nur eine fast unheimliche Erscheinung, sondern sicherlich auch eine Ausnahme, obwohl die Wassertiefen in den drei Durchfahrten auch für dieses Kaliber ausreichen. Obgleich die Befeuerung so klar ist, dass selbst bei nächtlicher Ansteuerung keine Gefahr besteht, wird davon dringend abgeraten.
Das Anlaufen der verschiedenen Ankerplätze ist dagegen schwieriger wegen Unterwasserklippen und abgesunkener Bauteile oder Fundamente. Wir befinden uns in einem einstmals stark besiedelten Gebiet, das großen Veränderungen durch

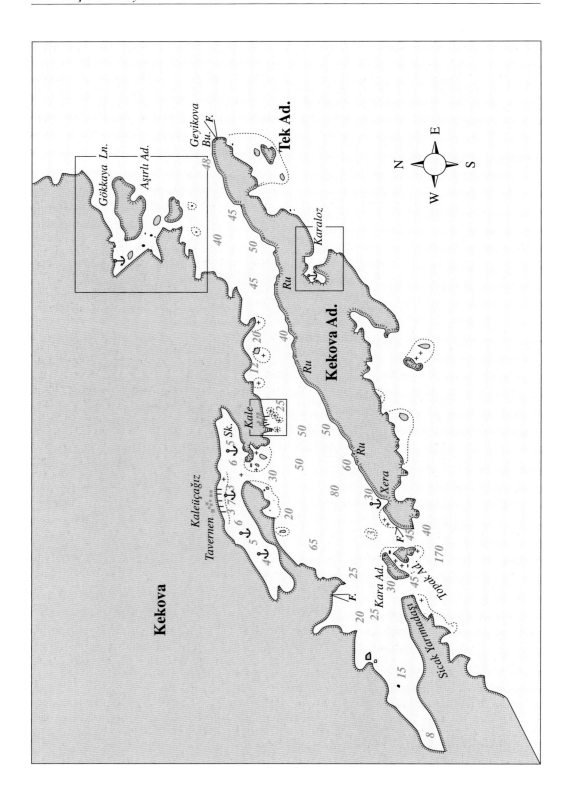

Zeitläufte und Natur ausgesetzt war, sodass die Überreste heute teils über, teils unter Wasser liegen, was beim Ankern zu berücksichtigen ist. Am besten beordert der Skipper ein Crewmitglied an den Bug, das die genauen Wassertiefen und die Beschaffenheit des Ankergrundes ausruft.
Ohne jedes Risiko ist die nordöstliche Einfahrt (Leuchtfeuer *Geyikova Bu.*). Von den beiden südlichen Einfahrten wähle man die westlich an den Klippeninseln vorbeiführende, bei der *Siçak Yarımadası* an Backbord bleibt. Die andere wäre ebenfalls tief genug, hat aber eine 3-m-Stelle etwa 2 kbl nordwestlich des Leuchtfeuers *Geyikova Adası*. Der dieser Einfahrt am nächsten gelegene Ankerplatz, auf der Innenseite von *Kekova Adası*, wird allgemein

Xera-Bucht oder auch **Tersane** genannt (36°10,4'N   029°50,8'E). Die Bucht ist etwa 3 kbl von besagtem südwestlichen Leuchtfeuer entfernt. Sie ist nicht zu verfehlen, obwohl die Altarnische einer Kirchenruine, die bisher zur Orientierung diente, inzwischen teilweise eingestürzt ist. Ankergrund ist Sand, soweit nicht versunkene Grundmauern von Häusern den Platz einengen. Die kleine Bucht ist gut geschützt, der Wind kommt meist aus Südwest. Im Sommer bringen Ausflugsboote tagsüber Badegäste bis von *Kaş* hierher. Abends, wenn die Pendler wieder fort sind, kann man zur Sicherheit eine Leine zum Ufer spannen.

Kaleüçağız (36°11,7'N 029°51,3'E). Auf der Festlandsseite führt eine schmale, aber tiefe Einfahrt in die völlig geschlossene Bucht, die von den Griechen früher *Tristomon* genannt wurde. Bei der Ansteuerung halte man sich unbedingt in der Mitte der Einfahrt; die sichtbaren Felsinseln sind in einigem Abstand zu passieren.
Ob im Osten, Westen oder vor dem Dorf *Kaleüçağız* – hier kann eine ganze Flotte sicherste Ankerplätze finden. In Richtung des Dorfes wird es schnell seicht! Der Ankergrund ist verkrautet, das Wasser trüb. Die Tavernenwirte bemühen sich mit geschwenkten Fahnen oder Spruchbändern

(»Willkommen!«), die Yachten an ihre Stege zu locken oder die Crews der Ankerlieger mit dem Boot an Land zu holen. Zwei der Stege haben an der betonierten Stirnseite 2–3 m Wassertiefe. Am bekanntesten ist das Restaurant von Hassan, der sich als »Bester Koch vom Mittelmeer« preist.

Versorgung: *Wasser, notfalls kleine Mengen Diesel, im Ort Telefon, PTT, Obst- und Gemüsestände. Von hier aus lässt sich ein Ausflug nach Myra organisieren.*

Der Name des Dorfes *Üçağız* bedeutet wörtlich übersetzt »drei Münder«, wohl deshalb, weil es früher drei Zugänge zur Bucht gab. Das Dorf unterhalb der Festung *Kale* (Burg) wird *Kaleköy* genannt, also »Burgdorf«.

Bereits in der Antike befanden sich hier zwei getrennte Ortschaften: *Teimiussa* und *Simena*, von denen noch Mauerwerk und vor allem Grabbauten übrig geblieben sind. Das Baumaterial für ihre Häuser trugen die Lykier von den Felseninseln ab, die dadurch ihr stufenförmiges Aussehen erhielten. Steigt man auf die Anhöhe, so übersieht man Felder und Wiesen, die mit zahlreichen Sarkophagen übersät sind. Während Quader bei späteren Hausbauten wiederverwendet wurden, scheinen Sarkophage – längst ausgeplündert – durch ihre Form und ihr Gewicht als Material nutzlos gewesen zu sein und blieben deshalb in der Landschaft stehen. Felsengräber konnte man wenigstens zweckentfremdet als Schuppen einsetzen.

Kale (36°11,4'N 029°51,7'E, *Kekova* Reede). Der Ankerplatz ist von weitem an der mit Zinnen gekrönten Festung zu erkennen. Engländer nennen ihn *Castle Anchorage*. Für die Ansteuerung gilt auch hier: Blick auf den Grund und langsame Fahrt. Bei der Anfahrt aus Osten kann das Gegenlicht am späten Nachmittag stark blenden und die Orientierung erschweren. Zwischen den sichtbaren Klippen und den zwei Riffen im Osten steuert man gefahrlos auf den Ankerplatz zu, wie es der Detailplan unten zeigt. Der Grund steigt vor den Stegen ganz plötzlich an. Gegebenenfalls kann man zu den Plattformen mit den Tavernen Heckleinen ausbringen. Tagsüber ist dieser Ankerplatz kurzem Schwell ausgesetzt, doch am Abend wird es meist windstill.

Im Dorf Kale finden sich einige Überreste der lykischen Stadt *Simena*. Beim Aufstieg zur mittelalterlichen Burg, deren Mauern teilweise auf antiken Fundamenten stehen, übernehmen schnell ein paar Kinder die Führung, um auf diese Weise bestickte Tücher, Honig, Thymian oder Mandeln zu verkaufen oder ein Trinkgeld zu verdienen. Von der Festung, in die ein kleines, aus dem Fels gehauenes Theater mit sieben Sitzreihen eingeschlossen ist, genießt man einen herrlichen Rundblick. Von hier oben sind die Klippen und der plötzliche Übergang von der flachen Uferzone zum tiefen Wasser eindeutig zu sehen. Unten sieht man auch den »schwimmenden Sarkophag« im Wasser. Schützend liegt die Insel *Kekova* vor dem Ankerplatz.

Verlässt man die Reede von *Kekova* in nordöstlicher Richtung, findet man in der NW-Ecke hinter der Insel *Aşırlı* weitere sehr schöne und gut geschützte Ankerplätze. Schwimmer und Taucher haben ihre helle Freude an dem klaren Wasser. Die in großer Höhe vom Festland zur Insel (Nähe Restaurant) geführte Stromleitung mit angegebenen 40 Metern stellt für die Durchfahrt keine Gefahr dar.

Gökkaya Limanı (36°12,8'N 029°53,5'E) wird in der türkischen Seekarte die Bucht westlich der Insel *Aşırlı* genannt. Bei der Ansteuerung müssen die verschiedenen Klippen beachtet werden, die in den Seekarten wegen des kleinen Maßstabes nicht zu erkennen sind (siehe Plan).

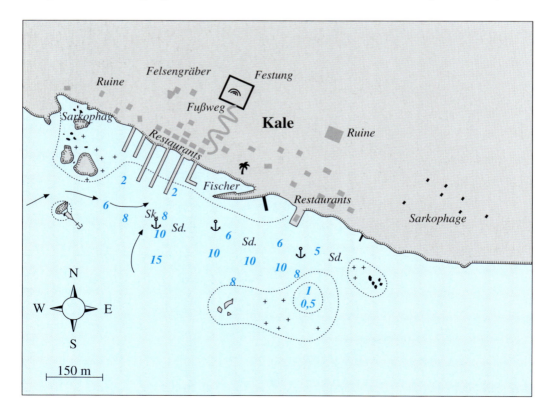

Yachten können vor dem *Ada*-Restaurant im Scheitel der Bucht auf 4–6 m Wassertiefe ankern. Der Grund besteht aus gut haltendem Schlick. Raum zum Schwojen ist genügend vorhanden.

Selbst bei tagsüber auffrischendem Wind ist dieser Platz gut geeignet, das Boot mit einer Ankerwache zurückzulassen, wenn man einen Ausflug nach *Myra* unternehmen will. Der Wirt des Restaurants organisiert die Fahrt mit einem Fischerboot, das die Besucher zur 2,5 sm entfernten Flussmündung des *Kokar Çay* bringt, wo bereits Taxen für die Weiterfahrt nach *Myra* warten. Man sollte für Hin- und Rückfahrt sowie für das Taxi einen Pauschalpreis ausmachen.

Andriake oder **Andraki** (36°13,5'N 029°56,4'E) wird der Ankerplatz direkt vor der Flussmündung nordöstlich von *Gökkaya Limanı* genannt. Bei ganz ruhiger Wetterlage kann man auf beliebiger Wassertiefe ankern. Der Sandgrund hält ausgezeichnet. Wegen der Sandbarre liegt man aber weit außerhalb, sodass kein Schutz vor Wind und Seegang gegeben ist. Vom Anlegen am zum Kai ausgebauten östlichen Flussufer wird abgeraten; der Seegang steht voll in diesen »Hafen« hinein, der von Ausflugsbooten, Gulets und Fischern benutzt wird.

Auf dem Ankerplatz kommt sofort ein Fischerboot längsseits, um die Vermittlung einer Besichtigungsfahrt nach *Myra* zu übernehmen. Wegen der zu erwartenden auflandigen Tagesbrise sollte man sehr früh starten, auf jeden Fall aber sollte jemand auf dem Boot zurückbleiben, der fähig ist, notfalls zu einem anderen Ankerplatz auszuweichen. – Zur Besichtigung von *Myra* kann man besser von *Finike* aus starten.

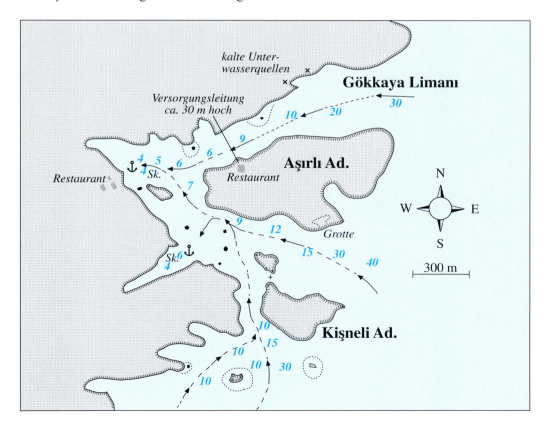

Andriake war der Hafen von **Myra.** Er konnte mit einer Kette zum Meer hin abgesperrt werden. Der Apostel Paulus, der an vielen Orten unserer Segelreise an der türkischen Küste entlang die Spuren seiner Missionstätigkeit hinterlassen hat, bestieg im Hafen *Andriake* im Jahre 60 ein Schiff zu seiner letzten Seereise in Richtung Rom, wo er nach langer Gefangenschaft enthauptet wurde.

Die Besichtigungsfahrt nach *Myra* dauert drei bis vier Stunden und schließt den Besuch der Kirche des heiligen Nikolaus ein, der hier im 4. Jahrhundert Bischof war. Er wurde in *Patara* geboren und war Schutzpatron der Kinder, Seefahrer und – Seeräuber.

Über *Demre (Kale)*, Zentrum des Gemüseanbaus, kommt man nach *Myra*, einst bedeutende lykische Stadt. Außer dem großen römischen Theater sind vor allem die Felsengräber äußerst sehenswert, die dicht übereinander gestaffelt in die steile Felswand gemeißelt und reich mit Reliefs und Figuren ausgeschmückt sind. (Für diese Kletterpartie rutschfeste Schuhe anziehen.) Sollte es nach Rückkehr auf dem Ankerplatz in der *Andriake*-Bucht zu unruhig werden, kann man nach *Gökkaya Limanı* ausweichen, nach *Finike* weitersegeln oder die für uns schönste Bucht in diesem Revier aufsuchen, die

Karaloz-Bucht (36°11'N 029°53,4'E) – ein gewundener Einschnitt an der Südostseite der Insel *Kekova* (in der Seekarte ohne Namen). Die Einfahrt ist schwer auszumachen, weil sich die Felshuken kaum voneinander abheben. Die große Wassertiefe ermöglicht aber eine gefahrlose Annäherung. In der tief einschneidenden, bestens geschützten Bucht ankert man entweder im Südende mit Leine nach Osten zu den Felsen oder im Westeinschnitt, ebenfalls mit Leine zu den hoch aufragenden Ufern. Dieser abgeschiedene Platz ist darüber hinaus noch ein ideales Tauchrevier.

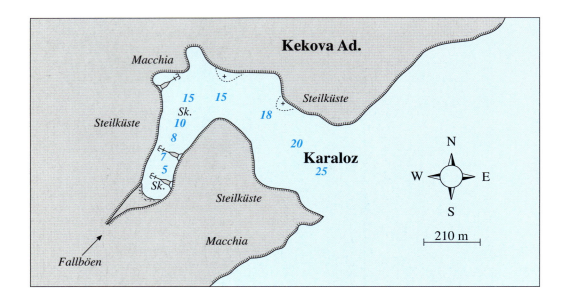

Die nächsten 15 sm bis *Finike* führen uns an dem steilfelsigen Kap *Bunda Burnu* vorbei, über das sich in kühnen Windungen die Küstenstraße schlängelt. Dann tritt die Küste zurück und macht einer ausgedehnten Bucht Platz, dem **Finike Körfezi.** Hinter der großen fruchtbaren Ebene, in der sich üppige Orangenhaine ausbreiten und Gemüse und Baumwolle angebaut werden, steigen die wunderbar bewaldeten Berge des Westlichen Taurus bis zu einer Höhe von weit über 2000 m an.

Setur Finike-Marina (36°17,6'N 030°09'E, Port of Entry). Der Hafen liegt gut geschützt in der Westecke des Golfes. Die Ansteuerung ist bei Tag und Nacht denkbar einfach. Beide Wellenbrecher sind befeuert. Seitdem die Firma Setur diesen Hafen übernommen hat, wurde Schritt für Schritt alles verwirklicht, was in einer modernen Marina an Serviceeinrichtungen erwartet wird.
Der Liegeplatz wird zugewiesen (UKW-Kanal 73). Die Liegegebühren sind niedriger als in den Setur-Marinas von *Istanbul, Ayvalık, Çeşme, Kuşadası* oder *Antalya.* Die Marina ist lizenzierter Überwinterungshafen mit den Behörden eines Port of Entry. Es stehen 350 Liegeplätze im Wasser und 150 Stellplätze an Land zur Verfügung. Schiffe bis 50 m Länge können den Hafen anlaufen.

Einrichtungen: Elektrizität und Wasser an den Stegen, Travellift (80 t) für Yachten 7,5 x 30 m, Tankstelle (bei der Hafeneinfahrt), Werkstätten, Bootszubehör. 40 Duschen/WC's, Mini-Supermarkt, Café, Supermarkt, 24-Std.-Wachdienst, Wäscherei,

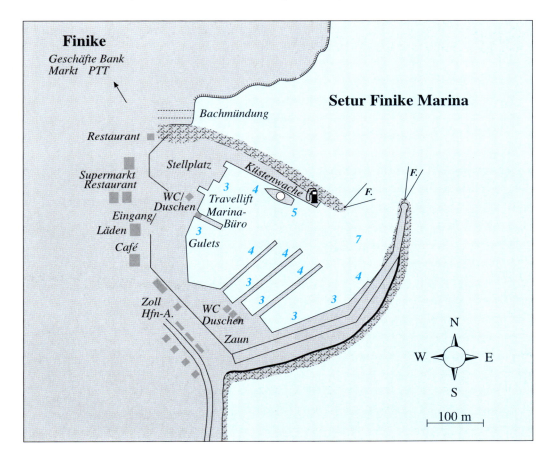

Post, Telefon-, Fax- und Internet-Service, Hubschrauberlandeplatz, Küstenwache, Parkplatz. Die Marina hilft bei Behördengängen (Hafenmeister, Zoll, Passpolizei). In der Planung sind: Swimmingpool, Apart-Hotel, Yacht-Club und Restaurant.

Anschrift: *Setur Finike Marina, P.O.Box 17, 07740 Finike-Antalya/Türkei*
Tel: +90 242 855 5030
Fax: +90 242 855 5031
Mail: finike@seturmarinas.com
Web: www.seturmarinas.com

Außerhalb des Marina-Geländes gibt es Restaurants und Supermarkt; in der Stadt (10 min Fußweg) sonstige Geschäfte, Bank und PTT. Fernbusse halten an der Hauptstraße. Zum Flughafen *Antalya* sind es 110 km. Einzel- oder Gruppenfahrten zu den antiken Ruinenstätten in der Umgebung wie *Myra (Demre,* 30 km), *Limyra* (20 km) oder *Arykanda* (35 km) werden angeboten.

Von *Finike* bis *Çavuş Limanı* sind 21 sm zurückzulegen. Bei ruhigem Wetter kann man diese bei **Karagöz** (36°16,6'N 030°23,4'E), einer Feriensiedlung im Nordostende der weiten Bucht von *Finike*, unterbrechen. Man ankert entweder vor dem Kiesstrand im Norden der Ausbuchtung auf 7–8 m auf Sand – Vorsicht vor den Felsen und Klippen. Oder im Süden in der von Felswänden eingerahmten Minibucht mit Platz für eine Yacht mit Leinen zu den Felsen. Bei ruhigem Wetter ist dies ein einmaliger Piratenschlupfplatz.

Die Weiterfahrt wird im Sommer im Allgemeinen von günstigen Winden begleitet. *Yardımcı Burnu (Taşlık Burun),* das zweifach befeuerte Kap, ist eine unverwechselbare Landmarke. Das BSH-Handbuch Nr. 2031 weist auf die unregelmäßige, westwärts setzende Strömung von 1–2 sm/h hin. »Es sind aber auch SO-Strömungen von 3 sm/h beobachtet worden.« Zwischen den *Şildanlar Adaları (Beşadalar),* der vorgelagerten Gruppe von fünf Felsinseln in sehr tiefem Wasser, kann bei schwachem Wind die Strömung noch stärker sein.

Es ist verständlich, dass das in alter Zeit *Gelidonya* genannte Kap sehr gefürchtet war, weil bei Südstürmen viele Schiffe hier scheiterten. So können wir Fundstücke aus einem dieser Wracks im Museum *Bodrum* besichtigen.

Piratenschlupfwinkel bei Karagöz

Antalya-Golf

Wir steuern nun in den *Antalya*-Golf, der im Westen durch die Gebirgsketten des lykischen Taurus begrenzt wird. Die Küste ist teilweise abweisend schroff mit hoch aufragenden Felsen, teils wechseln flache Sandstrände mit niedrigen Gesteinsformationen, die mit Buschwerk und Kiefern bewachsen sind. Zwischen *Taşlık Burnu* und Kemer gibt es einige sehr schöne Ankerplätze, die freilich nur bei beständigem Sommerwetter zu empfehlen sind.

Die Windverhältnisse an dieser Küste lassen sich nur schwer abschätzen, denn die vorherrschende See- oder Landbrise wird durch die hohen Berge beeinflusst und kann dadurch je nach Küstenbeschaffenheit eine ganz andere Richtung nehmen. An jedem der nachstehend beschriebenen Ankerplätze kann sich die Situation also zumindest stundenweise völlig verändern. Absolut sicher liegt man erst wieder in der Marina Kemer und in den Yachthäfen von *Antalya*.

Çavuş Limanı (36°18,5'N 030°28,5'E) ist eine weiträumige Bucht, in der man sich den Ankerplatz je nach Windrichtung aussucht. Die südliche Einfahrtshuk *Adrasar Burnu* trägt ein Morsefeuer. Wählt man den südlichen Ankerplatz, so hat man auf bequemer Wassertiefe gut haltenden Schlickgrund. In der Nacht kann der Wind auf nördliche Richtung drehen. Raum zum Schwojen ist genügend vorhanden.

Hinter dem Strand sind einige kleine Hotels und Pensionen gebaut worden, es gibt Restaurants und bescheidene Einkaufsmöglichkeiten in der Nähe. In dem anschließenden Tal zwischen den Berghängen sieht man viele Gewächshäuser.

Auf der weiteren Strecke von 6 sm fällt die schroffe weiße Felsenküste steil in tiefes Wasser ab. Eine vorspringende Halbinsel bildet die beiden Buchten

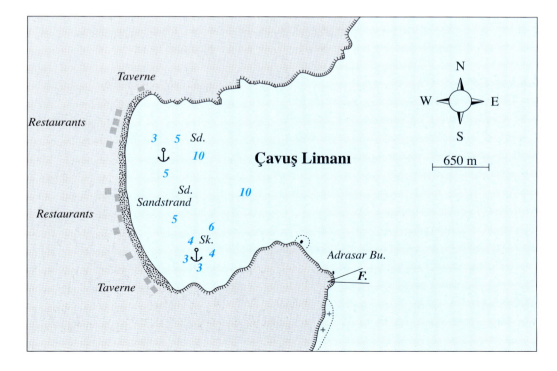

Sazak Limanı und **Cineviz Limanı** (36°22,5'N 030°30'E). *Sazak Limanı* (in der deutschen Seekarte ohne Namen) hat sehr tiefes Wasser bis an die felsigen Ufer und im Norden zum Ankern ungeeigneten, unreinen Grund. Höchstens vor dem kleinen Strand im Südteil kann man Ankergrund finden und eine Leine zum Land ausbringen.

Bessere Ankermöglichkeiten gibt es in *Cineviz Limanı*. Die Klippengruppe in der Einfahrt kann man auf beiden Seiten passieren. Zum groben Kieselstrand hin nehmen die großen Wassertiefen allmählich ab. Der Ankergrund besteht aus Schlick und hält sehr gut. Meistens liegen hier mehrere Yachten, denn es ist ein wunderschöner Platz zum Baden und Schnorcheln zwischen eindrucksvollen Steilküsten. Ob es günstiger ist, frei zu schwojen oder eine Landfeste auszubringen, muss man nach der Lage der anderen Boote entscheiden.

Die Landbrise aus Norden kann sich durch die hohen Berge spätabends zu harten Böen steigern, die in der Bucht unangenehmen Schwell verursachen. Nach einigen Stunden wird es dann allmählich wieder ruhig.

Am frühen Morgen, wenn die See wieder glatt ist, reizt es ungemein, den 2 sm entfernten weißen Kieselstrand von

Çıralı Limanı (36°24'N 030°29'E, *Olympos* Reede) zu besuchen. Man ankert in einigem Abstand vom Strand, dort, wo der Fluss *Ak Dere* unter einer Kiesbarre ins Meer mündet. Dieser Ankerplatz ist,

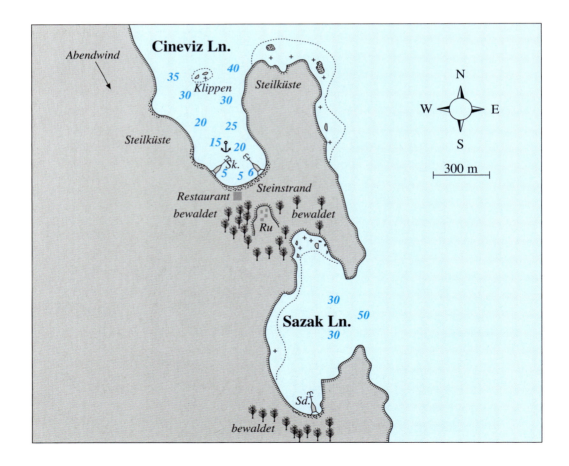

32

33

32 In Kaleüçağız könnte eine ganze Flotte vor Anker gehen
33 Kale ist das Zentrum des Kekova-Archipels
34 Ein lykischer Sarkophag bei Kale, von Meerwasser umspült

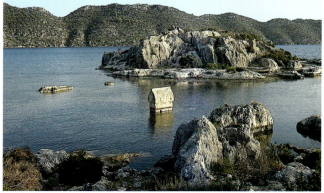

34

35 In der Südbucht Karaloz der Insel Kekova

36 Die Setur-Marina in Finike bietet besten Rundumschutz

37 Marina Kemer im Antalya-Golf

38 Antalya. Blick auf den Stadthafen und das kleine Freilichttheater

39 Cineviz Limanı im Golf von Antalya
40 Der Düden-Wasserfall in der Nähe von Antalya

weil völlig offen, nur anzuraten, solange der Tageswind noch nicht eingesetzt hat.

Auf beiden Seiten des gewundenen, mit Oleanderbüschen bestandenen Flussbettes, an dessen Ufern manchmal Bauernfamilien mit ihren Ziegenherden lagern, bilden die aufragenden, dicht bewaldeten Berge den äußerst romantischen Rahmen für eine antike Stadt.

Nicht genug, dass man abwechselnd in glasklarem Seewasser baden, im Süßwasser des Flusses herumwaten oder im Tal bis zum Bauerndorf *Çıralı* spazierengehen kann; ganz in der Nähe des Ankerplatzes liegen zwischen Kiefern und Lorbeerbüschen, Schilf und Unkraut die Ruinen von **Olympos** versteckt. Das Gelände ist nicht ausgegraben, sondern derart überwuchert, dass man sich verlaufen kann, wenn man nicht auf dem ausgetretenen Pfad bleibt. Am besten wartet man ein wenig, bis der Führer und Wachmann mit der amtlichen Schirmmütze *»Müze«* irgendwo auftaucht. So kommt man viel leichter zu dem stattlichen antiken Tempeltor, dem Grab des Kriegers oder den Mosaiken aus byzantinischer Zeit. Die Nekropole befand sich jenseits des Flusses. *Olympos* erlebte um 100 v. Chr. als Mitglied des Lykischen Bundes seine Glanzzeit.

Bekannt blieb bis heute das Phänomen der **»Chimaira«** (türkisch *Yanartaş*). Es handelt sich um eine merkwürdige Naturerscheinung, bei der Flammen unterschiedlich stark an verschiedenen Stellen aus dem Boden heraustreten. Das Feuer, durch ein aus dem Erdinneren strömendes Gas genährt, ist mit Wasser nicht zu löschen, sondern flammt sofort wieder auf. Die Felsspalten, aus denen die Flammen hervorlodern, sind über eine völlig kahle Lichtung verteilt, der Wald im Umkreis ist aber nicht gefährdet.

Nach Homer war die Chimaira ein feuerspeiendes Ungeheuer, das der Held Bellerophontes tötete. Später nannte man den ganzen »Feuer speienden« Berg *Chimaira* und errichtete dort dem Gott des Feuers und der Schmiedekunst, Hephaistos, ein

Heiligtum, von dem heute nichts mehr zu sehen ist.

Es gibt zwei Wege, um dorthin zu gelangen: entweder am Strand entlang und dann bergauf oder durch das Dorf und die Felder von *Çıralı* in die Berge. Man benötigt unbedingt einen einheimischen Führer. Der Ausflug dauert länger, als man das Boot auf dem offenen Ankerplatz zurücklassen kann. Deshalb sollte man lieber von *Kemer* aus über Land hinfahren.

Auf dem Kurs nach *Kemer* kommen wir noch an einigen brauchbaren Ankerplätzen vorbei. **Atbükü Limanı** heißt Pferdebucht und war früher ein Erzverladeplatz. Heute findet man dort in etwas trister Umgebung Schutz gegen nördliche Winde. Bester Platz: westlich des bröckelnden Anlegers im Nordteil der Bucht.

Üç Adalar heißt »drei Inseln« und bezieht sich auf die kleine Inselgruppe 2 sm ESE von *Tatlısu Limanı*. Die Passage zwischen der West- und der Mittel-Insel ist rein.

Tatlısu Limanı bietet einen Ankerplatz für einen Badestopp vor einem Kiesstrand mit Blick auf den hell leuchtenden 2366 m hohen *Tahtalı Dağ* (Lykischer Olymp).

Tekirova Limanı (36°31'N 030°33'E), in der Seekarte als *Incıryalısı Koyu* bezeichnet, liegt 8 sm nördlich des *Çıralı Limanı* und ist leicht anzusteuern, wenn man sich in einigem Abstand von der Küste hält. Von den beiden ehemaligen Häfen des antiken **Phaselis**, die nördlich und südlich der damals bewohnten Halbinsel einbuchten, ist nur der südliche Ankerplatz zu empfehlen. Ich habe den gesamten nördlichen Teil abgeschnorchelt und kann niemandem anraten, zwischen Felsplatten, Klippen, Molensteinen und sonstigen Brocken den Anker zu werfen. Zum Baden ist der »Nordhafen« freilich sehr viel schöner als der »Südhafen«, in dem im Allgemeinen viele Yachten ankern.

Von Süden kommend, fällt von weitem die hohe, abgebrochene Steilwand der Halbinsel *Asar Burun* auf. Beim Näherkommen erkennt man Mauerwerk, das wie eine Giebelwand wirkt. Beim Einschwenken in die südliche Bucht achte man sorgfältig auf die überspülten und unter Wasser weiterreichenden ehemaligen Molensteine. Im Inneren ist genügend Platz zum Schwojen für eine ganze Anzahl von Booten. Man muss aber damit rechnen, dass der Wind am Abend dreht, sodass einige Ankermanöver fällig werden. Einmal belastet, hält der Anker im Schlickgrund gut. – Weit und breit gibt es außer einem Getränkestand keine Versorgungsmöglichkeiten.

Wieder ganz anders als die bisher erwähnten antiken Stätten liegt **Phaselis** auf dem Isthmus im Schatten hoher Pinien. Ihre Bedeutung verdankte die Stadt den drei Häfen: der dritte ist als inneres Hafenbecken im Nordteil deutlich zu erkennen.

Die heute noch gut erhaltene, schön gepflasterte Straße führt vom Nordhafen quer durch die Stadt zum Hadrianstor, von dem einige reichverzierte Bauteile herumliegen. Auch Thermen und Mosaiken wurden frei gelegt. Vom Aquädukt aus römischer Zeit stehen ein paar mächtige Bögen zwischen dichtem Laubwerk. Der hübscheste Platz ist das kleine, halb überwucherte Theater. Von hier hat man wiederum einen unvergesslichen Blick auf den Kegel des *Tahtalı Dağ*.

Besucher von See her müssen bei dem Wächter am Strand eine Eintrittsgebühr entrichten und sind schnell in der alten Stadt. Gegen Abend werden jedoch alle – Strandbenutzer und Ausflügler, die durch den Haupteingang in das Gelände gekommen sind – vom Wachpersonal aus der Ruinenstätte gewiesen.

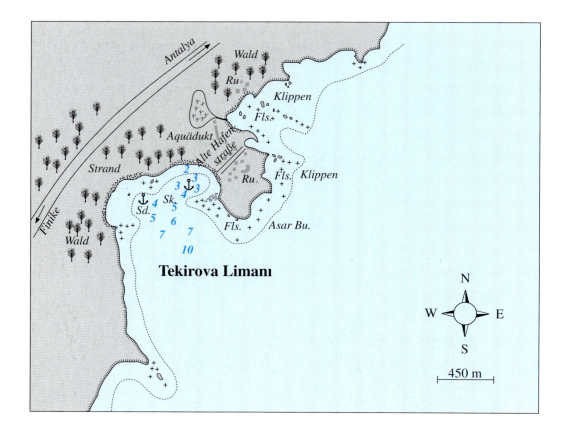

Park Kemer Marina

(36°36'N 030°34,4'E, Port of Entry). Sie liegt bestens geschützt hinter dem Kap *Küçük Burun.*

Bei der Ansteuerung sollte man Folgendes beachten: Bei Tag rundet man, von Süden kommend, zunächst in gehörigem Abstand das schroffe Kap *Koca Burnu* (Av Burnu) mit dem Leuchtfeuer (140 m hoch). Dann lässt man die Bucht mit der Ferienanlage und *Küçük Burun,* den wie eine steile, bewaldete Insel aussehenden Landvorsprung (in der Seekarte ohne Namen), an Backbord und hält auf den nördlichen Wellenbrecher zu.

Achtung: Ein Klippenfeld liegt etwa 0,5 sm nördlich des Wellenbrechers. Es ist befeuert. Wegen dieser Untiefe mit weniger als 2 m Wasser darüber muss man, von Norden kommend, zunächst so lange auf *Koca Burnu* zuhalten, bis man den nördlichen Wellenbrecher in 250° peilt. Für die nächtliche Ansteuerung gilt das Gleiche.

Von Süden kommend, laufe man zur Sicherheit am Leuchtfeuer *Koca Burnu* vorbei so lange nach Norden, bis man das rote Feuer des Nordwellenbrechers in 250° peilt.

In der Marina wird der Platz vom Personal zugewiesen, UKW-Kanal 73 (16). Es stehen 200 Liegeplätze an Murings mit Wasser-, Strom-, Telefon- und TV-Anschluss zur Verfügung. Wassertiefen in der Marina zwischen 2 und 5 m.

Die Marina ist als Port of Entry ein eingezäuntes, rund um die Uhr bewachtes Zollgebiet mit den notwendigen Behörden zum Ein- oder Ausklarieren. Die Marina übernimmt kostenlos die Behördenabwicklung bei Änderungen oder Neuausstellung des Transitlogs.

Manager der Marina ist Hasan Kaçmaz, der sich als »Erfinder« und Organisator der EMYR (Eastern Mediterranean Yacht Rally) einen Namen weit über die Grenzen des Revieres hinaus gemacht hat.

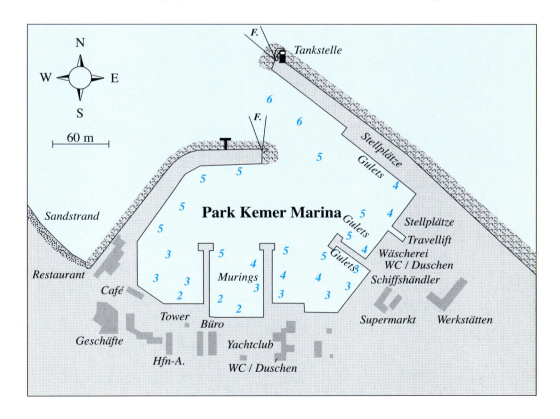

Versorgung: Restaurants, Cafeteria, Super-markt, Duschen, WC (Benutzung der Bord-toilette verboten), Geldwechsel, Telefon, Poststelle, Seekarten, Wetterbericht, Tele-fon-, Fax- und Internet-Service. Schiffs-händler, Yachtclub. Wasser am Kai, Tank-stelle siehe Plan. Waschhaus, Eis. Geschäfte, Parkplatz, 24-Std.-Wachdienst, Autovermietung.
Im Ort weitere Lebensmittelgeschäfte, Res-taurants sowie Obst und Gemüse. PTT. Krankenhaus am Stadtrand. Es verkehren häufig Busse nach Antalya (40 km, Flug-hafen 50 km) und in Richtung Finike. Mini-bus alle 15 min. vor der Marina nach Antalya.
Werft: 100 Stellplätze, 60-t-Travellift, 20-t-Mobilkran, Werkstätten (sämtliche er-forderlichen Arbeiten), Depots, Zoll-Lager, Altöltonne. Reparaturen nur im Dockbe-reich erlaubt.

Anschrift: Park Kemer Marina, P.O. Box 208, 07980 Kemer-Antalya/Türkei
Tel: +90 242 814 1490-93
Fax: +90 242 814 1552
Mail: parkmarina@kemermarina.com
Web: www.kemermarina.com

Kemer ist ein besonders krasses Beispiel für die Veränderung von Küstenorten durch den Bauboom. In wenigen Jahren wurde hier eine moderne Stadt für den Tourismus geschaffen. Nur noch beim Anblick der niedrigen Häuschen am Stadtrand, die in blühenden Gärten fast verschwinden, kann man sich vielleicht vorstellen, wie der früher recht bescheide-ne Ort einmal aussah.
Die unbeschreiblich schönen Gebirgsket-ten des Lykischen Taurus liegen an Back-bord, während wir *Antalya*, dem nördlichs-ten Punkt des Golfes, zustreben. Diese letzte Etappe ist 18 sm lang. Der Wind kommt hier im Sommer meist aus Nord oder Nordwest.

Antalya (36°50'N 030°36,5'E, Port of Entry). Der Industrie- und Fährhafen ist 5 sm südwestlich der Stadt gelegen, mit Kaianlagen für Fahrgastschiffe und Um-

schlagseinrichtungen für Frachter. Er ist bei Tag und Nacht leicht anzulaufen (sie-he Detailplan auf der Seekarte).

Die **Setur Antalya Marina** ist im Inneren des absolut geschützten Industriehafen-beckens, dessen Molen ebenfalls befeuert sind, untergebracht.
Es stehen 250 Liegeplätze am Kai und an drei Stegen für Yachten bis 60 m Länge zur Verfügung (Murings). Das Personal hilft beim Anlegen, UKW-Kanal 09, »Se-tur Marina«.

Marina und Werft zeichnen sich ebenso wie die anderen Setur-Unternehmen durch ein hohes Leistungsniveau aus. Die Leitung und das Personal (mit englischen und teils deutschen Sprachkenntnissen) bemühen sich um die Zufriedenheit des Gastes. Werft und Werkstätten sind für Reparaturen und Winterlagerung auch größter Yachten ausgerüstet. Die Nähe zur Stadt *Antalya* (10 km) und zum internationalen Flughafen (18 km) ist ein weiterer Anreiz für Yacht-eigner, die Marina zeitweise oder auf Dauer in Anspruch zu nehmen. Mehrmals täglich kostenloser Shuttle-Service nach *Antalya*.

Serviceangebot in der Marina: Formalitä-ten wie Port of Entry. Wassertiefe zwischen 6 und 4 m, Wasser und Strom an den Stegen, Duschen/WC, Telefon-, Fax- und Internet-Service, Wetterbericht, Supemarkt, Restaurant, Café, Tankstelle, 24-Std.-Wachdienst, Wäscherei, Parkplätze.
Werft: 400 Stellplätze, Travellifte 60 und 200 t (max. 9,10 x 45 m), Schienenslip (350 t, max. 10 x 50 m), sämtliche Repara-turen (Motor, Elektrik, Holz, GFK, Segel), Wartung (Batterien, Rettungsinsel).

Anschrift: Setur Antalya Marina, P.O.Box 627, 07100 Antalya/Türkei
Tel: +90 242 259 1290-95
Fax: +90 242 259 1182
Mail: antalya@seturmarinas.com
Web: www.seturmarinas.com

Innerhalb des Industriehafens soll eine weitere Marina entstehen; bisher ist aber

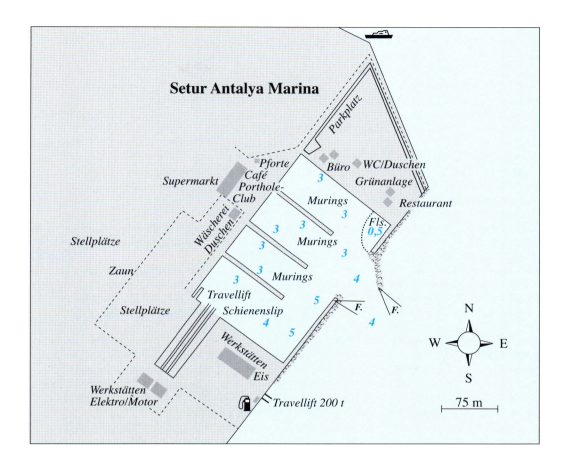

außer einem geparkten Travellift nichts zu sehen.

Zur Stadt **Antalya** kommt man mit dem Pendelbus der Marina, dem öffentlichen Bus oder per Taxi. (Ein paar Hinweise auf Geschichte und Sehenswürdigkeiten werden auf den folgenden Seiten gegeben.)
Eine Attraktion ganz besonderer Art findet man nach einem Spaziergang von etwa einer halben Stunde am Fluss *Sarısu,* der vor seiner Mündung ins Meer eine wildwuchernde Teichlandschaft bildet. In dieser grünen Umgebung sind die Tische eines Gartenrestaurants so originell verteilt, dass die romantische Stimmung nicht zu überbieten ist. Zu den quakenden Fröschen gesellen sich am Abend freilich viele Mücken, deshalb sollte man sich schon vorher darauf präparieren (Autan). Um den Weg nicht zu verfehlen, frage man nach dem Campingplatz »Denizer«.

Antalya Kaleiçi Marina (36°53,1'N 030°42,1'E, Port of Entry). Die Ansteuerung des Stadthafens von *Antalya* ist bei Tag und Nacht gefahrlos möglich. Große Wassertiefen reichen bis nahe vor den Hafen. Das in den Seekarten eingezeichnete Wrack in 16 m Tiefe, 2 kbl südwestlich der Hafeneinfahrt, ist durch eine unbeleuchtete Tonne markiert. Bei Südwind sollte man den Hafen nicht ansteuern.

Von Süden kommend, erkennt man von weitem die Hochhäuser der Stadt. Steuert man zunächst *Baba Burnu* an, dessen Leuchtfeuer auf der Steilküste in 35 m

Höhe auch bei Tag eine gute Ansteuerungshilfe ist, sieht man östlich des Kaps die ins Meer stürzenden Wassermassen des *Düden Çay,* die während des Sommers ihre rauschende Gewalt einbüßen, aber in den übrigen Jaheszeiten gerade von See her ein beeindruckendes Naturschauspiel darstellen.

Als nächste Landmarke fällt nordwestlich des Kaps *Baba Burnu* der bereits nahe südlich des Hafens stehende 17 m hohe Turm von *Hidirlik* auf, der wahrscheinlich im 2. Jahrhundert als Leuchtturm diente. Dann sind die Molen des Hafens auszumachen. Die Wassertiefe beträgt 7–8 m, zu den Seiten des Hafenrunds abnehmend. Die meisten der 65 Liegeplätze in diesem kleinen Hafen sind von einheimischen Booten und Gulets belegt. Wenn etwas frei ist, weist das Personal der Marina einen Liegeplatz mit ausreichender Wassertiefe am zweiten, inneren Gästesteg zu; man braucht sich um geringe Wasserstandsschwankungen nicht zu kümmern (Muringsystem).

Als Port of Entry stehen sämtliche Behörden in nächster Nähe zur Verfügung.

Versorgungsmöglichkeiten: *Einige Wasseranschlüsse am Kai, aber nicht am Gästesteg; außerdem an der »Quelle« (nicht trinkbar!). Tankstelle bei der Hafenausfahrt (wird evtl. an den Nordkai verlegt). Duschen und WC in der Nordwestecke, wo*

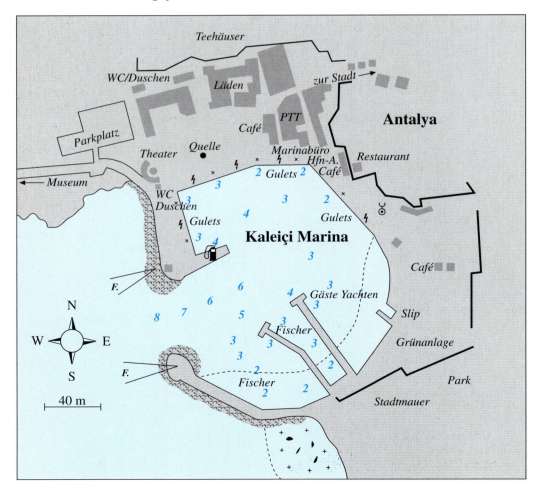

sich auch der Zoll befindet. Marinabüro und Hafenamt in der Nähe des Nordkais. Passpolizei in Gasse dahinter. Getränke und einige Lebensmittel am Hafen, weitere Geschäfte in der Stadt (Richtung Uhrturm). Bank, PTT, Cafés und beste Restaurants in unmittelbarer Nähe um den Hafen. Werkstätten und Fachgeschäfte sind in der Stadt zu erfragen. Taxen auf dem Parkplatz, Busbahnhof in der Stadt (1 km), Flughafen 8 km entfernt.

Anschrift: *Antalya Kaleiçi Marina, Antalya/ Türkei*
Tel: +90 242 248 4530
UKW-Kanal 72 (16)

Was den Hafen *Antalya (Kaleiçi)* so sympathisch macht, ist einerseits das bunte Gemisch von Yachten, Gulets, Fischerbooten und Anglerkähnen, die den Hafen beleben, ohne eine künstliche Marina-Atmosphäre aufkommen zu lassen. Andererseits ist es die gelungene architektonische Gestaltung, die mit der Renovierung der Stadtmauer und alter Fachwerkhäuser begann und die sich behutsam in neuen Zweckbauten in passendem Stil fortsetzte. Daraus entstand das Musterbeispiel eines behaglichen Touristentreffpunktes. 1984 wurde *Kaleiçi* mit dem »Goldenen Apfel« ausgezeichnet, einem internationalen Preis der Reiseschriftsteller und Journalisten.

Die Stadt mit über einer Million Einwohnern ist zum Begriff für die gesamte »Türkische Riviera« geworden. Ihr subtropisches Klima, ihre Blütenpracht und der Zauber ihrer Landschaft, gepflegte Hotelanlagen und gute Strände, aber auch die Fülle historischer Sehenswürdigkeiten ziehen alljährlich Zehntausende von Urlaubern an.

Obwohl das Gebiet um *Antalya* nachweislich schon in sehr früher Zeit von griechischen Einwanderern besiedelt worden war, tritt die Stadt namentlich erst im 2. Jahrhundert v. Chr. in Erscheinung, als sie nach Attalos II., König von Pergamon, *Attaleia* genannt wurde. Nachdem das

Pergamenische Reich an Rom vererbt worden war, gehörte Attaleia zur römischen Provinz Asia. Kaiser Hadrian ließ die Stadt mit einer Mauer umgeben. Das im Jahre 130 n. Chr. zu seinen Ehren errichtete prächtige Osttor mit drei Durchgängen können wir noch heute bewundern. Lange Zeit gehörte die Stadt zum Byzantinischen Reich, 1207 wurde sie von den Seldschuken eingenommen. Aus dieser Zeit stammt das Wahrzeichen Antalyas: *Yivli Minare,* das »gefurchte Minarett«, ein mit blauen Fayencen verzierter Ziegelbau.

Dieses weithin sichtbare Bauwerk und der Uhrturm befinden sich oberhalb des Hafens im dichtesten Verkehrsgewühl. Die Altstadt liegt zwischen Hafen und Hadrianstor. Der Bazar nimmt die Gassen nördlich des Uhrturms ein. Eine breite Straße führt durch das westliche Neubauviertel zum Archäologischen Museum, das unter anderem eine reiche Sammlung von Skulpturen aus *Side* und Sarkophagen aus *Limyra* enthält.

Mit einem Mietauto oder auf organisierten Gruppenfahrten kann man von Antalya aus viele der sehenswerten Ruinenstätten wie **Perge, Aspendos** oder **Side** erreichen. Besonders lohnenswert ist auch ein Ausflug nach **Termessos** (ca. 30 km). Ganz abgesehen von den baulichen Überresten dieser antiken Stadt beeindruckt den Besucher schon allein ihre wunderbare Lage in einem dichten Bergwald in 1000 m Höhe.

Weniger Zeitaufwand erfordert eine Fahrt mit dem öffentlichen Bus zu den oberen **Düden-Wasserfällen**; in dem schattigen Park haben sich oft ganze Familien zum Picknick niedergelassen.

Mit *Antalya* haben wir Lykien, das Land der Gräber, verlassen und befinden uns bereits in der einstigen Landschaft Pamphylien. Bis diese Gegend islamisch wurde, wuchs hier erlesener Wein. Bis heute geblieben ist in den Küstenebenen die üppige südländische Vegetation. Viele Obstsorten werden angebaut und vor allem Rosen, aus denen das begehrte Rosenöl gewonnen wird. Unverändert geblieben ist auch das Panorama des *Antalya*-Golfes, das von den Bergketten des Westlichen Taurus geprägt wird.

Anhang
Für Yachtreisende, die über *Antalya* hinaus ostwärts segeln wollen, sei auf zwei noch nicht fertig gestellte Marinaprojekte, die den Schutz an dieser schönen, aber durch sichere Häfen nicht gesegneten Küste verbessern, hingewiesen. Beide können jetzt schon angelaufen werden.

In *Alanya* sind die Wellenbrecher für die neue **Alanya Marina** nordwestlich des Burgfelsens *Kaleardı Burun* (36°33,4'N 031°57,1'E) fertig gestellt. Man kann am Nordkai festmachen, wo die Wassertiefen um die 3 m betragen (bis auf ein noch nicht ausgebaggertes Flachstück). Man liegt gut geschützt. Keine Behörden, kein Wasser, kein Strom. Die Marina soll irgendwann einmal über 3 Schwimmstege verfügen. Nach *Alanya* sind es etwa 5 km mit dem Taxi.

Ein weiterer Schutzhafen ist **Bozyazı**, 3 sm nordöstlich von Kap *Anamur* (36°01'N 032°48'E). Die äußere Mole und das Feuer darauf sind bei der Annäherung zu erkennen. Man kann mit Anker und Heckleine am SE-Kai anlegen oder längsseits gehen und findet guten Schutz. Behörden: Hafenmeister. Eine Wasserstelle auf dem Kai. Das Dorf ist 2 1/2 km entfernt und bietet einige Einkaufsmöglichkeiten.

Register F = Nummer des Farbfotos

A

Akbük Limanı (Gökova Golf) 179
Akbük Limanı (Güllük Golf) 150
Akçay 8, 95
Akköy Liman 147
Aksaz 86
Akyarlar 167
Alaçatı Körfezi 131
Alaçatı Marina 131
Alakışla Bükü 177
Alanya 8
  – Marina 264
Albatros Marina 219
Alexandroupolis 8, 28
Aliağa Limanı 105
Alibey 99
Altınkum 148
Altınoluk 94
Anamur 8
Andriake (Andraki) 251
Antalya 8, 260, **F 38**
Antalya-Golf 255
Antalya Kaleiçi Marina 261
Aplotheka
  (Bozukkale) 208
Arap Adası 209
Armak Bükü 199
Armutlu 66
Arnavutköy 54
Aşı Koyu 223
Asın Limanı 153
Asmalı 82
Aspat Koyu 169
Aspendos 263
Assos 92
Ataköy Marina 48, 60
Atbükü Limanı 257
Avcılar 46
Ayvalık 8, 99, **F 6**

B

Baba Adası 223
Bademli 102
Bağlar Koyu 169
Balıklıova 116
Bandırma 8, 74
Barbaros 41
Batıliman 73
Bayındır Limanı 245
Bebek Koyu 54
Behram 92, **F 5**
Bencik Koyu 199, **F 18**
Bergama 99
Beşiğe-Bucht 91
Beştaş Limanı (Kalevezi Koyu) 239
Big Foot 200
Bitez 169
Bodrum 8, 173, **F 15**
  Werften 175
  – Erol Ağan
  – Gündüz
  – Yachtworks
  – Yatlift
Bördübet Limanı 187
Bosporus (Istanbul Boğazı) 52
Bostancı 60
Boynuzbükü 229, **F 28**
Bozburun (Yeşilova) 207, **F 22**
Bozcaada 90
Bozukkale 208
Bozyazı 264
Bucak Denizi 245
Burhanıye Iskele 96
Bursa 70
Büyük Çatı 188
Büyükada (Sahıp Adası) 119
Büyükdere Limanı 55
Büyükçekmece 45
Büyükçekmece Koyu 44
Byzanz 51

266 *Register*

C

Chimaira 257
Chios 8, 128
Cineviz Limanı 256, **F 39**
Club Marina Göcek 232
Cumalı Limanı 32

Ç

Çakılköy 77
Çam Limanı (Güllük-Golf) 152
Çam Limanı (Siğaçek-Golf) 62, 139
Çamlık Koyu 99
Çamlı Limanı (Gelibolu Limanı) 181
Çanakkale 8, 30
Çanakkale Boğazı 28
Çandarlı 104
Çandarlı-Golf 89, 103
Çardak Limanı 33
Çatalada-Insel 165
Çavuş Limanı 255
Çayağzı 78
Çaycağız Koyu 212
Çeşme 8, 128
Çiftekale Adası 139
Çiftlik 129
Çiftlik Koyu 211
Çiftlik Limanı 197
Çınarcık 64
Çıralı Limanı 256
Çökertme Koyu 177
Çukurcuk Limanı 147

D

Dalyan Boğazı 96, 98
Dalyanköy 125
Dardanellen (Çanakkale Boğazı)
   28, 89
Datça (Yarımadası) 8, 195
Datça-Halbinsel 188

Değirmen Bükü (Ingliz Limanı) 184
Delikada 223
Delikliyol Limanı 203
Demircili Limanı 135
Didyma 149, **F 13**
Dikili 8, 101
Dipburun (St.-Pauls-Hafen) 146
Dirsek 205
Dişlice (Insel) 199
D-Marina 166, **F 14**
Doğanlar Limanı 79
Düden-Wasserfälle 263, **F 40**

E

Eceabat 29
Ece Saray-Marina 234
Echo-Bucht 193
Edremit-Golf 94
Eğriliman 120
Ekincik Limanı 222
English Harbour 184
Ephesos 144, **F 8**
Erdek 83
Ereğli Limanı 42
Erythrae 123
Esenköy (Katırlı) 65
Eşkel Limanı (Esence Limanı) 72
Eskifoça 110
Eskihisar 61

F

Fenerbahçe (Setur-Kalamış-)Marina 59
Fethiye 8, 234
Fethiye-Golf 224
Finike 8, 253
Fıstıklı Köyü 66
Foça 109, **F 4/7**

G

Gallipoli, Halbinsel   28
Gelibolu   33
Gelidonya   254
Gemiler Adası   239, **F 25/27**
Gemlik   68
 – Golf von Gemlik   66
Gerence Körfezi   123
Göcek Limanı   229
Göcek Marina   231
Gökçeada   90
Gökçelerbükü Limanı   187
Gökçeliman   96
Gökkaya Limanı   250
Gökkovar Limanı   134
Gökliman   134, **F 9**
Gök Limanı (Narlı Bükü)   152
Gökova-Golf   172
Gökova Iskele   179
Goldenes Horn (Haliç)   50, 51
Gölköy Limanı   161
Gülbahçe Körfezi   115
Güllük   8, 154
Güllük-Golf   148
Gümbet   169
Gümüş Koyu   97
Gümüşlük Limanı   164
Gündoğan   161
Gündoğrusu Limanı   78, 79
Gürpınar   46
Güvercinlik Iskele   157
Güzelbahçe
 – Osthafen   114
 – Westhafen   114
Güzelyalı   70

H

Haliç (Goldenes Horn)   50
Haydarpaşa Limanı   59
Hayıt Bükü   193, **F 17**
Heybeliada   62
Hisarönü Golf   197, **F 20**
Hoşköy   39

I

Iassos   153
Içmeler   221
Ildir   123
Ildir-Golf   122
Ilhanlar (Ilhanköy)   79
Ilıca   125
Ilıca Bükü   159
Ilıca Koyu   95
Imrali Adası   73
Ince Adası   212
Ingliz Limanı (Değirmen Bükü)   184
Inliman   91
Insel Pınar (Kilavuz)   97
Iskenderun   8
Istanbul   8, 46, 51, **F 2**
    Werften Istanbul   60
    – Atabay-Trockendock
    – Ataköy Marina
    – Aydınlı
    – Küçüksu
    – Moda
    – Pendik
    – Setur Kalamış-Fenerbahçe Marina
    – Tuzla
Istinye Koyu   54
Izmir   8, 110
Izmir-Golf   108
Izmit-Golf   61

K

Kadıköy 59
Kadıgra Burnu 93
Kadırga Limanı 105
Kalabak 115
Kale 249, **F 33/34**
Kaleüçağız 249, **F 32**
Kalevezi Koyu
 (Beştaş Limanı) 239, **F 26**
Kalkan 241, **F 31**
Kapaklı 67
Kapı-Bucht 227
Kapıdağ-Halbinsel 75
Karaada, Insel 122
Karaağaç-Sperrgebiet 221
Karabiga 84
Karaburun (Izmir Golf) 119
Karaburun (Yesilova) 207
Karacaören Adası 237
Karacasöğüt 182
Karagöz 254
Karaincir Adaları 196
Karakuyu Koyu 148
Karaloz-Bucht 252, **F 35**
Karareis Koyu 123
Karasüleyman Bükü 200
Kargıcık Bükü 176
Kargı Koyu 195
Kargılıbük Limanı 185, **F 16**
Kargılı Limanı 177
Karşıyaka 76
Kaş 8, 243, **F 30**
Kastellorizon 245
Kaunos 223, **F 24**
Kavurlukoz Limanı 119
Kaynarpınar 118, **F 3**
Kazıklı Iskele 152
Keçi Bükü 200, 202
Kedreae 182
Kekova Adası 247
Kemer 8, 260, **F 37**
Kemer Limanı (Marmarameer) 86
Kilitbahır 29

Kırkdilim Limanı 133
Kızıl Adası 206
Kızılkuyruk 225
Kızkulesi Adası (Mardalıç Adası) 103
Klaros 138
Klazomenae 115
Kleopatra-Insel 181
Knidos (Büyük Limanı) 191, **F 19**
Kolophon 138
Konstantinopel 51
Korkülçe Koyu 119
Körmen 189
Körmen Adası 139
Kos 8, 154, 167, 172
Kovala Liman 147
Köyceğiz Limanı 222
Kriek Ince 212
Küçük Çatı 188
Küçükkuyu 94
Küfre Koyu 186
Kumbağ 40
Kumkapı 50
Kumlu Burnu 211
Kumlu Bükü 212
Kumru Koyu 99
Kurşunlu 69
Kuruca Bükü 197
Kuruerik Bükü 150
Kuşadası 8, 143
Kuyruk Burnu 225
Kuyucak Limanı 155
Kyzikos 84

L

Lapseki   33
Lebedos   138
Lesbos (Mytilini)   8, 99
Letoonia Marina   236
Leventler Limanı   110
Levent Marina   112
Limanı, Ln. *siehe Eigenname*
Limnos, gr. Insel   8, 28
Loryma   208

M

Madenada   97
Maden Boğazı   97
Maden Iskele   222
Malderesi Limanı   185
Mardalıç Adası (Kızkulesı)   103
Marina *siehe Eigenname*
Marmarameer   35, 62
Marmara (Hafen)   81
Marmaris   8, 217
Yacht Marina   220
   Werften Marmaris
   – Sunmarina   220
Martı Marina   200
   – Marina Orhaniye   200
   – Steg Kavacasöğüt   182
Mersin   8
Mersin Körfezi   132
Mersincik Limanı   190
Milet   144
Milta Bodrum Marina   174
Mimarsinan   45
Moda Yachtclub   59
Mola Adaları   77
Mordoğan Iskele   116
Mudanya   70
Mürefte   38
My Marina   223
Myndos   165
Myra   252
Myrina (Limnos)   8, 28
Mytilini (Lesbos)   8, 99

N

Narlı   67
Narlıköy   83
Nemrut Limanı   105
Nerkis Limanı   133
Netsel Marmaris Marina   218, **F 23**
Notion   138

O

Ölü Deniz (Belceğiz Körfezi)   240
Olympos   257
Orak   176
Ören   179
Orhaniye Koyu   200
Özbekköy Akkum   115

P

Pabuş-Bucht   176
Palamut Bükü   193
Park Kemer Marina   259
Paşalimanı   80
Patara   241, **F 29**
Patmos   8, 154
Pergamon   102
Perge   263
Phaselis   257
Picknick-Bucht   227
Pınar (Insel)   97
Port
   – Bodrum Yalıkavak Marina   162
   – Göcek-Marina   234
Poyraz   56, **F 1**
Priene   144
Prinzeninseln   62
Pupa Marina   219
Pythagoreion   8, 143, 154

Q

Quellenbucht   228

R

Rhodos (Rodos)   8, 172, 216

S

Sabrinas Haus   207
Saklı Limanı   186
Salıh Adası   155
Samanlı   64
Samos   8, 143, 154
Samsun   8
Şarköy   37
Sarpdere Limanı   133
Sazak Limanı   256
Şehir Adaları   181
Selimiye Koyu   203
Selimpaşa   44
Serçe Limanı   209, **F 21**
Setur-Marinas
  – Antalya Marina   260
  – Ayvalık Marina   98
  – Çeşme Marina   125, **F 10**
  – Finike-Marina   253, **F 36**
  – Kalamış-Fenerbahçe Marina   59
  – Kuşadası Marina   143, **F 11**
Şevketiye   87
Side   263
Sığacık-Golf   134
Sığacık Limanı   135, **F 12**
Silifke   8
Silivri   43
Sivrice Koyu   91
Skopea Marina   231
Söğüt Limanı   206
Sömbeki Körfezi   206
St.-Nikolas-Hafen   146

St.-Pauls-Hafen (Dipburun)   146
Sunmarina   220
Symi   8, 206

T

Tarabya Koyu   55
Tarşan-Insel   200
Taşucu (Silifke)   8
Tatlısu (Marmarameer)   76
Tatlısu Limanı   257
Tavşan (Insel)   200
Tekirdağ   8, 41
Tekirova Limanı   257
Teos Limanı   137
Teos Sığacık Marina   136
Termessos   263
Tersane (Fethiye Golf)   225
Tersane (Kekova)   249
Thrakien (Trakya)   36
Torba   158
Trabzon   8
Troja   30
Turgutreis   166
Türkbükü Limanı   160
Türkelifeneri   57
Turunç Koyu   212
Tuzla Koyu   185

U

Üç Adalar   257
Ülelibük   155
Urla Iskelesı   115

V

Vathy (Samos)   8, 143

X

Xanthos   243
Xera-Bucht   249

Y

Yalancı Boğaz   219
Yalıkavak Limanı   162
Yalova   63
Yatlift   175
Yediadalar   186
Yenifoça   105
Yeniköy   71
Yeniliman   120
Yeşilköy (Istanbul)   48
Yeşilköy Limanı (Kalkan)   241
Yeşilova (Bozburun)   207
Yeşilova-Golf   205
Yes Marina   236

Z

Zeytinbağı   71
Zeytineli Körfezi   132